제가 존경하는 하나님의 신실한 종, 정아브라함 선교사의 《로마서 17장》 출간을 진심으로 축하합니다. 로마서는 바울신학의 정수가 담긴 책이며, 수많은 영적 지도자를 일으켜 세웠습니다. 어거스틴이 거룩을 좇아 살게 했고, 마르틴 루터가 종교개혁의 기치를 높이 들게 했으며, 존 웨슬리가 새로운 사역의 지평을 열어가게 하였습니다.

마르틴 루터는 그의 로마서 주석의 서문에서 이렇게 썼습니다.

"이 서신은 신약성경의 진정한 핵심이며 가장 순수한 복음이다. 그러므로 그리스도인이 이 서신의 내용을 낱말 하나하나에 이르기까지 외우도록 알아야 할 뿐 아니라 일용할 영혼의 양식으로서, 나날이 그것을 간직하고 살아가는 것이 귀중하며 가치가 있다."

이렇듯 로마서는 그리스도인들이 복음의 핵심에 이르게 해주는 안내서이자, 복음의 핵심을 고스란히 담은 책이라고 할 수 있습니다.

그런데, 로마서는 교리서로서만 중요한 책이 아닙니다. 사도 바울이 로마서를 쓸 당시, 그는 아직 로마를 방문하지 않았습니다. 그래서 로마교회 성도들에게 로마를 방문하고자 하는 자신의 바람을 전하고, 자신이 전할 복음을 소개할 필요성을 느꼈습니다. 바울은 로마교회 성도들에게 그가 전할 복음과 그 복음에 대해 확신에 찬 모습을 보여주고자 했습니다. 왜냐하면 바울은 로마교회를 방문할 뿐 아니라, 로마교회 성도들의 후원을 받아 서바나, 곧 스페인에 갈 수 있기를 바랐기 때문입니다(롬 15:23-24).

로마서는 사도 바울의 선교 열정을 선명하게 보여주는 책입니다. 또한 그런 의미에서, 여의도순복음교회의 파송 선교사로서 A국에서 훌륭하게 선교사역을 펼쳐오신 정아브라함 선교사님이 선교사의 시각에서 로마서를 새롭게 해석한 《로마서 17장》을 출간하신 것은 매우 뜻깊은 일이라고 생각됩니다.

정 선교사님의 사역 가운데 하나님이 베푸신 역사와 선교사님의 생생한 체험이 녹아 있는 《로마서 17장》을 통해, 더 많은 그리스도인이 복음의 일꾼으로서 헌신할 수 있기를 바랍니다.

— **이영훈 목사** 여의도순복음교회 담임목사

정아브라함 선교사님이 집필하신 《로마서 17장》은 읽는 내내 깊은 성찰을 하게 해주었습니다. 근 2천 년 시간의 간격을 넘어 바울을 새롭게 만난 듯한 감화가 있었습니다. 이 책은 로마서가 치열한 선교 현장의 산물이었음을 상기시켜주었고, 그 현장을 하나님의 마음으로 다루어 나가는 방식이 어떤 것인지 체감하게 했습니다.

정 선교사님은 25년을 복음 전투의 최전방에서 지내며, 지역적, 언어적, 종파적 장벽을 넘어 불꽃 튀는 영적 전투를 감당해온 분입니다. 그런 영적 내공과 복음에 대한 깊은 이해가 어우러져 쓰인 이 책은 생생한 야전 교범처럼 투철한 정신을 전합니다. 같은 군인이라도 일선의 야전 지휘관과 후방의 사관학교 교수 사이에는 많은 차이가 있습니다. 이 책은 야전 지휘관의 기운차고 쓸만한 경험과 안목을 담고 있습니다.

그의 글은 난공불락 같은 철옹성의 저항을 뚫고 "나를 따르라"고 했던 바울을 끊임없이 떠오르게 합니다. 힌두교와 라마불교와 이슬람교와 같은 강력한 종교의 벽들, 그리고 히말라야 산지라는 장애가 버티고 있는 지역적 임계선을 끊임없이 두드리며, 세계관의 싸움을 진두지휘했던 저자의 행적에 숙연한 마음을 가지게 됩니다.

인도 끝단 창구 호수(Tsomgo lake or Changgu lake)에서 무릎 꿇고 기도하던 정 선교사님에게 "여기까지 와줘서 고맙다"라고 하셨다는 주님의 음성은 제게 경종처럼 다가왔습니다. 바울이 계속 들었을 법한 음성이었기 때문입니다.

선교와 목회의 본질을 돌아보게 하고, 영성의 현실을 들여다보게 하는 이 책은 복음을 전하는 모든 이들에게 필독서가 되어야 한다고 생각합니다. 저자에게 깊은 감사의 마음을 전합니다.

— **정재우 목사** 은혜와정원교회 담임목사, (전)대조동순복음교회 담임목사

저는 열방을 위한 주님의 부르심에 순종한 정아브라함 선교사님을 1995년 초에 처음 만났습니다. 오늘에 이르기까지, 거의 매년 만나 한 해 동안의 사역을 돌아보고, 하나님의 뜻과 인도하심을 구하며, 다시 주님의 뜻에 절대 순종한 사역들을 옆에서 지켜보았습니다. 저는 본서《로마서 17장》을 읽으며, 로마서는 타문화 지역에서 복음을 전해야 하는 선교사가 복음을 분명히 이해하고, 한 영혼에게 복음을 전하여 회개하게 하고, 주님을 영접하고 믿음의 길을 걸어가게 하며, 다시 헌신하여 땅끝까지 복음을 전파할 수 있도록 하는 과정을 정확하게 설명하는 지침서라고 느꼈습니다.

선교사인 바울이 기록한 로마서를 오랫동안 현장에서 사역해온 선교사의 관점에서 해설한《로마서 17장》은 주님 오실 날이 얼마 남지 않은 이 마지막 시대를 살아가는 우리 모두에게, 마지막 추수를 위해 전해야 할 복음이 무엇인지 정확하게 정리해주고 있습니다. 본서를 읽으면서 땅끝까지 복음을 전파하라고 하시는 하나님의 음성을 다시 듣게 되고, 구령의 열정이 다시 불타오르게 되었습니다. 하나님께서 바울 사도를 통하여 우리에게 선교적인 삶을 살도록 도전하시는 말씀을 가장 정확하게 전하는 책이라고 여겨집니다.

— **김병기 목사** 아틀랜타순복음교회 담임목사, 목회학 박사, (전)여의도순복음교회 청년국장

정아브라함 박사님의 《로마서 17장》은 오랫동안 기다려온 책입니다. 30년 가까운 세월 동안 동역자와 친구로서 같은 길을 걸어온 저로서는 이 책이 한국 교계와 선교계에 귀중한 선물이 될 것으로 확신합니다. 본서는 바울의 선교신학이 담긴 로마서를 '복음', '변화된 삶', '선교적 삶'이라는 연속적 흐름으로 보고, 신자가 마땅히 걸어야 할 믿음과 실천의 길을 보여주고 있습니다.

신학적 연구와 더불어 저자의 삶과 선교적 경험이 어우러진 《로마서 17장》을 선교적 교회를 꿈꾸는 모든 교회에게 적극 추천합니다. 우리는 저자와 자주 교제하면서 이 책의 내용과 이론들을 여러 교회와 선교 현장에 적용했고, 언제나 큰 부흥이 있었습니다. '로마서 17장!' 이 시대 모든 교회들이 걸어야 할 '아직 끝나지 않은 길'입니다.

— 권요셉 목사, 윤마리아 목사 A한인연합교회 담임, 목회학 박사, GMCM 대표

이 시대에 하나님이 쓰시는 종인 정아브라함 선교사님은 본서 《로마서 17장》을 통해서 복음의 내용과 복음에 합당한 삶에 대해, 그리고 누군가가 그 복음을 전하여 듣고 믿게 하는 선교의 삶이 반드시 수반되어야 할 것임을 분명히 밝히고 있습니다. 그런 면에서 《로마서 17장》을 읽는 것은 인류를 구원하시려는 하나님의 안타까운 사랑의 마음을 대면할 수 있는 천운(天運)임을 믿습니다.

본서를 통하여, 정 선교사님이 목회한 디아스포라 한인교회가 선교적 교회로서 세워지기 위해 성도들을 어떻게 훈련시켰으며, 또한 그렇게 해서 진행된 단기선교사역에서 순교자를 받기까지 하신 하나님의 은혜의 깊이를 헤아릴 수 있었습니다.

저는 정 선교사님과 함께 25년간 한 곳을 바라보며 동역했던 지난 일들을 되돌아보며, 《로마서 17장》에 기록된 살아있는 간증들을 통하여 지난날들이 감격적으로 회상되어, 동역자로서 울컥하는 감동을 몇 번이나 받았는지 모릅니다.

정 선교사님은 '히말라야 땅끝 사역자들의 모임'인 'THN'(Trans Himalaya Network)을 매년 섬기며, '참 제자의 삶'이 이웃을 어떻게 기쁘게 하는 삶이어야 하는지를 몸소 보여주셨습니다. 우리가 열방에 소망을 두고, 구원의 은혜를 따르는 복음의 제사장 직분을 어떻게 감당해야 하는지 보여준 모범이라고 말할 수 있습니다.

정 선교사님은 주님의 부르심인 땅끝까지 복음을 전하며, 생명의 말씀을 듣지 못한 채 살아가는 허다한 미전도 방언 종족들을 섬길 수 있도록 하나님이 어떻게 인도하셨는지를 이 책에 담고 있습니다.

기독교의 기본적이고 핵심적인 교리와 로마서에 나타난 선교의 내용을 누구나 쉽게 읽을 수 있도록 본서를 출판하게 하신 하나님께 깊은 감사를 드립니다. 더 바라기는,

히말라야의 수많은 고봉(高峰)들뿐 아니라 그 연장선으로 이어지는 파밀 고원 국가들과, 복음이 들어가지 못한 미접촉(未接觸, untouchable) 지역에서 살아가고 있는 주민들과, 아마존 유역의 원주민에 이르기까지, 속히 복음화가 이루어지기를 간구하는 마음으로 본서를 추천합니다.

— **이찰스 선교사** 미전도종족언어연구가, GRNKOREA, 누리글선교회

《로마서 17장》은 마지막 때에 사탄을 하나님의 택함을 받은 백성들의 발 아래에 두시려는 하나님의 놀라운 비밀입니다. 《로마서 17장》의 횃불을 들고 나가는 자는 심판의 때에 다스림과 정복의 지혜를 가진 자들이 될 것입니다. 그 단초를 풀어나가는 정아브라함 목사님의 저작을 높이 추천합니다.

— **송 여호수아 목사** 누리글선교회 대표, 경제학 박사, 전 키스트책임연구원 및 교수

세상에 존재하지 않는 《로마서 17장》을 받아본 순간부터 궁금하고 떨리는 마음으로 첫 장을 열어보았습니다. 학자가 아닌 선교사로서 바울이 기록한 로마서를 선교사 정아브라함 목사님의 수많은 경험을 통해 써내려간 《로마서 17장》은 지금까지 신학자들의 견해가 담긴 로마서를 여럿 읽은 필자에게 너무나 신선하게 다가왔습니다. 읽는 동안 가슴을 뛰게 하는 뜨거운 무언가가 담겨 있는 책입니다.

탁월한 장인과 같이 잘 다듬고 빚어낸 《로마서 17장》은 학자의 이론적인 책이 아니라 현장에서만 경험할 수 있는 복음, 삶, 그리고 선교를 다룬 책입니다. 그렇게 살아가는 모든 이들에게 힘이 되고 위로가 되는 영적 필터가 되리라고 생각합니다. 첫 장을 넘길 때부터 마지막 장을 닫을 때까지 점점 더 고조되는 감동으로 한숨에 읽어내린 책입니다. 감사와 기쁜 마음을 담아, 정아브라함 목사님의 《로마서 17장》을 추천하는 바입니다.

— **이금비 목사** 나포리교회 담임목사, 종교교육학 박사

로마서 17장

로마서 17장

초판 1쇄 발행 | 2021년 10월 15일

지은이 | 정아브라함
펴낸이 | 이한민
펴낸곳 | 아르카

등록번호 | 제307-2017-18호
등록일자 | 2017년 3월 22일
주   소 | 서울 성북구 숭인로2길 61 길음동부센트레빌 106-1805
전   화 | 010-9510-7383
이 메 일 | arca_pub@naver.com

홈페이지 | www.arca.kr
블 로 그 | arca_pub.blog.me
페이스북 | fb.me/ARCApulishing

책   값 | 뒤표지에 있습니다
I S B N | 979-11-89393-27-4 03230

아르카ARCA는 기독출판사이며 방주ARK의 라틴어입니다(창 6:15).
네가 만들 방주는 이러하니 … 새가 그 종류대로, 가축이 그 종류대로,
땅에 기는 모든 것이 그 종류대로 각기 둘씩 네게로 나아오리니 그 생명을 보존하게 하라 _창 6:15,20

선교사의 관점으로 재해석한 종말론적 로마서 강해

ROMANS 17

정아브라함 지음

로마서 17장

아르카

'로마서 17장'은
선교의 불을 댕기는 촉매제입니다

정아브라함 선교사님은 서울대학교에서 미생물학을 전공하고 과학 기기 전문업체인 ㈜제이오텍이라는 회사를 설립하여 운영하다가, 주의 종으로 부름을 받고 A국으로 떠난 하나님의 종입니다. 그는 선교지의 영혼의 마음에 예수를 심을 꿈을 가슴에 품고 사역을 감당했습니다. 디아스포라 한인들을 목회하면서 현지인들을 제자로 삼아, 지난 30여 년간 훈련을 통해 수백 명을 복음의 일꾼으로 길러냈습니다. 수료증만 수여할 정도의 제자 훈련을 시킨 것이 아닙니다. 히든실크로드(HSR : Hidden Silk Road) 훈련에 참여했던 한 형제가 순교하는 일을 당하기는 했지만, 정 목사님은 선교하려면 목숨과 바꾸어야 한다고 믿음과 헌신을 가르치면서, 본인도 그러한 본을 보였습니다.

정 선교사님은 선교사로 파송받아 한 지역만을 섬긴 분이 아닙니다. 교회의 담임으로 섬기면서도 신학교에서 강의를 통하여 후학들을 양성하고, 또한 디아스포라 한인들을 선교의 자원으로 훈련시켰습니다.

이번에 공적 사역을 마무리하면서《로마서 17장》이라는 책을 출판하게 되었습니다. 저는 이 책을 다음의 세 가지 이유로 추천하려 합니다.

첫째, 정 선교사님은 로마서의 주석을 쓰면서 바울이 로마서를 쓰던 그때의 심정으로 로마서를 이해했습니다. 바울이 1세기에 왜 이런 글을 썼으며, 로마의 성도들은 어떻게 이해하고 받아들였을지를 다룬 것입니다.

성경을 공부할 때 '원저자가 원독자에게 왜 그렇게 기록했는가?' 하는 의도를 이해하지 못하고 내 생각대로 해석하고 받아들이면 큰 잘못을 범하게 됩니다. 정 선교사님은 2천 년이라는 시간의 차이와 헬라 문화권이라는 차이를 잘 연결지으며 로마서를 해석하였습니다.

정 선교사님은 대학교에서 미생물학을 전공한 과학도였습니다. 인문 계열을 공부한 분들이 상상을 통해서 추상적인 것들을 모색한다면, 이과 계열을 공부한 분들은 숫자 하나, 눈금 하나, 저울추의 아주 미세한 부분까지 신경 씁니다. 정 선교사님은 그런 꼼꼼한 자세로, 바울이 로마서를 기록할 때 어떤 상황에서 왜 이런 헬라어를 골라 기록했는지까지 고민하고 묵상하였습니다. 또한 바울이 유사한 내용을 다른 서신서에는 어떻게 기록했는지도 대조하면서, 독자가 바울의 심정으로 로마서를 이해할 수 있도록 쉽게 기록했습니다.

둘째, 정 선교사님은 1년 동안 성도들에게 로마서를 강해하는 설교를 하였습니다. 강해설교를 준비하면서, 성도들에게 가르치기 전에 본인이 먼저 많은 은혜를 받았습니다. 로마서를 본인의 삶과 선교사로서의 삶에 두루 적용한 것입니다. 본문을 주석한 후에, 선교사로서 본인의 삶에서 일어났던 일, 본인이 회개해야 할 것, 본문을 통해서 결심하는 것들도 자세히 기록했습니다. 이러한 실제적인 적용은 이 책을 읽게 될 독자들이 로마서를 읽을 때 같은 적용을 하도록 도와줍니다. 로마서를 1세기의 책으로 내버려두는 것이 아니라, 21세기에도 살아서 역사하는 책이 되게 하는 계기가 됩니다.

셋째, 정 선교사님은 로마서를 공부하면서 바울의 선교 비전과 전략을 자기 것으로 만들었습니다. 1세기에 지중해 연안 전체를 복음화시키는 것이 바울의 비전이었다면, 그는 21세기에 A국을 시작으로 하여, 히말라야 산맥을 중심으로 복음을 받아들이지 못한 인근의 미전도 종족에게도 복음을 전하는 것을 하나님께서 본인에게 준 선교의 비전으로 삼았습니다.

로마서는 신학 교과서인 동시에 선교학 교과서입니다. 특히 바울 선교의 비전과 전략은 로마서 15장에 있습니다.

> 표적과 기사의 능력으로 성령의 능력으로 이루어졌으며 그리하여 내가 예루살렘으로부터 두루 행하여 일루리곤까지 그리스도의 복음을 편만하게 전하였노라 _롬 15:19

여기에서 '두루 행하여'는 헬라어로 'Kuklou'라는 말로 '동그랗게, 빙 둘러, 타원형으로'라는 뜻입니다. 바울의 선교전략은 타원형으로 된 지중해의 연안을 따라가면서 복음을 전하는 것이었습니다. 그래서 바울은 예루살렘, 안디옥, 소아시아, 갈라디아, 마게도니아, 아가야, 그리고 일루리곤까지 복음을 전했다고 로마서 15장 19절에서 자랑스럽게 말합니다. 지중해를 동서남북으로 나눈다면, 그는 벌써 동부(예루살렘, 안디옥, 소아시아, 갈라디아)와 북부(마게도니아, 아가야, 일루리곤)에 온전히 선교했다는 말입니다. 그리고 바울은 지중해의 서부에 위치한 로마로 갈 계획을 세웠습니다. 로마를 거쳐, 당시의 세계관으로는 서쪽의 끝인 스페인까지 가려고 했기 때문입니다. 새롭게 개척된 로마교회가 바울을 스페인으로 파송해주기를 바랐고, 그런 마음으로 이 편지를 쓴 것입니다.

바울은 로마서의 전반부와 중간부에서 '그리스도와의 연합'과 같은 기독교의 핵심 교리를 많이 가르치고 있습니다. 바울이 선교활동을 시작하던 때에 그를 도와준 교회는 안디옥 교회입니다. 안디옥 교회가 개척되고 바나바가 담임이 되었을 때, 바울과 바나바가 열심히 말씀을 가르쳐 안디옥 교회 성도들을 견고하게 세웠기 때문에, 그들이 바울의 선교활동을 뒷받침할 수 있었습니다. 새롭게 개척된 로마교회의 성도들이 바울을 스페인으로 파송하고 기도와 재정으로 뒷받침하려면 믿음이 견고해야 합니다. 그래서 기독교 신앙의 기본 진리를 자세히 설명하고 강조한 것입니다.

바울은 성령이 충만하고 영혼 구원에 대한 열정이 대단하며, 놀라운 선교전략가입니다. 정 선교사도 그와 같은 선교전략가로서, 본인이 히말라야 지역을 선교할 계획을 다음과 같이 기록하고 있습니다.

"2017년 그해 여름에 우리 교회에서 시행한 HSR(히든실크로드) 훈련은 다른 때보다 훨씬 더 뜨거웠습니다. 히말라야의 미전도 종족을 만나기 위해서 여러 팀이 준비하였고, 히말라야의 동쪽 시작점에서부터 서쪽 끝부분까지, 그리고 남쪽의 두 포인트를 포함해서 6개의 팀이 HSR 히말라야 팀으로 참여하게 되었습니다."

정 선교사님은 21세기 디지털 시대를 아는 뛰어난 선교전략가입니다. 히말라야 인근의 미전도 부족을 정확히 파악하고 있습니다. 훈련된 성도들을 히말라야의 거점 지역에 미리 보내 탐사를 마쳤습니다. 또한 이미 그 지역에서 선교하는 선교사님들과 네트워크를 형성해놓았습니다. 사도 바울이 지중해의 서반구인 로마와 스페인을 복음화하기 위한 본인의 전략을 로마서에서 언급한 바와 같이, 정 선교사님도 바울처럼 히말라야 지역의 선교전략을 상세히 짜놓고 기도하는 모습을 《로마서 17장》에서 엿볼 수 있습니다. 선교는 영적 전쟁입니다. 전쟁에서는 빼어난 전략과 전술을 가진 자만이 승리합니다.

정 선교사님은 2008년에 제가 책임을 지고 있던 오럴로버츠대학교

(Oral Roberts University) 목회학 박사과정에 입학하였습니다. 현장에서 선교활동에 분주한 가운데서도, 3년 만에 '훈련을 통한 성도들의 선교사역에 대한 인식 증진'(Enhancing Believers' Awareness of Missionary Work Through Training)이라는 논문으로 목회학 박사 학위를 받았습니다. 논문을 심사한 미국 교수들도 뛰어난 논문이라고 칭찬하면서, 앞으로 선교 분야를 공부할 박사 후보생들에게 좋은 자료가 될 것이라고 말했습니다.

선교학을 전공하고 대학교에서 행정을 맡고 있던 저는 정 선교사님이 15년째 사역하는 모습을 지켜보고 있습니다. 정 선교사님은 논문을 쓸 때에도 선교전략을 언급했습니다. 이 전략은 하루아침에 뚝딱 만들어진 것이 아니고, 양들을 양육하면서 기도하고 고민한 가운데 나온 결과입니다.

저는 이《로마서 17장》이 21세기 한국의 독자들뿐 아니라, 세계 어느 곳에서 읽히더라도 많은 도전과 은혜를 줄 것이라고 확신합니다. 교회를 맡고 계신 목회자들, 특히 선교를 꿈꾸는 하나님의 종들에게는 필독서라 할 수 있습니다. 아무쪼록 이 책이 선교의 불을 댕기는 촉매제가 되기를 기도드립니다.

임열수 목사
선교학 박사, (전)건신대학원대학교 총장,
(전)오럴로버츠대학(ORU) 원장, 목회학 박사

결혼 38주년이 되도록 부족한 남편을 변함없이 신뢰하고 순종하여 사라의 역할을 감당해준 사랑하는 아내와, 주의 기업으로 주신 혜승, 용범, 이삭의 인내와 지지가 없었다면 저의 사역은 없었을 것입니다. 가족에게 감사를 전합니다.

저를 파송한 27년 동안 한결같이 지지해주시고 후원자가 되어주셨던 여의도순복음교회의 조용기 원로목사님, 이영훈 담임목사님, 멘토링으로 도와주셨던 김병기 목사님과 정재우 목사님, 그리고 땅끝을 함께 걸었던 이찰스 선교사님과 THN 선교사들과 동역자들에게 감사드립니다.

졸고(拙稿)《로마서 17장》에 체계를 잡을 수 있도록 뿌리와 밑가지가 되어주신 대(大) 스승들이신 조용기 목사님, 옥한흠 목사님, 이동원 목사님, 하용조 목사님, 로이드 존스 목사님, 그리고 YWAM의 〈미션 퍼스펙티브스〉(Mission Perspectives)의 여러 저자들의 예리한 통찰력과 그 분들의 신학적, 신앙적 업적에 빚진 자임을 고백하며 감사합니다.

선교적 교회가 되고자, 먼저 선교적 마인드를 가진 성도들의 훈련 프로그램으로 실시한 HSR 훈련에 기꺼이 참석해준 성도들과, 땅끝 사역에 고락을 함께한 THN 선교사들, 땅끝에 대한 원대한 비전을 갖고서 인생의 후반부를 설계하기 위해 부르심 받고 헌신하는 FMTS(어부신학원 : 평신도 현장신학원) 신학원의 원우들, 그리고 충성스러운 주님의 제자들과, 물질과 기도로 섬겨주셨던 평신도 동역자들께 감사를 드립니다.

《로마서 17장》의 추천서문을 써주신 임열수 총장님, 추천사를 써주신 이영훈 목사님을 비롯한 사랑하고 존경하는 선후배 동역자들께 감사를 드립니다.

출판과 관련하여 강의 내용을 구술하고 교정에 참여해준 원우들과, 편집에 심혈을 기울여준 아르카의 이한민 대표님, 기꺼이 출판을 지원하고 격려해준 사랑하는 40년지기 강득주 장로(제이오 대표)에게 감사드립니다.

그 무엇보다, 죄인 중의 죄인이었던 종을 구원하시고, 선교사, 목사, 교사라는 분에 넘치는 과업을 맡겨주시고, 지난 27년을 눈동자처럼 지켜주시며 인도해주신 성삼위 하나님께 감사와 찬송과 존귀와 영광을 올려드립니다.

차례

PART

1

믿음으로 구원을 얻는
복음의 비밀

PART

2

승리의 구원을 얻는
복음적 삶의 비결

'선교의 현장성'과
'로마서 17장'의 비전을 가진 교회

이 책의 내용 대부분은 2016년에서 2017년 중순까지, 제가 섬기는 교회의 주일 강단에서 했던 설교입니다. 로마서는 이미 수많은 목사들과 학자들을 통해 강해되고 주석되었습니다. 그런데 저와 같이 부족한 종이 또 한 권의 로마서 강해서를 쓸 필요가 있을까요? 책을 쓴다 해도, 로마서는 아니라고 생각했던 제게 하나님은 용기를 주셨습니다. "네게 보여준 독특한 내용을 네가 쓰지 않으면 누가 쓸까?" 하는 말씀이었습니다.

저는 우리 교회 성도들에게 '우리는 로마서 17장의 비전을 가진 교회'라고 늘 선포해왔습니다. 그런데 몇 년이 지난 지금, '우리 성도들이 여전히 로마서 17장의 비전을 잘 이해하고 있을까? 이후에도 선교 현장의 제자들이나 신학원에서 로마서 17장의 개념을 제대로 깨닫고 순종하며 따르게 될까? 그들에게 로마서 17장의 비전이 전수될 수 있을까?' 하는 데 생각이 이르게 되자, 저의 목회와 선교사역의 유산을 영적인 다음세대에게 글로 남겨놓는 것이 지금 제가 해야 할 일이라는 생각이 들었습니다.

저는 개인적으로, 이 책《로마서 17장》에서 중요하게 다루는 점이 '선교 현장'이라고 봅니다. 지금까지의 로마서 주석서나 강해서는 주로 학자들의 연구 결과이거나 일반 목회 현장에서 목회자들의 필요에 의해 쓰인 것입니다. 대부분의 주석서나 강해서들이 로마서 자체처럼 선교지의 긴박한 현장감을 잘 담아내지 못한다는 생각이 들었습니다.

로마서는 바울이 마지막 3차 사역을 마칠 즈음인 AD 57년경에 고린도에서 쓴 것으로 알려져 있습니다. 로마서를 썼던 사도 바울의 마음이 부족한 이 종에게도 동일하게 느껴졌습니다. 선교사인 저는 선교사였던 바울의 마음으로, 선교지 현장의 위기의식과 긴박함을 가지고서 로마서 강해를 시작하려 합니다. '땅끝 종족을 향한 세계선교의 완성'이라는 과제를 안고서, 우리 시대의 교회와 성도들에게, 그리고 이 글을 읽는 독자들과 더불어 '로마서가 왜 중요한지'를 교통하려 합니다. 또한 로마서를 통하여, 특별히 우리 교회가 품어왔던 '로마서 17장의 비전'을 나누려 합니다. 그러므로 부디 독자께서는 '선교의 현장성'과 '로마서 17장의 비전'이라는 큰 그림을 머릿속에 그려두고 이 강해서를 읽기를 바랍니다.

저는 이 책이 독자들에게 현장의 숨소리를 전하는, 살아 숨을 쉬는 로마서 강해서가 되기를 기도합니다. 다만, 부족한 제가 이 모든 것을 잘 담아낼 수 있도록, 전적으로 성령님께 의지할 뿐입니다.

↓ 선교 현장의 순교 사건

2017년이었습니다. 그해 여름에 우리 교회에서 시행한 HSR(히든실크로드) 훈련은 다른 때보다 훨씬 뜨거웠습니다. 히말라야의 미전도 종족을 만나기 위해 여러 팀이 준비하였는데, 히말라야의 동쪽 시작점부터 서쪽 끝부분까지, 그리고 남쪽의 두 지점(two points)을 포함해서 무려 6개의 팀이 HSR 히말라야 팀으로 참여하게 되었습니다.

그런데 뜻밖의 사고가 발생했습니다. 히말라야의 시작점이라 일컬어지는 OO산을 향하여 떠난 팀의 팀장을 맡은 윤성규 형제가 5천 미터의 경계를 넘는 여정을 마친 다음날인 2017년 7월 29일, 그 땅의 복음화를 위해 기도하며 산상 예배를 드리고 내려오는 길에, 저산소증으로 인하여 순교하는 일이 발생한 것입니다. 그 일로 인해 윤성규 형제의 가족과 우리 교회의 성도들은 말로 표현할 수 없는 깊은 슬픔의 계곡을 통과해야 했습니다.

저는 선교지에서 디아스포라 한인교회를 시작한 이후 그때까지, 일찍이 경험해보지 못했던 가장 어렵고 힘든 시기를 통과해야 했습니다. 물론 2020년부터 'COVID-19'라는 팬데믹으로 인해 지금까지 또 다른 깊은 터널을 통과하는 과정 중이지만, 한 교회의 양무리를 돌보는 목자의 입장에서 윤성규 형제의 순교 사건은 슬프고 안타까울 뿐 아니라, 개인적으로 이루 말할 수 없는 연약함과 무능함을 느끼고 깊은 좌절을 경험하는 시간이 되었습니다. 선교 현장에서 사랑하는 영적 아들 같은 성도를 먼저 천국으로 떠내 보내는 일은 감당하기 어려운 고통이었습니다. "이런 일을 겪고도 네가 감히 '믿는 자들은 마땅히 선교해야 한다'라고 선포할 수 있겠느냐?"라고 사탄이 집요하게 물고 늘어지는 것 같았습니다.

'과연 선교가 무엇일까?'

저는 선교라는 말을 다시 꺼낼 자신이 없었습니다. 그해 9월에 열릴 예정이던 비전사경회를 미룰 수밖에 없었습니다. 우리 교회에서 매년 개최한 비전사경회는 현장의 선교사들을 모시고 선교의 헌신을 새롭게 다짐하는 시간이었는데, 제 마음 깊은 곳에는 성도들에게 선교에 관한 이야기를 꺼낼 자신이 더 이상 없었기 때문입니다. 그런데 그 사이에, 윤성규 형제의 아버님이신 윤세영 장로님을 비롯한 몇 분의 성도들이 "우리 교회의 비전인 땅끝 선교를 멈추면 안 된다"라는 의견을 진지하게 전해오셨습니다. 분명 엄청난 슬픔을 느꼈을 그 분들이 저보다 더 하나님을 사랑하시는 것 같았습니다. 그리고 11월경, 순교 사건이 있은 지 4개월이 지나고 나서 많은 성도들이 "우리 교회의 선교 비전을 지속적으로 펼쳐가야 하지 않겠느냐"라는 의견을 다시 내놓았습니다. 제 마음도 조금 녹아져서, '그렇다면 나는 앞으로 어떻게 목회와 선교사역을 감당해야 할까?' 하는 질문에 대한 하나님의 인도하심을 구해야겠다는 생각을 품게 되었습니다.

마침 히말라야 선교사역자들의 모임인 THN(Trans Himalaya Network) 운영위원들의 예비모임을 우리 교회에서 개최하게 되었고, 참석한 몇 분의 선교사들을 강사로 모시고 미루어두었던 '비전사경회'라는 이름으로 저녁 집회를 가지게 되었습니다. 그때 참석한 선교사들은 이챨스, 조다윗, 이말라야, 송여호수아, 한제이미, 곽아브라함, 류동행, 오촌장 등이었습니다.

↓ '로마서 17장'을 보여주시다

둘째 날 저녁 집회가 끝나고 집회에 참석한 선교사들이 사무실에 모여 이런저런 담소를 나누던 중에, 일행 중의 한 분인 오촌장 선교사가 "윤성규 형제 팀의 산행에 함께 가지 못해 마음이 아프다"고 말하며 모두의 마음에 부담이 되는 이야기를 갑자기 꺼냈습니다. 오 선교사는 원래 윤성규의 팀과 동행할 계획을 세웠는데, 건강 문제로 함께 하지 못한 것을 마음의 큰 짐으로 여기고 있었다고 토로했습니다. 집회에서 은혜를 받고 기도하면서 한껏 고무되었던 선교사들의 분위기가 가라앉는 느낌이었습니다.

그때 한제이미 선교사님이 얼굴이 상기된 채 "여러분, 제 얘기를 들어보세요!"라고 말하면서, 그날 자기가 기도 시간에 본 환상을 말하기 시작했습니다. 환상 중에서 본 17이라는 숫자와 '로마서 17장'이라는 음성에 관한 이야기였습니다.

한 선교사님은 영이 맑고 영적인 환상을 자주 보는 분으로서 저와 10년 이상 교류가 있었습니다. 한 선교사님은 그날 환상 가운데에서 윤성규 형제를 보게 되었는데, 그 형제가 두루마리 하나를 정아브라함 목사에게 전해달라는 부탁을 하였다고 말했습니다. 그래서 한 선교사님은 "이걸 내가 왜 받느냐?"라고 물으며 의아해서 두루마리를 펴보니, 그 두루마리 안에는 '17'이라는 숫자가 쓰여 있었다고 합니다. 그리고 동시에 '로마서 17장'이라는 음성을 들었다고 합니다.

환상이 사라지자, 그는 옆에서 기도하던 일행에게 "하나님이 로마서 17장을 윤성규 형제를 통해서 주시네요"라고 말하였습니다. 그러자 그 분들은 "로마서에 17장이 어디 있어요?"라고 반문했습니다. 그래서 갑자기 정신이 들었고, 환상의 의미가 궁금해졌다고 합니다. 그 환상을 본 이야기를 다시 꺼낸 것입니다. 하지만 그것의 정확한 의미가 무엇인지는 모르겠다고 말하였습니다. 그러자 어느 분이 "로마서에는 17장이 없으니, 로마서의 핵심 구절인 로마서 1장 17절(오직 의인은 믿음으로 말미암아 살리라)을 뜻하는 것이 아닐까?"라는 의견을 냈습니다.

한 선교사는 "윤성규 형제가 지금 예수님과 함께 있으며, 슬픔에 빠져 있는 정 목사님과 교회를 향해 하나님의 뜻을 전달하려는 것은 아닌가"라는 생각이 든다고 이야기를 마무리하였습니다.

한 선교사가 그 말을 할 때, 저는 맞은 편에 앉아 있었습니다. 저는 그의 이야기를 듣는 순간 가슴이 뻥 뚫리는 것 같다는 생각이 들었습니다. '이것은 로마서 1장 17절이 아니라, 나로서는 지금까지 한 번도 생각해본 적이 없었던 로마서 17장이 맞다'라는 영적 통찰력을 얻게 된 것입니다. 그것은 다른 분들이 알 수 없는 저와 우리 교회만의 일이었기 때문입니다.

제가 그런 생각을 하게 된 이유는, 그 일이 있기 전 1년 동안, 우리 교회의 주일 강단에서 매주 로마서를 강해했기 때문입니다. 마지막 설교의 본문이 로마서 16장 25-27절이었고, 그것이 하필 2017년 7월 16일 주일에 있었던 HSR 파송예배의 설교였습니다. 미리 계획한 것은 아니었지만, '1년 동안 진행했던 로마서 강해를 우연찮게도 히든실크로드 파송예배 때 전하면서 마치게 된 것은 완전한 하나님의 섭리다'라는 생각이 들었습니다. 윤성규 형제가 우리 교회에서 생애의 마지막 1년 동안 주일 설교 말씀으로 로마서를 들었고, 그의 생애의 마지막 주일 설교로 로마서 16장 마지막 부분을 듣게 되었던 것입니다.

윤성규 형제는 순수하고 참으로 보기 드문 훌륭한 성품을 가진 37살의 열정 가득한 청년이었습니다. 그는 HSR 사역을 무척이나 사랑했는데, 다음해의 HSR을 기다리는 기대감으로 1년을 산다고 말할 정도로 뜨거운 열심을 가지고 있었습니다. 그는 히말라야 선교사들의 연합모임인 THN을 섬기면서, 자신의 직업인 디자인과 영상 작업을 통해 선교사님들을 돕겠다는 비전을 가졌습니다. 그런 마음을 가졌던 윤성규 형제에게, 아마도 로마서는 1년 동안 심령에 깊게 새겨졌을 것입니다. 특별히 윤성규 형제가 HSR 파송예배에서 로마서의 마지막 구절을 주제로 한 설교를 들었으니, 그 일은 윤성규 형제에게는 물론 제게도 '로마서 17장'이라는 영적 통찰을 주시기 위함이었다는 생각이 들게 된 것입니다. 더구나 저에게 이중 삼중으로 확신시키기 위해, 오랫동안 함께 동역해왔고 성령의 음성에 민감한 한 선교사님을 통해 깨닫게 해주신 것이 아닌가 하는 생각도 들었습니다. 저는 그 자리에서 이런 제 생각을 선교사님들과 나누었습니다.

한편으로는 '환상의 내용이 너무 신비적인 것이 아닌가'라는 일말의 부정적인 마음도 스쳐 지나갔습니다. 무언가 영감은 느껴지는데, '그렇다'라고 확신을 갖기에는 부족한 점이 느껴졌기 때문입니다. 그래서 주님의 뜻이라면 말씀을 통해서 제 마음에 확신을 주시기를 기도하면서, 로마서를 다시 천천히 읽어내려갔습니다. 그러자 제 눈에, 이전에는 주의깊게 보지 못했던 구절이 눈에 띄었습니다. 그 구절이 바로 로마서 16장 25-27절이었습니다.

> [25]나의 복음과 예수 그리스도를 전파함은 영세 전부터 감추어졌다가 [26]이제는 나타내신 바 되었으며 영원하신 하나님의 명을 따라 선지자들의 글로 말미암아 모든 민족이 믿어 순종하게 하시려고 알게 하신 바 그 신비의 계시를 따라 된 것이니 이 복음으로 너희를 능히 견고하게 하실 [27]지혜로우신 하나님께 예수 그리스도로 말미암아 영광이 세세무궁하도록 있을지어다 아멘 _롬 16:25-27

동시에, '로마서 17장'이라는 말을 이해하기 위해, 우리에게 익숙해진 '사도행전 29장'이라는 말도 이해할 필요가 있다는 생각이 들었습니다.

↓ 복음 선교로 완성되어야 할 '열린 결말'

'사도행전 29장'이라는 슬로건(일명 'Acts 29')을 들어본 분이 많을 것입니다. 성경에는 사도행전 29장이 없습니다. 사도행전 28장이 열린 마무리(open ending)로 끝났다는 점에서 착안한 말이라고 여겨집니다.

> [30]바울이 온 이태를 자기 셋집에 머물면서 자기에게 오는 사람을 다 영접하고 [31]하나님의 나라를 전파하며 주 예수 그리스도에 관한 모든 것을 담대하게 거침없

이 가르치더라 _행 28:30-31

사도행전이 성령의 주도하에 쓰인 성령행전이라고 일컬어지니, '사도 행전 29장'이라는 슬로건은 성령을 받은 그리스도의 증인들이 계속해서 새로운 선교의 장을 써내려가야 한다는 선교동원적 의미로서 선포된 것이라고 생각합니다. 그와 같은 이유라면, '로마서 17장'도 '말이 되기' 위해서는, '로마서 16장의 마지막 부분에도 열린 마무리로 끝나는 무엇이 있지 않을까?' 하는 데에 생각이 미치게 되었습니다. 놀랍게도, 로마서 16장의 마지막 구절에도 사도행전 28장처럼 '오픈 엔딩'이 있음을 발견하게 되었습니다.

> 25나의 복음과 예수 그리스도를 전파함은 영세 전부터 감추어졌다가 26이제는 나타내신 바 되었으며 영원하신 하나님의 명을 따라 선지자들의 글로 말미암아 모든 민족이 믿어 순종하게 하시려고 알게 하신 바 그 신비의 계시를 따라 된 것이니… _롬 16:25-26

"모든 민족이 믿어 순종하게 하시려고."
이 부분을 읽다가 저는 온몸에 전율을 느꼈습니다.
'아! 로마서는 단순히 로마교회에만 보내는 편지가 아니었구나!'
복음이 모든 민족에게 전파되어 그들이 믿어 순종하게 하시려고, '복음을 모든 민족에게 전해야 할 책임을 성도들에게 부여하기 위하여 바울이 로마서의 마지막 결어(結語) 부분에서 다시 한번 쐐기를 박은 것이었구나'라는 생각을 하게 된 것입니다. 사도 바울이 선교사로서 못다 이룬 이방 영혼의 구원을 생각하면서, 누군가가 이 로마서의 내용을 모든 민족에게 전하도록 하기 위한 비밀코드를, 이 마지막 구절에 심어놓았다는 생각이 들었습니다.

'이방인이 복음을 듣고 믿어 순종하여 구원받는 하나님의 자녀로서 기쁨을 누릴 뿐 아니라, 또한 누군가가 이 로마서에서 깨달은 내용을 다른 민족에게 전해야 한다는 사명을 사도 바울이 불어넣은 것이다!'

이런 사실을 깨달은 저는, '모든 민족이 믿어 순종하게 하시려고' 쓴 로마서를 '땅끝의 모든 민족을 위한 복음서'라는 각도에서 재해석할 필요를 느끼게 되었습니다. 그래서 '로마서 17장'이라는 슬로건을 제시함으로써, 아직도 복음이 들어가지 못한 모든 나라와 족속과 백성(종족)과 방언을 위해, 로마서를 통해 마땅히 전해야 할 복음의 내용과 삶의 모습을 정리할 필요가 있음을 깨닫게 된 것입니다.

하나님께서 복음인 예수 그리스도를 영세 전부터 예정하셨습니다. 그 복음의 비밀이 영원하신 하나님의 명을 따라 선지자들의 글에 쓰였고, 이제 신비의 계시를 따라 이방인에게까지 이르러 드러나게 되었습니다.

바울은 복음이신 예수 그리스도가 모든 민족에게 전해질 것이며, 그들 가운데서 복음을 믿고 순종하는, 구원받은 백성들이 나오는 것이 곧 하나님이 영광을 받으실 일이라고 믿었습니다. 이는 하나님의 심정이 사도 바울에게 전해진 것이고, 사도 바울의 마음이 미물 같은 이 종에게도 부어진 것이라고 믿습니다.

> 지혜로우신 하나님께 예수 그리스도로 말미암아 영광이 세세무궁하도록 있을 지어다 _롬 16:27

이 복음으로 로마교회를 능히 견고하게 하실 하나님께서 결국 모든 민족이 복음 앞에 견고하게 세워질 것으로 인하여 영광을 받으시고, 그 영광이 세세무궁하도록 있게 될 것이라고 바울은 선포합니다. 사도 바울은 그런 마음으로 로마서의 대단원을 서술과 권면이 아닌 감탄사로 마쳤습니다. 이것이 '열린 결말'이라는 것입니다.

로마서는 이 시대에 다시 들어야 할 구원의 복음과 변화의 삶, 그리고 선교적 삶의 보고(寶庫)를 담고 있는 책이라 할 수 있습니다. 사도 바울이 온 마음을 다해 기록한 로마서를 저 혼자 알고 끝나는 것은 바울의 뜻이 아니고, 주님의 뜻은 더더욱 아닐 것입니다. 이 주님의 심정이 이 글을 읽는 독자들에게 동일하게 전해지기를 기도합니다.

'로마서 17장의 비전'을 받은 우리는 주님이 다시 오실 그날까지, 모든 민족이 복음을 믿어 순종하고 하나님께 모든 영광을 돌릴 때까지, 계속해서 복음을 전해야 하고, 들려주어야 하고, 가르쳐야 할 것입니다.

ROMANS

PART

1

믿음으로 구원을 얻는
복음의 비밀

17

01

당신을 향한
하나님의 원대한 계획

첫 번째 장의 제목을 '당신을 향한 하나님의 원대한 계획'이라고 정했습니다. '나를 향한 하나님의 원대한 계획이 있다'라는 생각을 하면서 로마서를 읽고 순종할 수 있게 되기를 바랍니다. 혹시 '나에 대한 하나님의 계획이 무엇인지 아직 모르겠다' 하는 분이 있다면, 이 책과 더불어 로마서를 잘 읽어가다 보면 하나님의 계획을 발견할 수 있으리라 믿습니다.

우리는 먼저 로마서의 수신자인 로마교회의 상황을 살펴볼 필요가 있습니다. 로마서는 신약에서 사도행전 다음에 나옵니다. 사도행전은 예수님이 승천하신 이후에 제자들이 성령을 받고 예루살렘과 온 유대와 사마리아와 땅끝까지 이르러 복음의 증인이 된 내용을 기록한 성경입니다. 예수님의 제자들은 사마리아와 땅끝까지 가서 복음만 전한 것이 아니라 교회를 개척했습니다. 그래서 사도행전은 성령의 행전이면서, 동시에 교회를 어떻게 개척하는지에 관한 교회 개척의 교본이라 할 수 있습니다. 또한 복음이 이방인 지역에 확장된 과정을 보여주는, 초기 선교의 역사가 기록된 역사서이기도 합니다. 그래서 사도행전은 성령, 교회, 선교의 보고(寶庫)를 다 담은 책이라고 할 수 있습니다. 그 사도행전 바로 다음에 바울이 쓴 로마서가 나옵니다.

바울의 서신서 중에서 로마서가 맨 앞에 있는 이유가 바울이 로마서를 가장 먼저 기록했기 때문일까요? 그렇지 않습니다. 바울이 3차 선교 여행을 마친 무렵인 AD 57년 경에 로마서를 썼기 때문에, 로마서를 쓰기 전에 쓴 책(서신서)들이 있고 그 후에 쓴 책들도 있습니다. 그런데 왜 성경에는 바울의 저작 중에서 로마서가 가장 먼저 배치되었을까요? 그의 서신서 중에 분량이 가장 길어서 그렇게 되었다고 일반적으로 여겨지는데, 또한 로마서가 사도 바울이 가장 심혈을 기울여 쓴 서신이며 복음의 교리를 집대성한 것이라는 특징이 있기에 가장 앞에 놓이지 않았을까, 하고 짐작할 뿐입니다.

사람들은 로마서를 성경 중의 성경이라고 평가합니다. 특별히 신약학자들은 로마서를 잘 이해해야 하고, 로마서를 통한 신학적 관점에서 성경 전체를 해석해야 한다고 주장하고 있습니다. 어떤 학자는 로마서가 "신구약 전체에서 손가락에 끼는 반지와 같다"라고 말합니다. 그렇다면 로마서 중에서도 8장은 '반지에 끼운 다이아몬드'라고 할 수 있습니다. 로마서는 그 8장을 중심으로 하여 16개의 장으로 구성돼 있습니다.

로마서는 역사에서 수많은 사람을 변화시킨 책이 되었습니다. 어거스틴, 마틴 루터, 요한 웨슬리와 같은 위대한 인물들을 새롭게 변화시켜서 교회사에 큰 변혁을 일으켰습니다. 그런 점에서 로마서는 매우 위험한 책이라고 말할 수 있습니다. 사람을 변화시키고 세계 역사를 변화시킨, 강력한 폭발력을 가진 책이기 때문입니다. 그런 면에서도, 로마서에 대한 이 강해서가 독자들을 영적인 사람으로 변화시키는 강력한 책이 되길 소망합니다. 독자의 개인사에서는 물론 민족사적으로, 더 나아가 세계사적으로 획기적인 역할을 하는 하나님의 사람이 나올 수 있기를 꿈꾸면서, 이 로마서 강해를 시작합니다.

↓ 로마교회의 기원과 특징

첫째, 먼저 생각해볼 질문은 "누가 로마교회를 세웠을까?" 하는 것입니다.

로마교회의 기원에 관해 정확히 알 수 있는 자료는 없습니다. 직접적인 증거는 없지만, 성경과 역사적 문헌들을 통하여 그 기원을 추정해볼 수는 있습니다. 성경에서는 이 말씀을 통해 로마교회의 기원을 상상할 수 있습니다.

··· 로마로부터 온 나그네 곧 유대인과 유대교에 들어온 사람들과 _행 2:10

사도행전 2장 10절의 오순절 성령강림 사건을 보면 예루살렘 외부에서 온 사람들의 국적이 다양합니다. 다른 나라 사람들이 많이 등장하는 것입니다. 그중에 '로마로부터 온 나그네, 곧 유대인과 유대교에 들어온 사람들'이 있었습니다.

사도행전 2장은 전세계에서 경건한 유대인 순례객들이 오순절을 기념하기 위해 예루살렘에 와서 성전에서 제사를 드리며, 일생에서 가장 중요한 성지 순례를 하고 있었음을 보여줍니다. 그런데 오순절에, 예루살렘에서 성령이 하늘로부터 강림하고, 성령의 강림으로 120여 명의 제자들이 성령의 충만을 받고 '난곳 방언'을 말하는 역사가 일어났습니다. 그 당시 예루살렘에 와 있던 수많은 사람들이 "하나님의 큰일을 말하는 것을 듣는

도다"(행 2:11)라고 말하면서 마가의 다락방 주위로 몰려들었는데, 그 수가 수천 명이나 되었습니다. 그때 베드로가 그들에게 성령에 의해 일어난 일들에 대해 증거하였습니다. 수많은 사람들이 베드로의 설교를 듣고 마음이 찔려서 "그러면 우리는 어찌할꼬"(행 2:37)라고 물었습니다. 이에 베드로가 이렇게 대답했습니다.

> 베드로가 이르되 너희가 회개하여 각각 예수 그리스도의 이름으로 침례(세례)를 받고 죄 사함을 받으라 그리하면 성령의 선물을 받으리니 _행 2:38

그날 베드로의 설교를 듣고 마음이 찔려 침례(세례)를 받은 사람이 무려 3천 명 정도나 되었다고 합니다. 그 무리 중에 로마에서 온 나그네들이 있었던 것입니다. 그들은 예루살렘에서 시작된 신생(新生) 그리스도교 공동체와 함께하면서, 예수 그리스도와 하나님 나라에 관한 사도들의 가르침을 받고, 사도들처럼 '성령 충만'을 경험했을 것입니다. 그러다 어느 정도 기간이 지난 후, 자기가 태어나고 살았던 로마로 돌아갔을 것입니다. 로마로 돌아간 그들이 바로 성경에 등장하는 최초의 로마 기독교인들이라고 추정할 수 있는 것입니다. 그들이 로마에 최초로 복음을 전달한 자들이었다면, 로마교회를 세운 사람들은 사도나 교사들이 아닌, 로마에 거하게 된 경건한 유대인 평신도들이었을 것입니다.

로마교회가 사도들이 직접 가르치고 세운 교회가 아니며, 그들이 평신도들이었기 때문에 사도들로부터 체계적인 신앙교육과 훈련을 받지 못했을 것입니다. 더구나 원래 유대교 전통대로 신앙생활을 해왔던 사람들이었으므로, 여전히 유대인의 전통을 따라 생활하면서 그리스도를 믿는 자들이 되었을 것입니다. 그들이 '유대적 전통을 따랐다'는 것은 무엇을 말할까요? 유대인으로서 전통적으로 내려오는 문화적이고 제례적인 것, 예를 들어 할례나 모세가 전한 율법들과 제사법들을 모두 준행하던 사람들이라는 말입니다. 이에 더하여, 동시에 예수 그리스도를 믿는 유대인들이었다는 말입니다. 그러니 당연히 새로운 기독교 신앙을 갖지 않은 유대인들과 크고 작은 갈등을 겪으면서 신앙생활을 이어갔을 것입니다.

4세기의 라틴 교부 암부로시우스는 그의 로마서 주석에서 초기 로마 기독교인들의 삶을 이렇게 기록하였습니다.

"로마인들은 사도들의 이적들을 보지 못하고, 비록 유대적 의식을 따르긴 하였으나, (또한) 기독교 신앙을 받아들였다."

정리하면, 초기 로마교회는 '복음의 기초가 든든히 세워지지 못한, 잠재적 갈등을 내포한 불완전한 교회였다'라고 말할 수 있습니다.

둘째, 유대인 기독교인과 이방인 기독교인 사이에 갈등이 있었습니다.

로마교회를 생각할 때 두 번째로 고려할 것은, 유대인 기독교인 공동체에 순수한 이방인 기독교인이 들어왔다는 것입니다. 로마는 식민지의 문화를 존중하는 유화정책을 썼습니다. 그러다 보니, 유대인이 주로 사는 지역에서 시작된 기독교 신앙이 주변의 이방인들에게도 영향을 미치게 되었고, 그들 중에서도 기독교인이 되어 구원받는 사람들이 생기게 된 것입니다.

우리는 사도 바울을 통하여 어떻게 갈라디아, 아시아, 마게도니아, 고린도 지역에까지 많은 교회가 세워지고, 또한 이방인들이 예수를 믿게 되었는지 보았습니다. 로마도 마찬가지였습니다. 당시 로마는 세계의 중심지였습니다. 모든 길은 로마로 통했습니다. 로마가 정치적, 경제적 목적으로 건설한 도로를 통하여, 로마제국의 식민지로부터 온 사람들이 사업이나 학업이나 이주 등의 목적으로 로마에 유입되었습니다. 지금도 어느 나라나 지방에서든 도시로, 특별히 행정 수도로 사람들이 많이 유입되는 것을 보면, 그 시대에도 그런 일이 있었을 것을 충분히 짐작할 수 있습니다.

로마에 들어온 유대인들도 유대인 사회를 중심으로 집단생활을 하게 되었습니다. (한국인 디아스포라도 세계의 어느 나라에 가든 한국인들이 모여 사는 코리아타운을 형성하여, 그곳을 중심으로 한인사회를 형성하고 있습니다.) 그곳에 유대인의 회당을 중심으로 형성된 유대인 사회에 기독교회가 형성되는 방식으로 초대 로마교회가 세워졌던 것입니다.

다른 지역에서 먼저 기독교를 받아들였던 사람들도 로마에 왔을 것이고, 그들은 로마에서도 신앙을 지키려고 노력했을 것입니다. 그들이 로마의 유대인 공동체 안에도 기독교회가 있다는 것을 알게 되어 합류했을 것입니다. 사도 바울이 로마서 16장에서, 먼저 로마교회에 가 있던 동역자들과 평신도들의 이름을 기록했다는 사실에서 그것을 짐작할 수 있습니다. 그러므로 초기 로마 기독교인들은 처음에는 유대인 중심으로 출발했겠지만, 이방인이 더해져 새로운 기독교 공동체를 만들었을 것으로 보입니다.

유대인들과 이방인들은 처음에는 그리스도 안에서 형제와 자매라는 이유로 서로를 반갑게 맞이하였지만, 시간이 지남에 따라 할례나 음식과 '날'(지켜야 할 절기)과 같은 유대의 율법 문제와 유대적 전통 등으로 인해 점점 마찰이 커졌습니다. 로마의 이방인들이 기독교인이 될수록 이 갈등의 폭발력은 점점 커져만 갔습니다. 누군가 이 부분을 다스려줌으로 완충 역할을 해주어야 했고, 교리적으로 정확한 길라잡이를 해야 했습니다.

우리는 사도행전에서, 사도 바울이 가는 곳마다 항상 유대인 회당을 중심으로 복음을 먼저 전하고, 그곳에서 갈등이 드러날 때 조정하거나, 제자가 된 자들을 데려가 집중적인 교육과 훈련을 통하여 인근 지역에 교회를 새롭게 세우도록 하는 선교 전략을 사용했음을 알 수 있습니다. 바울은 로마서를 통해, 로마교회의 유대인과 이방인 기독교인들 사이의 갈등을 조정하려 했던 것으로 보입니다.

셋째, 클라우디우스의 추방 명령의 여파로 로마교회의 구성원이 달라졌습니다.

세 번째로 생각해 볼 내용은 로마의 클라우디우스 황제(재임 기간 AD 41-54년)가 유대인들을 추방한 사건입니다. 이 추방령의 여파로 로마교회의 핵심 구성원이 완전히 바뀌게 되었기 때문입니다. 로마의 유대인 지역에서 정통 유대인들과 기독교인들 사이에 갈등이 커졌고, 그것이 결국 큰 소요로 번지는 사건이 발생했습니다. 그 결과, 로마가 조용하기를 바랐던 클라우디우스 황제는 AD 49년경에 로마에서 유대인을 대규모로 추방했습니다. 이 추방령의 일면이 사도행전 18장 2절에 등장합니다.

> 아굴라라 하는 본도에서 난 유대인 한 사람을 만나니 글라우디오가 모든 유대인을 명하여 로마에서 떠나라 한 고로 그가 그 아내 브리스길라와 함께 이달리야로부터 새로 온지라 바울이 그들에게 가매 _행 18:2

'로마에서 떠나라 한 고로'라는 내용이 바로 클라우디우스(글라우디오) 황제 시절의 '유대인 로마 추방 명령'에 해당됩니다. 브리스길라와 아굴라 부부는 이때 추방을 당해 이달리야(이태리, 로마)로부터 고린도로 왔고, 마침 바울이 고린도에 도착하여 만나게 된 것입니다. 이러한 사실은 성경이 세속 역사와 관련된 내용이므로 성서 연대를 추정하는 중요한 근거이기도 하고, 성경이 역사적 진실과 동떨어진 내용이 아님을 증명하는 근거가 되기도 합니다.

바울이 처음 고린도에 갔을 때가 2차 전도여행 때인 AD 50-53년 정도라고 보면, 아굴라와 브리스길라 부부는 클라우디우스 황제 때 추방당한 뒤 몇 년 사이에 바울을 만났다고 볼 수 있습니다.

그 당시의 로마교회 상황을 엿볼 수 있는 신빙성 있는 자료가 또 있습니다. 고대 문서인 수에토니우스의 《클라우디우스의 일생》은 이 사건의 원인을 다음과 같이 기록하고 있습니다.

"황제가 유대인들을 로마로부터 추방하였다. 그들이 계속 크레스투스 (Crestus)의 선동에 따라 폭동을 일으켰기 때문이다."

그가 언급한 '크레스투스'라는 사람은 그 당시 로마에 살던 유대인 선동자였습니다. 클라우디우스가 유대인들을 추방했던 이유가, 크레스투스가 유대인들을 선동해서 기독교인이 되게 했기 때문이라는 말입니다. 혹자는 크레스투스가 그리스도를 말하는 명칭으로 보기도 합니다. 크레스투스가 크리스투스(그리스도)를 가리키는 말로서, '알파벳 e와 i만 다른 것이 아닌가'라고 추측하는 학자들이 있는 겁니다. 크레스투스가 특별한 사람이 아니라 그리스도인들을 말한다고 추정할 수도 있습니다.

바울이 제3차 전도여행 당시 로마서를 쓸 때, 아굴라와 브리스길라는 이미 로마에 들어가 있었습니다. 이러한 사료(史料)와 성경을 통해 우리가 알 수 있는 것은, 로마교회는 처음엔 유대인 평신도들로 시작되었고, 다른 지역에서 복음을 듣고 이주한 일부 이방인들이 더해졌다가, 클라우디우스의 추방령을 따라 유대인들이 떠날 때, 이방인 그리스도인들만 로마교회에 남았을 것으로 볼 수 있습니다. 그들이 중심이 되어 교회를 유지하다 보니, 로마교회는 이방인의 색깔로 완전히 바뀌었을 것입니다. 그러니 유대인 추방 명령이 해제되고 난 후, 떠났던 유대인들이 로마로 돌아왔을 때, 이미 이방인 그리스도인이 중심이 된 로마교회는 유대인들을 주변으로 밀어낸 상태였을 것입니다.

넷째, 로마교회를 향한 사도 바울의 마음은 특별했습니다.

이러한 배경을 볼 때, 사도 바울은 로마교회의 갈등을 잠재우기 위해서라도 복음의 진리를 확고하게 하지 않으면, 당시 로마제국의 수도에 세워진 기독교의 존립 자체가 흔들릴 수 있다고 생각했을 것입니다. 로마교회의 소식을 접한 바울이 복음의 진리를 전하여 로마교회를 복음의 기초 위에 든든히 세울 필요를 느꼈던 것입니다. 그래서 이방 땅에 교회를 든든히 세우려 했던 사도 바울이 마음을 다하여 로마서를 집필했을 것이라고 상상해보는 것입니다.

바울이 로마서를 심도 있게 쓸 수밖에 없었던 또 다른 이유는, 바울이 미래를 내다보는 성령 충만한 사역자였기 때문입니다. 로마제국의 수도에 세워진 로마교회가 한 교회로서 존재해야 한다는 목적 때문만이 아니라, 이후에 이방 땅에 세워질 기독교회들의 모델이 되는 교회로서, 성도들이 진리의 말씀대로 순종하며 살아갈 수 있는 교회로 세워져야 하며, 더 나아가 세계선교의 모판 역할을 감당할 수 있어야겠다는 소망을 바울이 가졌을 것입니다. 이런 중대한 사명을 받은 교회가 거짓 교사들의 영향을 받아 잘못된 모습으로 세워진다면 얼마나 안타깝겠습니까?

사도 바울은 로마교회가 비록 다양한 구성원으로 이루어진 교회이지만, 도리어 이방 땅에 세워질 이상적인 교회의 모습을 가진 곳이라고 생각했을 것입니다. 그래서 기독교 진리에 대해 확실히 정리된 내용을 담은 서신을 써야겠다고 생각했던 것입니다. 그것을 믿음의 눈으로 로마서에 담았다고 할 수 있습니다.

바울은 이방인 선교에 부름을 받았기 때문에, 자나 깨나 '이방인에게 어떻게 그리스도를 전할까'를 생각하다 보니, 로마교회에 대한 성령의 감동과 기대가 있었을 것이라고 여겨집니다. 아마도 바울은 부족한 저 같은 종이 다 표현하지 못하는 그 이상의 기대를 품고 로마서를 썼을 것입니다. 그런 점에서 로마서는 유대인들에게뿐 아니라 이방인들의 교회에도 신학적인 기초를 든든히 세워주는 교과서라고 말할 수 있습니다.

로마교회를 통한 세계선교의 꿈, 즉 로마교회가 땅끝 선교의 훌륭한 모판이 되는 역할을 감당하리라는 꿈을 꿀 수 있었던 바울이 저는 몹시 부럽습니다. 저는 매주 선교 현장에서 로마서를 설교하기 위해 씨름하면서, 로마라는 이방 땅에 세워진 교회를 확실한 진리 위에 바로 세워야겠다는 간절한 마음으로 한 자 한 자 로마서를 써내려갔을 사도 바울의 심장을 느끼게 되었습니다. 한국교회와 성도들에게, 로마서에 드러나 있는 사도 바울의 마음을 선교사인 저의 시각으로 나누기를 원합니다.

부족한 종은 지난 25년 동안 땅끝을 품고 변방에서 사역해왔습니다. 그동안 제가 일해왔던 선교단체에서의 사역, 현장에서의 선교 사역, 제자훈련 사역과 신학교 사역, 그리고 디아스포라 한인교회의 목회자로서의 사역 등에서 경험하고 느껴왔던 내용들을 로마서를 기록한 사도 바울의 마음에 투영해보기를 바랐습니다. 그러다 보니, 로마서가 저에게는 더 이상 딱딱한 교리서가 아니었습니다. 로마서는 선교 현장에서 부딪친 문제들을 하나하나 풀어내는 사도 바울의 눈물과 땀이 범벅된, 이방 영혼을 향한 끝없는 사랑의 고백서라고 할 수 있는 책입니다. 저는 이런 시각에서 로마서를 보기 원하고, 이것이 이 책을 집필한 이유가 되었습니다.

↳ 바울이 '나의 복음'이라고 표현한 '예수 그리스도의 복음'은 무엇인가?

<u>첫째, 바울은 어떻게 사도로 부르심을 받았을까요?</u>

예수 그리스도의 종 바울은 사도로 부르심을 받아 하나님의 복음을 위하여 택정함을 입었으니 _롬 1:1

사도 바울은 '예수 그리스도의 종인 바울'이라고 분명히 자기의 정체성을 소개합니다. 그리스도의 종이 되는 것은 하나님의 택정하심 때문이지 인간의 자원(自願)에 의한 것이 아닙니다.

'사도'는 헬라어로 '아포스톨로스', 즉 '보냄을 받은 자'라는 뜻입니다. 사도 바울은 자신이 예수 그리스도의 종인 사도로 부르심을 받았고, 또한 '하나님의 복음'을 위하여 보냄을 받았다는 사실을 밝힙니다. 여기서 언급한 '복음'이라는 단어가 로마서에서 가장 뜨거운 핵심 키워드입니다. 로마서 1장 1절에는 이러한 보석과 같은 단어들이 열거되고 있습니다.

복음은 헬라어로는 '유앙겔리온'이라고 쓰고, 영어로는 굿뉴스(Good News), 중국어로는 '하오더샤오시'(好的消息), 한국어로는 '좋은 소식'입니다. 복음, 말만 들어도 가슴이 펄떡펄떡 뛰는 이 단어는 도대체 무엇을 뜻하는 것일까요?

'유앙겔리온'은 성경이 기록되던 당시에 로마 황제와 관련되어 쓰이던 용어였습니다. 새로운 황제가 등극할 때나 황제가 다스리는 국가나 도시를 방문할 때, 그 황제의 즉위나 방문을 '유앙겔리온'이라고 불렀습니다. 황제가 즉위하거나 방문하는 것이 '좋은 소식'이라는 것입니다.

황제가 아들을 낳거나 전쟁에서 이겼다는 것도 황제와 관련된 좋은 소식이었습니다. 왜냐하면, 새로운 황제가 등극하면 죄수들에게 특별 사면을 시행하며, 신하들과 시민들은 기념 하사품이나 선물과 특식 등을 받을 수 있었기 때문입니다. 지금으로 보면 이것이 그다지 중요하게 보이지 않을 수 있지만, 먹거리가 별로 없던 당시에는 황제가 주는 특별 하사품이 얼마나 큰 기대가 되었을지 상상할 수 있습니다. 당시에 이렇게 정치적으로 사용하던 개념을 사도 바울이 '복음'의 의미로 차용한 것이라고 볼 수 있습니다.

영원한 천국의 소망이나 영생을 알지 못했던 백성에게는 황제에 관한 소식이 좋은 소식이던 때가 있었습니다. 이런 뜻을 담고 있는 '유앙겔리온'이 바로 복음이라는 단어의 원뜻입니다. 그러면 사도 바울은 '유앙겔리온'을 어떻게 해석했을까요? 그가 만난 복음이 무엇이었는가 하는 질문입니다.

둘째, 사도 바울이 만난 복음은 무엇일까요?

²이 복음은 하나님이 선지자들을 통하여 그의 아들에 관하여 성경에 미리 약속하신 것이라 ³그의 아들에 관하여 말하면 육신으로는 다윗의 혈통에서 나셨고 ⁴성결의 영으로는 죽은 자들 가운데서 부활하사 능력으로 하나님의 아들로 선포되셨으니 곧 우리 주 예수 그리스도시니라 _롬 1:2-4

'선지자들을 통하여'라는 말의 의미는 '구약성경을 통하여'입니다. 당시에 그들이 갖고 있던 공식 성경은 구약성경밖에 없었습니다. 구약성경에서 복음은 '하나님의 아들에 관하여 미리 약속하신 소식'이라고 말하고 있습니다.

진정한 복음은 황제에 관한 소식이 아닙니다. 하나님의 아들에 관하여 성경에 미리 약속하신 것입니다. 그러므로 이 복음은 사람이 만든 것이 아닙니다. 복음은 하나님 편에서 일방적으로 택하신 인간을 구원하시기 위해, 구약성경을 통해 그 아들에 관한 내용을 미리 약속해놓은 것입니다.

사도 바울이 해석한 복음은 '성경에 기록된 대로 오시리라' 한 그 아들이 다윗의 혈통으로 나신 것이고, 또 죽은 자들 가운데 부활하신 분인데, 그분이 하나님의 아들이라는 것입니다. 그분이 지금 이 시대에 오신 예수 그리스도이십니다. 따라서 주 예수 그리스도가 좋은 소식이고 복음인 유앙겔리온이 되는 것입니다.

일시적 쾌락이나 배를 불리는 향락은 진정한 복음이 아닙니다. 진정한 복음은 오직 주 예수 그리스도께서 우리 죄를 구속하시기 위하여 십자가를 지시고, 죽으심과 부활의 첫 열매로, 영원한 소망의 주로 다시 살아나신 사실입니다. 사도 바울이 당시 사람들이 알고 있었던 복음이라는 단어를 차용했지만, 완전히 다른 개념, 즉 '진짜 왕(Real King)은 예수 그리스도이시다'라는 의미를 전하고자 했던 것입니다. 당시에 이것이 얼마나 혁명적인 발언이었겠습니까? 이런 이야기를 쉽게 할 수 없었을 때였습니다. 그러므로 자신의 목숨을 내놓고 복음에 관해 이야기하는 것을 통하여, 사도 바울은 이 복음을 생명보다 더 가치 있는 것으로 여기고 있었음을 알 수 있습니다.

셋째, 복음의 능력은 무엇일까요?

내가 복음을 부끄러워하지 아니하노니 이 복음은 모든 믿는 자에게 구원을 주시는 하나님의 능력이 됨이라 먼저는 유대인에게요 그리고 헬라인에게로다

_롬 1:16

조용기 목사님은 《로마서 강해》에서 복음의 능력에 대해 이렇게 설명하고 있습니다.

"복음이란 무엇입니까? 복음이란 예수님을 믿음으로 거듭난 자가 영생을 얻어 영원한 천국에 깊이 뿌리박고 죄책과 정죄에서 해방되며, 허무와 무의미에서 벗어나 삶의 가치를 얻고, 죽음의 생활에 부활을 가져오게 되는 하나님의 능력입니다. 그래서 이 땅에서 사는 동안에도 죄와 마귀와 절망을 이기고, 파괴와 질병과 가난을 극복하고, 새로운 삶을 창조하고 생산하며 건설하는 것이 복음입니다."

한편 '헬라인'이란 단순히 이방인을 의미한다기보다, 당시에는 헬라 사람들이 교육을 많이 받고 철학적인 지혜가 많았기 때문에, 문명인을 의미하는 말로 쓰였다고 볼 수 있습니다. 상대적으로 '야만인'은 헬라어를 쓰지 않는 변방의 사람들을 말하는 용어로 쓰였습니다.

넷째, '하나님의 의'란 무엇일까요?

복음에는 하나님의 의가 나타나서 믿음으로 믿음에 이르게 하나니 기록된 바
오직 의인은 믿음으로 말미암아 살리라 함과 같으니라 _롬 1:17

로마서의 가장 핵심적인 주제 중의 하나가 17절에 담겨 있습니다. 바로 '하나님의 의'입니다. 17절에 나오는 '오직 의인은 믿음으로 말미암아 살리라'라는 말씀은 로마서의 토대가 되고 있습니다. 로마서의 핵심인 이신 칭의, 즉 '믿음으로 의롭다 함을 받는다'라는 개신교 신학의 가장 중요한 기초인 것입니다. 이렇게 중요한 내용이 로마서의 1장 서론에서부터 나오고 있습니다.

마틴 루터는 '하나님의 의'라는 말의 의미를 하나님이 주신 영감과 지혜로 깨닫고, 종교개혁을 주도하게 되었습니다.

"나는 바울의 로마서를 이해하려고 갈망했다. 그런데 '하나님의 의'라는 표현만은 도저히 이해할 수 없었다. 나는 그것이 하나님께서 의로우시고 불의한 자들을 심판하시기에 의로우시다는 '의'인 줄로 생각했다. 하나님의 의로우심을 이야기하는 줄 알았던 것이다. 나는 주야로 생각했다. 드디어 나는 '하나님의 의'라는 것이 은혜와 긍휼을 통하여, 그분이 우리를 '믿음을 통해 의롭다고 하시는 의'라는 진리를 깨달았다. 하나님의 의가 아니라 우리를 의롭게 하시는 하나님의 길, 그것이 바로 '하나님의 의'라는 것이다. 나는 그때, 나 자신이 다시 태어난 것을 느꼈다."

'하나님의 의'는 모든 로마서 강해에서 자주 등장하는 주제입니다. 하나님의 의를 이해하기 위해서는 그것의 반대말을 알 필요가 있습니다. 반대말이 무엇일까요? '내가(사람이) 구원의 길을 만들어간다'라는 의미에서 '나(사람)의 의'입니다. 사람들은 자기 노력으로, 자기 공로로 구원의 길을 만들어갈 수 있다고 생각합니다. 그러나 그것은 길이 될 수 없다고 성경은

단호히 말합니다.

그러면 온전한 구원의 길은 무엇입니까? 하나님이 예수님을 이 땅에 보내주셔서, 그분이 십자가에 달려 죽으시고 부활하셨습니다. 사람들은 십자가에서 죽으신 예수님을 그리스도로 믿을 때 구원에 이르게 됩니다. 그것이 바로 하나님이 허락하시고 합당하게 받으시는 '하나님의 의'가 되는 것입니다. 이것은 앞으로 계속해서 강조할 것입니다. '하나님의 의'가 복음을 이해하는 핵심 단어라는 사실을 먼저 깨닫게 되기를 바랍니다.

그러면 의인은 어떤 사람을 말합니까? '하나님의 의'를 믿음으로 받아들이며 살아가는 자입니다. 이 말씀은 바울이 처음 한 말이 아니라, 구약에서 이미 사용되었습니다.

… 의인은 그의 믿음으로 말미암아 살리라 _합 2:4

사도 바울은 이 구절을 갈라디아서에서도 핵심으로 인용하였습니다.

… 의인은 믿음으로 살리라 하였음이라 _갈 3:11

이것이 바로, 바울이 주장하는 '믿음으로 의롭게 된다'라는 '이신칭의' 신학에서 가장 중요한 성구입니다. 바울은 이 능력의 복음을 이방 땅에 전하라고 부르심을 받았습니다. 바울은 이러한 자기의 정체성을 분명히 알고 있었던 사람입니다. 그가 그 정체성을 깨달으면 깨달을수록 시간과 물질과 힘을 함부로 사용할 수 없었습니다. 그는 복음인 예수 그리스도를 이방 땅에 전하라고 부름받은 사도라는 분명한 사명 의식과 정체성을 갖고서, 그 일에 전적으로 순종했던 하나님의 충성스러운 일꾼이었습니다.

↓ 바울이 로마를 방문하려는 세 가지 목적

우리는 앞에서 로마교회의 배경에 대해 이해하게 되었고, 로마서에서 가장 중요한 핵심 단어인 '복음'과 '하나님의 의'에 관해 배웠습니다. 바울은 그 다음으로, 자신이 로마를 방문하려는 목적을 기록하였습니다. 이것도 로마서를 이해할 수 있는 아주 중요한 배경이 됩니다. 사도 바울이 로마를 방문하기 전에 방문의 목적을 언급하며, 그것을 글로 먼저 밝혔기 때문입니다.

> 첫째, 로마교회에 신령한 은사를 나누어 주려는 것입니다.
> 내가 너희 보기를 간절히 원하는 것은 어떤 신령한 은사를 너희에게 나누어 주어 너희를 견고하게 하려 함이니 _롬 1:11

사도 바울이 로마를 방문하려는 첫째 목적은 '어떤 신령한 은사(some spiritual gift, NLT)를 나누어 주어 로마교회를 견고하게 하려 함'이라고 했습니다. 그때 로마교회가 견고했을까요? 앞에서 그럴 수 없다는 개연성을 살펴보았습니다. 유대인이 추방당했다가 다시 돌아가게 되면서 이방인과 유대인 사이에 갈등이 있었고, 교리도 혼란스러웠습니다. 물론 로마교회의 믿음에 대해서는 사도 바울이 서론에서 칭찬한 적이 있지만, 로마교회는 다양한 사람들과 여러 민족으로 구성되었을 뿐 아니라, 복음을 제대로 가르칠 수 있는 지도자와 교사들도 없었습니다. 도리어 다양한 사람들의 의견들이 드러나고 충돌하는 불안정한 교회였습니다. 그래서 그들에게 믿음이 견고하게 뿌리 내릴 수 없었음을 바울은 이해했을 것입니다. 그런 상황에서 사도 바울이 로마에 방문하려는 이유가 그들에게 '하나님의 어떤 신령한 은사를 공급해주어 그들의 믿음을 견고히' 해주고, 그 일로 인하여 '로마교회를 든든히 세워주고 싶었다'라는 것입니다. 바울은 이것을 로마서의 마지막 부분인 로마서 15장에서 다시 설명하였습니다.

> 내가 너희에게 나아갈 때에 그리스도의 충만한 복을 가지고 갈 줄을 아노라
>
> _롬 15:29

여기서 '그리스도의 충만한 복'의 영어를 직역하면 '그리스도 복음의 축복의 충만함'(Fullness of the Blessing of the Gospel of Christ, KJV)이라고 할 수 있습니다. 한글 성경에는 이것이 '충만한 복'으로 번역돼 있습니다. '그리스도 복음의 축복', 또는 '축복의 복음의 충만함'이라고 직역할 수도 있습니다. "이 복을 내가(바울이) 너희에게 가져가겠다"라는 것입니다. 무슨 말입니까? 로마교회가 그때 믿고 있던 복음은 '충만한 복음'이 아니었다는 말이 됩니다. 로마교회는 복음의 일부에 대해서만 알고 있었던 것입니다.

영어로 '그리스도의 복음의 충만한 복'은 'Fullness of the Blessing of the Gospel of Christ'인데, 이것을 더 간단히 줄이면 'Full Blessing Gospel'이고, 더 줄이면 'Full Gospel'(충만한 복음)이라고 표현할 수 있습니다. 어디서 많이 들어본 것 같습니까? 바로 우리말로 '순복음'입니다. '순복음'이라는 단어는 '사도 바울이 전하기 원한 충만한 복음을 우리가 온전히 받아들이자'라는 뜻을 가진, 매우 성경적인 의미를 담고 있습니다. 성령의 영적인 강력한 역사, 즉 '신령한 은사'(spiritual gift)를 포함한 성령 충만, 축복(Blessing)의 복음, 영혼육의 전인적인 복음, 이런 모든 것들을 포함하는 그리스도의 온전한 복음, 즉 전인구원(全人救援)의 복음을 사도 바울이 로마교회에 전하기 원한다는 의미로 말한 것입니다. 이러한 복음의 충만한 복과 능력을 진정으로 맛보려면 신앙의 체험이 중요합니다.

체험이 있는 신앙이 뿌리를 깊이 내립니다. 체험의 신앙이 있는 사람은 눈에는 아무것도 보이지 않고 귀에는 아무 소리 들리지 않아도, 손에 잡히는 것이 없고 칠흑 같은 어두움이 몰려와도 복음의 진리인 말씀에 굳게 서서 환경을 이기고, 어두움 가운데서 빛을 찾고 절망 가운데서 소망으로 살아내고, 죽음에서 생명을 부여잡고 무질서 가운데에서 질서를 바라보고, 가난으로부터 부요해지는 의식을 가지고 창조적인 역사를 만들어갈 수 있게 되는 것입니다.

로마의 성도들은 복음을 알고 받아들였지만, 충만한 복을 누리고 있지는 못했습니다. 복음을 누리는 삶이 무엇인지 모르고 있었던 것입니다. 사도 바울은 그런 로마 교인들에게 신령한 영적 복을 포함하여, 영혼이 잘됨같이 범사가 잘되고 강건하고 충만하며 풍성한 삶을 누리도록, 진리와 신령한 은사를 나누어주기를 원했던 것입니다.

둘째, 로마교회가 선교의 열매를 맺게 하려는 것입니다.

형제들아 내가 여러 번 너희에게 가고자 한 것을 너희가 모르기를 원하지 아니하노니 이는 너희 중에서도 다른 이방인 중에서와 같이 열매를 맺게 하려 함이로되 지금까지 길이 막혔도다 _롬 1:13

사도 바울은 이전부터 로마에 가려고 몇 번을 시도했는데, 가지 못하고 막혔습니다. 바울이 그렇게까지 로마에 가려고 한 두 번째 목적은 로마 교인들이 열매를 맺게 하려는 것이었다고 말합니다. 그 열매란 무엇일까요?

그리스도인에게 일반적으로 열매라고 하면 성령의 열매가 있고, 전도와 사역의 열매도 있습니다. 13절에서 언급한 열매는 우리가 생각하는 그런 것과 달리 매우 실제적인 내용이라는 것을 알 필요가 있습니다. 서론, 즉 로마서의 1장에서 언급한 이 내용은 로마서의 결론 부분인 15장에서 다시 한 번 정확하게 반복되며 강조되는데, 바로 이 말씀이 13절의 '열매'가 무엇인지를 구체적으로 설명합니다.

> ²²그러므로 또한 내가 너희에게 가려 하던 것이 여러 번 막혔더니 ²³이제는 이 지방에 일할 곳이 없고 또 여러 해 전부터 언제든지 서바나로 갈 때에 너희에게 가기를 바라고 있었으니 ²⁴이는 지나가는 길에 너희를 보고 먼저 너희와 사귐으로 얼마간 기쁨을 가진 후에 너희가 그리로 보내주기를 바람이라 _롬 15:22-24

사도 바울은 이제 '이 지방'에서는 일할 곳이 없을 정도로 사역의 기반을 다졌다고 말합니다. '이 지방'이란 마게도냐와 고린도와 아가야 지역입니다. 사도 바울은 여러 해 전부터 서바나(스페인)로 갈 계획이 있었는데, 가는 길에 로마 교인들을 만나보고 그들과 교제를 나누고 난 후, 그들이 자신을 서바나로 보내주기를 바란다고 말한 것입니다. '보내주기를 바란다'라는 말의 구체적인 의미는, 요즘 표현을 빌리자면, '나를 선교사로 파송해주기를 바란다. 물질로 도와주기를 바란다'라는 것입니다. 그렇다면 그 열매를 '로마교회가 바울을 서바나로 보내주는 것'으로 보는 것이 직접적인 해석입니다. 사도 바울의 마음속 의도를 드러냈다고 할 수 있습니다.

사도 바울은 그때까지는 안디옥을 베이스로 삼아 선교 활동을 했습니다. 그런데 사도 바울이 10여년간 선교활동을 하다 보니 그도 나이가 들어가고, 이제 사역할 기간이 얼마 남지 않은 것을 느끼게 되었습니다. 하지만 예수님이 유언처럼 당부한 말씀은 마음에 아직 남아 있습니다.

> … 예루살렘과 온 유대와 사마리아와 땅 끝까지 이르러 내 증인이 되리라 _행 1:8
> … 이방인과 임금들과 이스라엘 자손들에게 전하기 위하여 택한 나의 그릇이라 _행 9:15

이 말씀은 초내교회가 받은 예수님의 유언이고, 사도 바울이 하나님의 부르심을 받은 사명의 내용이기도 합니다. 사도 바울이 생각하기에 그때는 아직도 복음의 불모지로 남아 있는 땅이 많았습니다. 지난 10여년 동안 혼신의 힘을 다해서 복음을 전했지만, 눈을 들어보니 희어져 추수하게 된 밭이 너무나 많은 것입니다.

사도 바울은 자신의 세대에 기필코 주님의 지상명령인 '땅끝까지 복음 전파'를 이루어야겠다는 사명에 젖어 있었기 때문에, 자신이 죽기 전에 땅끝까지 복음을 전해야 한다고 다짐했을 것입니다.

당시 사람들은 땅의 끝이라면 지중해의 끝인 스페인을 생각했습니다. 그곳이 유럽의 끝이요, 지구의 끝이라고 생각하던 시대였습니다. 그러므로 스페인으로 가겠다는 것은 땅끝까지 복음을 전해야 한다는 사명 때문이었을 것입니다.

저와 여러분은 우리 세대에 민족 복음화를 이루겠다는 비장한 각오가 있습니까? 우리 세대에 할 수만 있다면 땅끝까지 복음을 전해야 한다는 긴박감을 느끼며 살고 있습니까? 사도 바울이 그런 비장한 마음을 가지고, 스페인으로 복음을 전하러 가려던 것이었다고 저는 생각합니다. 그러니 바울 스스로, 로마교회에게 자신을 스페인 선교사로 파송해달라고 요청하는 말을 한 것입니다.

여기서 우리가 냉정하게 생각해볼 필요가 있습니다. 대사도인 바울이 이렇게 쓴 목적이 로마 교인에게 물질을 구걸하려던 것이었을까요? 저는 그것이 아니라고 생각합니다. 로마교회가 주님의 지상명령인 복음 사역에 당당하게 동참하는 것이 도리어 로마교회가 받을 축복이며 열매라고 바울은 생각한 것입니다. 그것이 교회의 궁극적인 사명이기 때문입니다. 사도 바울은 이미 다른 교회가 그랬던 것처럼, 로마교회도 그런 열매를 맺는 교회가 되기를 바란다고 말했습니다. 여기서 말하는 열매가 구체적으로 무엇을 가리키는지 좀더 설명을 드리겠습니다.

> [25]그러나 이제는 내가 성도를 섬기는 일로 예루살렘에 가노니 [26]이는 마게도냐와 아가야 사람들이 예루살렘 성도 중 가난한 자들을 위하여 기쁘게 얼마를 연보하였음이라 [27]저희가 기뻐서 하였거니와 또한 저희는 그들에게 빚진 자니 만일 이방인들이 그들의 영적인 것을 나눠 가졌으면 육적인 것으로 그들을 섬기는 것이 마땅하니라 [28]그러므로 내가 이 일을 마치고 이 열매를 그들에게 확증한 후에 너희에게 들렀다가 서바나로 가리라 _롬 15:25-28

여기서 말한 열매는 다른 이방인들이 예루살렘 교회의 구제를 위해 연보를 마련한 것처럼, 로마교회도 바울을 서바나로 보내주는 것을 말합니다. 바울이 얼마나 실제적인 이야기를 하고 있는지요. 마게도냐와 아가야 사람들은 기근을 당한 예루살렘 성도들을 위하여 '기쁘게 얼마를 연보'하였습니다. 연보(捐補)하였다는 말은 헌금하였다는 말입니다. 더구나 그들은 기쁨으로 헌금했다고 합니다. 어떻게 헌금하면서 기뻐했을까요? 그들이 예루살렘 교회에 복음의 빚을 지고 있으니, 그리스도의 사랑에 빚진 자라고 생각했기 때문입니다.

당신은 당신에게 예수 그리스도를 전해준 분을 기억해야 합니다. 절대 잊으면 안 됩니다. 그 복음 전도자를 하나님이 쓰셔서 우리 각자에게 복음을 전해준 것입니다. 그래서 우리 모두는 복음에 빚진 자입니다. 또한 우리를 신앙적으로 성장하게 해준 분들, 주의 종들과 신앙의 선배들, 후견인들, 나라는 한 영혼을 자라게 하시려고 씨 뿌리고 물을 주는 자로 하나님이 사용하신 분들, 이런 분들에게 우리는 사랑의 빚을 졌습니다.

저도 복음의 빚을 지게 된 분들이 많습니다. 저에게 복음을 전하여주었던 친구들, 부족한 저를 가르치고 훈련시킨 영적 스승들과 멘토들, 그 분들을 통하여 저는 복음과 영석으로 신령한 선물을 받게 된 것입니다. 그렇다면 우리도 바울이 말한 것처럼 '육적인 것'으로 다른 사람들을 섬기는 것이 마땅합니다. 여기서 육적인 것은 무엇을 말합니까? 로마서에서는 연보라고 말합니다. 우리가 영적으로 빚진 자임을 깨달았으면, 우리도 할 수 있는 한 다른 사람들을 물질로 섬겨야 한다는 것입니다. 누구를 섬겨야 할지는 성령의 감동에 따라, 주님이 시키시는 바에 따라 사람들과 사역에 사랑의 빚을 갚으려고 해야 합니다.

사도 바울이 예루살렘 교회에 연보를 가져다주려던 이유는 두 가지였습니다. 하나는 문자 그대로 그들이 기근 때문에 어려워서 도와주려는 것입니다. 또 하나는, 사도 바울이 생각하기에, 이방인들이 복음을 받고 예수를 믿고 있다는 점에 대해서, 예루살렘 성도들에게 아직도 뭔가 석연치 않은 갈등이 있다는 점을 느꼈기 때문입니다.

유대주의자들은 할례와 유대 율법을 지키는 문제에서 이방인들이 결격 사유가 있다고 생각했습니다. 예루살렘의 유대인들은 예수를 믿고도 여전히 어렵게 율법을 지키려 힘쓰는데, '이방인들은 어떻게 그렇게 쉽게 구원을 받을 수 있다고 생각하는가?' 하는 문제에서 갈등이 발생했습니다. 이것은 사도행전과 서신서를 통해서 짐작할 수 있습니다. 그러다 보니 사도 바울이 이 부분의 갈등을 중재하여, 초대교회의 근원적인 '문제'를 제거하려는 사도적 의도가 있었을 것으로 여겨지는 것입니다. 이방인에 대한 사도 바울의 복음 사역이 활발하면 활발할수록 예루살렘이 그것 때문에 불편해진다면, 갈등의 문제는 이후에도 바람직하지 않게 작용할 수 있기 때문입니다. 사도행전 15장에 기록된 예루살렘 공의회에서, 갈라디아 지역에서 있었던 거짓 교사들과의 갈등 문제를 타결해준 것처럼, 사도 바울은 더 넓은 의미에서 유대인과 이방인 사이가 화목하게 되기를 바라는 사명감을 가지고서, 생명을 걸고 예루살렘으로 가기로 한 것입니다. 사도 바울이 가져가는 연보가 예루살렘과 이방인 사이에 화해의 수단으로 사용되길 바라는 마음이 있었던 것입니다.

그리고 이제 사도 바울이 서바나로 선교를 떠나게 되면 복음 사역에 물질과 인력이 필요합니다. 이제는 안디옥 교회가 그 역할을 할 것이 아니라, 당대 세계의 중심인 로마의 교회가 담당하면 좋겠다는 사도 바울의 바람이 있었을 것입니다. 저는 이 점이 우리 시대의 교회와 성도가 순종해야 할 중요한 일이라고 믿습니다.

제가 섬기는 교회 이야기를 조금 하겠습니다. 우리 교회는 비록 선교지에 디아스포라 교회로 세워진 작은 교회이지만, 지금까지 땅끝 선교의 모판으로서 역할을 감당하려 애써왔습니다. 그래서 '항공모함교회', '땅끝 선교의 베이스캠프'라는 별명을 듣기도 했습니다. 로마교회를 복음의 기초가 든든한 선교적 교회로 만들어서, 땅끝 선교인 서바나 선교에 로마교회를 동원하시기 원했던 하나님과 바울의 마음이 저의 마음에도 솟구쳤습니다. 그 마음은 시간이 가도 식지 않고 점점 더 끓어 올랐습니다. 그래서 땅끝까지 복음을 전파하는 것이 저와 우리 교회의 사명이라고 믿은 것입니다.

교회는 각 교회의 부르심대로 마땅히 복음을 전파하는 일을 힘써 감당해야 합니다. 그렇게 될 때 한국교회는 주님 오시기 전에 땅끝까지 복음을 전파하는 역사를 감당하고 마무리하는 일에 쓰임받게 될 줄 믿습니다.

셋째, 로마교회에 복음을 전하려고 했습니다.

그러므로 나는 할 수 있는 대로 로마에 있는 너희에게도 복음 전하기를 원하노라 _롬 1:5

셋째 목적은 바울이 로마교회에 복음을 전하기 원한 것입니다. 좀 이상하게 생각되지 않습니까? 로마교회의 성도들은 이미 믿는 자들입니다. 그들의 믿음은 온 세상에 널리 알려질 정도로 이미 소문이 났습니다(롬 1:8). 그런데 사도 바울은 그러한 로마교회 성도들에게 복음을 전하기 위해 방문하기 원한다고 말하였습니다. 무슨 뜻일까요?

이 말은 로마 성도들이 그리스도인이긴 해도, 복음에 대한 이해가 불완전했음을 의미한다고 볼 수 있습니다. 그들은 복음을 듣고 믿어 그리스도인이 되었지만, 바울이 생각하기에 아직 복음의 이해가 불완전했던 것입니다. 그들에게는 사도 바울이 전하는 진리의 복음이 아닌 다른 복음이 혼합되어 복음의 진리가 무뎌져 있었습니다. 이러한 로마의 성도들에게 바른 복음을 전하려는 것이 로마를 방문하려는 목적 중 하나였습니다. 그 덕분에, 우리는 로마서를 통해 바른 복음이 무엇인지에 대해서도 집중적으로 배우게 된 것입니다.

02

Romans 1:17-32

내버려두시는 하나님의 진노

'버려두다'라는 말은 한자로 유기(遺棄)입니다. 길거리에서 아무것이나 먹고 병에 걸리기도 하고, 이리저리 사납게 돌아다니는 개를 유기견이라고 하지요? 주인이 버린 개라는 뜻입니다. 그런 개들을 생각할 때, 우리는 유기의 끝이 얼마나 비참한지 짐작할 수 있습니다. 그런데 '하나님의 유기'라니요? 하나님은 우리를 끝까지 붙잡아 주시는 분인 줄 알았는데, 하나님이 내버려두기도 하신다는 말입니까?

이웃집 아이가 잘못된 일을 저질렀다고 가정해봅시다. 서로 아는 사이인 이웃어른이면 처음엔 좋은 말로 타이를 것입니다. 그런데 그 아이가 계속 충고를 무시하고 반복해서 같은 잘못을 저지른다면 어떻게 되겠어요? 그 아이에게 더 이상 타이르지 못할 것입니다.

그 아이가 내 자녀라면 어떻게 하겠습니까? 내 자식이 똑같은 잘못을 저지른다면 부모 된 자로서 어떻게 할까요? 처음에는 당연히 설득하겠지요. 호소도 할 것입니다. 그래도 말을 듣지 않으면 매를 대서라도 훈육할 것입니다. 그러나 더 이상 개전(改悛)의 희망이 보이시 않는다고 판단되면, 비록 부모라 하더라도 그냥 내버려 둘 수밖에 없습니다. '자식 이기는 부모 없다'라는 옛말이 있지 않습니까?

↓ 유기견 신세가 될 수도 있다

멸망의 길로 갈 줄 뻔히 알면서도, 자식이 막 나가면 부모라도 어쩔 수 없을 때가 있습니다. 내버려두는 것이 자녀를 향한 최대의 징계인 줄 알지만 그럴 수밖에 없는 겁니다. 그 자식이 다리가 부러지든 말든, 어려움에 처하든 말든 알아서 깨닫고 돌아오는 길밖에 없으면, 부모는 그저 자식이 목숨만 부지해서 살아오길 바라는 마음을 가지게 된다는 말입니다. 세상이 너무나 타락하다 보니, 하나님도 우리를 그렇게 내버려 둘 수밖에 없게 된다는 것이 본문의 의미입니다. 바울은 이 본문에서 이런 하나님의 심정을 세 번이나 이야기하고 있습니다.

> 그러므로 하나님께서 그들을 마음의 정욕대로 더러움에 내버려두사 그들의 몸을 서로 욕되게 하게 하셨으니 _롬 1:24

> 이 때문에 하나님께서 그들을 부끄러운 욕심에 내버려두셨으니 곧 그들의 여자들도 순리대로 쏠 것을 바꾸어 역리로 쓰며 _롬 1:26

> 또한 그들이 마음에 하나님 두기를 싫어하매 하나님께서 그들을 그 상실한 마음대로 내버려두사 합당하지 못한 일을 하게 하셨으니 _롬 1:28

사람이 정욕대로 살면 처음엔 몇 번 경고를 받게 됩니다. 그래도 안 되면 하나님께서 그냥 그대로 내버려두신다는 말씀입니다. 욕심이 지나쳐서 부끄럽게 살아갈 때도 내버려두십니다.

하나님께서 여러 가지 방법으로 경고하였음에도 불구하고 양심에 화인 맞은 것처럼 살아 버리면 하나님도 내버려두실 수밖에 없습니다. 그러다 보면 결국 죄인은 합당하지 못한 죄를 계속 짓다가 멸망하는 것입니다. 이것이 그 당시 사람들의 실상이었습니다. 본문은 이와 같이 하나님 없이, 복음과 관계없이 사는 사람들의 죄악을 고발하는 것으로 시작합니다.

로마서는 복음을 전하는 책입니다. 복음은 기쁜 소식인데, 왜 로마서의 서두가 이렇게 심판의 내용으로 시작하는 것일까요? 혹자는 이렇게 질문할 것입니다.

"우리가 듣기 좋은 복된 이야기만 할 수 있으면 얼마나 좋을까요?"

그런데 좋은 이야기만 들으면 우리 안에 있는 어두운 면이 드러나지 않습니다. 인간은 스스로 자기의 죄를 드러내지 못하는 경향이 있습니다. 사람들은 양심이 찔리기 때문에 자기의 어두운 부분을 스스로 깊숙이 숨기게 됩니다. 그러다 보면 자기도 모르게 점점 마음이 굳어지고 강퍅해집니다. 무슨 말을 해도 들으려 하지 않고, 도리어 거부합니다.

예수님의 비유 중에 씨 뿌리는 비유가 있습니다. 씨 뿌리는 비유에서 중요한 것은 길가와 밭의 상태입니다. 씨앗이 길가에 떨어지면 그 씨앗을 새가 쪼아먹는다고 했습니다. 길의 흙은 씨앗이 파고 들어가 뿌리를 내릴 수 없을 정도로 굳어 있습니다. 그러므로 씨앗이 딱딱한 길 위에 그대로 노출되고 맙니다. 그러면 새가 씨앗을 발견하고 금방 쪼아먹습니다. 새는 사탄 마귀를 상징하고 씨앗은 말씀을 상징합니다. 사탄이 새처럼 씨앗을 쪼아먹는다는 말은, 우리가 말씀을 들을 때 길가에 뿌린 씨처럼 말씀이 바로 튕겨 나간다는 뜻입니다. 말씀이 들리지 않는 상태입니다. 이런 사람들에게 복음을 전하는 것은 바위에 달걀을 던지는 것처럼 무모한 일로 여겨집니다.

영이 죽은 사람에게 영이신 하나님의 말씀은 공허하게 들립니다. 단 한 시간이라도 복음을 진지하게 듣는다면 변화될 수 있을 텐데, 그런 사람은 이상하게 조금도 들으려 하지 않습니다. 귀가 닫힌 사람은 들으려 하지 않을 뿐 아니라, 들으면 들을수록 도리어 반발심만 커집니다.

이것은 사람들의 이야기일 뿐 아니라 제 이야기이기도 합니다. 제가 그랬습니다. 저도 복음이 전혀 안 들리던 때가 있었습니다. 예수 그리스도에 관한 말을 들으면 이상하게 마음이 막히고 무조건 듣기가 싫었습니다. 제가 그렇게 불신자였을 때를 돌아보니, 그것이 남의 일이 아니라는 사실을 알게 됩니다. 누가 그렇게 하도록 만듭니까? 사탄이 제 마음을 장악하고 지배해서 복음을 거부하고 듣지 못하게 했던 것입니다.

그러면 마음의 문이 열려, 복음이 깊게 뿌리내리게 하려면 어떻게 해야 합니까? 복음이 증거될 때, 복음이 나의 죄의 문제를 지적해서 그 죄가 드러날 때 복음에 반응하여 회개하고 믿어야 합니다. 어떻게 그렇게 될 수 있습니까? 하나님이 구원하시기로 작정한 사람이 환난과 핍박을 통하여 자아가 죽으면 됩니다. 우리 속에 있는 옛 사람의 성품인 불신앙과 불순종의 자아가 깨져야 하는 것입니다. 그럴 때, 결국 인간적인 방법이 모두 끝장날 때 두 손 들고 주께 나오게 되는 것입니다.

구원의 복음을 들으려면 우선 구원이 필요한 '버림받은(유기된) 상태'가 어떤 것인지 먼저 직면해야 합니다. 마치 환자를 치료하기 위해, 먼저 그의 병세에 대해 엄격한 의사의 진단이 필요한 것과 같습니다. 우리가 어떤 상태인지 있는 그대로 먼저 진단함으로써, '아, 내가 죽을병에 걸렸구나'라는 사실을 알게 되면 구원의 대책인 복음이 필요해지는 것입니다.

↓ 하나님이 내버려두신 사람의 세 가지 특징

하나님의 진노가 불의로 진리를 막는 사람들의 모든 경건하지 않음과 불의에 대하여 하늘로부터 나타나나니 _롬 1:18

하나님의 진노가 불의로 진리를 막는 사람들에게 계속해서 나타난다는 말씀입니다. 불의는 죄악된 삶의 상태입니다. 의롭지 않은 삶이라는 말입니다. 하나님께 죄악된 삶이 경건하지 않음이고, 세상(사람)에 대해 죄악된(죄를 지은) 삶이 불의라고 할 수 있습니다. 우리는 죄를 논할 때, 하나님과 세상 사람들과의 관계에서 지은 이 두 가지 죄를 모두 논해야 합니다. 세상 사람들은 사람들과의 관계에서 지은 죄만 논하고 하나님에 대한 죄는 논하지 않습니다. 하지만 하나님의 잣대로 보면, 하나님에 대한 불신앙이 가장 큰 죄라는 사실을 깨달아야 합니다.

예수를 믿는 우리에게 율법은 십계명으로 대표됩니다. 십계명 중 앞의 네 가지는 하나님에 대한 계명인 대신(對神) 계명을 말합니다. 그 다음의 여섯 가지는 사람에 대한 대인(對人) 계명입니다. 불의로 진리를 가로막는 자는 하나님은 물론 사람에게도 잘못을 저지르게 됩니다. 이처럼 사람이 적당히 처리해서는 변화될 수 없는 심각한 상태를 '불의하다'라고 말합니다. 하나님은 이런 사람들을 진노하심으로 내버려두시는데, 하나님께서 유기하신 사람, 즉 하나님에 대해 불의한 사람의 특징은 세 가지로 설명될 수 있습니다.

첫째, 하나님에 대해 불의하면 우상숭배를 하게 됩니다.
²¹하나님을 알되 하나님을 영화롭게도 아니하며 감사하지도 아니하고 오히려 그 생각이 허망하여지며 미련한 마음이 어두워졌나니 ²²스스로 지혜 있다 하나 어

리석게 되어 ²³썩어지지 아니하는 하나님의 영광을 썩어질 사람과 새와 짐승과 기어다니는 동물 모양의 우상으로 바꾸었느니라 _롬 1:21-23

하나님을 모르는 사람들이 하나님을 영화롭게 할 일이 있겠습니까? 그들은 하나님께 감사하지 않습니다. 그들의 생각은 허망한 곳을 바라보고, 미련으로 가득 차고 마음은 어두워집니다. 스스로는 지혜 있다고 하나 어리석게 되어, 썩어지지 아니하는 하나님의 영광을 썩어질 사람과 짐승들의 모양(우상)으로 바꾸어서 자기 앞에 세워놓습니다.

현대 사회에서 우상이란 목각이나 돌로 만든 우상뿐 아니라 마음에 하나님보다 더 우선하는 것들을 지칭할 수 있습니다. 흔히 돈, 정욕, 쾌락, 명예, 권력, 중독 등의 증세로 나타나게 됩니다.

현대판 우상 중에 돈이 첫째일 것입니다. 돈을 사랑하게 만드는 신이 부(富)의 신이라 일컬어지는 맘몬(mammon)입니다. 사람들이 돈을 사랑하면 자연스럽게 하나님을 멀리하게 됩니다. 이런 사람은 하나님이 돈 문제에는 간섭할 수 없다고 주장합니다. 그렇다면 벌써 자기도 모르게 우상숭배에 빠져 있는 것입니다.

현대판 우상의 둘째는 정욕입니다. 지금의 세상은 정욕을 조장하고 부추기고 용인하고 있습니다.

셋째 우상은 쾌락입니다. 쾌락은 정욕과 비슷한 것인데, 자기 몸을 즐기는 것이라고 말할 수 있습니다.

넷째 우상은 명예욕으로, 사회적 위상을 추구하는 것입니다. 명함에 직함을 즐비하게 적기를 즐기는 사람은 명예라는 우상숭배에 빠져 있는 것입니다. 윗자리에 앉아야 하고 완장도 차야 합니다. 그러기 위해 부정한 방법을 써서라도 돈과 명예를 얻으려 하고, 권력을 잡아 휘둘러야 한다고 생각합니다. 명예욕과 권력욕은 죄성(罪性)이 맺는 기본적인 열매입니다.

다섯째 우상은 중독입니다. 중독은 여러 가지로 나타납니다. 일 중독, 성 중독, 쇼핑 중독, 스포츠 중독, 영화 중독, 게임 중독 등입니다. 이런 것들이 모두 현대판 우상숭배라고 할 수 있습니다.

이렇듯이, 현대판 우상들은 목각이나 돌로 만들지 않더라도 우리 안에 깊이 침투해 절대적인 영향을 미치고 있습니다. 우상숭배가 우리를 지배하면 마음에 하나님 두기를 싫어하게 됩니다. 우상이 마음속에 새겨지면 하나님을 위해야 할 마음의 공간이 우상에게 빼앗기고 맙니다.

둘째, 사람들이 하나님께 불의하면 특히 성적 타락의 죄에 빠집니다.
그러므로 하나님께서 그들을 마음의 정욕대로 더러움에 내버려두사 그들의 몸을 서로 욕되게 하게 하셨으니 _롬 1:24

왜 성적인 타락이 특별히 나타날까요? 성은 하나님이 우리에게 허락하신 가장 아름다운 선물이라 할 수 있습니다. 하나님이 천지를 창조하시고 처음 만드신 기관이 바로 가정입니다. 마귀에게 가정을 무너뜨려야 할 목표가 생긴 것입니다. 마귀가 가정을 무너뜨리는 가장 좋은 방법이 무엇이겠습니까? 마귀의 입장에서 보면 성(性)을 무너뜨리는 것입니다. 성이 마귀의 공격 수단이 된 것입니다. 마귀는 성적 해방이라는 도구로 가치관을 완전히 전도하고 있습니다. 가장 아름다워야 할 성을 가장 추한 것으로 바꾸어놓은 것이 바로 사탄의 전략입니다.

성적인 타락이 최악에 도달하면 나타나게 되는 것이 동성연애입니다. 이성을 대상으로 만족하지 못하고 동성을 상대로 '실험'하기 시작합니다. 성경을 보면 소돔성이 동성애로 멸망했는데, 영어로 'sodomy'라는 단어가 동성애(특히 남색)나 수간(獸姦)을 의미합니다. 2천 년 전 바울이 로마서에 기록했던 당시 세상에도 동성애가 등장하는 것을 볼 수 있습니다. 성이 오래전부터 내려오는 사탄의 전략임을 알 수 있습니다.

> ²⁶이 때문에 하나님께서 그들을 부끄러운 욕심에 내버려두셨으니 곧 그들의 여자들도 순리대로 쓸 것을 바꾸어 역리로 쓰며 ²⁷그와 같이 남자들도 순리대로 여자 쓰기를 버리고 서로 향하여 음욕이 불 일듯 하매 남자가 남자와 더불어 부끄러운 일을 행하여 그들의 그릇됨에 상당한 보응을 그들 자신이 받았느니라
> _롬 1:26-27

어느 시대이든 타락한 시대에 나타나는 현상이 바로 동성애인데, 한국에도 동일하게 나타나고 있습니다. 수년 전에 한국에서 유명한 어느 대학교의 총학생회장이 스스로 동성연애자임을 커밍아웃해서 이례적으로 매스컴에 보도된 적이 있었습니다. 그의 공약이 무엇이었는가 하면 "캠퍼스 안에서 전도하는 것을 법적으로 막겠다"라는 것이었습니다. 제가 나중에 인터넷을 찾아보니, 서울시 광장에서 진행된 동성애자들의 퀴어축제에서 그 총학생회장이 이런 축사를 했다고 합니다.

"시끄럽고 더럽게 놀자. 육체가 원하는 대로 막 놀자!"

이런 말을 축하의 말이라고 했습니다. 예전 같으면 우리나라에서 상상이나 할 일이겠습니까? 우리나라가 지금 이렇게 무너지고 있습니다.

최근에는 젠더(gender)라는 단어로 성의 문제를 사회적으로 바꾸어, 성을 남성과 여성만이 아니라 중성 등 몇 가지로까지 나누어 놓았습니다. 개인의 취향에 따라 결혼도 동성끼리 해도 된다고 '막 나가고' 있습니다. 특히 동성애와 관련해, 최근 한국에서 이른바 '차별금지법'이 국회에서 발의되고 있는 것은 심각한 문제입니다. 여기에는 인권에 필요한 각종 조항도 포함되어 있지만, 성평등 같은 독소조항이 포함돼 있어서 문제입니다. 동성애도 소수자의 권리이므로 차별해선 안 된다는 것입니다. 그래서 교회

들이 항의하기도 했습니다. 어쩌면 이제는 한국교회 강단에서 '동성애가 죄다'라고 설교하는 것이 처벌받기를 각오해야 할 일일 수 있습니다. 이 법이 실행될 경우 법률적으로도 논쟁의 여지가 많을 뿐 아니라, 교회에서 동성애 반대 설교를 하면 이 법에 따라 처벌받을 수도 있기 때문입니다. '그들은 소수인데, 인권 차원에서 도와주면 되지 않아요?'라고 혹자는 반문합니다. 하지만 동성애 문제는 절대 간단하지 않습니다. 동성애를 빌미로 교회를 무너뜨리려는 사탄의 계획이 소수자 인권 문제 안에 숨어 있기 때문입니다. 인권이라는 탈을 쓰고서 타락하고 있는 지금의 세상 모습이, 마치 바울이 로마서에 기록한 그 이방인들의 모습 같습니다. 그런 것들이 법적 제도로 보호받을 수도 있는 때에 와 있는 것입니다. 얼마나 놀랍고 안타까운 현실입니까?

바울은 하나님을 떠난 당시 사람들의 삶을 신랄하게 고발하였습니다. 하나님을 떠난 결과가 그렇게 나타난다는 것입니다. 사람들이 하나님을 떠나 우상 숭배자로 전락했을 때, 그들은 정욕에 사로잡혔습니다. 행동의 기준이 될만한 잣대가 없어지니, 자연스럽게 정욕과 탐욕에 빠져버리는 것입니다. 동성연애의 결과 하나님의 심판이 나타난 것이 바로 에이즈(AIDS)라고 할 수 있습니다. 현재까지도 에이즈에 대한 완전한 치료제는 없습니다. 21세기에는 에이즈 환자가 인구 10명 중 한 명까지 될 것이라는 경고가 있습니다. 인구가 80억 명이 될 때 무려 8억 명이 에이즈 환자가 된다는 것입니다. 이는 27절의 "그들의 그릇됨에 상당한 보응을 그들 자신이 받았느니라"라는 말씀이 이루어지고 있다는 증거입니다.

셋째, 사람들이 하나님께 불의한 결과 '패역한 삶'이 나타납니다.

'패역한 삶' 역시 하나님께서 유기하신 삶의 증상입니다. 예수님은 "믿음이 없고 패역한 세대"(마 17:17; 눅 9:41)에게 야단치셨으며, 사도 베드로는 "패역한 세대에서 구원을 받으라"(행 2:40)고 권했습니다. 로마서에서 바울이 언급한 '합당하지 못한 일'이 곧 패역한 삶의 내용들입니다.

> 28또한 그들이 마음에 하나님 두기를 싫어하매 하나님께서 그들을 그 상실한 마음대로 내버려두사 합당하지 못한 일을 하게 하셨으니 29곧 모든 불의, 추악, 탐욕, 악의가 가득한 자요 시기, 살인, 분쟁, 사기, 악독이 가득한 자요 수군수군하는 자요 30비방하는 자요 하나님께서 미워하시는 자요 능욕하는 자요 교만한 자요 자랑하는 자요 악을 도모하는 자요 부모를 거역하는 자요 31우매한 자요 배약하는 자요 무정한 자요 무자비한 자라 _롬 1:28-31

이와 같은 '합당하지 못한 일'들이 모두 마음에 하나님 두기를 싫어하기 때문에 나타나는 패역한 삶의 모습입니다. 마음에 하나님 두기를 싫어하면 하나님이 내버려두시게 되고. 그 결과 필연적으로 죄를 더 지으며 살게 됩니다. 그 내용이 이 본문에 나타난 것들입니다. 이런 부도덕하고 비정한 일들이 지금 우리의 현실에서도 벌어지고 있습니다.

30절의 '하나님께서 미워하시는 자'는 '하나님 없이 살아가면서 하나님을 미워하는 자'라고 해석할 수 있습니다. 그러므로 패역한 삶은 하나님 없이 살아가는 사람들의 당연한 귀결입니다. 이것을 바로 잡을 수 있는 기관이 있겠습니까? 안타깝지만 근본적으로 해결할 수 있는 기관은 없습니다. 왜냐하면, 그런 문제들은 사람들의 죄성으로부터 출발하기 때문입니다.

리차드 포스터가 쓴《돈, 섹스, 권력》이라는 책을 보면, 이 세상은 돈과 섹스와 권력이 서로 뒤엉킨 구조로 돌아가고 있습니다. 그것이 감추어진 것 같지만, 세상은 결국 그것들이 지배하는 모습으로 바뀌면서 돌아가게 되어 있습니다. 돈과 섹스와 권력을 누가 충동합니까? 마귀가 충동하는 것입니다. 돈을 가진 사람이 하나님을 모르면 성과 권력을 돈으로 삽니다.

돈이 없는 사람이라도 성과 권력을 추구하는 욕구는 있어서, 그런 걸 '누리는' 부유한 사람들을 비난하면서도 성과 권력을 탐냅니다. 그래서 누구라도 권력을 잡으면 돈과 여자를 취하려고 합니다.

마귀가 충동하면 여자든 남자든 성적으로 타락하게 됩니다. 돈도 권력도 없으면, 타락한 여자라면 자기 몸으로 돈을 취하고 권력 있는 자와 결탁하기도 합니다. 타락한 남자라면 돈과 권력에 굴종하며 불의에도 순종하고 기생하기도 할 것입니다. 이것이 세상이 돌아가는 역사의 이면 원리라는 것입니다. '설마 그럴까요? 너무 과장된 해석이 아닐까요?' 하는 생각이 들 수도 있습니다. 그러나 현실은 더 심할 수도 있습니다.

결국, 사람들이 겉으로 보기에는 그럴듯하지만, 세상을 내밀히 들여다보면 그 안에 돈에 대한 우상숭배, 정욕에 대한 우상숭배, 권력에 대한 우상숭배 등이 서로 섞여서 다양한 각도로 공생하는 사회가 되어버린 것입니다. 이미 각 분야에서 이러한 타락의 단면이 드러나고 있지만, 드러나 보이는 것은 빙산의 일각일 뿐이므로, 하나님의 진노와 그 결과가 어디까지 미칠지는 도무지 상상할 수 없습니다.

모든 불의는 사람이 하나님을 떠나 불경건한 생활이 지속되면 결국 나타납니다. 하나님을 떠나면 생활이 타락하는 것은 불을 보듯 뻔합니다. 타락한 생활이 지속되면 늪에 빠지듯 그런 생활에 점점 더 빠져들게 됩니다. 하나님을 마음에 두지 않는 세대, 가정, 개인들은 패역한 불의에 빠질 수밖에 없습니다. 이것이 극에 달하면 어떻게 되는지, 1장의 마지막 절을 읽어봅시다.

> 그들이 이같은 일을 행하는 자는 사형에 해당한다고 하나님께서 정하심을 알고도 자기들만 행할 뿐 아니라 또한 그런 일을 행하는 자들을 옳다 하느니라
> _롬 1:32

도덕적 가치관이 바뀌거나 사라지면 무엇이 나쁜 것인지 기준이 모호해집니다. 절대적인 기준이 없어지고 모든 것이 상대적인 것이 되어버립니다. 남자가 남자를, 여자가 여자를 사랑하지 못할 이유가 어디 있느냐고 항변하게 됩니다. 양심으로는 그것이 잘못인 것을, 죽을죄라는 것을 알면서도 사탄의 속임에 빠져 자꾸 그런 죄를 반복하다 보니, 마음은 강퍅해지고 양심이 마비되는 상태가 되므로 죄가 무엇인지 모르고 살게 됩니다. 그렇게 사는 사람들은 자기 혼자 죄를 짓지 않고 자꾸 다른 사람들을 끌어들입니다. 자기들만 행할 뿐 아니라 그것을 행하는 자들을 오히려 옳다고 두둔하게 됩니다. 유유상종(類類相從)입니다. 거짓 철학자들, 어용학자들, 명예를 추구하는 사람들이 불에 기름을 붓듯 죄를 부추깁니다.

우리는 이렇게 가치관이 전도된 부도덕한 세대가 정상이 되고, 하나님의 뜻대로 살려는 사람이 비정상이 되는 세상에서 살고 있습니다. 우리의 다음세대가 여과장치 없이 이런 세대의 풍조에 빠져 허우적대고 있습니다. 도덕적 가치관이 무너져 있고, 절대적인 진리의 부재 속에서 상대적 가치관을 가지고 사는 사람들이 시대의 주류가 되어버린 세상에 우리는 내동댕이쳐져 있습니다. 오, 주여! 어찌하오리까? 우리가 이 모든 문제를 극복하려면 무엇부터 해야 하나요? 진리를 전하는 것만으로 되겠습니까? 진리를 지식적으로 안다고 해서 이 어마어마한 세속의 파고를 이겨낼 수 있을까요? 이 가슴 아픈 현실을 타개할 수 있는 대책이 있기는 한 건가요? 절규할 수밖에 없는 상태입니다.

↓ 진노를 피하는 길은 무엇일까요?

인간은 모두 절망의 열차를 타고 브레이크 없는 질주를 하고 있습니다. 그런데 로마서에는 대반전이 있습니다. 그래서 로마서는 인류에게 희망을 줍니다.

> 이는 그리스도 예수 안에 있는 생명의 성령의 법이 죄와 사망의 법에서 너를 해 방하였음이라 _롬 8:2

바로 생명의 성령의 법이 죄와 사망의 법에서 우리를 해방하였다고 말합니다. 생명의 성령의 법 안에서 해방되기 위해서는, 지금 이 세상이 얼마나 타락하고, 얼마나 무서운 파고(波高)로 다가오고 있는지를 먼저 정확히 알 필요가 있습니다.

사실 믿음 안에 있는 사람은 만나는 사람 대부분이 믿음의 사람이니까 세상의 실상을 잘 모를 수 있습니다. 우리가 모르는 세상이 얼마나 많은지요. 얼마 전에 'N번방 사건'이 세상을 시끄럽게 한 일이 있습니다. 포르노와 같은 것은 이미 인터넷에서 많이 드러났던 문제인데, 그런 것들을 더 음란하고 더 자극적으로 표현하기 위하여 미성년자를 포함한 여성을 이용해 성 착취 영상을 제작하고 텔레그램 등의 비밀 메신저 앱을 통하여 배포하였으며 협박과 살인음모까지 저지른, 인간 말종의 모습이 나타난 것입니다.

사람들은 이런 문제를 해결하기 위해 도덕적인 개혁운동을 제시합니다. 혹은 사회적인 개혁운동을 제창합니다. 마치 새로운 해결책이나 되듯이 말입니다. 정치적으로 해결할 수 있다고도 주장합니다. 그러나 이런 도덕의 실종 문제는 도덕적인 개혁운동만으로는 근본적으로 치유할 방법이 없다는 사실을 알아야 합니다. 인본주의 방법에는 길이 없다는 것을, 우리는 역사를 통해 배워왔습니다.

사람들은 그럴듯한 인본주의에 속기 쉽습니다. 말로는 옳은 것을 말하지만, 사람의 변화된 행실로 이런 문제가 해결될 수 있었다면, 인류는 문제가 누적된 채로 지금까지 방치되지 않았을 것입니다. 사람이 할 수 있는 최선의 방법은 상벌의 원칙입니다. 하지만 우리 믿는 자들은 상벌의 원칙으로는 세상의 문제를 근본적으로 해결할 수 없다는 사실을 알아야 합니다. 하나님이 일하지 않으시면 인간의 방법은 제한적인 목표는 이룰 수 있을지 몰라도, 궁극의 해결책은 될 수 없습니다.

사람들이 진리이신 하나님을 마음에 둔다면, 심판주이신 그 하나님을 참으로 두려워하고 경외한다면, 어떻게 그렇게 심각한 죄를 범할 수 있을까요? 그 마음이 하나님을 떠나니까 죄로부터 회개하지 못하고, 죄를 계속해서 가중시키고 있는 것입니다. 로마서 1장에서 우리는 그와 같은 불신앙의 삶을 보았습니다. 불신앙의 삶에 대한 하나님의 진노를 본 것입니다. 그래서 하나님의 진노를 피하는 길에 대해, 본문에서는 두 가지 유형의 삶 가운데에서 분명하게 선택하라고 독자에게 요구하고 있습니다.

> 하나님의 진노가 불의로 진리를 막는 사람들의 모든 경건하지 않음과 불의에 대하여 하늘로부터 나타나나니 _롬 1:18

한 가지 유형은 불의로 진리를 막는 불신앙의 사람들입니다. 그들에게는 하늘로부터 하나님의 진노가 나타납니다. 불신앙의 사람은 그 진노를 피할 수 없습니다. 순환논리이지만, 그들이 진리를 막고 있기 때문입니다. 그러나 18절과 가장 대조적인, 또 다른 유형의 삶의 모습이 바로 앞의 17절에 나와 있습니다.

> 복음에는 하나님의 의가 나타나서 믿음으로 믿음에 이르게 하나니 기록된 바 오직 의인은 믿음으로 말미암아 살리라 함과 같으니라 _롬 1:17

불신앙의 사람에게는 하나님의 진노가 나타나지만, 복음에는 하나님의 의가 나타난다고 했습니다. '하나님의 의'로 '하나님의 진노'의 문제를 해결할 수 있다고 말하는 것입니다. 그러므로 '하나님의 진노'를 인간의 방법으로 해결할 수 있다고 생각하는 것은 큰 모순입니다. 인간의 도덕적 방법이나 인간이 고안한 방법으로는 해결할 수 없습니다. 하나님의 방법, 곧 하나님의 의가 나타나지 않으면 안 됩니다.

로이드 존스 목사님은 그의 《로마서 강해》에서 바울의 구원론을 '하나님의 진노'라는 관점에서부터 보아야 한다고 강조하였습니다.

"복음 전도자는 결코 주 예수 그리스도를 먼저 말하지 않고, 하나님부터 말하기 시작합니다. 복음 전도는 하나님과 하나님의 진노를 떠나서는 아무런 의미가 없습니다. 그 외에 다른 곳에서는 어떤 의미도 없습니다. 우리는 사람들을 예수에게 오라고 초대할 때, 예수를 하나의 친구나 육신을 치료하는 자로나 한 조각의 평안을 주는 자로 소개해서는 안 됩니다. 그는 구세주이십니다. 그는 '잃어버린 자를 찾아 구원하러' 오셨습니다. 그러면 왜 우리는 구원이 필요한가요? 그것은 하나님의 진노가 모든 사람의 불경건과 불의에 대하여 임하기 때문입니다."

모든 사람에게 임한 불경건과 불의에 대한 '하나님의 진노'로부터 인류를 구원하는 일이 구원입니다. 하나님이 구원의 방법으로서 '하나님의 의'를 우리에게 제시하셨습니다. 그것이 복음의 유일한 길임을 잊지 말아야 합니다. 여러 길 중의 하나가 아닙니다. 하나님에 대한 믿음과 신뢰로 하나님이 제시하신 '하나님의 의'를 받아들일 때, 그리스도가 우리 안에서 드러나게 되는 것입니다. 그와 반대로 불의를 깨닫지 않고, 내 불의를 회개하지 않고서 나 혼자 살아 보려고 노력하는 삶이 바로 '자기 의'인데, 이런 '자기 의'로서는 구원을 해결할 수 없다는 사실을 절실히 깨달아야 합니다.

사도 바울은 사람들이 진노와 불의에 따른 심판을 피하려는 방법과 노력이 바로 '하나님의 의'와 대척되는 '나의 의'라고 지적합니다. 공로주의, 상벌주의, 율법주의, 종교행위 등이 이에 해당된다고 말할 수 있습니다. 하지만 이러한 '나의 의'로는 구원의 문제를 해결할 수 없습니다. 우리가 하나님 없이 산 것을 진실로 깨닫고, 불의했던 삶을 주님 앞에 철저히 회개하며, 의가 되시는 예수 그리스도를 믿음으로 받아들일 때 주의 의가 옷 입혀지고, 또한 의를 따라 살아갈 수 있는 놀라운 삶의 변화가 시작되는 것입니다.

아직도 하나님 없이 사는 사람, 교회는 다니지만 마음속에 하나님 두기를 싫어하는 사람, 나의 불경건과 불의를 주 앞에서 처리하지 못하고 은밀하게 즐기는 사람, 불경건과 불의를 타협하면서 속으론 '어쩔 수 없지' 하며 살아가는 사람이 있다면, 그 길은 결국 진노와 멸망의 길이라는 것을 깨닫고, 살아온 삶에서 급정거를 해야 합니다.

당신이 급정거하지 않으면, 하나님은 환경을 통해서라도 급정거를 시키십니다. 육체가 갑자기 치료할 수 없는 상태가 되거나, 재정적인 타격이 오거나, 부부간에 문제가 생기거나, 자녀의 문제가 생기거나, 하나님의 각종 비상(非常) 방법이 나타납니다. 그러므로 지금 당장 불의한 내 모습을 벌거벗은 모습 그대로 내려놓고, 나를 의롭다고 하시고, 나를 하나님의 자녀로 빚으시기 위해 찾아오신 예수 그리스도를 나의 구주와 주님으로 영접하십시오. 내 마음속에 하나님이 나의 왕이 되실 수 있도록 나를 내려놓고, "하나님, 나를 전적으로 다스려주세요"라는 고백을 드림으로써 구원의 여정을 시작하십시오.

03

Romans 2:1-16

남을 판단하는
당신은 어쩌려는가?

로마서 1장을 다룬 이 책의 1장과 2장에서는 이방인에게 내릴 '하나님의 진노'와 그들의 죄의 양상들과 '하나님의 유기'가 나타나는 심판의 결과를 살펴보았습니다. 이 장은 그와 반대로, 그런 사람들을 판단하며 도리어 자기가 의롭다고 말하는 사람들을 향한 이야기입니다.

↓ 판단하는 사람의 대표, 바리새인의 특징

그러므로 남을 판단하는 사람아, 누구를 막론하고 네가 핑계하지 못할 것은 남을 판단하는 것으로 네가 너를 정죄함이니 판단하는 네가 같은 일을 행함이니라 _롬 2:1

판단한다는 것은 사실 남을 정죄한다는 말입니다. 우리는 판단이 나를 향해서도 적용된다는 것을 알아야 합니다. 다섯 손가락을 펴보세요. 두 번째 검지를 펴서 상대방을 향하고, 첫 번째 엄지를 하늘을 향하게 하고, 나머지 세 손가락을 접어 보세요. 남을 비판하면 위로는 하나님이 비판을 받고, 내게는 비판이 세 배로 강하게 오게 된다는 모형으로 설명할 수 있습니다. 내가 남을 비판하면 하나님도 비판하는 것이요, 나에게는 몇 배로 더 큰 비판이 돌아온다는 뜻입니다.

우리는 로마서 1장에서 예수를 부인하고 믿지 않는 사람들의 심각한 죄의 양상을 보았습니다. 불경건한 우상숭배, 동성연애까지 이르게 하는 정욕적인 삶과 불의와 패역한 삶의 태도를 보았습니다. 우리는 '세상이 말세다'라며 그들을 판단하기 쉽습니다. 그런데 자신의 죄 때문에 말세가 왔다고 생각하는 사람은 없습니다. 대부분은 자신이 의롭다고 생각합니다. 남은 냉철하게 판단하지만 나는 의롭다는 것입니다. 요즘 말로 하면 '내로남불'(내가 하면 로맨스, 남이 하면 불륜)입니다.

하지만 바울은 로마서 2장에서 유대인을 지적하고 있습니다. 유대인이 남을 판단하고 정죄하는 사람들이라는 것입니다. 유대인을 보면 사랑 없는 율법의 적용이 얼마나 독이 될 수 있는지 알게 됩니다. 유대인 중에서도 특히 바리새파 유대인, 즉 바리새인이 더욱 그러했습니다. 바리새인의 특징을 먼저 살펴보겠습니다.

9또 자기를 의롭다고 믿고 다른 사람을 멸시하는 자들에게 이 비유로 말씀하시되 10두 사람이 기도하러 성전에 올라가니 하나는 바리새인이요 하나는 세리라 11바리새인은 서서 따로 기도하여 이르되 하나님이여 나는 다른 사람들 곧 토색, 불의, 간음을 하는 자들과 같지 아니하고 이 세리와도 같지 아니함을 감사하나이다 12나는 이레에 두 번씩 금식하고 또 소득의 십일조를 드리나이다 하고

_눅 18:9-12

이 바리새인은 자신이 의롭다고 생각해서 토색과 불의와 간음을 일삼는 무리들을 멸시합니다. 자신의 강점으로 여기는 율법으로 남을 판단하는 것입니다. 예수님은 그런 바리새인들에 대해 이렇게 말씀하십니다.

> 내가 너희에게 이르노니 이에 저 바리새인이 아니고 이 사람이 의롭다 하심을 받고 그의 집으로 내려갔느니라 무릇 자기를 높이는 자는 낮아지고 자기를 낮추는 자는 높아지리라 하시니라 _눅 18:14

자기를 높이는 자는 낮아지고 낮추는 자는 높아집니다. 남을 판단하는 것이 자기에게 돌아오는 이치와 같습니다. 예수님은 이 비유의 말씀에서 의롭게 된 자는 바리새인이 아니고 자기를 낮추고 기도한 세리였다고 말씀하셨습니다. 지금 예수님이 우리에게도 동일한 말씀을 하신다고 생각하지 않습니까? 이 시대를 사는 우리들도 남을 얼마나 쉽게 판단하고 있는지요. 다른 사람들을 지적하고 판단하는 데는 익숙합니다. 세상에선 물론이고 교회에서도 삼삼오오 모이면 다른 사람에 관하여 이야기합니다. 하나님을 알지 못해서 죄를 짓는 수많은 사람들은 물론 죄인이지만, 나는 하나님을 믿고 있고 죄를 지은 것 같지 않기 때문에 다른 사람들을 판단하고 지적하는 겁니다. 하지만 "나는 그런 사람이 아닙니다"라고 말할 수 있겠습니까? 나도 별 수 없는 죄인이라는 사실을 이야기하는 것입니다.

다음은 옥한흠 목사님의 《로마서 강해》에 나오는 '왜 우리가 남을 판단하는가'에 대한 질문의 답을 정리해본 것입니다.

첫째, 남보다 자기가 선하다는 우월감이 있기 때문이다.
둘째, 자기가 범하는 죄에 대해서 둔감하기 때문이다. 다른 사람의 죄에 대해서는 민감하다.

셋째, 자신의 형통이나 행복을 자기가 선해서 얻은 복이라고 착각하기 때문이다.

넷째, 자기의 선이 하나님 앞에서 얼마나 무가치한 것인지 모르기 때문이다.

다섯째, 자기 양심을 속이기 때문이다.

여섯째, 하나님의 심판이 얼마나 준엄한지 모르기 때문이다.

자기는 의롭다고 생각하며 남을 판단하는 사람은 자기 죄에 더하여 다른 사람을 판단하는 죄를 범하기 때문에 더 큰 죄인이라고 말할 수 있습니다. 물론 우리는 분별과 판단을 구별해야 합니다. 성경에서 분별은 성령께서 깨닫게 해주시는 일이고, 판단은 자기의 기준으로 심판한다는 의미입니다. 나는 심판의 주체가 될 수 없다는 말입니다. 그래서 '분별은 하되 심판은 하지 말라'는 것입니다. 그렇다면 심판의 주체는 누구입니까? 바로 삼위일체 하나님이십니다. 우리는 사람을 판단하지 말고 하나님의 인도하심에 따라 분별은 해야 합니다.

성령의 은사 중에 영 분별의 은사가 있습니다. 성경은 무엇이 옳고 그른지를 분별하라고 말씀합니다. 그래서 우리는 영적인 민감성이 절대적으로 필요합니다. 하지만 이 말씀도 그저 사람을 영적으로 분별하라는 것이지 판단하라는 말은 아님을 알아야 합니다. 만일 성령의 감동으로 분별하게 되면 어떻게 해야 하나요? 만일 어떤 사람에게 잘못이 있음을 분별하게 된다면 그 사람을 위해 중보해야 하고, '나는 그렇게 살지 말아야지'라고 타산지석으로 삼아야 합니다.

↓ 하나님께서 판단을 심판하시는 기준

하나님은 판단을 심판하십니다. 하나님은 판단을 판단하시는 분이시라는 말입니다. 로마서 2장을 보면 판단하는 사람에 대한 하나님의 심판과 관련된 구절이 많이 나옵니다.

롬 2:2-3 : 하나님의 심판
롬 2:5 : 하나님의 의로우신 심판
롬 2:6 : 하나님께서 … 보응하시되
롬 2:7-8 : 선을 행하면 영생으로, 진리를 따르지 않으면 진노와 분노로
롬 2:9-10 : 악에는 환난과 곤고가 있고, 선을 행하는 자에게는 영광과 존귀와 평강으로

'하나님께서 보응하신다, 갚아주신다'가 바로 심판하신다는 말입니다. 그렇다면 하나님의 심판의 근거는 무엇일까요? 하나님은 근거 없이 심판하는 분이 아니십니다. 성경은 하나님이 판단하시는 근거를 분명히 알 수 있다고 우리에게 말합니다.

첫째, 진리대로 판단하십니다.

이런 일을 행하는 자에게 하나님의 심판이 진리대로 되는 줄 우리가 아노라

_롬 2:2

하나님은 진리대로 우리를 심판하십니다. 하나님이 우리에게 가르쳐주신 말씀을 잣대로 삼아 심판하시는 것입니다. 이방인에겐 우상숭배의 실체가 겉으로 드러나지만, 유대인에겐 그 현상의 밑바닥에 우상숭배의 본질이 숨어 있습니다. 미워하는 마음, 음란한 타락 등입니다. 이방인은 우상숭배가 죄인 줄 모르기 때문에 그런 것을 드러냅니다. 하지만 유대인도 그 밑바닥에 숨겨져 있던 본질을 어느 순간에 드러내고야 맙니다. 하나님

은 그것 역시 진리대로 판단하십니다.

둘째, 행한 대로 판단하십니다.
하나님께서 각 사람에게 그 행한 대로 보응하시되 _롬 2:6

하나님은 우리가 행한대로 보응하십니다. 특히 '행함'은 유대인들이 자랑하는 것입니다. 유대인 중에서도 바리새인은 율법을 행하는 것을 특히 중시했기 때문에, 율법을 행하는 일에 누구보다 앞장섰습니다. 그러나 바울은 그런 유대인들의 실상을 여지없이 드러냈습니다.

하나님 앞에서는 율법을 듣는 자가 의인이 아니요 오직 율법을 행하는 자라야 의롭다 하심을 얻으리니 _롬 2:13

여기서 '듣는 자'와 '행하는 자'는 레위기 18장 5절 말씀을 인용한 것입니다. 율법을 '듣는다'와 '행한다'의 차이를 설명한 것인데, 율법을 듣는 것으로 의로워지는 것이 아니라 행함으로 의로워진다는 뜻입니다.

당신은 지금 하나님의 말씀을 읽고 있습니다. 그것을 '말씀을 듣는다'라고 할 수 있습니다. 그런데 우리가 말씀을 읽는다고, 혹은 듣는다고 다 행하며 삽니까? 한번 생각해봅시다. 지식이 늘었다고 내가 의인입니까? 분명히 아닙니다. 율법을 듣는 것과 율법을 행하는 것은 분명한 차이가 있습니다. 율법을 듣는 일과 행하는 일은 별개라는 말입니다.

요즘 그리스도인들은 하나님의 말씀을 자주 접하기 때문에 하나님의 말씀대로 살고 있는 것처럼 착각합니다. 심지어 새벽예배를 드리거나 매일 큐티를 하고 말씀 묵상까지 하기에, 적어도 주일에 목사님의 설교는 다 듣기에 하나님의 말씀대로 살고 있다고 착각할 수 있다는 것입니다.

그러나 행동이 들은 말씀을 따라가지 못했을 때, 그것이 과연 주의 말씀을 들은 것이 되겠습니까? 의로워진 것이라고 말할 수 있겠습니까? 그렇다고 말할 수 없습니다. 들은 것에서 시작해서 행하는 데까지 가야만 의로운 것입니다. 이것이 구약의 관점입니다. 그러나 신약의 관점에서 보면, 우리는 비록 율법을 들어도 다 행할 수 없습니다. 신약에서는 율법을 듣고서도 그것을 온전히 행하지 못하는 우리 자신을 그리스도께 가지고 나가기까지 해야 의롭다 하심을 얻는다고 말합니다.

구약 아래에 있던 사람들은 율법을 듣고 그것을 행하려다 보니 어느 정도 하다가 실패했습니다. 성공할 수 없었던 것입니다. 계속 실패하다 보니 괴로워하게 되고, 차라리 자기모순을 감춘 것입니다. 하나님이 그것을 모르실까요? 이스라엘 백성이 율법을 지키지 못한다는 사실을 하나님은 이미 아셨습니다. 그래서 제사 제도를 이미 주신 것입니다. 제사 제도는 이스라엘이 율법을 지키지 못할 것을 아시고 그 백성에게 은혜로 내려주신 수단입니다. "제사를 지내라! 그러면 너희가 죄를 지었어도 용서를 받는다"라는 것입니다.

하지만 신약은, 특히 로마서 2장 13절은 무엇이라고 말합니까? 우리는 신약시대에도 들은 것을 모두 행할 수 없습니다. 그러면 어떻게 하라는 것입니까? 그리스도께 나아가라는 것입니다. 그리스도의 보혈이 하나님이 받으실 참 제물이 되시니, 그리스도의 보혈에 의지하여 죄를 고백하고 주님 앞에 나가면 의롭다 하심을 얻기 때문입니다. 그래서 이 구절에서 '율법을 행하는 자'라는 말은 '율법을 지킴으로써 행한다'라는 의미가 아니라, 우리 죄를 그리스도께로 가지고 나가서 '회개함으로 하나님 앞에서 용서받는다'라는 의미로 보아야 할 것입니다.

인간은 행동으로 결코 의인이 될 수 없습니다. 그런데 인간이 의인이 될 수 있는 길이 있다고 합니다. 그것이 하나님으로부터 죄를 용서받는 죄사함의 길입니다. 우리는 진심으로 회개하며 하나님께 나아가서 그리스도의 보혈을 의지할 때 의롭다 하심을 얻습니다. 용서받은 의인이 되는 것입니다.

우리는 특히 신약에서 '듣는다'와 '행한다'의 차이를 잘 알아야 합니다. 그런데 말씀을 아예 듣지도 않으면 행해야 할 기준조차 없게 됩니다. 범죄를 저지르고도 양심에 거리낌이 없게 됩니다. 죄를 갖고 있어서는 그리스도께 나아가지 못합니다. 그렇기 때문에 우리는 일단 말씀을 들어야 합니다. 듣고 깨닫고 방향을 옳게 돌려야 하는 것입니다. 그리고 하나님께 나아가되, 내 힘으로는 여전히 안 되니 예수님의 보혈의 공로를 믿고, 예수 그리스도 이름으로 하나님께 나아가는 것입니다. 그럴 때 우리의 죄는 용서를 받게 됩니다. 이것이 우리가 듣고 행하는 것입니다.

셋째, 양심대로 심판하십니다.

[14]율법 없는 이방인이 본성으로 율법의 일을 행할 때에는 이 사람은 율법이 없어도 자기가 자기에게 율법이 되나니 [15]이런 이들은 그 양심이 증거가 되어 그 생각들이 서로 혹은 고발하며 혹은 변명하여 그 마음에 새긴 율법의 행위를 나타내느니라 _롬 2:14-15

"율법 없는 이방인은 율법을 모르기 때문에 기준이 아예 없지 않느냐"라고 말할 수 있습니다. 그래도 그들이 마음대로 살 수 없는 이유는 자기가 자기에게 기준이 되기 때문입니다. 자기가 어떻게 기준이 될 수 있나요? 자기 안에 있는 양심 때문입니다. 양심은 사람이 스스로 자기를 제어하며 살 수 있도록 하는 최소한의 율법적 기능이 되는 것입니다. 그러니 양심이 제 기능을 못 한다는 말은 양심이 완전히 무뎌진 것입니다.

사람이 죄를 반복하고 회개하지 않으면 양심은 점점 굳어지는 상태에 이르게 됩니다. 그래서 강퍅하게 되고, 나중에는 자신이 죄인인 줄도 모르게 됩니다. 반복해서 죄를 짓다 보면 양심에 화인을 맞아 점점 양심의 소리를 듣지 못하고 죄의 수렁에 깊게 빠지게 됩니다. 사회적으로 큰 충격을 주는 연쇄 살인범들이 처음부터 인면수심(人面獸心)이었겠습니까? 죄를 짓고 또 짓다 보니 양심의 소리를 듣지 못하고, 무참히 타락한 상태까지 된 것이라고 할 수 있습니다.

> 곧 나의 복음에 이른 바와 같이 하나님이 예수 그리스도로 말미암아 사람들의 은밀한 것을 심판하시는 그 날이라 _롬 2:16

그러므로 이방인도, 예수를 안 믿어도 양심으로 심판을 받는다는 사실을 알아야 합니다. 율법이 없는 이방인도 양심을 피할 길은 없습니다. 변명할 수 없는 것입니다.

양심은 법의 가장 기초입니다. 믿는 자나 믿지 않는 자나, 유대인이나 이방인이나 모두 양심을 갖고 있습니다. 사람들은 이 양심으로 인하여 죄를 제어할 수 있습니다. 신앙이 성숙해진다는 말은 어떤 면에서 이 양심의 수준이 높아진다는 의미입니다.

↓ 그러면 하나님의 심판을 어떻게 피할 것인가?

우리는 죄를 지은 대로, 진리대로, 행위대로, 또 양심대로 판단을 받습니다. 그러면 우리가 심판을 면할 길은 전혀 없을까요? 우리가 어떻게 하나님의 심판을 피할 수 있을지 알아보겠습니다.

<u>첫째, 자기를 정확히 인식해야 합니다.</u>

내가 누구인지 정확히 알아야 합니다. 모든 사람은 죄인입니다. 이방인의 죄, 유대인의 죄, 판단의 죄, 양심의 죄, 그리고 지금까지 들은 모든 죄를 통해서 볼 때, 인간이 변명할 수 없는 것은 '인간은 모두 죄인'이라는 사실입니다. 그래서 이 구절이 유명합니다.

모든 사람이 죄를 범하였으매 하나님의 영광에 이르지 못하더니 _롬 3:23

모든 사람, 즉 이방인이나 유대인이나, 판단하는 바리새인들이나 누구나 다 죄를 범했다는 사실이 믿어집니까? 죄의 삯은 사망이며, 죄를 지은 자는 하나님의 영광에 이르지 못합니다. 우리는 모두 죄인이라는 사실을 피할 수 없습니다. 하지만 사람들에게 "당신이 죄인이다"라고 하면 좋아합니까? 좋아하지 않습니다. 문제는 우리가 모두 죄인임에도 불구하고, 죄를 드러내는 설교나 지적을 듣지 않으려 한다는 것입니다.

제가 교회에서 이사야서를 설교한 적이 있었습니다. 이사야서로 설교를 계속 하는 것이 저에게는 큰 부담이 되었습니다. 어떤 형제가 저를 찾아와, 노골적으로 "이사야서 설교를 그만 하시는 것이 좋지 않겠습니까?"라는 건의를 하기도 했습니다. 저는 사람들이 이사야가 살던 시대처럼 지금도 죄를 지적하는 설교를 듣기 싫어한다는 사실을 알 수 있었습니다.

하지만 제가 이사야서를 설교하게 된 동기가 있습니다. 그것은 이사야가 이야기하는 '온전한 이스라엘'이 무엇일까에 대한 질문으로부터 시작되었습니다. '성도들이 복음을 온전한 삶으로 살아내는 제자가 되는 길이 무엇일까'를 탐구하려면 구약에서 이사야서가 가장 적합하다고 생각했던 것입니다.

저는 이사야서 설교를 통해서 온전한 이스라엘의 모습이 무엇을 말하는지 볼 수 있었습니다. 유대인은 엄청난 죄를 지었습니다. 하나님이 그들을 선민으로 택하시고 그들에게 복을 주시려고 율법과 제사법을 주셨지만, 그들은 율법을 어기고 제사를 외형적인 모습으로 고착시키고 타락시켰습니다. 그래서 하나님이 이사야 선지자를 통하여 이스라엘 백성에게 경고하는 메시지를 계속 보내셨습니다. 그럼에도 불구하고 이스라엘 백성이 돌아서지 않았기 때문에, 결국 북이스라엘과 남유다는 앗수르와 바벨론의 심판을 각각 받게 되었습니다.

그러나 하나님은 그 백성을 완전히 버리지 아니하시고 임마누엘이 되시는 메시아를 보내주셔서 이스라엘의 남은 자들을 회복시킬 것이라는 예언을 하십니다. 결국 그들을 바벨론 포로에서 '출바벨론'시키시고, 또 흑암에서 자기의 백성을 구원하신다는 '출흑암'의 예언이 바로 메시아이신 예수님이 이 땅에 오신다는 예언이었습니다. 마지막으로는 예수님이 다시 오심으로써 이 세상에서 하늘로 들림받는 '출세상'을 완성시키는 내용까지 담고 있습니다. 이와 같이 성경 전체의 내용을 축약한 책이 이사야서임을 깨달을 수 있었습니다.

제가 깨달은 이사야서의 핵심은 사람이 다 죄인이라는 것입니다. 이사야서를 비롯한 구약에서 말하는 모든 내용의 핵심 역시 우리 모두가 죄인이라는 사실을 피할 수 없다는 것입니다. 그러나 이사야서는 인간이 비록 죄인이지만, 하나님은 우리를 회복시키시길 원하시며, 회복은 임마누엘 되시는 메시아 안에 있을 때에야 비로소 이루어진다는 것을 말합니다. 죄의 문제를 해결하기 위해 임마누엘 되시는 메시아가 도래해야 한다는 것입니다. 임마누엘 메시아 안에서 비로소 참된 이스라엘, 즉 주님의 제자가 될 수 있습니다.

사람들은 죄를 피할 수 없는 존재임에도 불구하고 자신이 죄인이라는 말을 들으려 하지 않습니다. 자기가 죄인이라는 소리를 듣기 싫어합니다.

그런데 자신이 죄인이라는 사실을 깨닫지 못하면 하나님의 심판을 피할수 없다는 사실이 로마서 2장의 핵심입니다. 그러므로 우리가 하나님의 말씀을 듣고 자신이 죄인임을 고백할 때, 그리스도를 통하여 베풀어주신 은혜 앞으로 나올 수 있게 됩니다. 그래서 사도 바울이 로마서를 통해서 먼저 이 세상 모든 사람이 죄인이라는 것을 고백하도록, 말씀으로 인간의 죄성을 예리하게 드러낸 것입니다.

둘째, 죄를 깨닫고 회개해야 합니다.

내가 누구인지, 즉 내가 죄인인지를 알았으면, 그 다음에는 죄를 깨닫고 회개해야 합니다.

> [4]혹 네가 하나님의 인자하심이 너를 인도하여 회개하게 하심을 알지 못하여 그
> 의 인자하심과 용납하심과 길이 참으심이 풍성함을 멸시하느냐 [5]다만 네 고집과
> 회개하지 아니한 마음을 따라 진노의 날 곧 하나님의 의로우신 심판이 나타나
> 는 그 날에 임할 진노를 네게 쌓는도다 _롬 2:4-5

'죄'라는 단어는 헬라어로 '하말티아'입니다. 과녁의 중심을 벗어난 상태를 말합니다. 말씀이라는 과녁의 중심을 벗어난 것은 다 죄가 되는 것입니다. 마치 과녁을 화살로 쏘아 10점 만점인 중심부를 벗어나는 만큼 9, 8, 7의 점수가 나오는 양궁처럼, 비록 9점을 맞추었어도 10점을 벗어난 것이고, 7점을 맞추었어도 10점을 벗어난 것입니다. 말씀대로 사는 것은 10점 정중앙을 맞추는 것인데, 인간은 누구나 그렇게 살 수 없습니다. 우리는 다 과녁의 중심에서 조금씩은 벗어난 상태로 살게 됩니다. 그래서 우리는 '하말티아'의 상태에 있게 됩니다.

회개의 헬라어인 '메타노이아'는 죄를 인정하고 말씀으로 돌아서기로

결심한다는 뜻입니다. 죄를 인정하는 것에 더해서 돌아서는 것입니다. 어디로 돌아서는 것인가요? 말씀 중심으로, 말씀 방향으로 돌아서는 것입니다. 회개는 말씀으로 나를 다시 돌이키는 것입니다.

참으로 회개하지 않는 것은 하나님의 인자하심과 용납하심과 길이 참으심의 성품을 멸시하는 것입니다. 얼마나 무서운 말입니까? 회개할 일이 생기면 우리는 그저 하나님께 죄송해하고 미안해합니다. 하지만 그것은 진정한 회개가 아닙니다. 회개는 하나님의 사랑과 인자하심과 용납하심과 길이 참으시는 성품을 인정하는 것입니다.

당신의 자녀가 죄를 지었다고 칩시다. 부모가 그것을 알게 되었습니다. 부모가 자녀의 연약함을 아는데, 어떻게 죄를 지은 것을 모를 수 있겠습니까? 그런데 자녀는 '부모가 모르겠지'라고 생각하고 "나 죄 안 지었어요"라고 계속 속이려 든다면 어떤 부모가 그걸 믿겠습니까? 하지만 부모에게 "내가 잘못했어요! 용서해주세요!"라고 말하면 어느 부모가 그 자녀를 용서하지 않겠습니까? 부모가 자녀를 토닥거리며 "그러니까 왜 그렇게 잘못했어? 다시는 그러지 않겠다고 약속해!"라고 자녀를 훈계하며 용서할 것입니다. 때로는 회초리를 댈 수 있지만, 그것은 근본적으로 자녀를 미워해서가 아니라 사랑하기 때문입니다.

우리는 하나님 앞에서 죄를 인정하는 것을 불편하게 생각하지 않아야 합니다. 우리는 죄를 지을 수밖에 없는 연약한 자들이기 때문입니다. 하나님은 그것을 이미 알고 계십니다. 우리가 죄를 인정하지 않으면 마음이 굳어지고 딱딱해집니다. 내가 죄인임을 인정하지 않으면 하나님의 은혜를 구하지 않게 됩니다. 나의 연약함을 알아야 그리스도의 보혈을 찾게 되는 것입니다.

그리스도의 피는 우리의 죄와 허물을 위해서 흘려주신 보배로운 피입니다. 예수님이 가시관을 쓰시고, 채찍에 맞으시고, 양손과 양발에 대못이 박히고, 옆구리에 창을 맞으셔서 보혈을 다 흘려주셨음을 우리는 깨달아야 합니다.

죄 없으신 예수님이 왜 그렇게 처참한 고통을 당하셔야 했습니까? 나를 위해서입니다. 그것이 은혜임을 고백하며, 주님이 흘리신 보혈을 나의 죄에 적용할 수 있어야 합니다. 그러면 주님의 보혈은 능력이 있으셔서 우리의 모든 죄를 용서하시고, 깨끗게 하시고, 의롭게 만드십니다.

주님의 보혈은 또한 우리의 질병을 담당해주시고, 저주를 끊어내십니다. 우리를 거룩하게 이끌어주시고, 우리가 예배드릴 때 보혈을 넘어 지성소로 데려가시고, 우리의 모든 막힌 담을 허무시고, 원수 된 자들과 하나 되게 하시는 능력이 있습니다. 또한 우리를 유혹하는 사탄 마귀를 멸하실 수 있는 능력이 바로 보혈의 공로임을 알아야 합니다. 이 모든 은혜를 누리기 위해서는 주님의 보혈을 전적으로 의지하며, 기도할 때마다 주님의 보혈을 늘 믿음으로 적용할 수 있어야 합니다.

그런데, 5절에서 '진노를 쌓는다'라는 말의 의미는 무엇일까요? 하나의 큰 사건은 수없이 많은 경미한 사건이 연속된 다음에 일어납니다. 지진이 올 때는 지진의 징조가 있습니다. 지각변동과 동물의 이상 행동, 땅울림과 같은 전조현상이 나타나는데, 이전에는 그런 일이 가끔 일어났지만, 지진이 가까워지면 반복해서 자주 일어납니다. 한 번의 큰 지진이 일어나기 전에 수백 번의 경미한 징조가 나타난다는 것이 지진을 연구하는 과학자들의 주장입니다.

이와 같이, 하나님의 심판이 임하기 전까지는 수많은 사인과 경고가 오는 것입니다. 양심으로 오고, 환경 가운데 오고, 설교 말씀으로도 옵니다. 그런데 우리가 그런 경고를 계속 무시하다가 어느 날 큰 어려움을 당합니다. 그런 현상(징조)의 결과, 우리는 세상 가운데서 심판을 받습니다. 아무 경고도 없다가 갑자기 심판이 떨어지는 것이 아닙니다. 수많은 경고가 있을 때, 양심의 소리를 듣거나 설교를 통해서 지적받을 때, 고집 피우지 말고 하나님 앞에 회개하면 하나님이 피할 길을 예비하실 것입니다. 경고를 듣고 돌아서는 것이 회개이고, 그렇게 할 때 온전한 은혜를 받게 됩니다. 회개하는 자리에 보혈이 떨어지고, 보혈이 떨어질 때 성령의 기름부으심이 임하게 됩니다. 성령의 은혜가 임할 때 비로소 말씀이 들려지고, 질병이 고침받고 저주가 떠나가고, 문제가 해결되는 것입니다.

사무엘하 11장은 다윗이 밧세바와 간음죄를 범한 이야기를 전합니다. 밧세바의 임신 소식을 듣고 다윗은 밧세바의 남편 우리아를 죽이는 살인죄까지 저질렀습니다. 선지자 나단이 와서 다윗을 책망했습니다. 다윗은 책망을 듣고 그 즉시 자신의 죄를 고백하고 회개했습니다. 나단의 책망은 우리가 말씀을 읽을 때나 설교를 들을 때 죄를 깨닫게 되는 것과 같은 경우인데, 그럴 때 우리는 하나님이 책망하시는 것으로 알고 즉시 회개해야 합니다. 하나님이 우리를 사랑하셔서 우리를 고치려고 찾아오신 것입니다. 그럴 때 우리가 회개하면 우리에게 은혜가 임합니다. 하나님의 은혜가 임해야 우리의 상한 심령과 육체가 회복됩니다.

하나님이여 주의 인자를 따라 내게 은혜를 베푸시며 주의 많은 긍휼을 따라 내 죄악을 지워 주소서 _시 51:1

"내가 죄인입니다. 내가 큰 죄를 지었습니다"라고 하나님 앞에 토설하고 기도할 때 주께서 들어주십니다.

3내가 입을 열지 아니할 때에 종일 신음하므로 내 뼈가 쇠하였도다 4주의 손이 주야로 나를 누르시오니 내 진액이 빠져서 여름 가뭄에 마름 같이 되었나이다 (셀라) 5내가 이르기를 내 허물을 여호와께 자복하리라 하고 주께 내 죄를 아뢰

고 내 죄악을 숨기지 아니하였더니 곧 주께서 내 죄악을 사하셨나이다 (셀라)

_시 32:3-5

이러한 기도를 드리면, 비록 내가 혼자 있는 공간에서 기도했더라도 주님이 들으십니다. 코로나 팬데믹으로 인해 온라인으로 각자 영상을 보고 예배를 드릴지라도 무소부재하신 하나님을 만날 수 있다는 걸 우리는 경험하지 않았습니까?

히브리서 11장 6절에서 믿음은 '하나님이 살아 계신 것과 하나님께 나아가는 자에게 상 주시는 이심'을 믿는 것이라고 말했습니다. 우리가 죄를 회개하고 주님을 전적으로 믿고 의지하면, 주님께서 우리의 기도에 반드시 응답하실 것입니다.

셋째, 회개하고 돌아서서, 적극적으로 주님에게 올인하십시오.

우리는 회개하면, 돌아서서 적극적으로 주님에게 올인(All in)해야 합니다. 적당히 돌아서는 것이 아니라, 우리의 전 존재를 주께 몰입하는 사람이 하나님 앞에 쓰임 받습니다.

예수를 잘 믿는 초등학교 학생이 있었습니다. 그런데 그의 아빠는 예수를 믿지 않았습니다. 그 아이는 예수 믿고 구원의 감격을 가슴에 벅차게 느꼈기 때문에 '이 예수님, 나만 믿어서는 안 돼, 아빠도 믿어야 되고 엄마도 믿어야 돼!' 하는 견딜 수 없는 충동에 사로잡혀 고민하게 되었습니다. 그래서 예수 안 믿는 아버지에게 날마다 예수 믿자고 졸라댔습니다. 하지만 아버지는 이렇게 달래며 적당히 넘어가곤 했습니다.

"그래, 너부터 먼저 믿어, 틈나는 대로 믿을게. 너무 아버지를 괴롭히면 오히려 부담스럽지 않니?"

그러던 어느 날, 교통사고로 그 아이가 죽고 말았습니다. 얼마나 가슴 아픈 일인지요. 부모의 슬픔은 무엇으로도 달랠 수 없었습니다.

아버지는 죽은 아들이 쓰던 방에 들어가 그 아이의 유품을 하나하나 살펴보았습니다. 옷도 만져보고 읽던 책도 만져보았습니다. 그러다가 노트 하나를 발견했습니다. 그것은 아들의 일기장이었습니다. 일기장을 펴본 아빠는 기절할 것처럼 놀랐습니다. 죽기 며칠 전에 쓴 일기인데, 이런 기도문이 적혀 있었습니다.

"하나님! 우리 아빠 꼭 예수님 믿게 해주세요. 아빠가 예수님 믿기 위해서 내가 죽어야 한다면 나는 죽기를 원합니다. 내가 죽어서라도 아빠가 예수 믿게 해주세요."

어린아이가 이렇게 쓴 겁니다. 그가 그 글을 읽으며 받은 충격과 후회와 감동은 말로 할 수 없었습니다.

'예수를 믿는 것이 이렇게 중요한 일인가? 아들이 생명을 내놓고 내가 믿어야 할 일이었던가?'

드디어 그는 그 자리에서 하나님 앞에 회개하고 예수님을 구주로 영접하게 되었습니다. 아들의 생명과 자기 구원을 바꾼 셈이 된 것이죠. 너무나 값비싼 대가를 치른 것입니다. 그 아버지는 지난 반세기 동안 세계 도처에서 수백만의 젊은이들을 그리스도 앞으로 인도하는 데 큰 몫을 담당하였던 대학생선교회(CCC)의 국제본부 부총재가 되었다고 합니다. 위 예화의 주인공은 하나님께서 그를 되돌리셔서 자식이 죽기까지 자기를 구원하려고 했던 마음을 보게 되었으며, 그것을 기억하고 회개했던 것입니다. 그리고 그는 하나님께 인생을 올인했습니다.

예수님 없이 사는 사람은 어리석은 사람입니다. 사람들이 하나님의 아들 예수 그리스도가 자신을 위해서 그 아들을 내어주셨다는 진리의 말씀을 깨닫지 못하면, 그것만큼 안타까운 일은 없습니다. 그렇다면 우리가 그런 진리를 깨달을 때는 어떻게 해야 할까요? 위 예화의 주인공처럼 하나님께 올인할 수 있어야 합니다. 그럴 때 큰 열매를 맺는다는 사실을 아는 것입니다. 복음의 진리를 많이 깨달은 사람일수록, 복음의 삶에 더 올인하게 됩니다.

믿음도 마찬가지라고 저는 생각합니다. 믿음이 커지면 그만큼 하나님께 올인할 뿐 아니라, 또한 그런 다음에 올아웃(all out)하는 헌신이 생깁니다. 올아웃은 '마음을 다하여, 뜻을 다하여, 힘을 다하여' 모든 것을 다 쏟아놓는 것을 말합니다. 올인, 그리고 올아웃을 할 수 있도록, 주님의 은혜가 우리에게 임하기를 간절히 바랍니다.

O4

Romans 2:17-3:8

유대인이라 불리는 네가
그 모양이냐?

유대인은 자신이 선민이라는 우월의식을 가졌습니다. 자신들은 하나님이 택한 민족이고, 성경을 가지고 있고, 할례받은 민족이기 때문에, 무슨 짓을 해도 구원받을 것이라는 착각에 빠져 살았습니다. 그러나 사도 바울은 유대인의 표리부동한 모습을 우리에게 적나라하게 보여줍니다. 의롭다고 자랑하는 유대인이 사실은 이방인보다 더 악한 죄를 짓고 산다는 것입니다. 과연 그럴까요?

우리는 이 장에서 유대인이라 불리는 사람들이 가졌던 자긍심(자부심)은 무엇이며, 그 자긍심과 다르게 실제로는 어떤 죄를 지으며 살았는지를 살펴볼 것입니다. 지금까지 사도 바울은 이방인에 대해, 그리고 바리새인 같은 판단하는 도덕군자들에 대해 말해왔는데, 본격적으로 유대인 전체에 대해서도 그 실상을 언급하고 있습니다. 유대인이 가진 우월의식이 무엇이며 그 실상은 어떠했는지 알아봅시다.

↓ 첫째, 율법에 대한 자긍심(2:17-24)과 그 실상

유대인의 첫째 특징은 율법에 대한 자긍심을 강하게 갖고 있다는 것입니다. 율법은 유대민족에게만 주신 하나님의 선물이라고 생각하기 때문입니다.

유대인은 이스라엘 백성을 가리킵니다. 그들은 과거에 적국인 바벨론에 포로로 잡혀가서 70년가량 노예 생활을 했습니다. 포로가 된 지 70년이 거의 되었을 때, 다니엘의 기도를 통하여 성전이 회복될 것을 깨닫게 되었습니다(단 9:2). 페르시아 고레스 왕 때 스룹바벨과 더불어 일차로 귀환한 자들을 통해서 우선 성전이 회복되고, 에스라를 통하여 말씀 운동이 일어나 개혁이 일어나고, 느헤미야 때에 성벽이 회복되는 은혜를 입었습니다. 그렇게 하나님의 은혜로 해방되어 고국으로 돌아온 뒤부터, 본격적으로 유대인이라고 불리게 되었습니다.

유대인이라는 호칭은 원래 '칭찬, 찬송'이라는 매우 아름다운 의미를 담고 있었는데, 사람들이 유대인을 그렇게 생각하지 않는다는 사실은 역사의 아이러니라고 하지 아니할 수 없습니다. 세상 사람들은 유대인을 고리대금업자, 수전노 같은 비하의 뜻으로 부릅니다. 그것이 또한 셰익스피어를 비롯한 작가들이 유대인을 묘사했던 방식이었습니다. 유대인들이 역사적으로 그렇게 살아갈 수밖에 없었던 탓도 있지만, 그렇게 평가하게끔 산 것도 사실입니다.

저는 2001년, 이스라엘에 성지순례를 다녀온 적이 있었습니다. 그때 이스라엘에서 여행업을 하는 사장님과 식사를 하면서 대화를 나눈 적이 있었습니다. 저도 이전에 사업을 한 적이 있기 때문에 이스라엘에서 사업하기가 어떤지 질문했는데, 그 분이 유대인과 사업해서 성공할 사람이 없다는 자조 섞인 말을 하는 걸 들어서 인상에 남았습니다. 그 분이 여행업을 하다 보니 아무래도 유대인의 호텔과 식당이나 버스회사 같은 거래처와 함께 사업을 하는데, 할 때마다 이 사람들이 너무 냉혈 인간 같다고 느낀다는 것입니다. 유대인들이 2천 년 가까이 전세계로 흩어져 제각각 고립되어 살면서 생존해야 했기 때문에, 심지어 핍박 가운데서 살아남아야 했기 때문에 그렇게 변했는지는 모르지만, 유대인들에 대한 역사와 세상의 평가는 늘 부정적인 면이 강했습니다. 이 로마서 2장도 놀랍도록 정확하게 그런 유대인을 질타하고 있습니다.

> ¹⁷유대인이라 불리는 네가 율법을 의지하며 하나님을 자랑하며 ¹⁸율법의 교훈을 받아 하나님의 뜻을 알고 지극히 선한 것을 분간하며 ¹⁹맹인의 길을 인도하는 자요 어둠에 있는 자의 빛이요 ²⁰율법에 있는 지식과 진리의 모본을 가진 자로서 어리석은 자의 교사요 어린 아이의 선생이라고 스스로 믿으니 _롬 2:17-20

유대인들은 스스로 도덕적이라고 여기며, 율법을 가진 선택받은 민족으로서 우월감을 갖고 있다는 지적입니다. 문제는 그런 유대인의 실상이 어떠한가 하는 것입니다. 실상은 그들이 자긍하는 것과 완전히 다르다는 이야기입니다.

> ²¹그러면 다른 사람을 가르치는 네가 네 자신은 가르치지 아니하느냐 도둑질하지 말라 선포하는 네가 도둑질하느냐 ²²간음하지 말라 말하는 네가 간음하느냐 우상을 가증히 여기는 네가 신전 물건을 도둑질하느냐 ²³율법을 자랑하는 네가 율법을 범함으로 하나님을 욕되게 하느냐 ²⁴기록된 바와 같이 하나님의 이름이 너희 때문에 이방인 중에서 모독을 받는도다 _롬 2:21-24

그들이 하나님을 믿는다고 하지만, 그들의 이율배반에 대해 도리어 이방인으로부터 지탄받음으로 하나님이 모욕을 받고 있다는 것입니다. 어쩌면 우리 시대의 기독교인들을 가리켜 세상이 '개독교'라고 부르는, 가슴 아픈 지적을 받고 있는 현실이 바울 당시의 유대인들이 받았던 평가와 비슷하지 않나 하는 생각이 들기도 합니다. 물론 사람들 중에는 어찌하든 기독교를 폄하하거나, 불순한 목적을 갖고 기독교를 부정적으로 몰아가려는 세력이 분명히 있을 것입니다. 그러나 지금은 그리스도인들조차 스스로 그렇게 느낄 만큼 기독교가 타락하고 무너지고 있다는 것도 부인할 수 없는 현실입니다. 유대인들이 말씀을 받은 백성이고 하나님의 선민이며, 하나님에 대한 믿음을 갖고 있음에도 불구하고, 결국 이방인들에게 모욕받는 것은 하나님이 원하시는 바가 결코 아닙니다.

유대인들의 문제를 이렇게 정리해볼 수 있습니다.

"율법을 받고 순종으로 반응할 때 하나님께 영광을 돌리게 된다."

"율법을 받고 순종하지 않으면 하나님께 모욕이 된다."

여기서 중요한 사실은 율법과 순종이 별개의 문제라는 것입니다. 유대인들은 겉과 속이 다른 모습을 지니고 살았습니다. 율법은 받았지만 순종하지 않는 삶을 살았던 것입니다. 이와 같이 오늘날 우리도 그리스도인이라는 칭호만 갖고 있는 것은 아닌지, 냉철하게 생각해보아야 합니다.

말씀을 조금 알고, 말씀을 듣고 은혜받았다는 자체가 저절로 하나님께 영광 돌리는 삶이 되는 것은 아닙니다. 은혜받은 말씀대로 순종할 때, 비로소 하나님께 영광 돌리는 삶을 살게 됩니다. 우리가 교회에는 나오지만 말씀과 전혀 상관없이 살거나 사람들 앞에서만 말씀대로 사는 것처럼 보이려고 한다면, 우리는 그리스도인의 옷만 걸친 사람들이라고, 짝퉁 그리스도인이라고 비난받을 것입니다.

↓ 둘째, 할례에 대한 자긍심(2:25-27)과 그 실상

유대인의 둘째 특징은 그들에게 할례에 대한 자긍심이 있다는 것입니다. 로마서 2장 25-27절은 유대인이 끔찍이도 귀하게 여기는 할례 문제를 다루고 있습니다. 그들은 할례를 너무나 귀하게 여긴 나머지 잘못된 착각에 빠지게 되었는데, 할례만 받으면 자동적으로 구원받는 것처럼 오해했던 것입니다.

할례는 이스라엘 백성에게 주신 하나님의 선물입니다. 하나님이 아브라함에게 할례를 받게 하셔서, 그 아들 이스마엘을 비롯해 아브라함과 같이 있던 사람들이 할례를 받기 시작했습니다. 그것이 유대인이 할례를 받게 된 계기였습니다. 그러나 유대인은 자신들이 할례를 받기 때문에 구원받는 하나님의 백성이 된다는 착각에 빠지고 말았습니다. 할례를 구원의 수단으로 간주하게 된 것입니다. 지금 우리의 입장에서 보면 얼마나 진리에서 벗어난 생각입니까? 그러나 아직까지 대부분의 유대인은 그렇게 생각하고 있습니다. 국가적으로, 민족적으로 할례를 통해 구원의 약속을 받았다고 생각하기 때문에 그렇게 믿는 것입니다. 하지만, 만일에 유대인이 할례를 받았다고 자동적으로 구원이 이루어진다면 하나님께서 그들에게 율법을 다시 주실 필요는 없었을 것입니다.

유대인들에게 주신 율법과 제사 제도는 그들이 율법과 제사제도의 의미를 잘 파악하고 따를 때 의미가 있습니다. 그러나 그들은 하나님의 뜻을 오해했습니다. 구체적으로 유대인의 무슨 생각이 잘못되었습니까?

[25]네가 율법을 행하면 할례가 유익하나 만일 율법을 범하면 네 할례는 무할례가 되느니라 [26]그런즉 무할례자가 율법의 규례를 지키면 그 무할례를 할례와 같이 여길 것이 아니냐 _롬 2:25-26

율법을 행하면 할례가 효력이 있습니다. 그러나 할례는 받았는데 율법을 범하면 할례가 도대체 무슨 의미가 있겠느냐는 말입니다. 정리하면 이렇습니다.

"할례받은 사람이 율법을 순종하면 할례가 더 유익하게 된다."

"할례받은 사람이 율법에 순종하지 않으면 할례는 아무 유익이 없다."

즉, 할례와 순종이 함께 갈 때 유익하게 되고, 순종하지 않으면 할례가 무익하게 되는 것입니다. 그러므로 할례에서 중요한 것은 순종입니다. 할례받은 사람이 순종까지 잘하면 할례가 더욱 가치있는 의식이 된다고 말할 수 있습니다.

> 오직 이면적 유대인이 유대인이며 할례는 마음에 할지니 영에 있고 율법 조문에 있지 아니한 것이라 그 칭찬이 사람에게서가 아니요 다만 하나님에게서니라
> _롬 2:29

'이면적 유대인'이란 무슨 뜻인가요? 내적인 마음으로부터 순종하는 사람, 율법에 순종하는 사람을 가리킵니다. 이것이 진정한 의미에서 유대인입니다. 그러므로 율법이 아니라 성령을 따라 마음에 받는 할례가 진정한 할례입니다. 지금은 성령님이 오셔서 마음을 변화시키는 마음의 할례가 진정한 의미의 할례라고 할 수 있습니다. 이것을 오늘날 그리스도인의 입장에서 생각하면 침례(세례)에 그대로 적용할 수 있습니다. 신약의 세례는 구약의 할례와 의미가 거의 비슷하다고 볼 수 있습니다.

우리는 세례받은 교인을 세례 교인이라고 말합니다. 어떤 사람이 세례를 안 받았을 때는 진실한 그리스도인인지 확실히 알기 어렵지만, 세례를 받았다면 공동체에서 인정하는 그리스도인이 됩니다. 이 세례에도 할례와 동일한 원리가 적용되어야 합니다. 구약의 할례와 가장 유사한 종교적

행위인 신약의 세례를 마치 구원의 보장처럼 생각하는 사람들이 있기 때문입니다. 마치 할례받고 유대인이 된 것처럼, 세례만 받으면 구원이 보장된다고 생각할 수 있다는 말입니다.

할례의 원리에 맞추어 세례를 생각해보면 다음과 같이 정리할 수 있습니다.

"세례를 받았으나 순종이 없으면, 세례받지 않은 것과 같다."

"세례를 받고 율법에 순종하면, 그 세례는 더욱 유익한 세례가 된다."

세례를 받고 율법에 순종도 잘한다면 세례의 의미를 가장 잘 드러내는 사람이라고 말할 수 있습니다.

우리는 예수님을 마음에 믿어 의에 이르고 입술로 고백하여 구원에 이르렀습니다. 우리가 말씀을 통해 예수님을 믿어서 구원을 받게 된 것입니다. 그렇지만 우리가 세례를 받는 이유는 공동체 안에서 구원받은 사람이라는 것을 알리는 하나의 의식이기 때문입니다. 그렇다면 이렇게 질문할수도 있습니다.

"세례가 일종의 의식이라면, 꼭 세례를 받을 필요가 있나요?"

눈에 보이는 의식도 필요합니다. 왜냐하면 세례를 안 받고 혼자만 믿고 있으면 '내가 정말 믿는 자인가?'라며 스스로를 의심하거나, 타인까지 의심할 수 있습니다. 그러나 자기가 세례의식에 참여했으면 세례받았다는 사실을 누구도 부인할 수 없고, 공동체의 일원이 되기 때문에 믿음을 인정받은 것과 같다고 할 수 있습니다. 예수님도 친히 세례요한으로부터 세례를 받으셨고 믿는 자들이 행할 모범이 되어 주셨습니다. 예수님은 제자들에게 "그러므로 너희는 가서 모든 민족을 제자로 삼아 아버지와 아들과 성령의 이름으로 세례를 베풀고"(마 28:19)라고 친히 명령하셨습니다.

↓ 셋째, 언약에 대한 자긍심(3:3-8)과 그 실상

유대인들은 셋째로 언약에 대한 자긍심이 있었습니다. 그들이 '하나님의 말씀'(언약)을 맡았기 때문입니다.

로마서 3장은 하나님께서 유대인에게 약속하신 언약에 대한 논쟁의 내용입니다. 그런데 바울이 1장과 2장에서 주장한 것처럼 율법과 할례 같은 언약이 결과적으로 구원의 문제에서 이방인과 별 차이가 없다면, 언약의 특권을 받은 유대인에게 무엇이 더 나은 점이 있느냐는 질문으로 시작합니다. 유대인이 율법을 가지고 있고 할례도 받았는데 특별한 장점도 없고 별 차이도 없다면, "유대인이 이방인보다 나은 게 뭐야?"라는 푸념인 것입니다. 유대인 중에서 어떤 사람이 바울에게 그렇게 질문한 것이 바로 3장 1절입니다. 좀 더 이해하기 쉽게 〈쉬운성경〉으로 보겠습니다.

> 그렇다면 유대인이 이방인보다 더 나은 것은 무엇입니까? 또 할례의 가치는 무엇
> 이겠습니까? _롬 3:1, 쉬운성경

"아니, 바울의 말대로 유대인이 하나님의 율법에 순종하지 않아서 구원을 받지 못한다면, 이것은 하나님이 유대인과 약속한 언약을 일방적으로 깨뜨리는 것과 무엇이 다릅니까? 할례를 받으라고 할 때는 언제이고 유대인을 버릴 때는 언제입니까? 그런 하나님을 신뢰할 수 있다고 생각합니까?"라는 질문인 겁니다.

유대인들은 당연히 그런 질문을 할 것입니다. 유대인들은 율법을 외우고 지키려 애쓰고 할례를 받고, 또한 할례를 귀중히 여기는데, 할례가 아무 의미 없다는 말은 도저히 용납하기 어려웠을 것입니다. 그런데 사도 바울도 유대인입니다. 바울 자신이 유대인인데 이것을 왜 고민하지 않았겠습

니까? 그래서 2절이 유대인의 질문(1절)에 대해 바울이 대답한 것입니다.

> 모든 면에서 많습니다. 첫째로 중요한 것은 유대인들이 하나님의 말씀을 맡았다
> 는 사실입니다 _롬 3:2, 쉬운성경

유대인의 장점이 모든 면에서 많지만, 그중 첫째는 하나님의 말씀을 맡았다는 것입니다. 그것은 인정한다는 말입니다. 하나님은 로마인이나 다른 민족에게 말씀을 주지 않으셨습니다. 아브라함의 후손인 유대인에게 언약으로 주신 것입니다. 아브라함에게 약속하였고, 이삭과 야곱과 요셉에게, 그리고 모세의 시대에는 이스라엘 민족에게 율법을 주셨습니다. 이스라엘이 율법을 받은 것을 '말씀을 맡았다'라고 표현한 것인데, 이것은 유대민족에게 말씀을 먼저 주셨다는 사실을 말합니다. 이건 기정사실이고 변할 수 없습니다. 그러자 어떤 유대인이 다시 질문합니다.

> 그런데 만일 유대인 중에 하나님을 믿지 않는 사람이 있다면 어떻겠습니까? 이
> 사람들이 믿지 않는다고 해서 하나님의 신실하심이 무효가 되겠습니까?
> _롬 3:3, 쉬운성경

유대인 중에 하나님을 믿지 않는 사람이 있다고 해서 하나님의 구원 약속의 신실하심이 무효가 되겠느냐는 말입니다. 하나님은 여전히 신실하신데, 유대인들에게 율법과 언약을 주셔놓고, 그들이 안 믿는다고 해서 그것을 무효로 처리한다면, 도대체 유대인들은 무엇이 되느냐는 질문입니다. 이에 대한 바울의 답변이 4절입니다.

> 절대로 그렇지 않습니다. 설령 모든 사람이 거짓말쟁이라 하더라도, 하나님은 참

되십니다. 성경에도 이렇게 기록되어 있습니다. 주께서는 주님의 말씀으로 의로우심을 나타내시고 심판하실 때 주님께서 이기실 것입니다. _롬 3:4, 쉬운성경

주님의 말씀은 절대적으로 변화가 없으십니다. 문제는 하나님이 변하신 것이 아니라 유대인이 변하고 있다는 것입니다. 하나님의 말씀은 회전하는 그림자가 없는 것처럼 절대 변할 수 없는 진리라는 것을 믿어야 합니다. 그러자 또 유대인이 질문합니다.

그러나 나의 거짓말로 하나님의 참되심이 더 풍성하여 그의 영광이 되었다면 어찌 내가 죄인처럼 심판을 받으리요 _롬 3:7

그들이 보기에 이것은 말도 안 되는 주장이라는 것입니다. 이 질문은 이런 뜻입니다.

"좋소, 바울 당신의 말을 들으니, 우리의 불순종이 하나님의 의로우심을 드러내는 기회가 되었다면, 우리가 불순종함으로써 도리어 하나님의 의로우심이 증명된 셈인데, 그렇다면 하나님 편에서는 잘된 일이 아니오? 그런데 왜 우리를 향해 진노하신다는 말이오? 하나님의 의로우심이 변하지 않았는데, 왜 우리에게 화를 내시는 거요? 우리가 죄를 지으면 지을수록 하나님은 더 의롭게 보일 것이 아니오? 그런데도 우리를 죄인 취급하는 것은 말도 안 되는 소리요. 오히려 우리에게 상을 주어야 하지 않겠소? 우리가 죄를 지음으로 인해서 하나님이 더 의로워진다면, 하나님이 더 의로워지는 평가를 받게 된 것이니 도리어 우리에게 상을 주셔야 하지 않겠소?"

이에 대한 바울의 대답입니다.

이것은 마치 선한 결과를 얻기 위해 악을 행하자라고 말하는 것과 같습니다. 사람들은 우리가 그렇게 가르친다고 우리에 대한 비난을 하고 다닙니다. 그러나 그런 사람들은 정죄를 받아 마땅합니다. _롬 3:8, 쉬운성경

유대인들은 바울이 '선한 결과를 얻기 위하여 악행을 저지르라'고 가르친다고 모함했습니다. 왜냐하면 유대인들은 이미 언약을 받았기 때문에 그들은 모두 언약의 백성이 되었고, 그들이 무슨 짓을 하더라도 언약은 유효하다고 생각했기 때문입니다. 그런데 바울은 그런 것이 아니고, 언약을 받았으면 언약대로 살아야 한다고 말한 것입니다.

유대민족은 말씀을 받은 언약의 백성이라서 탁월한 것이므로, 그것에 대해 감사하고 순종해야 합니다. 하지만 언약을 받은 것을 자랑하기만 했지, 그 언약의 말씀(율법)대로 온전히 순종하며 살지는 못했다고 바울이 지적한 것입니다. 유대인은 율법과 할례와 언약의 수혜자라는 엄청난 자긍심을 갖고 있기는 하지만, 유대인을 자세히 들여다보면 실상은 그렇지 않다고 바울이 고발한 것입니다.

유대인의 자긍심 세 가지와 그 실상을 정리하면 이러합니다.

첫째, 율법에 대한 자긍심의 실상은 지행불일치(知行不一致)입니다.

둘째, 할례에 대한 자긍심의 실상은 표리부동(表裏不同)입니다.

셋째, 언약에 대한 자긍심의 실상은 신행불일치(信行不一致)입니다.

유대인은 율법에 대한 자긍심이 있지만 아는 것과 행동이 일치하지 않는 지행불일치(知行不一致)입니다. 율법에 순종이 빠져 있으므로 율법 없는 자와 같고 이방인과 같게 되었습니다.

유대인은 할례를 받은, 즉 하나님이 택한 민족이라는 자긍심이 대단했습니다. 그런데 사도 바울은 유대인이 할례는 받았지만 표리부동(表裏不同)하다고 지적했습니다. 겉과 속이 다르다는 것입니다. 순종 없는 할례는

무할례자와 같다고 말합니다.

유대인은 변치 않는 하나님의 약속을 받았기 때문에, 그들이 어떻게 살아도 약속은 그들의 것이라고 생각합니다. 그러나 그들의 삶의 결과는 신행불일치(信行不一致), 즉 믿음과 행동이 일치하지 않습니다. 언약을 맡았다는 그들의 장점은 인정할 수 있습니다. 그러나 그들이 언약을 실행하지 않는다면, 비록 언약을 받지는 않았지만 언약대로 순종하며 살아가려는 사람들(예를 들어 이방인 그리스도인)이 차라리 하나님의 사랑과 축복을 더 받고 살지 않겠는가 하는 말입니다.

이상과 같이, 바울은 유대인들이 갖고 있는 세 가지 장점인 율법, 할례, 언약이 유대인들에게 무용지물처럼 되어버렸다고 지적했습니다. 그 장점을 자랑하기만 했지, 그대로 혹은 그것을 가진 자답게 살지 못했기 때문입니다.

↓ 결국 인간은 다 죄 아래 있다

그래서 바울의 결론은 인간은 다 죄 아래 있다는 것입니다. 사도 바울이 유대인을 특별히 힐난하기 위해 말한 것이라기보다, 모든 인간이 다 죄 아래에 있음을 강조하기 위해 이런 논지를 펼친 것입니다.

바울은 먼저 이방인들의 패역한 범죄행위를 지적했습니다. 또한 도덕군자를 자처하며 그 이방인들을 판단하고 정죄하는 바리새인 같은 무리를 향하여 '너희들도 남을 판단함으로 판단받을 것'이라고 지적했습니다. 뿐만 아니라, '우리는 율법을 가지고 있으니 괜찮겠지'라며 안도하는 유대인들을 향해서도 "너희들은 뭐 별 건 줄 아느냐? 너희들도 똑같다. 너희들도 이러이러한 죄를 짓지 않느냐? 율법이 있지만 순종하지 않고, 할례를 받았지만 무할례자와 같고, 언약을 받았지만 언약을 지키지 않는데, 어떻게 너희들이 하나님의 특별한 민족이라고 생각하느냐"라고 지적한 것입니다. 이렇게 사도 바울이 예리한 말씀의 검으로 사람들의 각양 부위에 메스를 댄 것입니다. 그러면서 사도 바울은 다음과 같은 결론에 이릅니다.

> 그러면 어떠하냐 우리는 나으냐 결코 아니라 유대인이나 헬라인이나 다 죄 아래에 있다고 우리가 이미 선언하였느니라 _롬 3:9

사도 바울은 유대인이나 헬라인이나 다 죄 아래에 있다는 사실을 선포한 것입니다. 당신은 동의가 되십니까? '죄 아래에 있다'라는 말은 대단히 중요한 진리를 담고 있습니다. 여기서 죄는 단수형으로 기록돼 있습니다. '죄들'이 아니라 '죄'라는 말입니다. 로마서에서 죄를 단수로 쓸 때와 복수로 쓸 때의 의미는 조금 다릅니다. 죄를 복수로 사용할 때는 우리가 흔히 알고 범하는 악한 행위들을 말하는 것에 반해, 단수로 사용할 때는 보이지 않는 '죄의 세력 또는 죄의 실체'를 가리킵니다. 죄의 세력을 처리하지 못하는 이상 세상에서 범죄가 사라질 수는 없습니다. 죄의 세력을 뿌리째 뽑아내지 않는 한, 싹만 자르면 나오고 또 나오는 잡초처럼, 사회에는 계속해서 다양한 방법으로 범죄가 이곳저곳에서 삐져나오기 때문입니다. 그러므로 죄의 뿌리를 처리하지 않으면 안 됩니다. 죄의 세력을 처리하지 않으면 돌이킬 수 없다는 것을 전제하는 로마서 3장 23절은 로마서 초반부의 가장 중요한 결론입니다. 어떻게 보면 이 말씀이 1장부터 3장까지의 결론이라고 할 수 있습니다.

> 모든 사람이 죄를 범하였으매 하나님의 영광에 이르지 못하더니 _롬 3:23

모든 사람이 구원에 이르지 못한다는 말은 하나님과 화목하지 못한다는 말입니다. 그 이유는 죄의 삯은 사망이고, 그 후에는 심판을 받아야 하기 때문에, 결국 이방인이나 도덕군자나 유대인이나 하나님의 영광에 이르지 못하게 되는 것은 다 똑같은 실상입니다.

그렇다면 이러한 죄인들이 과연 어떻게 해야 하나님의 구원의 은혜에 들어갈 수 있을까요? 두 가지 예화를 소개함으로써 결론의 실마리를 풀어 보겠습니다.

세 명의 여행객이 호텔 엘리베이터가 고장이 나서 30층까지 걸어 올라가야 했습니다. 이들은 30층까지 올라가는 고통을 잊기 위해 각자 가장 행복했던 일을 이야기하기로 했습니다. 한 사람은 애정 편력에 관해, 또 한 사람은 물질 축적에 관해, 나머지 한 사람은 식도락에 관해 이야기했습니다. 이렇게 이야기를 나누며 30층에 다 올라왔을 때, 일행 중 한 사람이 말했습니다.

"아차, 객실 열쇠를 안 갖고 왔잖아!"

인생이 이런 어리석은 여행객들과 같다는 이야기입니다. 아무리 멋진 삶을 경험하고 이야기할 수 있어도 '천국의 열쇠'가 없다면, 비록 세상의 모든 것을 소유해도 아무 소용이 없다는 사실을 깨닫게 하는 예화입니다.

어느 나라에 두 형제가 있었습니다. 형은 경건하고 선한 반면 동생은 마음이 비뚤어지고 행실이 나빴습니다. 형은 날마다 동생에게 방탕한 생활을 버리라고 권하며 그를 위해 기도했으나, 동생은 점점 곁길로 빠지기만 할 뿐이었습니다. 그러던 어느 날 밤, 동생이 여기저기 피가 묻은 옷차림으로 형의 방으로 들어와 이렇게 외쳤습니다.

"형! 나 좀 살려줘. 지금 경찰에 쫓기는 몸이야. 내가 큰일을 저질렀어."

형은 사태를 짐작하고 동생에게 말했습니다.

"어서 옷을 벗어라. 그리고 내 옷을 입어라."

형은 자기 옷을 벗고 동생이 벗어 놓은 옷으로 갈아입었습니다. 그들이 옷을 바꿔 입은 후 얼마 지나지 않아, 경찰이 달려 들어와 피 묻은 옷을 입고 있는 형을 의심도 하지 않고 체포했습니다.

법정에 서게 된 형은 자신을 변호하기는커녕 "이 일은 전적으로 내 책임입니다"라고 말했습니다. 그가 체포 당시 피 묻은 옷을 입고 있었고 범죄행위를 부인하지 않았기 때문에, 재판관들은 그의 범행을 털끝만치도 의심하지 않았습니다. 형은 사형선고를 받았습니다. 그는 "내가 사형을 당하고 나면 이 편지를 동생에게 전해주십시오"라고 부탁하며, 밀봉한 편지를 간수에게 건네주었습니다. 며칠 후 동생이 그 편지를 받았습니다.

"사랑하는 동생 보아라. 이 순간 나는 네 죄를 대신하여 죽는다. 내가 너에게 벗어준 흰옷처럼 새 삶을 살 거라고 믿으며 기쁘게 죽는다."

동생은 그 편지를 받고 비로소 회개하며 통곡했습니다. 그리고 완전히 새사람이 되었습니다.

예수님도 이러한 마음으로 저와 여러분을 위해 죽으셨습니다. 그것도 내가 아직 죄인이었고, 여전히 주님을 조롱하고, 내게 복음 전하는 자들을 멸시하던 때였습니다. 예수님은 죽을 수밖에 없는 저의 삶에도 죽음에서 영생에 이르는 큰 변화를 만들어 주셨습니다. 이 큰 은혜를 어찌 잊을 수 있겠습니까?

05

Romans 3:21-4:25

하나님의 의의 양면성과 믿음의 정의

로마서 3장 21절에서 4장 25절까지의 말씀의 주제는 하나님의 의의 양면성과 믿음의 정의입니다. '하나님의 의, 믿음'은 신학적으로 매우 중요한 주제들입니다. 이 말씀은 로마서 초반부의 종결이라고 할 수 있습니다.

> ²¹이제는 율법 외에 하나님의 한 의가 나타났으니 율법과 선지자들에게 증거를 받은 것이라 ²²곧 예수 그리스도를 믿음으로 말미암아 모든 믿는 자에게 미치는 하나님의 의니 차별이 없느니라 _롬 3:21,22

바울은 율법으로는 구원받을 자가 없다는 것을 앞에서 설명했습니다. 바울은 사람이 죄의 문제를 처리하지 못하는 한 절대 절망에서 벗어날 수 없다는 사실을 깊이 깨닫게 한 다음, 드디어 '하나님의 한 의'를 설명하였습니다.

'하나님의 한 의'는 율법과 선지자들에게 증거를 받은 것이라고 말합니다. 기독교 진리의 핵심인 '하나님의 의'가 어느 날 갑자기 사도 바울에게 임한 것이 아니라, 이미 구약성경에서 예언하던 내용이라는 말입니다. 구약성경에서 예언한 그분은 히브리어로 '기름부음을 받은 자'라는 뜻의 이름을 가진 '메시아'이시며, 이를 헬라어로 번역한 것이 '그리스도'입니다.

그리스도는 하나님의 아들로서 오시는데, 나사렛 출신 예수가 그리스도라는 사실은 예수님이 오셔서 친히 밝히신 내용이고, 사도들을 통해서 증거된 내용이기도 합니다. 그러므로 그리스도이신 예수를 믿는 자마다 구원을 받게 되며, 그 구원은 모든 믿는 자에게, 즉 유대인이나 이방인 모두에게 차별 없이 이루어지는 것입니다. 따라서 이 '하나님의 의'는 그리스도를 통해서 주어진 구원의 길을 가리키는 말로서, 바울신학의 핵심 개념이 되는 것입니다. '하나님의 의'의 의미에 대해 좀 더 깊이 접근해 보겠습니다.

↓ '하나님의 의'에는 양면성이 있습니다

첫째 측면은 하나님만이 사람을 의롭게 하는 행동의 주체이시라는 사실입니다. 성경에서 '의롭게 하다'(헬라어, 디카이오오)의 주체는 항상 하나님이십니다. 사람이 스스로 의롭게 될 수 있는 것이 아니라, 하나님만이 사람을 의롭게 하실 수 있습니다.

둘째 측면은 하나님의 의(義)가 인간의 믿음과 불가분의 관계라는 것입니다. '의'라는 단어는 대부분 믿음의 단어와 함께 사용합니다. 의의 주체로서 행동은 하나님이 하시지만, 인간의 믿음과 관계가 있습니다. 그러므로 '하나님의 의의 양면성'이란 하나님이 주체가 되셔서 행동하신다는 의미와 인간이 믿음으로 받아들여 선택한다는 의미를 모두 포함합니다. 그래서 양면성이 있다는 것입니다.

로마서의 의는 하나님의 행동과 인간의 믿음 가운데서 어느 한쪽으로 치우치지 않습니다. 하나님의 선물이면서, 하나님께서 인간이 믿음으로 반응하게 하시는 조화로운 구원의 행위입니다. 만약에 구원을 하나님의 주권적인 행동으로만 보면 인간이 할 일은 아무것도 없게 됩니다. 그것이 아니라는 것입니다. 또 인간의 믿음을 강조하면 하나님보다 인간의 결정이 더 중요하게 되니, 이것도 아니라는 것입니다.

물론 인간에게 믿음을 주시는 분은 하나님이십니다. 믿음이 하나님의 선물이라는 말의 의미는 우리의 노력과 관계없이 하나님이 일방적으로 주셨다는 것입니다. 그래서 '하나님의 의' 또한 하나님의 선물입니다. 하지만 선물을 주시는 하나님의 행동만 강조하면 극단적인 예정론으로 치우칩니다. 반대로 인간의 믿음을 지나치게 강조하면 자유의지에 치우칩니다. 이것은 어느 한쪽의 주장을 일방적으로 따를 수 없는 신비한 영역입니다. 두 측면이 조화를 이루어야 합니다.

하나님께서 당신의 구원을 위해 모든 것을 하십니다. 그렇다고 내가 가만히 있어도 하나님이 구원을 행하시느냐? 그것은 아니라는 것입니다. 인간이 하나님의 말씀을 믿음으로 받아들이고 순종하며 선택해서 따라가는 것이 인간의 믿음이라고 말할 수 있습니다. 그러나 그것까지도 하나님이 포괄적으로 관여하신다고 보아야 합니다. 하나님이 주도적으로 관여하시지만, 인간의 믿음과 순종의 선택을 받으신다고 할 수 있습니다. 인간은 성령님이 관여하지 않으시면 누구도 믿음을 가질 수 없습니다.

… 또 성령으로 아니하고는 누구든지 예수를 주시라 할 수 없느니라 _고전 12:3하

성령님이 믿음을 주도하시면서, 최종적인 선택은 인간이 하는 것이라는, 이 신비하고 조화로운 구원행위, 이것이 바로 의의 양면성입니다.

> [27]그런즉 자랑할 데가 어디냐 있을 수가 없느니라 무슨 법으로냐 행위로냐 아니라 오직 믿음의 법으로니라 [28]그러므로 사람이 의롭다 하심을 얻는 것은 율법의 행위에 있지 않고 믿음으로 되는 줄 우리가 인정하노라 _롬 3:27-28

사람이 의롭다 하심을 얻는다는 표현은 수동태입니다. 인간은 하나님으로부터 의롭다 하심을 얻어야 하는 것이지, 인간이 누구를 의롭다고 할 수 없다는 뜻입니다. 그러므로 인간은 의롭게 된 것을 자기 때문인 것처럼 자랑할 수 없습니다. 38절은 인간이 의롭다 하심을 얻으려면 율법의 행위로 말미암는 것이 아니라 믿음으로 인한 하나님의 선택에 의한 것이라고 또한 말하고 있습니다.

하나님의 의는 하나님이 주체적으로 행하신 하나님의 방법, 즉 예수 그리스도를 이 땅에 보내셔서 십자가에 못박혀 죽게 하심으로 구원의 방법을 이루신 것입니다. 그것이 하나님의 의라고 할 수 있으며 예수 그리스도의 복음이라고 할 수 있습니다. 그러므로 하나님의 의는 바로 복음입니다. 그 복음을 인간이 믿음으로 선택할(받아들일) 때, 하나님으로부터 의롭다 함을 받고 구원이 이루어지는 것입니다. 그래서 우리는 의의 양면성을 다 보아야 합니다.

↓ 구원은 하나님의 전적인 은혜입니다

구원이 하나님의 전적인 은혜(Sola Gratia)라는 결론을 말하기에 앞서, 바울이 주장한 내용을 '바울신학의 여섯 가지 핵심'으로 잠깐 정리하도록 하겠습니다.

첫 번째 : 이방인의 불의는 하나님이 내버려두시는 방식으로 심판하십니다.

두 번째 : 도덕을 내세우며 다른 사람을 판단하는 자들도 동일하게 심판받습니다.

세 번째 : 선민이라고 내세우는 유대인들도 심판받습니다.

네 번째 : 그러므로 모든 사람은 하나님 앞에서 죄인입니다.

다섯 번째 : 오직 예수 그리스도를 믿음으로만 구원받을 수 있습니다.

여섯 번째 : 바울신학의 핵심 요지인 '전적인 은혜'(오직 은혜)입니다. 구원은 전적으로, 오직 하나님의 은혜로 받는 것이라는 말입니다. '오직 믿음'(Sola Fide)과 '오직 은혜'(Sola Gratia)는 그리스도인이라면 많이 들어보았을 것입니다. 이것이 바로 로마서에 나오는 내용입니다.

> [24]그리스도 예수 안에 있는 속량으로 말미암아 하나님의 은혜로 값 없이 의롭다 하심을 얻은 자 되었느니라 [25]이 예수를 하나님이 그의 피로써 믿음으로 말미암는 화목제물로 세우셨으니 이는 하나님께서 길이 참으시는 중에 전에 지은 죄를 간과하심으로 자기의 의로우심을 나타내려 하심이니 _롬 3:24-25

속량(贖良)이란 대가를 치르고 사셨다는 말입니다. 예수님이 십자가에서 못 박히심으로 우리의 죄에 대한 값을 치르고, 우리를 죄로부터, 사망으로부터 구원하셨다는 뜻입니다. 이것은 하나님의 전적인 은혜로, 우리에게 값없이 주신 것입니다. 여기서 '값없이'라는 말의 의미를 잘 알아야 합니다. 죄로 인하여 절망 가운데 있던 인간의 입장에서 보면 값없이 주신 구원이지만, 하나님의 입장에서 볼 때는 독생자를 내어주신 '값비싼'

대가를 지불하신 것입니다. 하나님이 값비싼 대가를 치르고 의를 사셔서 우리에게 공짜로 선물해주신 것이라는 말입니다. 속량에도 양면성이 있습니다.

세상에서도 너무나 소중한 것은 값으로 매기지 않습니다. 공기, 햇빛, 물과 같이 인류의 생존에 절대적인 것들은 모두 공짜로 주셨습니다. 이렇게 자연계에서 가장 중요한 것들을 하나님이 창조해 놓으셨다는 사실이 놀랍기만 합니다. 그런데 인간이 조금만 생각해보면 하나님의 놀라운 창조를 볼 수 있고 느낄 수 있음에도 불구하고, "하나님은 없다"라는 어리석은 말을 합니다.

이와 같이 구원의 방법인 속량에도 하나님께서 엄청난 대가를 이미 지불해놓으셨기 때문에, 누구든지 그 구원의 방법인 하나님의 의(예수 그리스도)를 믿기만 하면 구원받을 수 있도록 만들어 놓으셨습니다. 그러나 사람들은 이 사실을 인정하려 하지 않습니다. 그리고 하나님이 있으면 보여달라고 합니다. 하나님 입장에서 보면 얼마나 답답하실까요? 그러한 인간의 불신앙을 한없이 기다려주시는 하나님의 사랑에 찬양과 감사와 존귀와 영광을 올려드립니다. 하나님이 어디 있느냐고 어리석게 굴었던 저에게도 어느 날 이 사실이 믿어지는 기적이 일어나, 예수님을 구주로 고백할 수 있도록 인도하신 하나님께 감사를 드립니다. 구원의 사건이 기적입니다.

어느 목사님은 이 세상에 많은 종교가 있지만, 엄밀히 말해서 두 가지 종교만 있다고 말합니다. 하나는 기독교이며 다른 하나는 기독교를 제외한 대부분의 종교들인데, 그 종교들의 모토는 모두 '하라'(Do)입니다. 하지만 기독교의 복음은 하라고 외치는 것이 아니라 '이미 이루었다'(Done)라는 것입니다. 인간이 무엇인가를 이루고 성취해야 구원을 얻는다는 것이 기존 종교의 틀이라면, 기독교는 이미 하나님이 다 이뤄놓으신 것을 믿으면 구원받는다는 것입니다. 획기적으로 패러다임(인식의 체계)을 바꾸어놓은 것입니다. 알면 알수록 기독교는 놀랍고 신비한 비밀이 담겨 있는, '오직 은혜'인 생명의 종교입니다.

참고로 '의'(義)라는 단어를 한자로 살펴보면, 위에는 '양'(羊)이라는 단어와 아래에 나, 곧 '아'(我)라는 단어가 포개져 있습니다. 내가 어린 양(예수) 아래에 있을 때 의(구원)가 이루어진다는 것입니다. 참 놀랍지 않습니까?《창세기의 발견》이라는 책에서 이렇게 의라는 한자를 풀이합니다. 우리가 어린양 되신 예수님 아래 있을 때, 즉 그 앞에 무릎을 꿇을 때 '의가 이루어진다'(구원받는다)라는 뜻으로 의(義)라는 한자가 만들어졌다는 것입니다. 이런 식으로 한자를 통해 창세기의 창조원리를 설명하는 근거는 인류가 한 조상으로부터 나왔고, 지금은 비록 서로 다른 민족으로 나누어졌지만, 공통이 되는 창조 이야기를 갖고 있기 때문일 것입니다. 이런 것은 우리가 연구해볼 만합니다. 보편적으로 적용하기는 곤란하겠지만, 중국인들에게 한자를 활용해 복음을 전할 때는 유용합니다.

↓ '의'에 대한 유대인의 질문

'하나님의 의'와 '의의 양면성'에 대한 바울의 설명에 이어, 유대인들은 또 질문을 했습니다. 어떤 점에선 앞에 나왔던 유대인의 질문과 겹치기도 하고, 이 시대의 우리들이 가지는 질문이기도 합니다.

"첫째, 그렇다면 구약성경에 나오는 우리 조상들이 구원받은 방법은 무엇인가? (아브라함은 어떻게 구원을 받았는가?) 설마 바울이 아브라함이나 다윗 같은, 우리가 가장 존중하는 조상들조차 구원받지 못했다고 말하지는 않겠지? 아니, 율법 아래에서는 구원이 없다고 말하는 것을 보면, 그 율법 아래에 있었던 아브라함이나 다윗 같은 사람은 구원을 못 받았다는 말이 아닌가?"

"둘째, 우리 조상들이 하나님의 백성이라고 해서 행하고 있는 할례는 무슨 의미가 있는가? 민족의 조상인 아브라함 때부터 할례를 받아왔는데, 할례가 유익하지 못한 것이라면 왜 받는단 말인가? 할례를 받으나 안 받으나 똑같다면, 굳이 할례를 받아야 하는가?"

"셋째, 율법을 지키는 것이 잘못된 것인가? 율법을 지키지 말란 말인가? 구약성경에 613가지의 율법(하라 : 249가지, 하지 말라 : 365가지)이 있는데 구약의 율법을 지킴으로 구원받지 못한다면, 그 많은 율법은 왜 있는 것이고 왜 지켜야 하는가? (율법을 지켜야 하나님의 상속자가 되는 것이 아니었는가?)"

유대인으로서는 당연히 이런 질문들을 할 수 있습니다. 오랫동안 유대 율법을 공부하고 율법대로 살아보려고 애썼던 그들이 사도 바울의 이야기를 들으니, 자신들의 정체성을 흔드는 이야기처럼 들렸기 때문입니다. 하지만 사도 바울이 이렇게까지 자세하게 설명하는 이유는 바로 동족인 유대 민족의 구원을 자신도 간절하게 바라는 마음이 있기 때문이라고 생각해야 합니다.

사도 바울이 유대인의 세 가지 질문에 어떻게 대답하는지가 이제부터 전개될 내용입니다.

첫 번째 질문, 아브라함은 어떻게 구원받는 의인이 되었는가?

바울은 유대인들의 첫째 질문에 논박하기 위해, 유대인들의 조상인 아브라함에 관한 창세기의 기록을 인용합니다. 아브라함이 구약의 사람이었지만, 자세히 보면 율법으로 구원을 얻은 것이 아니라는 것입니다. 아브라함도 믿음으로 구원을 얻었습니다.

¹그런즉 육신으로 우리 조상인 아브라함이 무엇을 얻었다 하리요 ²만일 아브라함이 행위로써 의롭다 하심을 받았으면 자랑할 것이 있으려니와 하나님 앞에서는 없느니라 ³성경이 무엇을 말하느냐 아브라함이 하나님을 믿으매 그것이 그에게 의로 여겨진 바 되었느니라 _롬 4:1-3

창세기 15장 6절에 "아브라함이 하나님을 믿으니 그를 의로 여긴지라"라는 유명한 말이 나오는데, 이 말씀의 배경을 알아야 합니다. 하나님이 아브라함에게 "나는 방패요 상급이니라"라고 하신 말씀에 대해 아브라함은 처음에는 반신반의했습니다.

"아니 무엇이라고요? 지금 이 나이가 될 때까지 자식도 안 주시면서 무슨 상급이라 하십니까?"

아브라함은 그러면서 종 엘리에셀에게 모든 상속을 줄 거라고 말해버립니다. 그러자 하나님이 "아니야, 이리 나와봐" 하시면서 밤에 그를 밖으로 끌어내시고 "하늘의 별들을 세어보라. 이 별들만큼 내가 네 자손을 많게 해주리라"라고 말씀하셨습니다. 아브라함이 별들을 세다가 믿음을 얻게 되었습니다. '아, 내 자손이 이렇게 많겠구나'라고 믿어졌다는 것입니다.

어떤 사건이 믿어지면, 그것은 내 안에 그 사건이 뿌리내린 것입니다. "아브라함이 하나님을 믿으니 그를 의로 여긴지라"라는 말씀은, '자손이 많게 될 것'이라는 사건이 바로 아브라함에게는 믿어진 사건이 되었다는 뜻입니다. 그 믿음을 하나님께서 의로 여겨주셨다는 것입니다.

여기서 '의로 여겨졌다'라는 문장은 하나님의 행동을 강조하는 '신적(神的) 수동태'입니다. '하나님의 의'는 하나님이 주권적으로 주시는 것이라고 앞에서 설명했습니다. 사람이 주도하는 것이 아니라 하나님이 주도하시는 것입니다. 그래서 '의로 여겨졌다'라는 말은 사람의 관점에서 보면 수동적인 것이므로 항상 수동태로 쓰여집니다.

그런데 '아브라함이 하나님을 믿으매'라는 말 자체는 아브라함이 먼저 믿었다는 말입니다. 그것이 그를 의로 여김받게 했습니다. 다만 하나님이 보여주신 하늘의 별을 보고 믿은 사람, 그래서 '믿어진' 사람은 아브라함이고, 그런 그를 의로 여긴 분이 바로 하나님이십니다. 그렇게 해서, 아브라함은 하나님에 의하여 의로 여겨진 것입니다.

두 번째 질문, 할례가 무용지물이면, 아브라함은 왜 할례를 받았는가?

유대인들이 또 묻습니다. "아니 할례가 무용지물이면, 아브라함은 왜 할례를 받았습니까?" 바울은 이 질문에 대해, 아브라함이 할례를 받은 때는 믿음으로 의롭다 함을 인정받고 난 후라고 답합니다.

> [9]그런즉 이 복이 할례자에게냐 혹은 무할례자에게도냐 무릇 우리가 말하기를 아브라함에게는 그 믿음이 의로 여겨졌다 하노라 [10]그런즉 그것이 어떻게 여겨졌느냐 할례시냐 무할례시냐 할례시가 아니요 무할례시니라 [11]그가 할례의 표를 받은 것은 무할례시에 믿음으로 된 의를 인친 것이니 이는 무할례자로서 믿는 모든 자의 조상이 되어 그들도 의로 여기심을 얻게 하려 하심이라 _롬 4:9-11

아브라함이 의롭다 함을 받은 내용은 아브라함의 나이 85세 때의 이야기인 창세기 15장에 나옵니다. 그러나 아브라함이 할례를 받은 것은 창세기 17장의 사건이며 아브라함의 나이 99세 때의 일입니다. 아브라함이 할례를 받은 때는 아브라함이 의롭다고 인정받고 무려 14년이 지난 뒤의 일인 것입니다. 그러므로 할례는 그가 의롭다 함을 받은 사람이라는 것을 인치는 의식으로서, 후에 채택된 일입니다. 그런데 유대인들은 아브라함이 구약 시대의 사람이니 율법 아래에 있던 사람이고, 그 율법 아래에서 할례를 행했으니, 그가 할례를 받고 의롭다 함을 받게 되었다고 착각했다는 말입니다.

그런 점에서 다시 강조하지만, 구약의 할례와 유사한 신약시대의 세례에 대해서도 동일한 관점을 가져야 합니다. 그리스도인이 받는 세례는 구원을 받았다는 증거나 받기 위한 조건이 아닙니다. 이미 마음으로 예수님을 믿어 의에 이르고 입술로 고백하여 구원에 이르렀으니, 구원받은 것을 공중 앞에서 확인하는 의식일 뿐입니다. 구약의 할례와 신약의 세례는 이렇게 개념이 똑같습니다. 그러므로 세례는 구원과 관계가 없습니다. 예수는 믿는데 아직 세례를 안 받았다 해도 구원받지 않은 것이라고 말할 수 없습니다. 그래도 세례가 필요한 이유는, 세례가 기독교 공동체에서 초대교회로부터 내려왔던 전통인 탓이기도 하지만, 세례를 통해서 내가 세례교인으로서 정체성을 갖게 되고, 공동체로부터 정식으로 그리스도인임을 인정받아 같은 교회라는 공동체의식을 갖게 하기 때문입니다. 그래서 세례가 중요한 것입니다. 세례가 교회생활에서 필수 사항이지만, 구원을 결정하는 것은 아니라는 사실은 정확히 알고 있어야 합니다.

세 번째 질문, 율법을 지켜야 하나님의 상속자가 되는 것이 아닌가?
아브라함은 믿음으로 상속자가 되었습니다. 아브라함과 그 후손이 상속자가 되리라고 하신 약속은 율법을 지키는 것 때문이 아니라 오직 믿음으로 된 것입니다.

아브라함이나 그 후손에게 세상의 상속자가 되리라고 하신 언약은 율법으로 말미암은 것이 아니요 오직 믿음의 의로 말미암은 것이니라 _롬 4:13

상속을 받는 것도 믿음으로 받는다는 말입니다. 그리스도인은 하나님의 유산, 곧 구원의 모든 풍성한 것도 믿음으로 받는다는 것을 알아야 합니다. 하나님이 십자가에서 다 이루셨기 때문입니다. 그것을 믿으면 하나님의 유산(구원과 천국 등등)이 나의 것이 됩니다. 주님이 채찍에 맞음으로 내가 나음을 입었고, 주님이 가시관을 쓰심으로 나의 저주가 끊어졌고, 주님이 못박히심으로 나의 죄가 대속받았고, 주님이 창에 찔리심으로 우리의 양심의 죄가 깨끗하게 된 것을 믿어야 합니다.

우리가 믿음으로 자기 죄를 고백하면 하나님은 미쁘시고 의로우사 우리 죄를 사하시고, 우리를 모든 불의에서 건져내십니다. 그러므로 상속자가 되는 것도 믿음으로 되는 일입니다. 아브라함이 율법을 지킴으로 하나님의 상속자가 된 것이 아닙니다.

사실 아브라함이 살던 당시에는 율법이 없었습니다. 하나님이 율법을 주신 것은 아브라함이 믿음으로 의롭다 함을 받은 때로부터 무려 430년이나 지난 후였습니다. 이스라엘 백성이 출애굽하여 시내산에 이르렀을 때, 하나님이 모세를 통해서 주신 것이 율법입니다. 모세오경이라는 구체적인 율법이 주어지기 전에 하나님의 말씀은 '언약'으로 불렸습니다. 아브라함은 그 언약의 극히 일부분의 내용을 가지고도 하나님을 믿는 믿음으로 산 것입니다. 그런데 유대인들은 아브라함이 율법을 잘 지켜서 구원받았다고 믿었으니 엄청난 착각을 하며 살았던 것입니다.

> 만일 율법에 속한 자들이 상속자이면 믿음은 헛것이 되고 약속은 파기되었느니라 _롬 4:14

그러니 율법에 속한 자들만 상속받는다면 믿음으로 하나님을 바라는 자들은 헛일을 하는 게 아니겠습니까? 그 논리로 하면 약속이 파기될 것이라는 말입니다.

> 그러므로 상속자가 되는 그것이 은혜에 속하기 위하여 믿음으로 되나니 이는 그 약속을 그 모든 후손에게 굳게 하려 하심이라 율법에 속한 자에게뿐만 아니라 아브라함의 믿음에 속한 자에게도 그러하니 아브라함은 우리 모든 사람의 조상이라 _롬 4:16

율법에 속한 자도, 아브라함의 믿음에 속한 자도 다 상속자가 됩니다. 아브라함이 모든 사람의 조상이기 때문입니다. 아브라함은 할례를 받기 전에 믿음으로 하나님께 의롭다는 인정을 받았습니다. 그때 하나님께 상속을 받은 것입니다. 그리고 나중에 할례를 명령받고 순종하였습니다. 아브라함을 비롯한 조상들의 구원 문제에 대한 유대인들의 질문에, 바울은 아브라함도 믿음으로 구원을 받은 것이라고 답한 것입니다. 아브라함이 무할례 시에 하나님으로부터 축복을 받고 상속자가 된 것처럼, 무할례자들도 믿음으로 아브라함의 후손이 될 수 있습니다.

그런데, 아브라함은 무할례 시에 믿음으로 의롭다 함을 받았지만, 할례도 받았습니다. 그래서 아브라함의 후손들 중에서 할례를 받은 자들, 즉 율법에 속한 자들도 아브라함의 후손이 된 것입니다.

이상과 같이, 아브라함이 행위나 할례나 율법으로 의롭다 함을 받아서 상속자가 된 것이 아닙니다. 신구약을 통틀어 구원의 방법은 딱 하나뿐입니다. 그것은 오직 믿음으로 의롭다 함을 받는 길뿐입니다. 구약시대에 살았던 성도들이나 신약시대에 사는 성도들이나 다 믿음으로 의롭다 함을 받습니다.

이 사실을 웅변적으로 말하는 것이 히브리서 11장이라고 할 수 있습니다. 이른바 '믿음 장'이라고 불리는 것입니다. 이곳에는 믿음으로 구원받은 구약의 위대한 성도들이 열거되어 있습니다. 그중에 할례를 받지 않은 믿음의 조상들은 아벨, 에녹, 노아 세 사람이고, 그들은 아브라함 이전의 사람이니까 할례를 받지 않았던 사람들이라고 할 수 있습니다. 그리고 율법을 모르던 시대에 살았던 사람이 여덟 명 더 등장합니다. 아브라함, 이삭, 야곱, 요셉, 사라, 모세의 부모, 그리고 모세 등입니다. 그리고 모세 이후에 율법을 받은, 즉 율법 이후에 믿음으로 살았던 사람들이 여덟 명 등장합니다. 여호수아, 라합, 기드온, 바락, 삼손, 입다, 다윗, 사무엘 등입니다. 이 모든 사람들이 믿음의 후손입니다. 그런데 그들을 통칭하여 히브리서 기자는 무엇이라고 말했습니까?

이 사람들은 다 믿음을 따라 죽었으며 약속을 받지 못하였으되 그것들을 멀리서 보고 환영하며 또 땅에서는 외국인과 나그네임을 증언하였으니 _히 11:13

여기에서 약속을 받지 못하였다는 말은, 하나님의 약속은 받았는데 그것을 현실적으로 누리지는 못했어도 그것들을 멀리서 바라보고 환영하며 나그네로 살았다는 뜻이 됩니다. 그런데 그 사람들이 모두 다 믿음을 따라 죽었다는 것입니다. 히브리서 기자가 이야기하는 것은 무엇인가요? 구약의 모든 무할례자들과 할례자들, 그리고 율법 하에 있던 자들까지 모두가 믿음을 따라 살았다는 주장입니다. 그러면 이 믿음의 약속이 이방인인 우리에게도 어떻게 유효하게 되었습니까?

또 하나님이 이방을 믿음으로 말미암아 의로 정하실 것을 성경이 미리 알고 먼저 아브라함에게 복음을 전하되 모든 이방인이 너로 말미암아 복을 받으리라 하였느니라 _갈 3:8

아브라함에게 먼저 은혜를 주셨고, 그 아브라함으로 인해 우리가 복을 받으리라고 하셨습니다. '모든 민족', 즉 유대인만 아니라 우리를 포함한 모든 이방 민족까지 아브라함으로 말미암아 복을 받게 된다는 것입니다.

> [13]그리스도께서 우리를 위하여 저주를 받은 바 되사 율법의 저주에서 우리를 속량하셨으니 기록된 바 나무에 달린 자마다 저주 아래에 있는 자라 하였음이라 [14]이는 그리스도 예수 안에서 아브라함의 복이 이방인에게 미치게 하고 또 우리로 하여금 믿음으로 말미암아 성령의 약속을 받게 하려 함이라 _갈 3:13-14

'저주를 받다'라는 말은 '저주받기를 담당했다'라는 뜻으로 대속(代贖)을 뜻합니다. 예수님께서 우리 대신 저주를 받으셨다는 말입니다. 그래서 율법의 저주에서 우리를 속량하셨으니, 아브라함이 받은 모든 복을 우리는 그리스도 안에서 받게 되었습니다. 아브라함의 복이 이방인에게 미치게 된 것이고, 우리로 하여금 믿음으로 말미암아 성경에서 이야기하고 있는 성령의 약속들을 받게 되었다는 것입니다.

↓ 그러면 '아브라함의 믿음'은 어떤 것이었나요?

<u>첫째, 죽은 자를 살리시는 하나님에 대한 믿음이었습니다.</u>

> 기록된 바 내가 너를 많은 민족의 조상으로 세웠다 하심과 같으니 그가 믿은 바 하나님은 죽은 자를 살리시며 없는 것을 있는 것으로 부르시는 이시니라 _롬 4:17

아브라함은 죽은 자를 살리시는 하나님을 믿었던 사람입니다. 죽은 자를 살리시며 없는 것을 있는 것으로 부르시는 하나님을 믿는 믿음은 '부활을 믿는 신앙'이라고 말할 수 있습니다. 아브라함의 부활 신앙은 무엇일까요? 이삭을 모리아 제단에 드리면 하나님이 이삭을 다시 살리실(부활시키실) 것을 믿는 믿음이었습니다.

> [17]아브라함은 시험을 받을 때에 믿음으로 이삭을 드렸으니 그는 약속들을 받은 자로되 그 외아들을 드렸느니라 [18]그에게 이미 말씀하시기를 네 자손이라 칭할 자는 이삭으로 말미암으리라 하셨으니 [19]그가 하나님이 능히 이삭을 죽은 자 가운데서 다시 살리실 줄로 생각한지라 비유컨대 그를 죽은 자 가운데서 도로 받은 것이니라 _히 11:17-19

히브리서 기자는 아브라함이 모리아 제단에 이삭을 드린 사건을 죽은 자를 살리시는 부활의 하나님을 믿는 믿음으로 보았습니다. 어마어마한 '넘사벽'(넘을 수 없는 장벽)의 믿음이라 할 수 있습니다. 아브라함이 어떻게 이런 믿음을 가질 수 있었는지 놀라지 않을 수 없습니다.

제가 2018년 여름에 이스라엘로 성지여행을 다녀온 적이 있습니다. 모리아 제단이 있었다고 추정되는 곳, 지금은 이슬람 사원이 있는 황금 돔과 알악사 모스크를 바라보면서 기도하는 중에, 하나님이 그날 아침에 창세기 22장 말씀을 묵상할 때부터 주셨던 마음, 모리아 제단에 이삭을 드렸던 아브라함의 마음에 집중하게 하셨습니다. '아브라함은 어떻게 아들을 제물로 드릴 수 있었을까?' 그런 생각에 집중하며 기도하고 있을 때, 하나님이 제 마음에 주신 것은 평면의 생각을 넘어선 입체적인 믿음이었습니다.

아브라함이 브엘세바로부터 모리아 제단까지 사흘 동안 올라갈 때 아무한테도 이야기하지 못하고 마음속으로 얼마나 갈등과 번민이 컸을까요? 아니, 하나님이 아들을 주실 때는 언제고, 이제는 그 아들을 바치라니, 하나님 말씀이 서로 충돌하는 모순의 현장에서 아브라함의 갈등은 이루 말할 수 없었을 것이라 여겨졌습니다.

하나님이 이삭을 통해서 번성케 하리라는 약속과, 이삭을 제물로 드리라는 명령은 서로 충돌하는 것 같습니다. 그렇다면 분명히 한 쪽은 잘못일 것이라고 여겼을 것입니다. 그럴 때 인간은 대부분 자신이 덜 희생하는 쪽을 택하려고 합니다. 그러니 역시 인간인 아브라함은 어떤 선택을 해야 했을까요? 이삭을 통해서 창대하게 될 것이라는 말씀을 선택했다면 모리아 산으로 갈 수 없었을 것입니다. 그러나 아브라함은 모리아 산으로 향하는 길을 걸으면서 '두 가지 말씀을 모두 만족시키는 결론이 무엇일까'를 생각했을 것입니다. 제가 이 사건을 이렇게 입체적 믿음으로 생각하게 된 것입니다.

아브라함이 이삭을 바친 일은 '마치 마주 오는 비행기가 충돌하지 않기 위해 서로 고도를 달리하는 것과 같다'라는 생각이 들었습니다. 아브라함이 이삭을 통해서 받은 "너를 번성케 하리라"는 약속과, 이삭을 모리아 제단에 드리라는 명령이 평면적으로는 충돌이 일어날 것이지만, 입체적으로 생각해보면 충돌하지 않을 수 있을 것입니다.

사실 하나님은 한없는 N차원의 공간조차 초월하시는 분이십니다. '이것이 어쩌면 우리의 부활의 모습이겠다'라는 생각이 들었습니다. 부활은 우리의 평면적 2차원에서는 이해할 수 없는 사건입니다. '네가 드리면 나는 도로 줄 것이다! 죽으면 살리라!' 이런 숭고한 신앙이 입체적 3차원 범주에 든다고 할 수 있습니다.

아니나 다를까, 하나님은 숫양을 이미 예비하셨습니다. 하나님 입장에서 볼 때, 아브라함이 이삭을 제물로 바치는 사건과 하나님이 이삭을 되돌려주시는 사건은 하나님 눈에 동시에 들어오는 사건이었을 것입니다. 하나님의 입장에서는 그것이 다 현재의 사건인데, 시공간의 제한을 받는 인간의 입장에서 보면 아들을 드리는 것이 끝이라고 생각됩니다. 그러나 아브라함은 죽은 자를 살리시는 하나님을 믿는 믿음에까지 이르렀습니다.

인간 상상의 한계를 뛰어넘은 믿음을 가졌던 것입니다. 우리의 이성으로는 모두 이해가 안 된다 하더라도, 아브라함처럼 전능하신 하나님을 신뢰하고 믿음으로 나아가면 부활의 하나님을 만날 수 있습니다.

둘째, 바랄 수 없는 중에 바라는 믿음을 가진 사람이었습니다.

아브라함이 바랄 수 없는 중에 바라고 믿었으니 이는 네 후손이 이같으리라 하신 말씀대로 많은 민족의 조상이 되게 하려 하심이라 _롬 4:18

아브라함이 바랄 수 없는 중에 바라고 믿은 믿음은 무엇일까요? 그것은 100세에 아들 이삭을 낳은 일을 말합니다. 아브라함은 나이가 이미 많았고, 또 아내인 사라는 경수가 끊어져서 생물학적으로 임신할 수 없는 상태가 되었으므로, 아내 사라의 몸종인 하갈로부터 아들을 낳으려는 인간적인 시도까지 다 해보지 않았습니까? 그 결과 이스마엘을 낳고, 그것이 아브라함의 발목을 잡는 일이 되었음을 우리는 잘 알고 있습니다.

그러나 하나님은 "네 상속자는 이스마엘이 아니다"라고 하시며 "네 아들은 사라에게서 나리라. 그 이름을 이삭이라 하라"라고 말씀하셨습니다. 아니, 사라의 경수가 끊어졌는데 어떻게 배란이 되겠습니까? 그러나 불가능을 가능케 하시는 하나님을 아브라함은 믿었습니다. 아브라함의 이 믿음이 바로 '바랄 수 없는 중에 바라는 믿음'입니다. 이 역시 대단한 믿음이라고 말할 수밖에 없습니다.

지금 바랄 수 없다고 생각하는 문제가 무엇이 있습니까? 재정적인 궁지에 몰려 있습니까? 건강상의 문제가 있습니까? 가족 구원의 문제가 무망(無望)합니까? 이 문제를 돌파하지 못하면 모든 것이 끝날 것 같은 짓눌림이 있습니까?

그리스도 안에서 저와 여러분은 아브라함의 상속자가 되었습니다. 아브라함의 믿음은 바랄 수 없는 중에 바라고 믿은 것입니다. 우리에게도 그러한 아브라함의 믿음의 씨앗이 이미 있음을 믿고, 아브라함처럼 믿어지는 단계에까지 이르러 기적을 만들게 되기를 예수님의 이름으로 축원드립니다.

조용기 목사님은 그의 《로마서 강해》에서 자신의 믿음의 도전을 간증하고 있습니다.

"최근 나는 한국에 5백 개의 교회를 세우라는 하나님의 말씀에 순종하고 있습니다. 현재는 5백 개의 교회가 다 세워지지 않았습니다. 그러나 이미 내 마음은 5백 교회가 세워진 것을 바라보고 있습니다. 매일매일 기도할 때마다 5백 개의 교회가 세워진 것으로 인해 감사를 드립니다. 현재 내게는 없지만 하나님께는 이미 있는 것이므로, 나 역시 이미 있는 것으로 바라보는 것입니다."

조용기 목사님께 주셨던 비전은 여의도순복음교회의 2대 담임목사 이영훈 목사님 시대인 2018년에 이루어져 500교회 개척 기념 감사 예배를 드리게 되었습니다. 하나님이 주신 비전을 바랄 수 없는 중에도 믿음으로 꿈꾸고, 끈질기게 기도하신 목사님을 통하여 응답해주신 전능하신 하나님을 찬양합니다. 지금도 살아계신 하나님의 능력이 여러분 모두에게도 꿈을 통해 이루어지기를 바랍니다.

셋째, 약해지지 않는 믿음을 가진 사람이었습니다.

[19]그가 백 세나 되어 자기 몸이 죽은 것 같고 사라의 태가 죽은 것 같음을 알고도 믿음이 약하여지지 아니하고 [20]믿음이 없어 하나님의 약속을 의심하지 않고 믿음으로 견고하여져서 하나님께 영광을 돌리며 [21]약속하신 그것을 또한 능히 이루실 줄을 확신하였으니 _롬 4:19-21

'믿음이 약하여지지 아니하고 의심하지 않고 도리어 견고하여져서'라는 말씀은 아브라함의 믿음이 식지 않고, 약해지지 않고 끝까지 유지되었다는 것입니다. 우리는 시간이 지나가면 믿음이 약해질 수 있습니다. 세월이 갈수록 믿음이 자라 점점 기대와 소망이 커져야 하는데, 오히려 비전으로부터 점점 멀어지는 경우가 많습니다. 하나님은 무엇을 원하실까요? 말해 무엇하겠습니까? 하나님이 우리를 처음 부르실 때 가졌던 그 믿음을 지금도 가지고 있습니까? 당신의 믿음이 떨어지지 않기를 기도합니다. 그 믿음이 더욱더 커지기를 축복합니다.

하나님은 우리의 마음에 한번 주신 것은 반드시 이루어 주십니다. 대신 우리는 그 믿음이 약해지지 않고, 의심하지 않고 점점 견고해져서, 결국 하나님의 능력을 삶 가운데 경험하는 주인공이 되기를 바랍니다. 우리는 이미 그리스도 안에서 아브라함의 후손이 되었기 때문에, 아브라함에게 약속하신 것과 같이 모든 족속과 더불어 복을 받는 단계에까지 나아갈 수 있음을 믿기 바랍니다.

조용기 목사님의 《4차원의 영성》을 보면, 믿음은 4차원의 언어입니다. 하늘의 약속을 4차원적 세계라고 하면, 이 약속이 3차원의 공간에서 이루어지도록 만드는 통로가 4가지 있습니다. 바로 '생각'과 '믿음'과 '꿈'과 '말'입니다. 하나님의 말씀, 약속, 장래의 일, 성령님이 우리에게 주신 꿈과 비전 같은 것들에 우리의 생각을 계속 고정시키고, 예수 그리스도를 믿음으로 소망하고 꿈을 꾸고 믿음의 말로 선포하면서 끈질기게 나아가는 사람이 될 때, 언젠가는 꿈꾸는 대로 믿는 것이 실체가 되어 우리 손에 잡히게 된다는 사실을 믿을 수 있습니다.

요셉을 보십시오. 요셉은 두 번의 꿈을 꾸었습니다. 열한 곡식단이 자기 곡식단을 향하여 절하고, 해와 달과 열한 별이 자기 별을 향하여 절하는 꿈을 꾼 것입니다. 요셉은 그 꿈 때문에 형들로부터 시기와 질투를 받고 웅덩이에 빠트려지고 애굽의 노예로 팔리는 어려움이 있었지만, 결국 꿈을 포기하지 않았습니다. 꿈이 요셉을 이끌어간 것입니다. 결국 그 꿈대로 다 이루어졌습니다.

그러므로 꿈이 없는 백성은 망합니다. 우리는 예수 그리스도를 믿는 믿음 안에서 꿈꾸는 자가 되어야 합니다. 항상 긍정적인 말과 믿음의 말, 사람들을 살리는 말을 할 때, 말한 대로 이루어지는 하나님의 기적을 체험할 수 있습니다.

그러므로 그것이 그에게 의로 여겨졌느니라 _롬 4:22

이 말씀에서 역시 '여겨졌다'라는 수동태를 쓰고 있습니다. 사람은 자기를 스스로 의로 여길 수 없습니다. 그러면 누구로부터 여겨지는 의라는 말입니까? 바로 하나님으로부터 의로 여겨졌다는 것입니다. 여기서 '그것이' 무엇인가요? 100세에 아들을 낳을 것을 믿되, 전혀 믿음이 약해지지 아니하고 도리어 더 견고해진 바로 그 믿음을 가리킵니다. 그 믿음이 하나님께 의로 여겨진 것입니다.

의는 영적인 영역에만 해당되는 것이 아닙니다. 하나님의 약속을 의심하지 않고 이루어질 것을 믿으면, 환경과 육의 문제를 포함한 전인격적 문제에 대해서도 하나님께서 의로 여기시게 됩니다. "하나님이 나의 병을 치료할 것이다"라고 하나님을 믿는 믿음이 의로 여겨지면, 그 결과가 치료로 나타납니다.

하나님이 나의 환경의 모든 저주를 끊어내시고 나를 하나님의 축복 가운데로 인도하신다고 믿는 것이 의로 여겨지면, 그 결과가 범사에 형통한 축복으로 나타납니다. 이 전인적인 축복을 믿는 것이 바로 순복음(Wholistic Gospel)입니다. 순복음은 영, 혼, 육, 즉 영혼과 범사와 육신의 온전한 구원을 주님 안에서 전인적으로 믿고 받아 누리는 것입니다.

> [23] 그에게 의로 여겨졌다 기록된 것은 아브라함만 위한 것이 아니요 [24] 의로 여기심을 받을 우리도 위함이니 곧 예수 우리 주를 죽은 자 가운데서 살리신 이를 믿는 자니라 [25] 예수는 우리가 범죄한 것 때문에 내줌이 되고 또한 우리를 의롭다 하시기 위하여 살아나셨느니라_롬 4:23-25

예수님이 십자가에 자신을 내주시고 또한 부활하신 것은 저와 여러분을 살리기 위해서 하신 일입니다. 예수님은 십자가에서 우리 죄를 담당하셨고, 우리에게 새생명을 주시기 위해 부활하셨습니다. 그러면 우리의 믿음은 무엇이어야 합니까? 나를 위해 십자가에 달리신 예수님을 구주로 믿는 것입니다. 나의 죄를 담당하실 뿐만 아니라, 나에게 풍성한 생명을 주시기 위해서 부활하신 예수님을 믿는 것입니다. 예수님의 죽으심과 부활하심이 나를 위한 것임을 진실로 마음에 믿을 때, 의에 이르고 입술로 고백할 때 구원에 이르는 것입니다. 내가 믿을 때 하나님이 나를 의로 여겨주시는 것입니다. 아브라함만 의로 여기신 것이 아닙니다. 우리도 예수 그리스도 안에서 의로 여기시고, 아브라함처럼 복의 상속자가 되게 하신 것입니다.

06

Romans 5:1-11
믿음으로 받는
하나님의 선물

세상의 많은 사람은 율법을 행함으로 구원에 이른다고 믿습니다. 그러나 기독교는 '율법을 행함으로 구원을 받을 길은 없다'라고 가르칩니다. 우리는 구원을 이룰 수 있는 유일한 하나님의 방책이 바로 '하나님의 의를 믿음으로 받아들이는 것'임을 배웠습니다. 그리고 하나님의 의는 차별이 없으므로, 유대인이나 헬라인이나 아브라함의 육신의 후손이나, 믿음 안에 있는 자는 다 구원을 받을 수 있음도 배웠습니다.

이 장에서는 믿음으로 구원받은 자가 누리는 '선물'에 대해서 배우도록 하겠습니다. 믿음으로 받는 구원의 선물을 충만하게 누리기를 바랍니다.

↓ 믿음의 첫 번째 선물 : 화평

그러므로 우리가 믿음으로 의롭다 하심을 받았으니 우리 주 예수 그리스도로

'의롭다 하심을 받았으니'라는 말의 뜻은 구원을 받았다는 것입니다. 화평은 믿음으로 의롭다 하심을 받은 자가 받는 첫 번째 선물입니다. 화평은 헬라어로 '에이레네'입니다. 평화라고도 하고 평안이나 평강으로 번역되기도 합니다. 따라서 예수 그리스도를 믿음으로 의롭다 함을 받은, 즉 구원받은 백성에게 나타나는 실제적인 선물이 하나님과의 화평인 것입니다. 그러니 당신 안에 평안이 있다는 것은 지금 구원의 선물을 받고 누리고 있다는 뜻입니다. 반대로 마음에 평안이 없고 불안하다는 것은 하나님과 평화의 관계에 있지 못한 것이고, 지금 마귀의 통치에 일부분이 점령당하고 있다는 것을 말합니다.

물론 예수를 믿어도 두려움이 찾아올 수 있습니다. 그러나 하나님의 의가 우리 안에 넘치면 하나님과의 화평이 충만하게 됩니다. 하나님과의 화평이 이루어져야 나 자신과의 화평, 더 나아가서 이웃과의 화평도 따라올 수 있습니다. 사람과 화평하는 관계의 시작은 하나님과의 화평으로부터 말미암고, 하나님과 화평의 관계는 믿음으로 받는 의로움의 선물입니다.

이웃과의 화평은 잠시 가장할 수 있지만, 특별히 나 자신과의 화평은 숨길 수 없습니다. 자기 자신과의 화평은 스스로 진단할 수 있기 때문입니다. 믿음으로 구원을 받게 되면 하나님이 나를 용서하시고 인정해주신다는 사실을 믿게 되므로 자기 자신을 사랑할 수 있게 됩니다.

당신은 자신과 화평하십니까? '나는 왜 이렇게 못났을까? 나는 왜 이렇게 능력이 없을까?' 등등, 늘 불평하면서 자기를 학대하고 있습니까? 예수님 안에서 받은 의를 깊이 묵상하기 바랍니다.

우리가 하나님을 믿으면 하나님과 사람과 화평할 뿐 아니라 일상에서도 평강을 누릴 수 있는 까닭은 여호와 하나님이 홍수 위에도 앉으시는(좌정하시는) 분이시기 때문입니다.

여호와께서 홍수 때에 좌정하셨음이여 여호와께서 영원하도록 왕으로 좌정하시도다 _시 29:10

홍수가 나면 물결이 얼마나 거세집니까? 파도가 몰아치고 쓰나미가 올 수도 있고, 집과 재산을 쓸어가고 큰 재난을 초래하는 일이 일어나는데, 성경은 그런 홍수에서도 여호와 하나님께서 그 위에 좌정하고 계신다고 말씀하십니다. 아무리 어려운 일이 생겨도 하나님은 여전히 살아계시고, 우리의 문제에서 떠나계신 분이 아니라, 그 문제 위에 불꽃 같은 눈동자로 지켜보시며 앉아계신다는 말씀입니다.

그러므로 우리가 절대 잊지 말아야 할 것은, 하나님께서는 나의 기도제목 위에 좌정하는 분이시라는 사실입니다. 그 하나님은 절대로 빈틈이 없고 실수도 없으시고, 모든 것을 합력하여 선을 이루십니다. 종국적으로는 그 홍수 같은 일에서도 믿는 자들을 구원하시고 하나님의 역사를 써내려가는 역전의 하나님이십니다. 이것을 믿기를 바랍니다.

하나님의 독생자 예수님 또한 풍랑을 잠잠케 하는 분이십니다.

예수께서 깨어 바람을 꾸짖으시며 바다더러 이르시되 잠잠하라 고요하라 하시니 바람이 그치고 아주 잔잔하여지더라 _막 4:39

제자들이 예수님과 한배를 탔지만, 아마도 예수님을 버려두고 자기들끼리만 떠들고 지내느라 정신이 없었나 봅니다. 이참에 피곤하셨던 예수님은 배 위에서 고물을 베개 삼아 잠이 드셨습니다. 그때 갑자기 갈릴리 바다에 돌개바람이 불고 큰 풍랑이 몰아쳐, 배가 뒤집힐 정도의 위기가 닥

쳤습니다. 파도가 배에 부딪히고 배 안에까지 물이 들어올 정도가 되었습니다. 제자들은 물을 퍼내려고 할 수 있는 일은 다 하였지만, 더 이상 방법이 없게 되자 그제야 예수님을 찾게 되었습니다.

"예수님이 어디 계시지?"

두리번거리며 예수님을 찾으니, 예수님은 그 난장판 속에서도 주무시고 계셨습니다. 풍랑 속에서도 평안히 주무시는 예수님이셨습니다. 예수님에게 풍랑은 문제도 아니기 때문이었습니다. 하지만 제자들은 "우리는 죽게 되었는데, 예수님이 우리를 돌보시지 않고 주무시면 어떻게 하느냐?"라고 숨넘어가는 소리를 하며 예수님을 깨웠습니다. 예수님은 잠에서 깨셔서 아무 일 아니라는 듯이 바람을 꾸짖으셨습니다.

"잠잠하라! 고요하라!"

좀 이상합니다. 바람은 자연적인 현상이고 인격체도 아닌데, 꾸짖는다는 말이 이상하지 않습니까?

예수님께서 바람을 꾸짖으셨다는 말에 중요한 의미가 있습니다. 예수님은 풍랑의 배후세력을 보신 것입니다. 그래서 먼저 그들을 향하여 꾸짖으셨습니다. 홍수 위에 좌정하신 여호와 하나님과 동일한 본체이신 예수님이 홍수와 광풍의 배후에서 역사하는 악한 세력들을 꾸짖으시고, 바다를 향하여 잠잠하라고 명령하신 것입니다. 그 순간 바람이 바로 그치고 바다는 아주 잠잠해졌습니다.

우리는 믿음으로 구원받은 백성으로서 먼저 나의 신분을 정확히 알아야 합니다. 내 안에 예수님이 거하시기 때문에 하나님과 이미 화평이 이루어진 관계임을 믿음으로 선포하십시오. 그리고 예수 그리스도의 이름으로 어둠의 영을 대적하여 명령하십시오.

"우리 집안에 풍랑으로 두려움을 주고 있는 어둠의 세력들은 묶임을 받을지어다. 한 길로 왔다가 일곱 길로 떠나갈지어다. 재정의 문제, 건강의 문제, 관계의 문제, 자녀의 문제로 몰아치는 풍랑의 배후에 있는 어둠의 세력들아, 내가 너를 꾸짖는다. 내가 너를 미워한다. 너는 나의 가정과 사업장에서 떠나갈지어다. 예수 그리스도 이름으로 내가 너를 명하노니, 이 시간 풍랑은 멈추고 잠잠할지어다. 저주는 끊어질지어다. 문제는 해결될지어다. 예수 그리스도 이름으로 기도드립니다. 아멘!"

그런즉 너희는 하나님께 복종할지어다 마귀를 대적하라 그리하면 너희를 피하리라 _약 4:7

우리가 마귀를 대적하면 마귀는 피하게 됩니다. 하나님을 찬양하십시다. 홍수 위에 좌정하시는 여호와 하나님, 풍랑을 잠잠하게 하시는 예수님, 능력을 행하는 은사를 주시는 성령님, 이 삼위일체 하나님이 오늘도 저와 당신의 하나님이 되심을 믿습니다. 그렇기 때문에 무슨 기가 막힐 사정이 있다 하더라도 먼저 주님을 신뢰하고 평강을 회복하길 바랍니다.

↓ 믿음의 두 번째 선물 : 은혜

또한 그로 말미암아 우리가 믿음으로 서 있는 이 은혜에 들어감을 얻었으며 하나님의 영광을 바라고 즐거워하느니라 _롬 5:2

믿음의 두 번째 선물은 은혜입니다. 헬라어로 '카리스'라고 합니다. 은혜가 무엇입니까? 받을 자격이 없음에도 불구하고 하나님으로부터 받는 선물입니다. 나의 노력과 공로로 얻는 삯이 아닌, 아무 자격이 없는데도 불구하고 주님으로부터 받는 선물, 나를 구원해주신 주님의 크신 사랑, 그 구원이 은혜입니다.

> [8]너희는 그 은혜에 의하여 믿음으로 말미암아 구원을 받았으니 이것은 너희에게서 난 것이 아니요 하나님의 선물이라 [9]행위에서 난 것이 아니니 이는 누구든지 자랑하지 못하게 함이라 [10]우리는 그가 만드신 바라 그리스도 예수 안에서 선한 일을 위하여 지으심을 받은 자니 이 일은 하나님이 전에 예비하사 우리로 그 가운데서 행하게 하려 하심이니라 _엡 2:8-10

구원은 은혜로 받습니다. 이신칭의의 결과인 구원의 첫 번째 선물이 평강이고, 두 번째가 은혜입니다. 제가 평강을 첫 번째 선물로 꼽은 것은 하나님과의 관계로부터 얻어지는 평강이 그만큼 중요하다는 뜻입니다. 로이드 존스 목사님은 이 부분을 매우 강조합니다. 이 평강이 '하나님의' 평강이 아니라 '하나님과의' 평강이라는 것입니다. 하나님의 진노가 제거될 수 있는 유일한 길은 하나님의 의를 믿음으로 받아들여 구원을 얻는 길이고, 그렇게 얻은 구원의 선물이 하나님의 진노가 사라진 평강이라는 점을 강조합니다.

은혜 역시 평강처럼 믿음의 결과로 얻은 선물입니다. 이미 우리 안에 있는 것입니다. 은혜를 나타내는 헬라어 단어 '카리스'는 호의, 선물, 자비라는 뜻입니다. 예수 믿고 구원을 얻은 백성들에게 주시는 하나님의 호의와 자비로운 선물이 은혜입니다. 하나님께서 우리에게 구원의 확실한 보장으로서 주시는 것입니다. 그러므로 우리의 신앙생활은 고달프게 은혜를 얻어가는 과정이 아니라 이미 은혜 안에 들어가 있는 상태입니다. 그 은혜를 마음속 깊이 누리는 저와 여러분이 되기를 바랍니다.

예수님은 사마리아 여인에게 우물을 가리키며 말씀하셨습니다.

¹³예수께서 대답하여 이르시되 이 물을 마시는 자마다 다시 목마르려니와 ¹⁴내가 주는 물을 마시는 자는 영원히 목마르지 아니하리니 내가 주는 물은 그 속에서 영생하도록 솟아나는 샘물이 되리라 _요 4:13,14

예수께서 이르시되 나는 생명의 떡이니 내게 오는 자는 결코 주리지 아니할 터이요 나를 믿는 자는 영원히 목마르지 아니하리라 _요 6:35

이 두 구절에서 주님이 하신 말씀의 의미는, 주님이 주시는 물은 영원하며 그 물을 마시는 자는 영원히 목마르지 않을 것이라는 사실입니다. 주님이 우리 안에 오셔서 부어주시는 은혜는 이미 시작되었고, 영원까지 넘치도록 흘려주실 샘물이라는 사실을 믿으십시오. 이 구원에 대한 절대적인 안전성을 믿으며, 불안해하거나 염려하지 말아야 합니다.

↓ 믿음의 세 번째 선물 : 소망

²또한 그로 말미암아 우리가 믿음으로 서 있는 이 은혜에 들어감을 얻었으며 하나님의 영광을 바라고 즐거워하느니라 ³다만 이뿐 아니라 우리가 환난 중에도 즐거워하나니 이는 환난은 인내를, ⁴인내는 연단을, 연단은 소망을 이루는 줄 앎이로다 _롬 5:2

믿음의 세 번째 선물은 소망입니다. 헬라어로 '엘피스'라고 합니다. 이 말씀에서 우리는 소망이 이루어지려면 많은 인내와 환난을 통과해야 한다는 것을 알 수 있습니다. 믿음으로 구원을 얻은 자는 은혜를 선물로 받은 자이며, 은혜를 받은 자는 하나님의 영광을 바라고 즐거워합니다. 그러므로 소망도 당연히 이신칭의의 결과이며 선물입니다. 우리는 하나님의 영광을 소망하며 살아야 하고 또한 그렇게 살 수 있습니다.

구원은 이신칭의와 성화와 하나님의 영광을 바라고 즐거워하는 영화의 단계까지 연결됩니다. 구원의 확실성은 이렇게 말씀으로 보장되고 확정돼 있습니다. 우리가 아직 영적 상태로는 부족한 점이 많은 존재라 하더라도, 의롭다고 칭함을 받았기 때문에 이미 하나님의 영광을 바라고 즐거워하는 선물을 받고 있는 것입니다. 이런 사람은 환난 중에도 즐거워할 수 있습니다. 환난은 인내를, 인내는 연단을, 연단은 소망을 이루는 줄 알기 때문입니다.

그러므로 하나님의 영광을 바라고 즐거워하는 사람들은 이 세상의 영광과 소망을 바라고 살지 않습니다. 이 세상의 영광을 바라고 살다 보면 자연스럽게 하나님이 주신 선물을 소홀히 하게 되고, 세상에 끌려가게 되기 때문입니다. 그것은 하나님께서 은혜를 주시는 것에 대한 '배신'입니다. 은혜 안에 있는 사람은 세상의 것이 그냥 값없이 느껴지고, 세상 것이 썩어질 것을 알아야 합니다. 썩어질 것에 내 인생을 올인하는 어리석은 삶을 살지 말아야 합니다. 세상 일에 한눈팔지 말고 시간을 낭비하지 않고 살아갈 때, 속사람이 강건해지고 하늘의 소망으로 가득 차게 될 것입니다.

그렇다면, '하나님의 영광을 바라고 즐거워'한다는 말의 뜻은 무엇입니까? 영광은 주님의 임재, 보좌가 있는 천국을 가리킵니다. 그러므로 하나님의 영광을 바란다는 것은 하나님의 임재를 바라며 천국에 대한 소망으로 즐거워한다는 뜻입니다.

우리 안에 천국이 있으면 이 세상에서도 하나님의 영광을 경험하게 됩니다. 그 영광을 생각하면 소망이 생기지 않겠습니까? 하나님은 백성들로 하여금 당신의 영광을 경험하게 함으로써 백성들의 삶을 진정한 천국의 소망으로 이끌어 가십니다.

당신은 하늘나라에 대한 소망이 있습니까? 비록 당장은 환난을 겪으며 산다 하더라도 즐거워할 수 있고, 도리어 하늘나라에 대한 소망으로 가득차 있습니까? 그렇게 살 수 있는 이유는 예수님이 반드시 다시 오실 것이기 때문입니다. 예수님이 다시 오시면 나를 데리고 공중으로 올라가시고, 신랑 되신 예수님과의 공중 혼인잔치와 천년왕국과 백보좌 상급 심판과 영원한 천국을 예비해 놓으셨기 때문입니다. 그 소망 때문에 우리의 인생은 살 가치가 있습니다. 이러한 하늘의 소망이 없는 사람은 허공을 치는 허무한 삶을 사는 것입니다.

성경은 환난이 어떻게 소망으로 발전하는지를 보여주고 있습니다. 환난(trial) > 인내(endurance) > 연단된 성품(character) > 소망(hope)으로 발전됩니다. 당신은 지금 환난을 당하고 있습니까? 아니면 최근에 환난을 통과한 경험이 있습니까? 이미 경험한 분이라면 잘 알다시피, 환난을 이겨내기 위해 가장 중요하고 필요한 것은 인내라는 것입니다. 환난을 인내하며 통과할 때 하나님의 성품으로 빚어집니다. 하나님의 성품으로 빚어지면 그 사람의 삶의 목적은 자연스럽게 하나님의 소망으로 가득 차게 됩니다. 내 인생을 향한 하나님의 목적을 깨닫게 되고, 바울처럼 그 목적을 이루며 살아가는 삶에 헌신하게 됩니다. 그래서 우리의 성품이 주님의 성품으로 변화되기 위해, 하나님은 때때로 어쩔 수 없이 환난과 연단을 허용하실 수밖에 없습니다. 우리의 성품이 주님을 닮으려면 연단되어야하기 때문입니다.

사람의 성품이 스스로 연단돼 변하기란 어렵습니다. 그러므로 원치 않게 환난과 연단의 과정을 통과할 때도 있습니다. 다만 그 연단의 기간을 줄이는 방법은 속히 주님이 원하시는 수준으로 자신을 순복하여 내어드리는 것밖에 없습니다. 그러나 스스로 순복하여 내어드리기가 어렵기 때문에, 하나님께서 때로는 우리를 환난 가운데로 밀어 넣으시는 것입니다.

그곳에서 부딪치면서 모난 부분이 이리 깎이고 저리 깎이고 하면서, 동그란 차돌처럼 원만한 성품으로 빚어지는 것입니다. 그럴 때 우리는 '아, 이것이 하나님이 우리를 빚으시는 과정이구나'라고 고백하게 될 것입니다.

우리는 인생의 연단을 통과할 때 그 환난의 때가 빨리 지나가길 원하지만, 캄캄한 밤에 하늘의 별이 보이듯이 우리의 캄캄한 심령에 주님의 음성이 들리기 시작합니다. 주님의 말씀이 들리기 시작하면 그 자리에 생명의 빛이 비침으로, 발에 등불이 되고 길에 빛이 되는 말씀으로 인도받고 사는 삶을 경험하게 됩니다. 그러므로 연단을 두려워하지 말고 피하지도 마십시오. 도리어 연단과 정면으로 승부하십시오. 구원받은 하나님의 자녀라는 확신을 품고 소망으로 이겨나가길 바랍니다. 그래야 어려울 때 만났던 하나님과의 만남이 우리에게 생명이 되어, 흔들리지 않는 소망의 사람으로 살게 만들 것입니다.

에스겔은 소망의 선지자로 불립니다. 당시의 이스라엘 백성의 형편은 소망이라고는 조금도 찾아볼 수 없이 고통스럽고 어려웠습니다. 에스겔이 포로로 붙잡혀가서, 그발 강가에서 운하를 파는 대역사에 강제노역을 당한 지 5년이 지나 나이는 어느덧 서른 살이 되었습니다. 이스라엘의 제사장 반열, 즉 제사장이 될 자격이 있는 에스겔이 하나님의 성전에서 제사장으로 세워져야 할 나이가 된 것입니다. 그런데 그발 강가에서 강제노역을 하고 있는 자신의 모습이 당시 이스라엘의 소망 없는 삶을 보여주고 있다는 사실을 알았을까요?

하나님을 섬겨야 할 제사장이 타국에 포로로 끌려가서 흙 속에서 지렁이처럼 땅을 파야 먹고 살아가는 신세가 된 것이 바로 이스라엘의 상태였습니다. 그것은 이스라엘의 모든 백성이 소망을 잃어버린 어두움 속에 처해 있는 상징이라 할 수 있습니다. 이런 상황이 언제 끝날 수 있을지 아무도 예측할 수 없었습니다. 에스겔이 자신의 모습을 돌아봐도 얼마나 처량

했겠습니까? 얼마나 절망이 되었겠습니까? 바벨론 강가에 포로로 붙들려서 시온을 생각하며 울었던 그 시절에 소망이라고는 하나도 찾아볼 수 없는 존재가 되어버린 것입니다. 그러한 때에, 에스겔은 도리어 가장 깊은 어두움의 땅에서 소망의 선지자로 부름받았습니다.

> ^{1}서른째 해 넷째 달 초닷새에 내가 그발 강 가 사로잡힌 자 중에 있을 때에 하늘이 열리며 하나님의 모습이 내게 보이니 ^{2}여호야긴 왕이 사로잡힌 지 오 년 그 달 초닷새라 ^{3}갈대아 땅 그발 강 가에서 여호와의 말씀이 부시의 아들 제사장 나 에스겔에게 특별히 임하고 여호와의 권능이 내 위에 있으니라 _겔 1:1-3

이 특별한 상황에서, 에스겔을 소망의 선지자로 만들기 위해 하나님이 어떤 일을 시행하셨는지를 보면 놀라지 않을 수 없습니다. 하나님은 하늘 문을 여시고 이상을 보여주셨습니다. 하늘의 보좌를 보여주신 것입니다. 그 후 에스겔에게 여호와의 말씀이 임했고, 이어서 여호와의 성령이 권능으로 에스겔에게 임하였습니다. 하나님은 서른 살이 된 에스겔에게 모든 것을 열어주신 겁니다. 그곳에는 덕망이 높은 제사장들이나 장로들도 있었을텐데, 하나님은 왜 이렇게 어린 에스겔을 사용하셨을까요? 아무리 생각해봐도 그것이 은혜입니다.

하나님의 역사하심에는 사람의 잘나고 못나고나, 나이와 출신 성분과 학력이나, 아무것도 중요한 것이 아닌 것 같습니다. 하나님이 쓰시기로 작정하셨기 때문에, 남녀노유, 빈부귀천 불문하고 하나님이 쓰고 계시는 것입니다. 하나님이 에스겔에게 보여주신 이상과, 성령의 임재와 말씀과 능력을 여러분 누구에게라도 주신다면, 여러분도 에스겔처럼 쓰임받을 수 있지 않을까요?

하나님이 여러분에게 하늘 문을 열어 이상을 보여주시기를 바랍니다.

하나님의 보좌를 보여주시기를 구하십시오. 여호와의 말씀이 특별히 임하는 영광을 받기를 바랍니다. 에스겔은 하나님의 강력한 역사로 완전히 엎드리고 깨어져서 쓰임받는 종이 되었습니다. 아무리 절망적인 상황 속에서도 하나님을 만나면 변하는 것입니다. 그리고 그 부르심이 소망이 되지 않을 수 없습니다.

에스겔의 히브리어 원어의 뜻은 '하나님이 강하게 하신다'입니다. 하나님이 에스겔을 먼저 강하게 하셔서 그를 통하여 절망에 빠진 백성들에게 소망을 전했기 때문에 그가 소망의 선지자가 되었습니다. 당신도 암울한 이 시대를 밝히는 소망의 사람이 되기를 바랍니다. 누구든지 그리스도 안에 있으면 하나님 나라의 소망을 이미 선물로 받은 자입니다. 그것을 믿기 바랍니다. 여호와의 영이 여러분에게 힘을 주시기를 축원합니다.

↓ 믿음의 네 번째 선물 : 사랑

> 소망이 우리를 부끄럽게 하지 아니함은 우리에게 주신 성령으로 말미암아 하나님의 사랑이 우리 마음에 부은 바 됨이니 _롬 5:5

믿음의 네 번째 선물은 우리에게 주신 사랑입니다. 사랑도 선물이 된다는 사실을 믿기 바랍니다. 그래서 먼저 알아야 할 것이 하나님의 사랑입니다. 하나님의 사랑은 헬라어로 '아가페'입니다. 신적인 사랑을 말한다고 할 수 있습니다. 하나님의 사랑이 소망을 품게 하는 이유이기도 합니다. 이 소망이 우리를 부끄럽게 만들지 않는 것은 성령으로 말미암아 하나님의 사랑이 우리 마음에 부은 바 되기 때문입니다. 그 결과 우리가 더욱더 하나님께 가까이 나아가는 은혜의 수혜자가 되는 것입니다. 또한 하나님은 사랑이시기에, 사랑하지 않는 자는 하나님을 모릅니다.

사랑하지 아니하는 자는 하나님을 알지 못하나니 이는 하나님은 사랑이심이라
_요일 4:8

호세아서를 보십시오. 호세아가 음란한 아내를 데려오면 그를 떠나버립니다. 음란한 소굴로 아내를 찾으러 가서 다시 데려오게 하시고, 바로 그 고멜을 통해서 자녀를 낳게 했던 호세아는 하나님의 사랑을 보여주는 선지자였습니다. 그 음란한 아내가 이스라엘이고, 바로 우리를 말합니다.

저는 어느 날 이 호세아서를 차를 운전하고 가면서 테이프로 듣다가 하나님의 큰 사랑의 부음을 받았습니다. 30년이 지난 지금도 생생하게 기억할 수 있습니다. 하나님께서 영적으로 간음한 이스라엘 백성을 찾아오셔서 사랑하고 또 사랑하셨다는 이야기에, 저는 갑자기 임한 성령의 강력한 임재하심 때문에 차를 갓길에 세워놓고 차 안에서 얼마나 목놓아 울었는지 모릅니다. 내가 고멜이라는 생각이 들었기 때문입니다. 그럼에도 불구하고, 나를 포기하지 아니하시고 사랑하신 그 하나님의 사랑에 눈물이 주체할 수 없이 흘렀습니다. 하나님께서 독생자 예수를 십자가에 못 박을 정도로 나를 사랑하셨다는 사실이 너무나 놀랍고 가슴속 깊이 깨달아진 것입니다.

하나님께서는 벌레만도 못한 나 같은 존재를 구원하시기 위해서, 제가 믿지 않았을 때 몇 명의 친구들을 제게 보내셨습니다. 그 친구들은 제게 천사와 같은 존재였습니다. 물론 처음에는 전혀 깨닫지 못했습니다. 하나님은 그렇게 몇 차례 제게 전도자를 보내주셨고, 그리고 예수 믿은 이후에도 세상과 짝하고 여전히 세상의 정욕대로 살아가던 저를 기도원으로 불러주셔서, 금식기도회를 통하여 끝내 성령세례를 베푸셨던 주님의 인내

하심을 생각할 때, 저는 여지없이 고멜이라는 생각이 들었던 것입니다.

저를 향한 하나님의 사랑은 끊을 수 없었습니다. 복음을 처음 들은 지 18년의 세월이 지나서야, 도망가던 저를 멈추게 하시고 주님을 향하는 방향으로 돌아오게 하셨던 하나님이었습니다. 그 사랑을 알고 보니 이전의 나의 모습이 얼마나 추하고 병들었던 것인지를 깨닫게 되었습니다. 그 후 앞으로 나는 어떻게 살아야 할지 주님께 묻게 되었고, "완전히 돌아서라!" 라는 주님의 부르심을 깨닫게 되었습니다. 그 뒤로 세상으로 향하던 저의 발은 180도 돌아서 하나님께로 향하게 되었습니다. 돌아서 보니 이전에는 제가 예수를 믿어도 세상에 99퍼센트 발을 딛고 사는 사람이었음을 깨닫게 되었습니다. 이후로 30년은 주님 나라에 발을 들여놓고 사는 사람이 되도록 인도해주셨습니다. 그 사랑에 지금도 눈시울이 뜨거워집니다. 제가 도대체 어떻게 살아야 주님의 사랑을 다 갚을 수 있을까요? 하나님의 사랑은 과연 어떤 사랑일까요?

하나님은 우리가 연약했을 때에도 사랑하셨습니다.

우리가 아직 연약할 때에 기약대로 그리스도께서 경건하지 않은 자를 위하여 죽으셨도다 _롬 5:6

하나님의 사랑은 우리가 연약할 때, 우리를 위하여 죽으신 사랑입니다. 하나님께서는 우리가 연약할 때에도, 죄인이었을 때에도, 심지어 원수가 되었을 때에도 사랑하셨습니다. 그리스도께서 우리가 연약할 때에, 우리 육신이 연약해서 죄를 짓고 주님을 전혀 의식도 하지 못하던 시절에, 경건하지 않았을 때에 우리를 위해 죽으셨습니다.

'기약대로'(in due time)를 다른 말로 표현하면 '약속한 때에'가 됩니다. 하나님이 언제 약속하셨는지를 알면, 우리는 주님의 죽으심이 이미 창세 전부터 계획된 사건임을 알 수 있습니다. 거슬러 올라가면, 하나님은 아담과 하와가 뱀의 유혹을 받고 죄를 짓고 심판을 받았을 때, 이미 아들을 보내시고 그 아들을 십자가에 못 박혀 죽게 하여 인간의 구원 문제를 해결할 것을 계획하셨다는 말입니다. 이것이 원(元)복음이라고 일컬어지는 창세기의 이 구절입니다.

> 내가 너로 여자와 원수가 되게 하고 네 후손도 여자의 후손과 원수가 되게 하리니 여자의 후손은 네 머리를 상하게 할 것이요 너는 그의 발꿈치를 상하게 할 것이니라 하시고 _창 3:15

하나님이 죄인의 속죄를 고려한 시간은 아담의 타락 때부터입니다. 인류의 진정한 구원이 이루어지기 위해서는 그 아들이 세상에 오셔야 했습니다. 하나님의 구원 계획이 얼마나 오랜 것이었는지를 우리는 알아야 합니다.

> [4]때가 차매 하나님이 그 아들을 보내사 여자에게서 나게 하시고 율법 아래에 나게 하신 것은 [5]율법 아래에 있는 자들을 속량하시고 우리로 아들의 명분을 얻게 하려 하심이라 _갈 4:4-5

하나님의 사랑은 우리 차원에서는 상상할 수도 없는 불변하고 영원한 사랑이며, 구원의 사건이 영원 전부터 계획되었다는 사실을 알 수 있습니다. 절대로 우연히 발생했거나 갑자기 생긴 일이 아니라는 것입니다. '때가 차매'라는 말에서 우리는 하나님의 온전하신 계획과 오래 기다리심을 동시에 볼 수 있습니다.

하나님은 우리가 죄인이었을 때에도 사랑하셨습니다.

우리가 아직 죄인 되었을 때에 그리스도께서 우리를 위하여 죽으심으로 하나님께서 우리에 대한 자기의 사랑을 확증하셨느니라 _롬 5:8

하나님의 사랑은 우리가 죄인일 때, 우리를 위해 죽으신 사랑입니다. 자기 자녀를 위해 죽기도 사실 어렵습니다. 가끔은 우연히 이웃을 위해 대신 죽는 경우가 있어서 미담으로 기사화되기도 합니다. 그러나 나를 비난하고 조롱하고 해를 끼치려는 사람을 위해, 또 세상에 완전히 빠져 사는 탕자를 위해 자기 몸을 내어놓을 사람이 어디 있겠습니까? 그러나 예수님은 그렇게 하셨다는 것입니다. 그러므로 아들을 십자가에 내어놓으신 것이 하나님의 사랑입니다. 그래서 하나님은 사랑이십니다(요일 4:16). 그 크고 영원한 하나님의 사랑이 우리를 구원하신 동기였음을 깨닫게 되기를 바랍니다.

돌아온 탕자를 생각해 보십시다. 아버지께 끝까지 돌아가지 않고 버티다가 나중에 돼지가 먹는 쥐엄 열매도 먹지 못할 처지가 되자, 비로소 아버지 집에 가서 삯이라도 받는 품꾼으로라도 쓰임 받게 해달라고 사정하기 위해 돌아온 것이 아닙니까? 탕자는 아버지를 한없이 오해한 것입니다. 우리는 종종 하나님 아버지를 얼마나 오해하며 사는지 모릅니다. 돌아온 탕자를 무조건 용서하시고 받아주시는 아버지이심을 믿고, 우리가 비록 죄나 오해로 인해서 하나님으로부터 멀어졌어도, 사랑의 하나님께 나아가는 우리가 되기를 바랍니다. 그렇게 하나님께 나오는 자들에게 무조건적인 용서를 베푸시는 하나님이십니다.

하나님은 우리가 원수 되었을 때에도 사랑하셨습니다.

곧 우리가 원수 되었을 때에 그의 아들의 죽으심으로 말미암아 하나님과 화목

하게 되었은즉 화목하게 된 자로서는 더욱 그의 살아나심으로 말미암아 구원을 받을 것이니 _롬 5:10

하나님의 사랑은 우리가 하나님과 원수 되었을 때에도, 그의 아들이 죽으심으로 우리와 하나님을 화목하게 만들어주신 것입니다. 우리가 이 사랑을 먼저 경험하기를 원합니다. 하나님의 은혜의 선물, 즉 하나님께서 의의 선물로 사랑을 주신 것을 먼저 믿어야 합니다. 우리에게 하나님의 사랑이 임해야 우리가 하나님의 사랑을 깨닫게 되기 때문입니다. 혹시 하나님의 사랑을 만난 적이 있었는데 지금은 잊어버리고 살고 있다면, 나를 사랑하신 그 크신 사랑이 영원히 변함없으신 사랑이심을 믿고 다시 회복되어, 하늘 문이 열리는 은혜가 있기를 바랍니다.

우리는 어떻게 '하나님의 사랑'으로 사랑할 수 있는가?

그렇다면, 하나님의 사랑을 받은 우리의 반응은 어떠해야 할까요? 우리에게 하나님의 사랑이 전이되었다면, 우리는 어떻게 해야 할까요?

소망이 우리를 부끄럽게 하지 아니함은 우리에게 주신 성령으로 말미암아 하나님의 사랑이 우리 마음에 부은 바 됨이니 _롬 5:5

먼저 하나님의 사랑이 우리 마음에 부은 바 되어야 합니다. 이것이 기독교입니다. 우리가 무언가 은혜로 받았기 때문에 줄 수 있는 것입니다. 우리가 먼저 드려서 받는 무엇이 기독교가 아닙니다. 사랑과 마찬가지로, 믿음은 소망을 선물로 줍니다. 성령께서는 이 소망을 우리 마음에 부어주시는 일을 하십니다. 따라서 성령 충만의 경험은 하나님의 사랑을 충만히 공급받는 것이기도 합니다. 성령 충만을 받는다는 것은 하나님의 사랑을 받는 것이며, 그것은 마치 자동차에 기름이 가득 차게 주유하는 것과 같습니다.

> [34]새 계명을 너희에게 주노니 서로 사랑하라 내가 너희를 사랑한 것 같이 너희도 서로 사랑하라 [35]너희가 서로 사랑하면 이로써 모든 사람이 너희가 내 제자인 줄 알리라 _요 13:34-35

여기서 새 계명을 말씀하신 의도는 반대 개념인 옛 계명이 있다는 것입니다. 옛 계명은 구약을 말하고, 십계명으로 대표됩니다. 십계명은 하나님을 사랑하고 이웃을 사랑하라는 말로 줄일 수 있습니다. 이것을 다시 한 마디로 줄인다면 '서로 사랑하라'입니다. 옛 계명인 구약의 핵심도 다름 아닌 사랑입니다.

그러면 신약의 새 계명은 무엇입니까? 요한복음 13장 34,35절 말씀처럼 역시 '서로 사랑하라'입니다. 신약도 똑같이 사랑하라는 것입니다. 구약과 신약을 요약하면 '사랑하라'라는 한 마디로 줄일 수 있습니다.

그렇다면 예수님은 (내용은 같은데) 왜 새 계명을 주셨습니까? 옛 계명의 사랑의 주체는 나였습니다. 내가 사랑해야 됩니다. 내가 부모를 공경해야 하고, 내가 살인하지 말아야 하고, 내가 간음하지 말아야 합니다. 이렇게 모든 계명들을 내가 지켜야 되다 보니 어려워집니다. 결국 실패하고 절망 가운데 빠지게 되었습니다. 그래서 '하나님의 의'이신 예수님으로 인한 구원의 방법을 제시하셨습니다. 그것과 마찬가지로, 새 계명의 주체는 '나'가 아니라 '하나님'이십니다. 내 안에 계신 예수님의 사랑인 것입니다.

새 계명은 예수님의 사랑에 힘입어 이웃을 사랑하라는 것입니다. 다시 말하면, '내가 너희를 사랑한 것 같이' 너희가, 즉 예수님의 사랑을 받은 우리가 사랑하라는 것이 새 계명입니다. 옛 계명과 새 계명 사이가 무려 수천 년이 걸린 겁니다. "너희는 스스로 사랑할 수 없다. 구약에서 이미 실패한 것이다. 그러나 내가 너희에게 사랑을 공급하면, 너희가 내 사랑을 공급받으면, 내 능력을 공급받으면, 내 기쁨을 공급받으면, 내 소망을 공급받으면 너희도 사랑할 수 있다"라는 말씀입니다. 나는 못 하지만, 주님 안에서는 할 수 있다는 것입니다.

'Love one another in Christ'에서 'in'이라는 단어를 주목해보십시오. 'in Jesus, in the Holy Spirit, in GOD', 사도 바울 신앙의 핵심이 바로 '… 안에서(in)'인 것을 이해하시겠습니까? 예수 그리스도 안에서, 성령님 안에서, 하나님 안에서입니다. 그러면 우리도 사랑할 수 있습니다. 원수도 사랑할 수 있게 됩니다. 물질도 나눌 수 있게 됩니다. 헌신도 하게 됩니다. 그리스도 안에 있을 때 원수 같던 남편도 사랑하게 되고, 미움의 대상이었던 시어머니도 사랑하게 되고, 나를 미워하는 이웃도 사랑할 수 있게 됩니다. 사랑받은 사람이 사랑할 수 있게 되듯이, 우리도 먼저 그리스도의 사랑을 받아야 합니다. 그것이 먼저입니다.

로라, 앤 설리반, 헬렌 켈러 세 사람의 이야기를 해보겠습니다. 헬렌 켈러는 잘 아시듯이 눈, 귀, 입, 삼중고의 장애를 갖고 살던 사람이었습니다. 그럼에도 불구하고 헬렌 켈러는 장애자와 빈민들을 도와주는 사회사업가로 활동하였고, 맹인이면서도 하버드 대학에서 박사 학위를 받았습니다. 헬렌 켈러가 이렇게 훌륭한 사역자가 된 건 그에게 선생 앤 설리반이 있었기 때문입니다. 앤 설리반이 50년 동안 헬렌 켈러의 눈과 입이 돼주었기 때문입니다. 앤 설리반이 어떤 사람이었기에 헬렌 켈러의 눈과 손이 될 수 있었을까요?

사실 앤 설리반은 다섯 살에 시력을 거의 잃을 뻔했던 불우한 사람이었습니다. 그것 때문에 어린 시절에 소년원에 들어갈 정도로 문제아가 되었습니다. 어린 나이에도 알코올 중독과 정신분열 증상이 있었다고 합니다. 그는 결국 소년원에서도 독방에 있어야 했습니다. 의사는 그녀에게 어떤 치료 방법도 더 이상 없다는 절망스러운 진단을 내렸습니다. 그때, 로라라는 나이 든 간호원이 앤 설리반의 독방을 찾아가 책을 읽어주기 시작했습니다. 처음에는 전혀 반응이 없던 앤 설리반이 로라가 가져다 놓은 초콜릿을 어느 날부터 먹기 시작했고, 로라가 책을 읽어주는 것에 천천히 반응하게 되었습니다. 조금씩 변화한 것입니다. 그러면서 하나님이 자기를 사랑하고 계시다는 사실을 깨닫게 되었다고 합니다. 그리고 2년 만에, 앤 설리반은 정상적인 아이로 판단되어 소년원에서 나오게 되었습니다.

어린 시절에 시력을 잃었던 앤 설리반은 맹아학교에 들어가서 열심히 공부해 최우수 성적으로 학교를 졸업하게 되었습니다. 훗날 개안수술을 받게 되어 다행스럽게도 눈을 뜨는 축복을 받게 됩니다. 앤 설리반은 점점 더 하나님의 사랑을 알게 되었고, 어느 날 맹아학교에서 가정부를 구한다는 광고를 보게 되었습니다. 보지 못하고 듣지 못하고 말하지도 못하는 아이를 돌볼 선생님을 찾는다는 광고였습니다. 앤 설리반은 그 광고를 보고 '내가 이런 사랑을 받았으니 이 아이를 내가 돌보아야겠다'라고 생각하게 됩니다. 그로부터 무려 50년간 이 아이를 돌보아 줍니다. 그 아이가 바로 헬렌 켈러였습니다. 헬렌 켈러가 특별한 사람이 될 수 있었던 이유는 앤 설리반 선생님의 사랑 때문이었습니다. 앤 설리반이 있을 수 있었던 것은 그를 돌본 간호사 로라의 사랑 때문이었습니다.

사랑을 받으면 사랑을 나누어 주게 됩니다. 이 이야기는 우리가 사랑을 나누어줄 수 있기 위해선 먼저 하나님의 사랑을 받아야 한다는 원리의 증거입니다. 그 사랑의 주체가 바로 당신 안에 이미 거하시는 주님이심을 믿기 바랍니다.

07

Romans 5:12-21

아담 안의 생명과
예수 안의 생명

로마서 4장까지는 칭의, 곧 믿음으로 의롭다 함을 받는 데 초점을 맞추었다면, 5장의 전반부에서는 의인으로서 받는 선물의 내용에 대해 구체적으로 배웠습니다. 의인으로서 받는 선물의 첫째는 하나님과의 화평, 둘째는 하나님의 은혜, 셋째는 하나님 안에 있는 소망, 넷째는 하나님께서 부어주신 사랑으로 말미암아 우리가 갖게 되는 사랑이었습니다. 그렇다면 이러한 선물은 천국에나 가서 받는 것인가요? 그렇지 않습니다. 이 선물들은 이미 이 땅에 임한 하나님 나라의 것들입니다. 우리가 세상에서 구원을 받아 하나님 나라를 소유할 때 받는 선물인 것입니다.

천국은 우리가 예수를 믿는 순간 우리 마음속으로 이미 들어왔지만, 구원의 완성은 그리스도의 재림과 더불어 받는 것입니다. 따라서 화평과 은혜와 소망과 사랑 같은 믿음의 선물을 이 땅에서 누릴 수 있는 근거가 중요합니다. 이것을 이해하기 위해서는 먼저 아담 안에서의 생명이 무엇인지를 살펴보아야 하므로, 사도 바울이 5장 12절부터 이 부분을 설명하였습니다. 인류 최초의 조상인 아담과 우리와의 관계가 어떤 것인지를 설명하는 것입니다.

로마서 5장과 6장은 사실 로마서에서 학자들 사이에 가장 의견이 충돌되는 장입니다. 그래서 로마서 5장과 6장을 잘 해석해야 합니다. 충돌되는 의견 중에 대표적인 것이 바로 칼뱅과 웨슬리의 의견입니다. 칼뱅은 이 부분을 예정론으로 칭의의 관점에서 풀었고, 웨슬리는 자유의지로 성화의 관점에서 풀었습니다.

↓ 아담 안의 생명과 우리의 관계는 무엇인가요?

인류에게 왜 죄가 들어왔습니까? 왜 우리는 죄인입니까? 왜 우리는 죄성을 가지고 있는 인간입니까? 이런 질문의 답을 아담으로부터 풀기 위해 아담의 죄, 곧 원죄에 대해 설명한 것입니다. 아담의 죄는 무엇이었나요?

> 그러므로 한 사람으로 말미암아 죄가 세상에 들어오고 죄로 말미암아 사망이 들어왔나니 이와 같이 모든 사람이 죄를 지었으므로 사망이 모든 사람에게 이르렀느니라 _롬 5:12

'한 사람' 아담의 죄는 하나님이 금지한 선악과를 따먹은 것입니다. 그런데 성경은 그 한 사람의 죄가 모든 사람에게 전가(轉嫁)되었다, 즉 옮겨졌다고 말합니다. 바울은 그 결과로 모든 사람이 죄를 지은 것이 되었으므로 사망이 모든 사람에게 이르렀다는 논지를 전개합니다. 그의 죄로 인하여 인간에게 사망이 들어왔다는 것입니다. 한 사람으로 말미암아 죄가 세상에 들어오고 죄로 말미암아 사망이 들어왔는데, 그 한 사람으로 끝난 것이 아니라, '이와 같이' 모든 사람이 죄를 지었고 모든 사람이 사망에 이르게 되었다는 말입니다. 사람들이 선악과를 따 먹은 것은 아니지만 아담과 동일한 죄를 지었다는 것입니다. 로마서의 앞 부분에서도 이 내용을 이미 살펴보았습니다.

> 모든 사람이 죄를 범하였으매 하나님의 영광에 이르지 못하더니 _롬 3:23
> 죄의 삯은 사망이요 … _롬 6:23

'하나님의 영광'은 우리에게는 '구원'이라고 할 수 있습니다. 구원은 하나님과 화평하고 화목한 관계인데, 죄를 지은 인간이 하나님의 영광(구원)에 이르지 못하여 결국 사망하고 화목에 이르지 못하게 되었다는 말입니다. 그래서 죄의 대가(삯)가 사망인 것입니다. 이것이 이른바 '원죄(原罪)론'입니다. 원죄는 인류의 조상인 아담의 죄의 유산이 모든 인류에게 미치게 된 것입니다. 아담의 죄가 유산처럼 전해지고 있다는 것을 말합니다.

> 그러나 아담으로부터 모세까지 아담의 범죄와 같은 죄를 짓지 아니한 자들까지도 사망이 왕노릇 하였나니 아담은 오실 자의 모형이라 _롬 5:14

'아담으로부터 모세까지'는 율법이 있기 전을 말합니다. 이 말씀은 아담 한 사람으로 인하여 모든 사람이 죄를 짓게 되었으므로, 아담의 죄가 유산과 같다는 것입니다. 한 사람의 죄가 결국 많은 사람으로 확장됩니다. 그러나 뒤에 '오실 자' 한 사람(예수님)으로 인하여 모든 사람이 죄를 용서받을 수 있다는 것을 전제하는 말씀입니다. 아담의 죄로 인하여 인류에게 심판이 오게 되었듯이, 예수님으로 인하여 구원이 올 것입니다. 아담의 죄의 결과로 인류 모두에게 사망이 임하게 되고, 아담이 죄인인 인류의 대표자가 되는 원리는 다음과 같습니다(롬 5:16-18).

① 심판 : 한 사람으로 말미암아 정죄에 이르렀으나(16절 중)

② 정죄 : 그런즉 한 범죄로 많은 사람이 정죄에 이른 것 같이(18절 상)

③ 사망 : 한 사람의 범죄로 말미암아 사망이 그 한 사람을 통하여 왕노릇 하였은즉(17절 상)

④ 아담이 인류의 대표자가 되었다.

아담 한 사람의 범죄로 인하여 사망이 왕노릇하여, 이후의 많은 사람에게 여전히 왕노릇을 해왔습니다. 아담 한 사람이 죄를 짓고(원죄) 그 죄가 많은 사람에게 전가되어 결국 정죄에 이르게 하고, 정죄로 인해 사망에 이르게 하고, 사망 이후에는 지옥에 떨어지게 하는 구도입니다. 이것이 아담의 죄가 인류에게 유산된다는 내용입니다. 아담은 이렇게 인류의 대표자가 되었으며, 그 한 사람이 많은 사람에게 영향을 끼치게 된 것입니다.

한 사람이 순종하지 아니함으로 많은 사람이 죄인 된 것 같이 …_롬 5:19상

아담 한 사람의 행동이 인류를 대표한 행동이 된 것을 '대표성'이라고 합니다. 대표성이라는 말이 어떤 사람들에게는 어렵게 느껴질 수 있습니다. 아니, 아담 한 사람이 죄를 지었다고 나에게까지 영향이 있다는 주장을 이성적인 사람이라면 누가 믿겠습니까? 이해하기 쉽지 않습니다. 어떤 사람들은 이 주장이 인정할 수 없는 '기독교의 독선'이라고 생각합니다. 그러나 우리는 성경을 하나님의 말씀으로 믿는 사람들입니다. 성경은 대표성을 가진 아담을 통하여 죄가 인류에게 들어왔다고 말합니다. 내가 지은 죄가 아닌 아담이 지은 죄가 내 안에 피 흐르듯 흐른다고 말합니다. 우리는 이것을 믿습니다.

조종사 한 사람이 실수하면 그 비행기에 탄 사람 전체가 같은 비극을

경험할 수 있습니다. 승객 중 누구도 아무런 잘못을 하지 않아도 다 영향을 받는 것입니다. 어떤 회사의 대표 한 사람의 잘못된 결정 때문에 회사가 부도가 나면 그 회사에 몸을 담고 있는 모든 사람이 운명공동체가 되는 것과 같습니다. 국가는 더욱 그렇습니다. 한 국가의 지도자 한 사람이 잘못 하면 나라 전체가 어려운 방향으로 가는 예를 역사에서 우리는 수없이 보았습니다. 선하고 능력있는 왕이 나타나면 백성 모두가 평안하고 행복하고 부강한 삶을 살지만, 악하고 무능한 왕이 나타나면 백성 모두가 어려움을 겪게 됩니다. 그런 면에서 인류는 운명공동체라고 할 수 있습니다.

북이스라엘과 남유다 계통의 왕들을 각각 보아도 그렇습니다. 북이스라엘의 왕들은 거의 다 여로보암의 길을 따라가서 타락했고, 남유다의 왕들은 처음엔 다윗의 길을 바르게 따르는가 싶었지만, 나중에는 그들도 대부분 죄를 짓고 타락했습니다. 분열 이전이나 이후의 이스라엘 역사에서도 발견할 수 있는 교훈은, 선한 왕이 있을 때는 백성들이 평안하고, 악한 왕이 있을 때는 백성이 어려움을 당하는 운명공동체라는 사실입니다. 그와 같이, 아담 한 사람이 우리 인류의 조상이라서, 그 한 사람이 잘못함으로 인해 우리 모두가 아담의 죄의 생명을 갖고 태어나게 되었습니다. 이것이 바로 아담의 피가 우리 안에 흐르고 있다는 말입니다.

'도표 1'을 참조하십시오. 도표 1은 아담의 생명이 인류를 멸망으로 이끌어가는 것을 보여줍니다. 로마서 5장 12절에서 "한 사람으로 말미암아 죄와 사망이 들어왔다"라고 했습니다. 그래서 그 후손들 모두는 하강 국면을 지나 결국 사망에 이르는 삶을 살게 됩니다. 이렇게 하강하는 선상에서 우리가 어느 날 신체적인 출생을 하게 된 것입니다. 그래서 모든 사람이 죄인(롬 3:23)이고, 결국 죄로 인해 사망(롬 6:23)하면 하나님으로부터 분리되어 지옥으로 떨어지게 됩니다. 아담 안에서의 생명은 예외 없이 아담의 죄의 피가 흐르면서 지옥으로 끌려가는 것입니다.

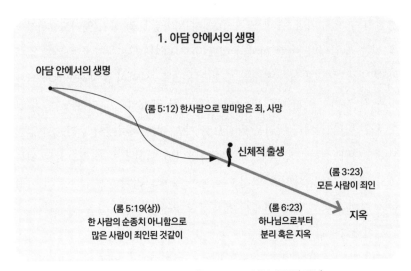

図표1, 아담 안에서의 생명(찰스 솔로몬의 〈영적 치유〉에서)

도표 1을 영적으로 보면, 인류는 구원의 길인 상향선을 타고 올라가는 것이 아니라 멸망의 길인 하향선을 따라 내려간다는 사실을 알 수 있습니다. 모든 사람이 이렇게 휩쓸려 지옥으로 떨어지고 있습니다. 이것을 해결할 수 있는 길이 무엇일까요?

↓ 예수 그리스도의 생명이 우리가 살 길입니다

한 사람이 순종하지 아니함으로 많은 사람이 죄인 된 것 같이 한 사람이 순종하심으로 많은 사람이 의인이 되리라 _롬 5:19

하나님은 '아담 한 사람'으로 말미암아 인류에게 찾아온 죄와 사망을 그대로 방관하지 않으시고 '다른 한 사람'이라는 '대책'을 세우셨습니다.

만일 하나님의 대책이 없었다면, 인류에게 아무런 희망이 없었을 것입니다. 성경은 그 다른 대안의 사람으로 복음이신 예수 그리스도를 말합니다. 죄와 사망에 대한 하나님의 대책이 바로 예수 그리스도를 통해 많은 사람이 의인이 되는 놀라운 은혜인 것입니다.

죽음을 향해 하강하며 살아갈 수밖에 없어서 절망 가운데 빠져 있는 인류에게 주어진 희망이 바로 '하나님의 의'입니다. 이제는 우리가 아담이 아닌 예수님에 대해 알아야 하겠습니다. 복음의 핵심이 되시는 예수님은 어떤 분이십니까?

첫째, 예수님은 말씀으로서 선재하신 분입니다.

태초에(in the beginning) 말씀이신 예수님이 하나님과 함께 계셨습니다. 이것을 예수님의 선재성(先在性)이라고 합니다. 예수님이 세상의 모든 것보다 먼저 계신 분이라는 뜻입니다.

[1]태초에 말씀이 계시니라 이 말씀이 하나님과 함께 계셨으니 이 말씀은 곧 하나님이시니라 [2]그가 태초에 하나님과 함께 계셨고 _요 1:1-2

둘째, 예수님은 창조주로서 선재하신 분입니다.

[15]그는 보이지 아니하는 하나님의 형상이요 모든 피조물보다 먼저 나신 이시니 [16]만물이 그에게서 창조되되 하늘과 땅에서 보이는 것들과 보이지 않는 것들과 혹은 왕권들이나 주권들이나 통치자들이나 권세들이나 만물이 다 그로 말미암고 그를 위하여 창조되었고 [17]또한 그가 만물보다 먼저 계시고 만물이 그 안에 함께 섰느니라 _골 1:15-17

15절에서도 예수님은 '모든 피조물보다 먼저 나신 분'이라고 말합니다. 만물이 예수님으로부터 창조되었습니다. 이것이 창조주로서 예수님의 '선재성'입니다. 예수님은 하늘과 땅의 보이는 것들과 보이지 않는 것들을 모두 창조하셨습니다. 예수님은 영계를 포함한 모든 만물의 창조주가 되십니다. 만물이 예수님을 위하여 창조되었습니다. 예수님이 만물보다 먼저 계시고, 만물이 그 안에 함께 섰습니다. '함께 섰다'라는 말은 '함께 붙잡고 계시다'(hold together)라는 뜻입니다.

이 우주에 행성계가 얼마나 많습니까? 은하계도 셀 수 없이 많고, 각 은하계 안에 별들도 무수히 많은데, '그 많은 별들이 어떻게 자전과 공전을 하며 그 거리를 유지할 수 있을까' 하는 생각을 해본 적이 있습니까? 우주 공간에서 펼쳐지고 있는 그 엄청난 힘과 균형은 어떻게 유지될까요? 그 거대한 행성 각각을 붙잡고 계신 분이 과연 누구이실까요? 성경은 우주를 붙잡고 계신 분이 바로 예수님이라고 말합니다. 하나님의 절대적이고 위대하고 크심을 우리가 감히 상상이나 할 수 있겠습니까?

셋째, 예수님은 만유의 상속자가 된 분이십니다.

예수님은 말씀으로 먼저 계셨고, 창조자이실 뿐 아니라, 만유의 상속자가 되십니다. 상속자란 상속받은 것의 주인이 되었다는 뜻입니다. 그러므로 예수님은 만유의 주인이 되십니다.

²이 모든 날 마지막에는 아들을 통하여 우리에게 말씀하셨으니 이 아들을 만유의 상속자로 세우시고 또 그로 말미암아 모든 세계를 지으셨느니라 ³이는 하나님의 영광의 광채시요 그 본체의 형상이시라 그의 능력의 말씀으로 만물을 붙드시며 죄를 정결하게 하는 일을 하시고 높은 곳에 계신 지극히 크신 이의 우편에 앉으셨느니라 _히 1:2-3

모든 날의 마지막에는 아들이신 예수님을 통하여 우리에게 말씀하셨는데, 이 아들을 만유의 상속자로 세우셨다는 것입니다. 그분으로 말미암아 모든 세계가 지어졌으며, 그분은 하나님의 영광의 광채이시며 그 본체의 형상이십니다. 아! 이 너무나 위대하고 아름다운 말이 다 예수님을 향한 찬사의 표현입니다. 예수님은 그의 능력의 말씀으로 만물을 붙드시며 죄를 정결하게 하는 일을 하시고, 지금은 높은 곳에, 지극히 크신 하나님의 보좌 우편에 앉아계십니다.

↓ 우리의 구원주이신 예수님이 우리를 위해 하신 일

예수 그리스도는 우리의 구원주이십니다. 우리와의 관계에서 구원주이신 예수님은 어떤 분입니까?

첫째, 예수님은 성육신하신 분입니다.

말씀이 육신이 되어 우리 가운데 거하시매 우리가 그의 영광을 보니 아버지의 독생자의 영광이요 은혜와 진리가 충만하더라 _요 1:14

말씀이신 예수님이 육신이 되어 인간의 역사에 오셔서 우리와 함께 하셨습니다. 임마누엘이신 하나님이 지금도 영으로 우리와 함께 계십니다. 그러므로 우리가 그의 영광을 보는 것입니다.

예수님은 아버지의 독생자이시며 은혜와 진리가 충만하신 분이십니다. 어떻게 하나님이 친히 이 땅에 오셔서 우리 가운데 보이는 모습으로 거하실 수 있었을까요? 사람의 머리로는 도무지 상상할 수 없는 엄청난 일이 벌어진 것입니다. 그것이 바로 복음의 본질입니다.

하나님이 하늘을 버리시고 이 땅에 인간으로 오셨고 유대인의 옷을 입으셨습니다. 온 우주를 다 붙들고 계신, 절대적으로 탁월하신 하나님이 동시에 우리 인간의 내면에 내재하시며, 우리의 가장 깊은 곳에 오셔서 우리를 감찰하시고, 우리를 생각하시고 기억하시고 도우신다는 것, 이 얼마나 놀라운 초월성과 내재성입니까?

<u>둘째, 죽으심으로 우리에 대한 사랑을 확증하신 구원주이십니다.</u>
우리가 아직 죄인 되었을 때에 그리스도께서 우리를 위하여 죽으심으로 하나님께서 우리에 대한 자기의 사랑을 확증하셨느니라 _롬 5:8

하나님께서 우리에 대한 자기의 사랑을 확증하신 방법이 우리가 아직 죄인 되었을 때에 그리스도께서 우리를 위하여 죽으신 것이랍니다. 이 얼마나 놀라운 사랑입니까? 예수님의 죽으심은 구약시대 율법에 의하면 속죄하는 양의 피흘림입니다. 구약의 제사는 일회성이었지만 예수님이 십자가에서 흘리심으로 드린 제사는 온전하여 우리의 모든 죄를 사하시고 우리를 구원하신 것입니다.

율법을 따라 거의 모든 물건이 피로써 정결하게 되나니 피흘림이 없은즉 사함이 없느니라 _히 9:22

율법에서 피는 모든 죄를 정결하게 하는 수단, 즉 방법으로 표현됩니다. 피는 죄를 정결하게 하는 수단으로 주신 것입니다. 구약에서는 동물의 피로 제사를 드렸고, 신약에서는 예수의 피로 드렸습니다. 그러니 우리는 이제 더 이상 동물의 피를 제단에 가져가지 않아도 됩니다. 예수님의 피를 가지고 예배의 자리로 나아가는 것입니다. 구약의 제사장이 성전 귀퉁이에 피를 뿌리듯, 우리가 예수의 피를 뿌리고 붓고 바르고 마심으로써 모든 죄를 깨끗하게 하는 길을 하나님께서 열어놓으신 것입니다.

구약의 피는 죄라는 행위 자체에 대한 처방이라고 할 수 있습니다. 일회성인 구약의 피는 주로 행위로 인하여 지은 죄를 위해 사용될 수밖에 없었습니다. 그래서 모든 의식마다 피를 붓고 뿌리고 바르는 방법으로 드려졌습니다. 그러나 신약에서 예수님은 어떤 죄를 지적하십니까? 마음의 동기 자체를 지적하셨습니다. 마음의 죄를 깨끗하게 할 수 있는 길은 구약 제사법에서 발견되지 않습니다. 하지만 신약에서는 예수님의 피를 상징하는 포도주를 마시는 행동이 성찬의 의식에서 강조되었습니다. 성찬의 포도주를 마실 때 예수의 피를 마신다는 상상을 통하여, 우리는 예수의 보혈을 삶에 실제적으로 또한 상징적으로 적용할 수 있습니다. 우리의 마음의 생각과 뜻으로 짓는 죄가 성찬에서 예수의 피를 마시는 의식을 통해서 깨끗하게 되는 것입니다. 성찬을 통해 마음의 죄까지 씻는 것입니다.

셋째, 예수님은 우리의 치료자가 되십니다.

친히 나무에 달려 그 몸으로 우리 죄를 담당하셨으니 이는 우리로 죄에 대하여 죽고 의에 대하여 살게 하심이라 그가 채찍에 맞음으로 너희는 나음을 얻었나니 _벧전 2:24

"예수님이 채찍에 맞으심으로 너희가 나음을 입었다"라는 말 또한 인류의 고난에 대한 대속을 의미합니다. 죄, 질병, 정서, 환경 등 인간의 모든 것에 대해서도 그리스도의 대속의 공로가 반영됩니다.

인간은 아담의 죄로 인하여 하나님과 관계가 멀어지고 교통이 끊어졌습니다. 사람이 흙으로 돌아가서 결국 죽게 되는 질병과 마음의 병도 마찬가지로 죄의 결과인 심판입니다. 사람이 살아가는 환경도 마찬가지입니다.

수고하고 땀을 흘려야 그 소산을 먹게 되는 것도 하나님의 심판입니다.

인간은 죄로 인해 타락함으로 하나님과의 관계, 질병, 환경 등에서 삼중의 형벌을 당했는데, 예수님이 오심으로 멀어졌던 하나님과의 영적 관계를 회복하시고, 예수님이 채찍에 맞으심으로 질병으로부터 대속해주셨습니다. 또한 우리 마음의 정서적인 상처도 주님께서 담당해주셨고, 우리의 저주를 대신 담당하심으로 범사에 형통할 수 있도록 하셨습니다. 그리하여 아브라함의 복을 받게 하셨습니다. 십자가라는 나무에 달려 저주를 담당하심으로 우리의 저주를 대속해주신 결과입니다. 얼마나 놀라우신 하나님의 은혜인지요?

모든 인간은 고난, 슬픔, 고통 같은 어려움에 처해 있습니다. 그래서 성경에서 예수님께서 사람의 고통을 보시고 슬퍼하시는 장면을 묵상해보면, 예수님께서 우리의 슬픔을 담당하시고 우리에게 기쁨이 넘치도록 대속하셨다는 은혜를 받을 때가 있습니다. 우리가 성경에서 보는 예수님의 일거수일투족은 우리의 죄와 질병과 저주와 삶의 온갖 슬픔까지 대속하시기 위한 전인적인 행동이셨습니다. 예수님께서 사람의 고난을 직접 체휼하심으로 하나님과 화목하게 하시는 대제사장직을 담당해주셨던 것입니다.

넷째, 예수님은 의인의 대표자가 되십니다.

한 사람이 순종하지 아니함으로 많은 사람이 죄인 된 것 같이 한 사람이 순종하심으로 많은 사람이 의인이 되리라 _롬 5:19

예수님이 순종하심으로 많은 사람이 의로운 자가 되었다는 말씀입니다. 그 예수님께서 의인의 대표자가 되셨습니다. 첫 사람 아담이 죄의 대표성을 갖고 있듯이, 예수님이 의인의 대표성을 갖고 계시다는 말씀입니다. 구원주가 되시는 예수님께서는 내가 죄인 되었을 때에 나를 사랑하셨고 피로써 정결하게 씻어주셨습니다. 그분이 채찍에 맞음으로 치료자가 되셔서 우리의 질병과 정서까지 대속하셨고, 죄와 환경과 인성의 모든 문제를 전인적으로 대속하셨습니다.

↓ 우리의 생명이 예수 안에 있으면 어떻게 되는가?

예수 그리스도는 어제나 오늘이나 영원토록 동일하시니라 _히 13:8

예수 그리스도의 생명은 영원하십니다. 어제나 오늘이나 영원토록 같으십니다. 예수님이 영원하시기 때문에 우리가 예수의 생명 안에 있으면 우리도 영원을 누립니다. 아담의 생명 안에 있던 우리가 이제 예수 그리스도 안에 있는 영원한 생명으로 옮겨져 새로운 영적 피조물이 되었다는 말입니다.

그 첫째 결과는 하나님과 화목하는 것입니다.
곧 우리가 원수 되었을 때에 그의 아들의 죽으심으로 말미암아 하나님과 화목하게 되었은즉 화목하게 된 자로서는 더욱 그의 살아나심으로 말미암아 구원을 받을 것이니라 _롬 5:10

우리가 하나님과 화목하게 되었다는 말은 구원을 받았다는 말입니다.

둘째 결과는 거듭나는 것입니다.
우리는 예수 안에 있는 생명으로, 영적으로 다시 출생했습니다.

누구든지 주의 이름을 부르는 자는 구원을 받으리라 _롬 10:13

영접하는 자 곧 그 이름을 믿는 자들에게는 하나님의 자녀가 되는 권세를 주셨으니 _요 1:12

영접과 믿음은 같은 말입니다. 예수님을 영접한다는 말은 예수님을 믿는다는 뜻입니다. 예수님을 믿고 있다는 말은 예수님을 마음으로 영접했다는 말입니다. 우리가 예수님을 믿을 때 예수님의 영이 우리 영 안에 들어와서 우리 안에 있는 영과 하나가 됩니다. 예수의 영과 내 영이 하나가 되는 사건이 바로 거듭남(born again)이며, 비로소 하나님의 자녀가 되는 권세를 받는 것입니다.

도표 1의 선은 하향으로 내려가는 직선이었지만, 도표 2의 중심선은 평행선입니다. 도표 2에서 십자가는 예수님의 십자가 사건을 묘사한 것입니다. 예수님의 십자가 사건은 2천 년 전의 성육신을 의미합니다.

말씀이 육신이 되어 우리 가운데 거하시매 우리가 그의 영광을 보니 아버지의 독생자의 영광이요 은혜와 진리가 충만하더라 _요 1:14

성육신은 말씀이 육신이 된 사건을 말합니다. 요한복음 1장 1,2절에서 보니 그 예수님이 말씀으로 이미 계셨습니다. 예수님이 선재(先在)하셨다는 말입니다. 골로새서 1장 15-17절은 예수님이 하나님의 형상이며 창조자이시고, 지금도 온 우주를 붙들고 계시다고 말씀합니다. 예수님이 인간으로 태어나셨지만 이미 창세 전에 계셨던 분이셨음을 우리는 성경에서 확인할 수 있습니다. 그리고 히브리서 11장 2-3절에서 예수님은 만유의 상속자로 표현됩니다.

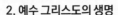

2. 예수 그리스도의 생명

그의 아들의 죽으심으로 말미암아 하나님과 화목하게 되었은즉(롬 5:10상)

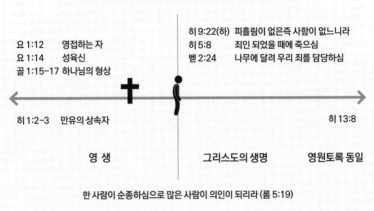

히 9:22(하)	피흘림이 없은즉 사함이 없느니라
히 5:8	죄인 되었을 때에 죽으심
벧 2:24	나무에 달려 우리 죄를 담당하심

요 1:12	영접하는 자
요 1:14	성육신
골 1:15-17	하나님의 형상

히 1:2-3 　만유의 상속자　　　　　　　　　　　　　　히 13:8

영 생　　　　　그리스도의 생명　　　영원토록 동일

한 사람이 순종하심으로 많은 사람이 의인이 되리라 (롬 5:19)

도표 2. 예수 그리스도의 생명(찰스 솔로몬의 〈영적 치유〉에서)

우리는 예수님의 사건으로부터 2천 년 뒤 어느 시점에 신체적으로 출생했습니다. 그런데 우리가 예수님을 영접하니 우리 안에 예수의 생명이 들어오게 되었습니다. 예수의 생명이 들어오니 우리가 하나님과 화목하게 되고, 예수의 피로 죄를 씻음받게 되고 영생의 존재가 된 것입니다. 아담의 영 안에 있을 때는 죽은 생명이었는데, 예수님을 믿으니 영원한 생명이 우리 안에 흐르게 되었습니다. 우리가 비로소 예수 생명을 가진 자가 된 것입니다.

어제나 오늘이나 영원토록 동일하시고 영원하신 예수님의 생명이 우리 믿는 자 안에 들어왔다는 것은, 우리가 비록 역사의 한 시점에서 태어나지만, 내 안에 들어온 예수 생명으로 인하여 영원한 생명의 소유자가 되었다는 신비입니다. 예수님의 사건이 나의 사건이 된 것입니다. 이 진리가 성령 안에서 믿어지기를 간절히 바랍니다.

하나님의 아들 예수의 죽으심으로 말미암아 우리는 하나님과 더불어 화목하게 되었습니다. 히브리서 9장 22절 말씀처럼 예수님이 피 흘려 주심으로 우리가 죄사함을 받고, 로마서 5장 8절 말씀처럼 우리가 죄인 되었을 때에 우리를 위해서 죽으심으로 죄의 문제를 해결해주셨으며, 베드로전서 2장 24절 말씀처럼 예수께서 나무에 달려 우리 죄를 담당하신 것입니다. 일생의 어느 시점에서 우리가 예수를 믿으니 이런 문제들이 다 정리되면서, 아담의 생명 안에서 하향 직선이던 나와 가족의 문제들이 이제 예수 생명으로 완전히 바뀌게 된 것입니다.

셋째 결과로, 우리는 예수 안에서 넘치는 은혜를 받습니다.

이제는 도표 1과 2를 도표 3에서 종합하여 살펴보겠습니다.

원래 우리가 가진 생명은 아담의 생명이었습니다. 아담의 생명은 지옥을 향하여가는 하향선, 내리막길의 생명이었습니다. 우리의 위치는 아담의 생명의 어느 지점에 있었습니다. 그런데 죽음을 향해 내리막길로 달려가던 존재로 살던 어느 날, 예수님을 영접한 기적적인 사건이 일어났습니다. 그곳에서 우리 인생이 아담의 생명 라인에서 건짐을 받아 예수의 생명 라인으로 옮겨지게 되었습니다. 그때 우리 안에 예수 생명이 영접된 것입니다.

"영접하는 자, 곧 누구든지 그 이름을 믿으며 주의 이름을 부르는 자는 구원을 얻으리라!"(요 1:12; 행 2:21).

우리가 주의 이름을 부르니 구원을 받게 되고 예수 생명이 우리 안에 들어왔습니다. 이제 우리는 아담의 라인에 있는 것이 아니라 예수의 라인에 들어오게 되었습니다. 예수의 생명 안에! 예수의 생명 안에 있게 되니 우리의 현재 모습은 예수님과 동일한 생명의 소유자가 되었습니다. 예수

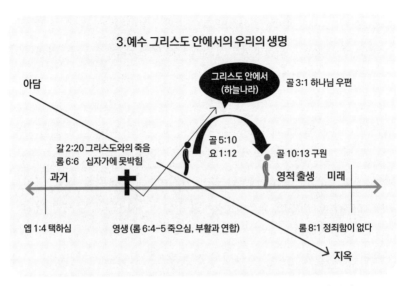

도표 3, 예수 그리스도 안에서의 우리의 생명(찰스 솔로몬의 〈영적 치유〉에서)

님이 죽으시고 부활한 것이 나에게 동일시(同一視)되어 나의 영이 하늘나라에 이미 승귀(昇貴)하게 된 것입니다.

> 그러나 이 은사는 그 범죄와 같지 아니하니 곧 한 사람의 범죄를 인하여 많은 사람이 죽었은즉 더욱 하나님의 은혜와 또한 한 사람 예수 그리스도의 은혜로 말미암은 선물은 많은 사람에게 넘쳤느니라 _롬 5:15

'더욱', 그리고 '넘쳤느니라'라는 두 단어를 주목하기 바랍니다. 우리가 아담으로 인하여 영적으로 죽게 되었고, 환경적으로 저주 가운데 살게 되었고, 육적으로도 병들어 죽음을 향하는 가는 인생이 되었는데, 한 사람 예수 그리스도의 은혜로 말미암아 주신 선물이 나를 비롯한 수많은 사람에게 '더욱 넘치게' 나타난 것입니다.

한 사람의 범죄로 말미암아 사망이 그 한 사람을 통하여 왕노릇 하였은즉 더욱
은혜와 의의 선물을 넘치게 받는 자들은 한 분 예수 그리스도를 통하여 생명 안
에서 왕노릇 하리로다 _롬 5:17

세상 사람들에게는 죄가 왕노릇하고 마귀가 왕노릇을 합니다. 그런
데 은혜와 의의 선물을 넘치게 받는 자들은 한 분 예수 그리스도를 통
하여 생명 안에서 왕노릇을 합니다. 여기서 '넘치다'라는 말은 영어로
'Overflowing', 헬라어로는 '페릿세이아'인데, '과잉', '밀물처럼 닥치는
홍수'라는 뜻입니다.

우리는 삶 속에서 죄와 싸우면서 긴장하고 넘어지고 쓰러집니다. 아마
오늘도 그런 삶을 살고 있는지 모릅니다. 그러나 우리가 꼭 기억해야 할
것은, 은혜 아래 있는 성도들은 그 은혜가 마침내 성도들을 삼킨다는 것입
니다. 하나님의 은혜가 홍수 밀어닥치듯 넘치기 때문에, 우리는 죄를 범할
때도 있지만 결국 다시 일어서게 된다는 사실을 잊지 말아야 합니다. 그리
고 마침내 영생의 최종적인 완성에 도달하고야 말 것입니다.

주님은 우리에게 넘치는 은혜를 부어주셨다고 말씀하십니다. 당신의
생명을 우리에게 주신 예수님은 우리가 생명을 얻되 더 풍성히 얻게 하려
고 오셨습니다. 예수님은 당신에게 생명을 찔끔찔끔 주시는 분이 아니라
넘치도록 풍성하게 주시는 분이십니다. 그런데 혹자는 말합니다.

"저는 10년을 예수를 믿었는데 풍성한 은혜와는 거리가 멉니다. 풍성한
은혜를 받으려면 어떻게 해야 합니까?"

그런 사람은 그릇을 키워야 합니다. 아무리 소나기가 내려도 작은 종지
그릇을 갖다 놓으면 종지 정도밖에 담길 수 없습니다. 나머지는 모두 다
버려지는 것입니다. 지금까지 하나님이 은혜를 넘치도록 부어주셨는데
그런 풍성한 은혜를 담을 그릇으로 준비되지 못했다면 모두 낭비해버리

는 것입니다. 큰 그릇을 준비해야 많이 담을 수 있습니다. 그럴 때 은혜와 의의 선물들을 풍성히 담을 수 있습니다.

당신이 믿음의 그릇을 키우기를 기도합니다. "네 입을 크게 열라 내가 채우리라"(시 81:10)라고 주님은 말씀하십니다. 주의 종이나 성도들이나 마찬가지입니다. 주의 종도 그릇이 크면 사역의 열매를 크게 맺습니다. 단, 큰 그릇이 되려면 고난의 풀무불을 통과해야 합니다. 그래야 결국 풍성한 은혜를 많이 담아 더 많이 나누어주는 자가 될 수 있습니다.

주님께서 당신을 쓰시기로 작정하신 그릇의 크기대로, 자신의 믿음의 그릇을 키워 하나님께 쓰임받기를 바랍니다. 혹시 아직도 연단 가운데 있는 분이 있다면, 바로 지금 이 시기가 풀무불로 연단하여 새로운 그릇으로 빚으시는 토기장이의 손에 올려진 소망의 시기임을 깨닫고, '예수 승리 내 승리, 예수 부활 내 부활'의 믿음으로 인내하실 수 있기를 격려합니다.

PART

2

승리의 구원을 얻는
복음적 삶의 비결

08

Romans 6:1-14

죄로부터 승리하는 세 가지 비결

한 설교자가 광장에서 청중을 모아 놓고 설교하고 있었습니다.

"여러분, 이 세상에서 가장 무거운 것이 무엇인 줄 아십니까? 그것은 죄책이라는 짐입니다. 참된 행복은 이 죄의 짐을 벗는 데 있습니다."

이때 한 젊은이가 이렇게 물었습니다.

"그 죄책이라는 짐이 몇 킬로그램이나 됩니까? 나야말로 아무 짐도 느끼지 못하니 행복한 사람이 아니겠소?"

그러자 설교자는 그 청년에게 반문했습니다.

"청년이여, 만약 시체 위에 400킬로그램의 돌을 올려놓은들 그 시체가 느끼겠소, 안 느끼겠소?"

"그야 못 느끼죠."

청년이 대답하자 설교자가 말했습니다.

"맞소. 영적으로 죽어 있는 사람은 아무 죄책도 느끼지 못하는 것이오.

그러니 자기의 죄책을 심각하게 느끼고 있다면, 그가 살아나기 시작한 증거라고 말할 수 있소."

죽은 자는 죄를 느낄 수 없습니다. 살아있기 때문에 죄를 심각하게 생각하고, 그 죄를 어떻게든 이겨보려고 합니다.

죄를 이기는 것이 인간에게는 가장 큰 숙제입니다. 왜냐하면 우리가 예수를 믿어도 죄를 짓는 연약함이 있기 때문입니다. 사도 바울도 이 문제로 인하여 깊이 고민하고, 로마서 6장에서 그 해답을 제시하고 있습니다.

↓ 죄에서 승리하는 첫 번째 비결 : 알라!

죄에서 승리하는 첫 번째 비결은 '알라'입니다. 무엇을 알아야 한다는 말입니까? 예수님이 죽으실 때 나도 죽었다는 사실을 아는 것입니다.

지금까지는 예수님에게 초점을 맞추어서 말씀을 보았다면, 이 장에서는 '나'에게 초점을 맞추며 읽기를 바랍니다.

첫째, 예수님이 죽으실 때 나도 죽었다는 사실을 아십시오.

무릇 그리스도 예수와 합하여 세례(침례)를 받은 우리는 그의 죽으심과 합하여 세례를 받은 줄을 알지 못하느냐 _롬 6:3

여기서 '우리'는 말 그대로 '우리들'을 말한 것입니다. 그리스도 예수와 합하여 세례를 받은 우리가 그의 죽으심과 합하여 세례받은 줄을 알아야 한다는 것입니다. 우리가 이 말의 뜻을 이해해야 하는데, 솔직히 이해하기가 어렵습니다. 우리가 어떻게 2천 년 전에 죽으신 예수님과 '합하여' 일치될 수 있습니까? 이것을 이해하기 위해, 우선 다른 부분에서 이 말씀의 뜻을 살펴보겠습니다.

① 이 말씀은 죄가 우리 안에서 죽었다는 것이 아니고 없어졌다는 말도 아닙니다. 죄는 여전히 살아있습니다. 그리스도인의 신앙고백에도 불구하고 죄의 엄청난 세력은 여전히 그리스도인들이 넘어지도록 유혹하고 있습니다. 죄가 살아있다는 증거입니다.

② 이 말씀은 우리가 죄에 대하여 자력(自力)으로 죽어야 한다는 것이 아닙니다. 우리가 죄를 짓지 말아야 한다는 것도, 죄에 대하여 죽어야 한다는 뜻도 아닙니다. 물론 죄를 짓지 않으려고 노력은 해야 하지만, 그게 잘 안 됩니다. 많은 사람이 죄에 대하여 죽어보려고 노력했습니다. 그러나 죽기가 어렵다는 사실을 발견합니다. 인간은 금욕적인 노력도 많이 해봤지만 여전히 죄에서 자유로울 수 없습니다. 어떤 사람이 예수님처럼 십자가에 자신을 못박으려 했습니다. 오른손으로 망치를 들고 왼손을 십자가에 못박았습니다. 그런 다음 오른손을 못박으려니 왼손을 쓸 수 없어 결국 못을 다 박지 못했다고 합니다. 우리가 갖은 노력으로 죄를 이겨보려 해도, 스스로의 힘으로는 죄를 이길 수 없다는 사실만 발견할 뿐입니다.

③ 이 말씀은 우리에게 죄에 대해서 죽으라고 가르치는 것이 아닙니다. 우리가 이미 죄에 대해서 죽었다는 사실을 알라는 것입니다. 죄가 죽은 것이 아니고, 우리가 죄에 대해서 죽는 노력을 하라는 것도 아니고, 우리가 그냥 죄에 대하여 죽었다는 사실을 알라는 것입니다.

무릇 그리스도 예수와 합하여 세례(침례)를 받은 우리는 그의 죽으심과 합하여 세례를 받은 줄을 알지 못하느냐 _롬 6:3

그의 죽으심과 합하여 세례를 받았다면 이것이 언제의 이야기가 됩니까? 2천 년 전을 말합니다. 2천 년 전에 예수님이 죽으셨을 때, 우리가 동시에 세례를 받았다는 것입니다. 그런 일이 어떻게 있을 수 있습니까? 이 것은 앞의 7장에서 배웠습니다. 우리가 예수를 믿으면 예수 생명 라인에 있게 됩니다. 예수님이 2천 년 전에 행하신 십자가 사건이 현재의 나의 사건이 되는 것입니다. 그분이 2천 년 전에 죽으신 것이 내가 죽은 것이 되고, 그분이 2천 년 전에 부활하신 것이 내가 부활한 것이 되고, 그분이 2천 년 전에 하늘 보좌에 승귀하신 것이 내가 하늘 보좌에 승귀했다는 것을 확정한 사건이 되는 것입니다.

그분이 창세 전에 그리스도 안에서 우리들을 예정하시고 택정하셨다는 사실을 이제 이해할 수 있겠습니까? 우리가 예수 생명 안에 있으면 예수 님이 영생을 가진 분이시기 때문에, 그분이 내 안에 계셔서 내 영과 연합되니 나도 영생을 갖게 됩니다. 예수님 안에 있는 모든 좋은 것들이 다 내게도 있게 됩니다. 예수님 안에는 악한 것이 있을 수 없습니다. 예수님 안에 있는 생명의 모든 선물이 다 내 안에 있고, 그것을 누릴 수 있게 되는 것입니다. 사랑, 기쁨, 소망, 믿음, 평강, 은혜, 부활, 자비, 선함, 충성, 온유, 절제 같은 것들입니다. 이제는 예수 생명이 나의 생명이 되었음을 믿기 바랍니다.

둘째, 주가 살아나실 때 우리도 동시에 살아났다는 사실을 아십시오.

우리가 알아야 할 두 번째 사실은 주님의 부활이 나의 부활이 된다는 것입니다. 그리스도의 죽으심과 장사 지내심과 부활 사건을 통해 내가 새 사람이 되었다는 사실을 믿어야 합니다. 이것은 믿음으로 알 수 있는 사건입니다. 이 사실이 믿어지는 것이 우리가 분명히 새 사람이 되었다는 증거입니다. 죽음과 부활을 통해 새사람이 되는 것을 상징적으로 보여주는 것이 침례의식입니다. 물에 들어가는 순간 '나는 그리스도와 함께 죽었다'라고 생각해야 합니다. 세례(침례) 의식은 우선 내가 죽었다는 것을 의미하는데, 이것은 예수의 죽으심에 연합한다는 것을 의미합니다. 물로 머리를 적시는 세례만 받으면 이런 사실을 깨닫기가 쉽지 않지만, 물에 잠수하는 침례를 받으면 그런 사실을 더욱 절실하게 깨닫게 되어 유익합니다. 세례 보다 완전히 잠수하는 침례가 영적 의미를 더욱 잘 나타냅니다.

… 그리스도 예수와 합하여 … _롬 6:3

우리는 예수와 함께 죽었습니다. 예수와 함께 부활했습니다. 예수와 함께 승리했습니다.

⁴그러므로 우리가 그의 죽으심과 합하여 세례를 받음으로 그와 함께 장사되었나니 이는 아버지의 영광으로 말미암아 그리스도를 죽은 자 가운데서 살리심과 같이 우리로 또한 새 생명 가운데서 행하게 하려 함이라 ⁵만일 우리가 그의 죽으심과 같은 모양으로 연합한 자가 되었으면 또한 그의 부활과 같은 모양으로 연합한 자도 되리라 _롬 6:4-5

엄격히 말하면 침례 의식은 그리스도인의 장례식이며, 동시에 부활하는 의식이라고 말할 수 있습니다. 물에서 나오는 것은 부활의 새 생명을 받고 새로운 사람이 되었다는 표지(sign)가 됩니다. 그러나 오해하지 말아야 할 것은, 침례나 세례 의식 자체가 옛 사람을 죽게 하고 새 사람으로 거듭나게 하는 것은 아니라는 사실입니다. 이미 내게 일어난 영적인 사건을 상징화하여 마음에 깊이 새기고자 하는 의식일 뿐입니다.

우리는 예수를 믿는 순간 그리스도에게 연합되어 십자가의 사건에 동참하게 되었습니다. 그러므로 그리스도가 죽었을 때 나도 죽은 것이고, 그가 다시 사셨을 때 나도 다시 살았다는 사실을 '알아야' 됩니다.

셋째, 옛 사람이 예수와 함께 십자가에 못박혔다는 사실을 아십시오.

우리가 알거니와 우리의 옛 사람이 예수와 함께 십자가에 못 박힌 것은 죄의 몸이 죽어 다시는 우리가 죄에게 종 노릇 하지 아니하려 함이니 _롬 6:6

내가 예수님과 연합되었다는 동일시(同一視) 의식을 가지라는 것입니다. 이 말씀에서 우리의 옛 사람은 자아를 가리키며, 지정의로 구성된 혼적인 것이라고 말할 수 있습니다. 그 옛 사람이 예수와 함께 십자가에 못박혔습니다. 이 사실이 너무나 중요한 진리입니다. 우리는 옛 사람이 십자가에 이미 못박혔다는 걸 믿고 그렇게 행동하며 살기로 결단해야 합니다.

어거스틴이 회심하고 나서 새로운 사람이 된 후에, 하루는 길을 가다가 옛날에 어울리던 거리의 여인을 만났습니다. 어거스틴이 못 본 척하고 지나가려고 하자 그 여인이 쫓아오며 "저예요, 저 몰라요?"라고 붙잡았습니다. 그러자 어거스틴은 "너는 너이지만, 나는 이전의 내가 아니다"라고 대답했다고 합니다.

나는 이전의 내가 아닙니다. 새로운 피조물이 되었습니다. 예수 생명을 얻은 존재가 된 것입니다. 과거의 실패, 열등감, 잘못된 관계 같은 것들 때문에 고개 숙이고 있을 존재가 이제는 아니라는 말입니다. 이 말은 우리의 과거에 그런 부족함이 있었다는 사실을 그대로 인정해버리고, 그것과 관계를 갖지 말아야 한다는 뜻입니다.

과거의 실패가 우리의 발목을 잡지 못하게 해야 합니다. 당신의 배경이 당신의 발목을 더 이상 붙잡을 수 없습니다. 부모님의 영향과 가정의 환경이 당신의 발목을 잡을 수 없습니다. 거기서 박차고 일어나십시오. 이제 우리들은 새로운 피조물이 되었습니다.

실패했던 옛 사람, 소심했던 옛 사람, 매사에 의욕이 없었던 옛 사람, 불안했던 옛 사람, 이런 옛 사람이 이미 다 십자가에 못 박혔음을 알고, 이제

새 사람으로 변화된 존재임을 주장하십시오. 우리가 과거에 자꾸 발목 잡혀 있어서, 마귀가 '너 옛날에 어떠어떠했잖아'라며, 지금도 우는 사자와 같이 두루 다니며 삼킬 자를 찾고 공격하고 있습니다. 그런데 말씀은 무엇이라고 합니까? "나의 옛 사람은 죽었다. 나의 옛 사람은 이미 십자가에 예수님과 함께 못 박혔다. 이제 나는 새로운 피조물이다"라는 사실을 알라고 합니다.

당신은 자신의 생각을 믿겠습니까? 아니면 영원한 진리이신 하나님의 말씀을 믿겠습니까? "나는 이전의 내가 아니다"라고 나를 참소하는 마귀에게 강하게 주장해야 합니다. 그리고 말씀을 믿고 당당하게 새로운 피조물답게 살아가야 합니다.

넷째, 사망의 권세가 다시는 나를 지배하지 못한다는 사실을 아십시오.
이는 그리스도께서 죽은 자 가운데서 살아나셨으매 다시 죽지 아니하시고 사망이 다시 그를 주장하지 못할 줄을 앎이로라 _롬 6:9

그리스도께서는 다시 죽지 않으십니다. 사망이 다시 예수를 주장하지 못합니다. 마찬가지로 우리 또한 사망이 어떻게 할 수 없는 것입니다. 내가 죽어 있다면 죄, 저주, 질병, 마귀, 사망이 나를 끌고 가려 해도 끌고 갈 수 없습니다. 죽은 시체는 그 위에 무거운 돌을 올려놓아도 반응하지 않듯이, 나도 죽었기 때문에 반응하지 않는 것입니다. 우리도 그렇게 살아야 한다는 것입니다. 물론 과거의 죄는 철저히 회개해야 합니다. 그리고 과거의 질병, 저주, 마귀의 참소와 사망까지도 이제는 나와 관계없다고 믿음으로 주장해야 합니다. 어떤 사람이 빚을 많이 진 채 죽었다 해도, 죽은 사람은 빚을 갚을 필요가 없습니다. 채권자가 죽은 자에게는 아무것도 받을 수 없는 것과 같은 이치입니다.

↓ 죄에서 승리하는 두 번째 비결 : 여기라!

이와 같이 너희도 너희 자신을 죄에 대하여는 죽은 자요 그리스도 예수 안에서 하나님께 대하여는 살아있는 자로 여길지어다 롬 6:11

자신을 죽은 자로 믿고 '여기라'는 것입니다. '여기라'라는 말은 주님이 이루신 것을 '받아들이라', 또한 받은 권리를 '주장하라'는 두 가지 뜻이 있습니다. 권리를 받아들이기만 하지 말고 마귀에게 주장하기까지 하라는 말씀입니다. 우리가 그렇게 주장하고 선포할 수 있다는 것입니다. 이것이 예수 그리스도 안에서 하나님께 대하여 살아있는 자로 '여기는' 것입니다.

'여기다'라는 말은 영어로 'account'라는 단어를 씁니다. 'account'의 뜻은 '회계하다, 계산하다'입니다. 'account book'은 통장, 'account number'는 계좌번호라는 뜻입니다. 이것은 믿으라는 말보다 더 강한 표현이라고 할 수 있습니다. '깨닫든지 못 깨닫든지, 체험과 상관없이, 통장에 돈이 들어 있는 것처럼 이미 일어난 기정사실로 받아들이라'는 말입니다. 이 단어의 의미를 예를 들어 좀 더 설명해 보겠습니다.

내 통장에 돈이 '1억 원'이 들어왔습니다. 나는 현금은 가지고 있지 않지만, 내 통장에 들어와 있으니 그 1억 원으로 카드나 온라인에서 전자결제를 할 수 있습니다. 필요한 것들을 구입할 수 있는 것입니다. 내 통장에 들어와 있는 돈은 법적으로 내 돈이기 때문입니다. 우리는 그리스도 안에서 하나님의 은혜라는 현금 통장의 주인입니다. 그러면 어떻게 하겠습니까? 내 통장에 들어온 돈을 내 것으로 여겨야 하는 것입니다.

성경의 무수한 약속들이 의로워진 당신의 통장 안에 들어와 있습니다. 그것은 이미 당신의 것이 되었습니다. 그럼에도 불구하고 통장 주인이 의심하고 사용하지 못한다면 얼마나 어리석은 사람입니까? 대부분의 그리스도인이 이런 비밀을 잘 모르고 있습니다. 그래서 하나님이 주신 통장의 돈을 전혀 사용하지 못하고 그대로 죽어 하늘나라에 간다고 생각해보세요. 천국에서 얼마나 억울하겠습니까?

말씀을 읽고서 내게 약속하신 것이 그리스도 예수 안에서 내 것이라고 믿고 믿음으로 나아가는 사람, 그 사람이 믿음의 사람입니다. 그 약속을 믿기 때문에 선포하며 나아가는 것입니다. 우리는 나의 부족함을 바라보지 말고 예수님의 전능하심을 바라보아야 합니다.

그런데 내가 죽었기 때문에 예수님이 죽으셨습니까? 아니지요. 예수님이 죽으셨기 때문에 내가 죽었습니다. 우리는 나 자신을 바라보면 희망이 없습니다. 예수님이 죄에 대해 죽으신 것이 사실이면, 나의 옛 사람은 죽은 것입니다. 예수님이 하나님에 대해 사신 것이 사실이면, 나도 새 사람으로 살아난 것이 분명합니다. 그러므로 이렇게 주장하기 바랍니다.

그러므로 우리는 긍휼하심을 받고 때를 따라 돕는 은혜를 얻기 위하여 은혜의 보좌 앞에 담대히 나아갈 것이니라 _히 4:16

로마서 6장 11절은 죄가 나를 찾아오면 '죄에 대하여 나는 죽어 있다'라고 '여기라'고 말합니다. 그리고 하나님에 대하여는 살아있는 자로 '여기라'고 합니다. 죽든 살든 같은 원리입니다. '내가 죽어 있기 때문에 죄는 나와 관계 없다'라고 말하고, '하나님에 대하여는 나를 살아있는 자로 여긴다'라고 주장하며 살아야 합니다. 기도할 때 이것을 잘 활용하기를 바랍니다. 기도할 때 어떤 질병이 나에게 찾아왔다면 '죽었다고 여기는' 기도를 해야 합니다.

"질병아, 나는 이미 죽었다. 질병의 종으로 질질 끌려가는 나를 예수님이 죽여버리셨다. 나는 이제 질병과 아무 상관 없는 사람이다. 예수님이 나

로마서 17장

를 질병을 이기고 사는 사람으로 만들었다. 나는 이미 건강한 사람이다.”

이렇게 반복해서 선포하고 여기면 어느 날 응답이 찾아옵니다. 그러므로 이런 선포기도가 중요합니다. 말씀을 외우고, 외운 말씀을 선포하고, 그 말씀을 붙잡고 선포하듯 기도하는 방법이 가장 강력한 기도라고 저는 생각합니다. 말씀이 그대로 이루어질 것임을 '여기는' 기도이기 때문입니다. 그러므로 나의 지금 현재 모습을 생각하지 마십시오. 상황에 연연하지 마십시오. 지금 눈에 보이는 내 모습은 예수 안에서 이미 죽었다고 여기고, 주님이 성경에서 내게 주시기로 약속한 그 약속을 붙잡고, 믿음으로 선포한다는 각오로 믿음의 기도를 드리기 바랍니다.

조용기 목사님은 '질병은 마귀의 불법 주차'라고 말했습니다. 병에 걸린 사람은 병이 걸렸다는 사실을 부인할 수는 없습니다. 아무리 기도해도 여전히 아프고 고통스러울 때가 있습니다. 질병이 존재하는 것이 현실입니다. 사람이 질병 때문에 실제로 고통을 느끼고 사는데, 성경에서는 무엇이라고 말합니까? 이미 내 안에서 죽은 것들이 나를 괴롭히는 것이라고 말합니다. '마귀의 불법 주차'라는 말입니다. 그러면 어떻게 처리해야 합니까? 내가 명령해서 불법 주차 자리에서 쫓아내야 하는 것입니다. “예수님, 내 안에 불법 주차하고 있는 이 질병을 오늘 쫓아주시고 끌어내 밖으로 버려 주십시오!”라고 선포하고 강력하게 주장하라는 것입니다. 이것이 또한 '여기는' 기도인 줄 믿습니다.

가난도 마찬가지입니다. “가난아, 네가 어디 우리 집에 와서 머무르려 하느냐? 내가 너를 엄히 꾸짖노니 떠나갈지어다!” 이것이 바로 마귀가 우리의 죄를 무기로 삼아 정죄하고 공격하는 것들을 과감하게 쫓아버리는 기도입니다. 말씀을 통한 약속을 이미 받은 것으로 '여기고' 쫓는 선포의 기도입니다.

저는 부족하지만, 저를 의지하지 않고 주님의 원대한 계획이 들어 있는 주님의 말씀을 믿음으로 선포함으로 힘을 얻곤 합니다. 저는 그렇게 기도하는 시간이 정말로 행복합니다. 새벽에 성전에 홀로 끝까지 남아 말씀을 선포할 때, 그 말씀은 제게 용기가 되고 위로가 되고 큰 힘이 되었습니다. 그래서 말씀을 많이 외우는 것이 중요합니다. 말씀을 외우고, 기도할 때마다 선포하십시오. 특별한 상황에서 내게 주신 특별한 말씀, 내 삶에 관계가 있는 '레마(Rhema)의 말씀'을 강력하게 선포하시기를 권합니다. 레마의 말씀을 선포할 때 큰 용기가 나고 힘이 생기게 됩니다. 그것은 하나님께서 나를 향해, 나의 인생의 계획을 미리 알려주신 것이기 때문입니다.

저는 기도할 때 제게 주신 레마의 말씀을 선포하는 습관이 있습니다. 제가 그렇게 기도하면 제 일생이 마칠 때까지나, 제 육신의 자녀들이나 영적인 제자들을 통해서라도 그 말씀이 반드시 이루어질 것을 믿기 때문에, 기도할 때마다 선포하려고 노력합니다. 저는 이것이 '여기는 기도'의 유형이라고 생각합니다. 어떤 말씀은 30년 동안 그렇게 선포해 왔습니다. 아마도 그 말씀만 일만 번 가까이 선포했을 수 있습니다. 그렇게 수천 번 이상 '믿음으로 여기며 선포한' 말씀이 매일 수십 구절이 됩니다. 그 중에서도 이 말씀은 제가 즐겨 선포하면서 기도하는 말씀입니다.

14이르시되 내가 반드시 너에게 복 주고 복 주며 너를 번성하게 하고 번성하게 하리라 하셨더니 15그가 이같이 오래 참아 약속을 받았느니라 _히 6:14-15

저는 창세기에서 아브라함에게 주셨던 약속들을 거의 다 선포하고 있습니다. 그런데 어느 날 제가 깨달은 것이, 저는 아브라함이 아무리 하나님의 약속을 많이 반복해서 들었다 하더라도 히브리서 6장 15절의 "오래 참아 약속을 받았느니라"라는 말씀처럼, '아브라함도 약속을 받고 오래 참지 않았으면 믿음의 조상이 되지 못했겠구나'라는 걸 깨닫게 되었습니다.

약속을 받은 사람은 많지만 약속의 수혜자가 적은 것은 오랫동안 믿음으로 인내하지 못했기 때문일 것입니다. 아브라함은 25년을 믿음으로 기다려 아들 이삭을 얻었고, 다시 15년 이상을 기다려 독자 이삭을 모리아 제단에 드릴 때 비로소 하나님의 약속을 받았습니다. 아브라함은 40년 이상 오래 참고 약속을 기다렸습니다.

↓ 죄에서 승리하는 세 번째 비결 : 드리라!

근래에 들어 기독교가 무력하다는 말을 자주 듣게 됩니다. 세계적 현상인 코로나 시즌을 지나면서 기독교의 무력함이 드러나고 있습니다. 정부의 강한 방역 통제에 대해 교회끼리 의견이 달라 내부에서 분열이 일어나기도 하고, 외부를 통해 기독교를 약화시키려는 일이 벌어지기도 합니다. 외부에서 공격이 있을 때는 한 목소리로 방어해야 하는데, 내부에서 갈등을 빚다 보니 많은 교회가 어려움을 겪고 있습니다. 특히 제가 섬기는 교회는 종교 자체를 통제받는 국가에서 사역하다 보니 어려움이 더 가중되는 일이 발생하곤 합니다. 이런 일을 겪을 때마다 가슴이 찢어지는 아픔을 느껴야 합니다.

그런데 무엇이 진정으로 교회를 무기력하게 만듭니까? 무엇이 성도의 생활에서 짠맛을 앗아가고 있습니까? 그 원인은 하나님의 자녀인 우리가 말씀을 알기만 하고 실천하지 않는 데 있습니다. 지식이 행동으로 옮겨지지 않는 것입니다. 지행불일치(知行不一致)라고 말할 수 있습니다. 알기만 하고 실천하지 않는 지식은 그 사람을 외식적이고 교만하게 만듭니다. 지식으로 남을 판단하는 죄를 짓게 합니다. 행함이 없으면 결국 겉과 속이 다른 위선자로 전락시켜 버립니다. 로마서는 이런 세태에서 어떻게 살아야 할지에 대해 중요한 깨우침을 주고 있습니다.

> 또한 너희 지체를 불의의 무기로 죄에게 내주지 말고 오직 너희 자신을 죽은 자
> 가운데서 다시 살아난 자 같이 하나님께 드리며 너희 지체를 의의 무기로 하나
> 님께 드리라 _롬 6:13

너희 자체를 불의의 무기, 즉 사탄의 무기로 죄에 내주지 말고, 오직 너희 자신이 죽은 자 가운데 다시 살아난 자같이, 아니 사실상 다시 살아났으므로 의의 무기로 하나님께 드리라는 것입니다.

우리는 불의의 무기로 쓰임받아서는 안 됩니다. 예수를 믿어 의로워진 우리는 의의 무기가 되어야 합니다. 이제 우리의 신분이 바뀌었다고 성경에 기록되어 있는 것을 믿고, 옛 사람이 주와 함께 죽고 주와 함께 부활했고, 그래서 예수 생명이 내 안에 있으므로 나는 새로운 지체이고 새로운 피조물이며, 새로운 무기라는 사실을 믿기 바랍니다.

이제는 우리 몸을 의의 무기로 하나님께 드려야 합니다. 이것을 믿는 것이 믿음입니다. 그리고 죄에 대해서는 끝까지 죽어 있어야 합니다. 한두 번 죽었다가, 죄가 세 번째 찾아오니 '이번에는 들어주어야겠구나' 하면 올바른 자세가 아닙니다. 죄에 대해서는 끊임없이 죽어야 합니다.

제가 신학교 다닐 때 사도 바울의 삶을 묵상하다가, '사도 바울은 어떻게 그렇게 살 수 있었을까?' 하고 궁금한 적이 있었습니다. 사도 바울은 성령 충만했습니다. 하나님의 계시가 있었습니다. 학자로서 뛰어난 은사도 있었습니다. 문장력도 얼마나 좋습니까? 거기다 순교적 영성도 있습니다. 우리는 보통 하나를 잘하면 다른 하나는 부족한데, 사도 바울은 다 가지고 있는 것 같았습니다. '사도 바울이 예수님인가? 그는 특별한 사람인가? 어떻게 이렇게 살 수 있지?' 이런 생각이 들곤 했습니다. 주의 종의 길에 들

어선 저로서는 바울이 요즘 말로 넘사벽 중의 넘사벽이었습니다. 그런데 어느 날 성경을 읽다가 무릎을 탁 쳤습니다. 바로 고린도전서의 이 말씀이 었습니다.

형제들아 내가 그리스도 예수 우리 주 안에서 가진 바 너희에 대한 나의 자랑을 두고 단언하노니 나는 날마다 죽노라 _고전 15:31

"나는 날마다 죽노라." 사도 바울은 에베소에 있을 때 사람의 방법으로 맹수 같은 사람들과 싸우지 않았습니다. 그냥 날마다 죽은 것입니다. 이렇게 사도 바울이 날마다 죽는다고 고백한 것을 알고 나니 '아, 답이 여기 있구나. 사도 바울은 날마다 죽었구나. 그냥 오늘 하루에 최선을 다했구나. 매일을 마지막처럼 살았구나. 오늘 죽고 내일 또 죽기로 작정했구나. 그렇게 날마다 주님 앞에서 기도하면서 선포하고 살다 보니 끝까지, 마지막 순교할 때까지 죽은 듯이 살았구나'라는 것을 깨달았습니다.

죄가 너희를 주장하지 못하리니 이는 너희가 법 아래에 있지 아니하고 은혜 아래에 있음이라 _롬 6:14

바울은 죄가 주장하지 못하도록 이 말씀을 선포하고, 날마다 자기가 죽었다고 선포했습니다. 우리도 그렇게 선포해야 합니다. 그런데 저도 믿음으로 선포하고 살아보아도, 그렇게 산다는 것이 사실 얼마나 어려운 일인지 모르겠습니다. 며칠은 잘 가는데 조금 느슨해지면 마귀가 틈을 타고, 기도를 게을리하고 넋 놓고 살다 보면 온갖 더러운 때가 묻어 몸과 마음을 더럽게 합니다. 그렇게 또 사탄 마귀가 우리를 틈타고 들어오는 것입니다. 그러니 이게 아무리 잘 해보려 해도 되지 않는다는 것을 깨달았습니다. 이것은 세상으로부터 구별되는 삶인 '성화'의 숙제입니다. 우리는 죽을 때까지 성화를 이루어가는 치열한 싸움을 하고 있는 것입니다. 그런데 사도 바울이 로마서 6장에서 우리에게 제시하는 것이 바로 성화의 과정입니다. 그 방법이 '알라', '여기라', 그리고 '드리라'는 것입니다.

↓ 내가 죽어 하나님이 사시는 성령의 사람이 되면

내가 완전히 죽었다는 사실을 머리로는 알겠는데, 매 순간 여전히 내가 살아있음을 느낍니다. 하나님의 말씀이면 그냥 아멘 하고 순종했으면 좋겠는데, 아직도 잘 안 되고 있는 저를 발견합니다. 지정의를 구성하고 있는 내 혼이 아직 살아있습니다. 성령의 통제를 온전히 받고 싶어하지 않는 자신의 모습을 발견하고 깜짝 놀라곤 합니다. 내 생각과 감정과 의지가 죽어야 하는데, 그래서 하나님 말씀대로 살아가야 하겠는데, 사도 바울처럼 "날마다 죽노라" 하고 결심하지만 그렇게 살지 못하는 나 자신을 발견하는 것입니다. 여전히 옛 사람이 다 죽어 있지 않습니다.

이기풍 목사님은 1865년 평양에서 출생했습니다. 어려서 그는 과격한 성격으로 싸움과 술을 좋아하고, 젊은 날을 허송세월하며 서양에서 온 선교사들을 박해했습니다. 그가 1890년 어느 날, 평양에서 노방전도를 하던 마펫 선교사에게 돌을 던져 크게 다치게 하였습니다. 그 후에도 지속적으로 신자들을 박해하는 등 못된 짓을 골라 했는데, 하루는 전도인의 전도를 받고 자신의 잘못을 회개하며 그리스도인이 되기로 결심합니다. 그 후에 마펫 선교사를 찾아가 자신이 지난날에 저지른 잘못을 고백하며 용서를 구했습니다.

그는 마펫의 권고를 받고 1903년에 신학교에 입학했습니다. 이때 길선

주, 양천백 등과 함께 최연소자로서 입학하여 학업에 열중했습니다. 그가 졸업하던 해에 일곱 명이 목사 안수를 받았는데, 목사 안수를 받은 이기풍 목사는 우리나라 최초의 외지 선교사로 임명되어 제주도로 갑니다. 그 당시의 제주도는 한국에서 가장 오지이고 땅끝 선교지였습니다. 사면이 바닷가이니 우상숭배가 얼마나 강했겠습니까? 그런 곳에 가서 정말로 온갖 고생을 하면서 사역을 한 것입니다. 어쩌면 지금 선교사들이 어렵다고 여기며 들어가는 곳보다 훨씬 어려운 지역으로 파송받아 간 것이라고 볼 수 있습니다.

저는 선교집회차 제주도의 교회에 방문한 적이 있었는데, 마침 이기풍 목사님이 세운 성안교회였습니다. 성안교회가 교회 창립 백주년 기념으로 아름다운 예배당을 지은 것을 보았습니다. 이기풍 목사가 제주에서 최초로 세운 교회인 성안교회는 지금 복음의 불모지라는 제주도에서도 수천 명 교인으로 성장한 교회가 되었습니다. 그리고 이기풍 목사님의 선교의 뜻을 받들어 지금도 선교적인 큰 프로젝트를 진행하고 후원하는 아름다운 모습을 보았습니다. 그런 식으로 제주도 곳곳에는 지금도 이기풍 목사님의 영향력이 큰 것을 확인할 수 있습니다. 아마도 제주도에 가장 큰 영향을 끼친 분이 아닐까 생각합니다.

이기풍 목사님을 기념해서 세운 기도원에 저의 제자들을 데리고 가서 집회를 인도한 적도 있었습니다. 그때 참석자들에게 이기풍 목사의 일대기를 그린 영화를 보여주었더니 국내의 오지 복음화에 대해 많은 도전을 받는 것을 보았습니다.

이기풍 목사님이 처음엔 어떤 사람이었나요? 깡패였습니다. 한때는 불의의 병기로 드려졌던 죄의 노예였습니다. 선교사에게 돌을 던져 죽이려 했던 사람을 하나님께서 변화시켜 쓰신 것입니다. 이기풍 목사님은 성령을 만나자 자아가 죽어 신학교에 들어가 공부하고 자신을 드림으로써, 결국 하나님께 의의 무기로 쓰임받아 한국교회의 초석과 기둥으로 쓰임 받은 것입니다.

하나님의 일을 크게 하시는 분들은 보면 단순하다고 느껴집니다. 그런 분들은 복잡하게 생각하지 않습니다. 우리들도 설교나 강의를 들을 때, 그냥 그 순간에 들은 대로 살 수 있다면 놀라운 성령의 사람으로 쓰임받을 수 있습니다. 그런데 자꾸만 따지고 생각하다 보면 자기 이성이 주춤하게 만들고 감정이 물러서게 하고 자기 의지가 옛 생각으로 복귀하게 하므로, 결국 혼적인 자아의 지배를 받게 됩니다. 그래서 결정하지 못하고 기회를 놓쳐버리는 경우가 얼마나 많습니까?

우리가 지정의라는 혼에 사로 잡혀 있다면 혼과 영 사이를 왔다 갔다 하는 사람이라고 할 수 있습니다. 하지만 믿음이 좋고 신앙이 성장했다는 것은 혼적인 지정의를 버리고 내가 죽어 하나님이 사는 사람, 말씀이 살고 성령의 인도로 사는 사람이라는 뜻입니다. 그것 외에 다른 차이가 없음을 저는 알았습니다. 어떤 사람은 혼적 자아가 살아서 매일 그 지배를 받고 살고, 어떤 사람은 혼적 자아가 죽어서 예수님이 사는 사람이라는 차이밖에 없습니다. 그래서 살다 보니 '어쩌면 신앙은 참 단순한 것이로구나'라고 생각하게 되었습니다.

신앙의 성장은 공부를 많이 해서 되는 것이 아닙니다. 생각을 많이 해서 되는 것도 아닙니다. 내 영이 믿음 안에서 반응하여 알고, 여기고, 드리는 훈련이 잘된 사람, 그래서 죄를 이기고 불법을 이기며 사는 사람이 되면 하나님이 그를 통해 일하시게 되어 있습니다. '내가 죽은 사람'은 그가 어떤 사람이든 하나님이 사용하십니다.

09

Romans 6:15-23

당신은 죄의 종인가,
의의 종인가?

이 장의 주제인 '주인과 종'의 이해를 돕기 위해 예화 하나를 소개합니다. 미국의 어느 설교자가 거리를 지나가다가 한 젊은이가 붉은 글씨로 인상적인 문구가 인쇄된 티셔츠를 입은 것을 보았습니다.

"I am a slave for Christ(나는 그리스도의 종입니다)."

지나치고 나서 생각해보니 기특했습니다. 셔츠에 자신의 신앙고백을 써놓았다는 것이 귀하게 보여서, 몇 걸음 지나간 후에 다시 뒤돌아보니 이제는 그 청년의 등이 보였습니다. 셔츠 뒤에는 이런 문구가 있었습니다.

"Who's slave are you?"(당신은 누구의 종입니까?)

'누구의 종이냐?'라는 질문에 당신도 '나는 예수 그리스도의 종'이라고 대답할 수 있겠습니까? 이 질문에 답을 할 수 있기를 바랍니다.

↓ 모든 사람은 순종하는 대상의 종이다

너희 자신을 종으로 내주어 누구에게 순종하든지 그 순종함을 받는 자의 종이
되는 줄을 너희가 알지 못하느냐 혹은 죄의 종으로 사망에 이르고 혹은 순종의
종으로 의에 이르느니라 _롬 6:16

이것은 사람이란 누구나 자신을 누군가의 종으로 내준다는 말씀입니다. 종은 누구에게 순종하든지 그 순종을 받는 자의 종이 됩니다. 자신을 죄의 종으로 내어주면 사망에 이르고, 하나님께 순종의 종으로 내어주면 의에 이르게 됩니다. 이 말씀에서 '죄의 종'이 등장하고, 다음에 '순종의 종'이 나옵니다. '종'은 헬라어로 '둘로스'입니다. 주인에게 무조건 순종하는 노예를 말합니다.

로마에는 전쟁 포로들이 많았기 때문에 로마인의 3분의 1이 노예였습니다. 로마에게 전쟁 포로로 잡히면 다 종이 된 것입니다. 당시는 노예제도가 공식화된 전형적인 노예사회라고 할 수 있습니다. 당시 상황을 고용주와 고용인이라는 지금의 관점에서 그대로 적용하기에는 한계가 있습니다. 엄격한 의미에서 노예는 사람이 아니라 주인의 재산으로 취급되었습니다. 당시 노예 중에는 공적 의무를 감당하거나 의학과 교육 분야의 전문 직업을 가진 자도 많았다고 합니다.

사도 바울은 그의 서신에서 노예제도의 폐지까지 주장하지는 않았지만, 노예에 대해 인간적인 온정을 가지고 대하도록 당부하였습니다. 빌레몬서를 보면 당시의 주인과 종의 관계가 어떠했으며, 바울이 종에 대해 어떤 관점을 가졌는지가 매우 분명하게 드러나고 있습니다. 빌레몬서에 등장하는 오네시모는 원래 빌레몬의 집에 있던 종이었습니다. 오네시모는 바울이 로마 감옥에 있을 때 로마 감옥에 와서 바울을 섬기면서, 바울로

인해 큰 변화를 겪었습니다. 그리고 바울의 제자가 되었습니다. 바울은 종이었던 오네시모를 심지어 '갇힌 중에서 낳은 아들'이라고 불렀습니다. 그런데 무슨 일 때문인지는 모르지만, 그는 주인의 집에서 나온 도망자였습니다. 그러니 바울이 볼 때, 도망자였던 노예의 변화와 섬김이 너무나 자랑스러웠을 것이라고 여겨집니다. 그래서 오네시모를 빌레몬에게 돌려보내면서 빌레몬에게 정중히 부탁하는 내용이 나옵니다. 이 일을 통해 바울이 종에 대해 어떤 관점을 가지고 있었는지 볼 수 있습니다.

> 이 후로는 종과 같이 대하지 아니하고 종 이상으로 곧 사랑 받는 형제로 둘 자라 내게 특별히 그러하거든 하물며 육신과 주 안에서 상관된 네게랴 _몬 1:16

바울은 오네시모의 변화와 그의 됨됨이를 보고, 빌레몬이 이제는 그를 용서하고 풀어주어 자유인이 되게 해주고, 복음 안에서 형제로 받아줄 것을 부탁한 것입니다. 당시에는 누군가 돈을 지불해주거나 스스로 특별한 선행을 하여 노예 신분에서 풀려나 자유인이 된 노예도 있었습니다.

바울의 서신을 보면, 당시 그리스도인 공동체는 자유인이나 종이나 상당한 인격적 관계로 서로를 대우한 모습을 볼 수 있습니다. 그런 면에서 당시에 노예제도라는 문화가 존재했다 하더라도, '벤허'라는 영화에 나오는 것처럼 배 밑창에서 완전히 짐승처럼 노를 젓다가 죽어간 노예만 생각하지 말아야 합니다. 바울이 말한 교회의 종은 개념이 달랐습니다. 그런 면에서 로마서 본문을 다시 보겠습니다.

> 너희 자신을 종으로 내주어 누구에게 순종하든지 그 순종함을 받는 자의 종이 되는 줄을 너희가 알지 못하느냐 … _롬 6:16

우리는 1장에서 초대교회 공동체, 특히 로마교회 안에 유대인과 헬라인을 비롯해 다양한 사람들이 있었음을 살펴보았습니다. 종이라는 개념을 잘 알고 있던 당시 로마교회 성도들 중에는 종도 있고 자유인도 있고 로마인도 있었을 것입니다. 당시 사람들을 대상으로 종 이야기를 하면 무슨 말인지 분명히 알아들었을 것입니다.

어떤 사람이 누구에게 순종하는지를 알면 그의 주인이 누구인지 바로 알 수 있습니다. 순종하는 대상의 종이 되는 원리입니다. 이것을 현대의 개념으로 설명해보겠습니다. 앞에서 맘몬에 대해 설명했는데, '맘몬'은 돈이나 부를 뜻하는 셈어로, 가나안 신의 이름입니다. 맘몬은 재물을 사랑하도록 유혹하는 신이라고 말할 수도 있습니다. 그래서 맘몬에게 사로잡혀 있으면 돈에 순종할 수밖에 없습니다. 맘몬은 사람의 탐욕을 이용해서 빚을 지게 만들고, 사람을 자기의 종으로 만들고 있습니다. 현대는 사실상 모든 사람이 맘몬의 종이 된 사회로 변해버렸습니다.

맘몬의 지배를 받는 사람의 특징은 돈에 대해 실제 가치 이상의 가치를 두고 살아가는 것입니다. 돈 때문에 비굴해지고, 돈 때문에 목숨을 버리기도 합니다. 그래서 그리스도인이라 하더라도 어떤 사람이나 사건을 바라보는 판단의 기준이 주께 있지 않고 돈에 있다면 맘몬의 종이 되어가는 증상이 나타난 것입니다. 맘몬 때문에 사람이 도둑질하고, 사람을 죽이기까지 하고 멸망시키려 합니다. 결국 사탄의 지배를 받는 사회가 되어갑니다.

명목은 그리스도인이라 해도 돈의 노예가 되었다면, 그는 그리스도인이라고 말할 수 없습니다. 자유인이 아니라 맘몬의 노예인 것입니다.

한 사람이 두 주인을 섬기지 못할 것이니 혹 이를 미워하고 저를 사랑하거나 혹 이를 중히 여기고 저를 경히 여김이라 너희가 하나님과 재물을 겸하여 섬기지 못하느니라 _마 6:24

↓ 당신은 누구의 종인지 점검해보십시오

스스로 자유인이라고 생각할 수 있습니다. 그러나 자기의 삶을 살펴보면 여전히 누군가의 종으로 살고 있습니다. 하지만 누가 자기를 종이라고 말하겠습니까? 자기는 그렇게 생각하지 않더라도, 실제의 삶을 관찰해보면 누구나 이미 누군가의 종으로 살고 있습니다. 중요한 것은 누구의 종으로 사느냐입니다. 마귀의 종이냐? 하나님의 종이냐? 그 차이일 뿐이지, 우리가 다 종이라는 사실은 부인할 수 없습니다.

로마서 6장이 우리에게 보여주는 질문이 바로 '당신은 누구의 종인가?' 하는 것입니다. '나는 누구의 종일까?' 하는 문제를 점검해보는 것은 의미가 있을 것입니다. 다음 내용을 읽으면서 당신의 현재 상태를 점검해보기를 바랍니다.

첫째, 당신은 돈의 종입니까?

돈을 버는 것은 인간사에서 매우 중요한 일입니다. 그런데 사람들이 돈에만 집중하여 살면 돈이 중심이 되는 삶을 살게 됩니다. 돈이 자신을 잘못된 곳으로 이끌어감에도 불구하고 그것을 알아채지 못한다는 것은 문제입니다. 누구나 처음에는 자신이 돈을 통제할 수 있을 것이라고 생각하지만, 이런 영적 원리를 모르면 돈에서 헤어나기 쉽지 않습니다.

제가 그리스도인의 재정원칙을 강의하면서 다루었던 '맘몬의 종이 된 사람의 열 가지 증상'을 간략히 소개해 보겠습니다. 이 내용은 '크레이그 힐의 재정원칙'에서 발췌하였습니다.

① 돈에 대한 염려, 불안, 걱정으로 한밤중에도 깬다.

② 돈을 잘 관리하지 못한다. 돈이 늘 부족하고, '기한' 전에 떨어진다.

③ 마음속으로 늘 재정이 부족하다고 느낀다. 실제로는 부자임에도, 충

분하지 못하다고 생각한다.

④ '무엇을 살 수 없다'라는 사고방식이 있다. 돈이 드는 일은 할 수 없다고 생각한다. 돈에 초점이 가 있기 때문이다.

⑤ 물건을 충동적으로 구매한다.

⑥ 내가 돈을 관리해야 한다고 생각한다. 모든 것을 자기 손에 쥐고 있어야 마음이 편안해진다.

⑦ 내가 가진 재물보다 더 큰 것을 원한다. 더 큰 집, 더 큰 차, 더 큰 가구 등이다.

⑧ 매사에 만족하지 못한다. 아무리 많이 가져도 만족하지 못하고 행복하지 않다고 생각한다.

⑨ 평생 빚을 지고 산다. 과도한 신용카드 사용과 렌탈 등, 모든 걸 빚으로 산다.

⑩ 돈을 지나치게 중요하게 여긴다. 하나님께 힘을 쏟기보다, 돈의 가치에 지나치게 많은 힘을 실어주는 삶을 산다.

제가 우리 교회에서 이 내용을 가르친 그리스도인의 재정훈련 강의를 마치고 계단을 내려가는데, 수강했던 한 장로님 부부가 앞서 내려가면서 하는 대화를 우연히 들었습니다.

"여보, 당신은 열 가지 중에 몇 가지가 남아 있는 것 같아? 나는 하나도 없는 것 같아."

장로님은 내가 뒤에서 내려오고 있는지 모르면서 아내에게 하신 말씀이었겠지만, 저는 그 분의 말을 본의 아니게 몰래 들으면서 참으로 감사하게 생각했습니다. '저 장로님 부부는 얼마나 잘 훈련이 되었으면 저렇게 재정에서 자유로울 수 있을까?'라는 생각이 들었기 때문입니다. 당신은 혹시 이 중에서 몇 가지가 마음에 걸리나요? 스스로 점검해보기를 바랍니다.

둘째, 당신은 술의 종입니까?

술을 마시다 보면 술이 술을 마시고 술이 사람을 마시게 된다고 합니다. 결국은 술의 종이 되고, 술이 이끄는 대로 인생을 살아 파멸에 이르게 됩니다. 술을 마시면 처음에는 기분이 좋아지고 대화도 잘 되고 용기도 나고 하니 술에 점점 의지하게 되는데, 술에 인이 박히면 그 정도로 끝내는 사람이 많지 않습니다. 특별히 한국 사람은 '두주불사' 하는 기질을 가졌습니다. 더 심각한 양상은 술에 중독되어, 술을 마시지 않으면 아무것도 할 수 없게 됩니다. 결국 술 때문에 인생을 송두리째 빼앗기게 됩니다. 음주운전을 하거나, 홧김에 싸움에 휘말려 큰 손해를 입는 것을 종종 봅니다. 집에서는 부부싸움을 하고, 자녀를 폭력으로 다스리려고 하여 가정에 붕괴를 일으키는 경우도 많습니다. 결국 사탄이 술을 통하여 사람을 도둑질하고 죽이려 하는 덫에 걸려드는 것입니다.

셋째, 당신은 미움의 종입니까?

미워하는 감정은 사람의 인생을 가장 힘있게 끌고 갑니다. 그래서 미움이 커지면 미운 감정을 가진 사람의 인생을 끌고 가서 결국 미움과 증오의 종이 되게 만듭니다. 누군가 미워지면 그를 쳐다보지 않으려 하고, 그가 하는 말은 무슨 말이든 들으려 하지 않습니다. 들어도 왜곡하게 되고, 그의 내적 동기가 무조건 나쁘고 사악하다고 생각하게 됩니다. 이렇게 되니 미워하는 마음이 점점 커집니다. 미움이 마음속에 있으면 결국은 마음이 어두워지고 하나님으로부터도 멀어지게 됩니다. 그 결과 다른 사람에게도 영향을 미치게 됩니다. 그러므로 미움은 마귀의 종이 되게 하는 지름길입니다. 자신을 위해서라도 미움의 문제를 제거해야 합니다.

제가 한 청년과 대화하다가 그 청년의 고백을 듣게 되었습니다. 연애하던 자매가 있었는데, 그 자매와 헤어지고 몇 년이 지났습니다. 그 자매를 잊고 산다고 생각했는데, 마음 한구석에 용서하지 못하는 마음이 여전히 남아 있다는 고백이었습니다. 그런데 어느 날 제 설교를 듣다가 "용서하라"는 말에 '내가 아직 완전히 용서하지 않고 있구나'라고 생각하게 되었고, 자매에게 용서하는 마음을 메시지로 보냈다고 합니다. 그 자매는 결혼을 앞두고 있었는데, 자신이 그 자매를 용서하지 못했던 마음을 사과하고, 결혼을 진심으로 축복한다는 내용을 써서 보낸 것입니다. 그랬더니 자신도 모르게 마음이 편해지고 자유로워졌으며, 그로부터 몇 개월 후에는 새로운 자매를 만나 다시 데이트를 할 수 있었다고 합니다. 그 형제가 이렇게 고백했습니다.

"목사님, 용서의 끝은 축복이라는 말씀이 정말 맞는 것 같아요. 상대방을 축복할 수 있을 때 정말로 미움이 사라지고, '내가 진실로 용서했구나'라는 생각을 갖게 되었어요. 그러자 말할 수 없는 자유가 느껴졌어요."

넷째, 당신은 가족의 종입니까?

가족은 당연히 사랑해야 합니다. 그러나 모든 행동과 결정의 기준이 지나치게 가족 중심이라면 가족의 종이 되고 맙니다. 모든 결정과 판단의 기준이 내 가족이기 때문입니다. 그러면 남편과 아내와 자녀가 나의 주인이 됩니다. 하지만 결정의 주체가 되는 것은 무엇이든 그것의 종이 되게 만듭니다. 손이 안으로 굽듯이, 가족이 중심이 되면 남은 나쁘고 내 가족은 항상 옳다는 생각을 하게 됩니다. 문제를 객관적으로 보는 것이 아니라 주관적으로 결정하게 되어, 잘못된 결정을 하기 쉽습니다.

이와 같이, 재물, 술, 미움, 지나친 가족 중심주의 등이 강해지면 집착하는 증세가 나타나고, 그것에 중독되어 그것이 내 생활을 지배하게 됩니다. 중독되었다는 말은 이미 그것에 종노릇하는 단계까지 이른 것입니다. 결국 죄의 종이 되어 있다는 말입니다.

↓ 우리가 죄의 종은 아닌지 점검해봅시다

로마서 6장은 죄의 종과 의의 종을 대조하면서, 죄의 종과 의의 종의 역할을 우리에게 설명합니다.

	죄의 종	의의 종
15절	(율)법 아래	은혜 아래
16절	죄의 종으로 사망에	순종의 종으로 의에
18절	죄에게 종노릇함	의에게 종노릇하게 함
19절	부정과 불법에 내주어 불법에	의에게 종으로 내주어 거룩함에
20절	죄의 종 : 의에 무관	의의 종 : 의에 대하여 반응
21-22절	마침은 죽음	마침은 영생
23절	죄의 삯은 사망	하나님의 은혜의 선물은 영생

15절은 죄의 종은 율법 아래에, 의의 종은 은혜 아래에 있다고 대조합니다. 16절은 '죄의 종으로 사망에 이르고, 순종의 종으로 의에 이르게' 된다고 말합니다. 18절은 죄의 종이 죄에 종노릇하고, 의의 종은 의에 종노릇하는 것으로 나타난다고 말합니다. 19절은 죄의 종이 되면 부정과 불법에 자신을 내주어서 불법에 이르게 되고, 의의 종은 의에게 종으로 내주어 거룩함에 이르게 됩니다. 20절은 죄의 종은 의와 무관하고, 의의 종은 의에 대해 반응한다고 말합니다. 죄의 종은 하나님의 것엔 관심이 없으므로 의와 무관하게 되는 것입니다. 그러나 의의 종은 의에 대하여 반응하는 사람입니다. 결국 어떻게 됩니까? 21절과 22절에 의하면 죄의 종의 결국은 사망이고, 의의 종의 결국은 영생입니다. 23절에서 죄의 삯은 사망이고, 하나님의 은혜의 선물은 영생이라고 말합니다. 죄의 종과 의의 종이 얼마나 차이가 나는지, 이 도표에서 알 수 있습니다.

사도 바울은 "너희들이 이전에는 죄의 종이었지만 지금은 변화되어 의의 종이 되었다"라는 사실을 설명하고 있습니다. 죄의 종은 결국 율법주의로 사는 자이고, 의의 종은 그리스도의 생명을 가진 자로서 은혜 아래에서사는 자를 말한다고 볼 수 있습니다.

다음은 우리가 죄의 종인지, 아니면 의의 종인지를 점검해보는 질문들입니다.

첫째, 당신은 무엇에 가장 집중하며 시간을 보내고 있습니까?

시간이 남을 때 가장 하고 싶은 일이나, 아침에 일어나면 제일 먼저 습관적으로 하는 일이 무엇입니까? 이것이 당신이 무엇의 종이 되고 있는지를 점검하는 하나의 파라미터(parameter)라고 할 수 있습니다.

당신은 시간이 남을 때 주로 쇼핑을 합니까? 그러면 쇼핑에 매여 있다고 생각할 수 있습니다. 스마트폰으로 인터넷 신문을 보는 것이 습관이라면 세상 뉴스에 매여 있다고 볼 수 있습니다.

현대인에게 스마트폰은 실생활에 많은 유익을 주지만, 한편으로는 자유를 완전히 뺏는 기이한 괴물이 되어가고 있습니다. 어딜 가든 스마트폰을 보고 있습니다. 건널목에서도 스마트폰, 엘리베이터를 타도 스마트폰, 전철 안에서도 스마트폰을 붙들고 있습니다. 물론 스마트폰으로 무엇을 보는지는 각기 다를 수 있습니다. 어떤 사람은 영어 공부를 하고, 어떤 사람은 성경을 읽고, 어떤 사람은 찬양을 듣고, 어떤 사람은 강의를 듣습니다. 좌우간 각자 쉴 새 없이 자신의 주인들을 섬기고 있는 것입니다. 문제는 그 주인이 무엇이냐를 점검하는 것입니다. 나의 시간의 사용과 분배가 내가 무엇의 종인지를 설명하기 때문입니다.

둘째, 당신이 그것 없이 살 수 없다고 생각하는 대상은 무엇입니까?

순종하는 대상에 대해 '내가 이것이 없어도 살 수 있을까?'라고 스스로 질문해보십시오. 돈, 자동차, 주식, 운동, 남편, 아내, 자녀, 취미, 특기, 외모 중에서 꼽아봅시다. '정말 돈이 없어도 살 수 있을까?' 돈 없이 살 수 없다면 돈에 순종하는 것입니다. 물론 우리가 돈이 없으면 살 수 없습니다. 기본적인 필요를 위한 관심이 문제라는 말씀을 드리는 것이 아니라, 극도로 과도한 관심을 말하는 것입니다. 통장의 잔고가 적어서 걱정과 불안이 가득 차 있다면, 이미 우리는 크든 작든 통장의 노예가 되어 있습니다.

어떤 사람은 외모지상주의의 종입니다. 요즘 중고등학생의 관심사는 온통 아이돌 스타의 외모인 것 같습니다. 한때 오디션 프로그램의 참가자가 100만 명이 넘은 적도 있었다는 소식을 들었습니다. 창조주 야훼 하나님을 생각하고 꿈을 꾸어야 할 청년의 때에, 우리 아이들 대부분의 꿈이 연예인이 되어 화려하게 생활하는 것입니다. 고국의 미래 모습이 어떻게 될지, 안타까운 마음을 지울 수 없습니다.

운동은 해야 하지만, 지나치면 늘 자기 몸을 만드는 일에만 신경이 쓰입니다. 모든 것은 적당하게 해야 하는데, 마귀는 인간을 적당히 하도록 내버려두지 않습니다. 아예 더 집중하여 끝장을 보게 만들어 멸망으로 끌고 가려 합니다.

저는 요즘 한국에서 많은 사람이 주식에 열중하는 것을 보았습니다. 특히 청년세대가 부동산과 주식에 '영끌'을 한다는 말이 심심치 않게 매스컴에 등장하고 있습니다. 제가 못 듣던 단어인지라 '영끌'이 뭔지 검색해보니 '영혼까지 끌어모으다'를 줄인 말이라고 합니다. 주식에 빠지면 하루 종일 주식만 생각하게 됩니다. 주식 시세에 일희일비합니다.

사람은 자기가 순종하는 관심 분야에 따라 다른 사람들을 판단하기도 합니다. 어떤 자매는 남편에 대해 지독하게 집중하여 의부증에 걸렸습니다. 하루 종일 남편만 생각하고, 남편이 조금만 일탈하면 자기는 죽어버린다고 힘들어하는 사람이었습니다. 그런 아내의 잘못된 관심이 힘들었는지, 남편이 외도한 것이 밝혀졌습니다. 그러자 그 자매가 사네마네 하면서 남편을 증오하는데, '사람이 저렇게 천국과 지옥을 오갈 수 있구나'라고 생각하게 되었습니다.

그런데, 잠깐만요! 당신이 만약 예배를 빼앗긴다면 당신에게 어떤 반응이 일어날까요? 코로나 시즌에 성전에서 대면예배를 드리지 못하게 되었을 때, 솔직히 당신의 마음은 어떠했나요? 당신의 마음이 떨려서 아무 일도 할 수 없을 만큼 긴장이 되던가요? 아니면 이렇게 된 일상에 쉽게 적응하여 예배 없이도 잘 살아갈 수 있다고 호기 있게 말하게 되었나요?

셋째, 당신이 인생을 살면서 절대 양보하지 않는 것은 무엇인가요?

"내가 이것만큼은 절대로 양보할 수 없어"라고 하는 것이 있지 않습니까? "이것만큼은 하나님도 노터치입니다. 내 마음대로 하게 내버려두세요." 이런 태도가 있다면, 이미 내가 그 무언가의 종이 되어 있다는 증거입니다.

당신이 설교를 들을 때 가장 부담되는 내용은 무엇입니까? 옳은 말이라는 건 알지만, 속으론 양보하고 싶지 않은 부분을 설교자가 지적하는 것이기에 부담이 되는 경우 말입니다. 물질에 관한 설교가 부담이 됩니까? 죄에 관한 설교가 부담이 됩니까? 선교와 비전 같은 헌신에 관한 설교가 부담이 됩니까? 그렇다면 '내가 지금 그 부분에서 죄의 종으로 살고 있는 건 아닌가'라고 의심하고 점검해보아야 합니다.

자신이 누구의 종이 되고 있는지 잠시 생각해보십시오. '하나님도 그것만큼은 건드리지 말아주셨으면' 하는 것이 있다면, 그것이 사실은 당신의 주인입니다. 그것이 당신의 가치관이며, 하나님보다 중요하게 여기는 것입니다. 그것은 사탄이 볼 때 당신의 약점이 됩니다. 사탄이 우리를 넘어뜨리려 할 때 우리에게서 가장 노리는 것이 무엇이겠습니까? 약점입니다. 사탄은 우리의 약점을 너무나 잘 알고 있습니다. 누구라도 상대의 약점을 계속 공격하면 쉽게 무너뜨릴 수 있습니다. 그래서 약점이 있어선 안되고, 있더라도 쉽게 노출되어선 안 됩니다. 그러므로 자신이 어떤 약점을 가졌는지를 알고, 그 약점을 사탄이 틈타지 못하도록 그리스도를 의지하고 성령의 기름부으심을 구해야 할 것입니다.

우리에게 위에서 열거한 시험의 대상들이 있다는 것 자체가 잘못은 아닙니다. 단지 사탄이 우리의 마음을 빼앗아, 우리가 하나님께 먼저 관심을 갖는 의의 종이 되지 못하게 하고 죄의 종으로 이끌어간다는 사실을 깨달으라는 말입니다. 그것이 나를 올바르게 진단하고 고치는 방법입니다. 그런데 우리가 이것을 알면서도 당한다면 얼마나 어리석은 자입니까? 오, 주여! 우리를 긍휼히 여겨 주옵소서!

↓ 의의 종으로 이끌어주시는 것에 감사하십시오

[17]하나님께 감사하리로다 너희가 본래 죄의 종이더니 너희에게 전하여 준 바 교훈의 본을 마음으로 순종하여 [18]죄로부터 해방되어 의에게 종이 되었느니라
_롬 6:17-18

우리의 영은 죄에 대해 살아있습니까? 아니면 하나님에 대해 살아있습니까? 당신은 죄의 종입니까? 아니면 의의 종입니까?

사도 바울은 17,18절 말씀에서 "하나님께 감사하다"라는 말을 갑자기 하였습니다. 바울 자신을 비롯해 우리가 모두 죄의 종이었지만, 의의 종으로 이끄신 것에 감사하라는 것입니다. 죄의 종이었던 바울이 복음을 듣고

순종하여 죄로부터 해방되고 의의 종이 되었는데, 이것을 깨닫고 보니 감사하다고 말한 것입니다.

어디 사도 바울뿐이겠습니까? 로마교회 교인들도 본래 죄의 종이었습니다. 그런데 그들이 받은 교훈의 본, 즉 복음을 마음으로 순종하여, 죄로부터 해방되어 의의 종이 되었습니다. 구약시대의 백성들은 율법 아래에 매여 있었습니다. 그것을 복음이 해방시켜준 것입니다. 로마서의 수신자인 로마 교인들도 바울처럼 복음 안에서 해방되었으므로, 죄의 종으로부터 의의 종이 되었다는 사실에 깊이 감사하라는 말입니다.

우리도 죄의 종이었습니다. 우리는 그런지도 모르고 살아왔지만, 우리 한 사람 한 사람도 죄의 종으로서 죄의 영향을 받고 살아왔던 자들이었습니다. 그러다 어느 날 누군가를 통하여 복음을 듣게 되고, 믿어 순종하여 믿음의 자녀가 되었습니다. 얼마나 감사한지 모르겠습니다.

우리들을 지금까지 인도하신 분이 바로 살아계신 하나님이십니다. 우리에게 전해진 복음과 하나님의 진리의 말씀을 믿고서 죄로부터 해방되고 마음으로 순종하여, 점점 의의 종이 되게 하신 그분이 바로 여러분 안에 계시는 성령님이십니다.

한편, 죄의 종으로 살다가 의의 종이 된 것에 대해서 우리가 감사해야 할 내용은 어떤 것들일까요?

죄의 종일 때에는 무엇이 문제인지도 모르고 저질렀던 일들을 의의 종이 되면 점차 미워하게 되고 끊게 됩니다. 술, 담배, 도박, 음란한 행동을 하지 않게 됩니다. 이렇게 변화되니 자연스럽게 죄를 지을 장소를 멀리하게 되고, 악인들과 어울리기도 싫어하게 됩니다. 날마다 죄를 회개하고 전보다 더 깨끗한 그릇이 되려고 애쓰고, 장래에 대한 꿈을 꾸고 비전을 품고, 자기를 용서하고 사랑하게 됩니다. 또한 가족과 이웃을 사랑하고 기도하게 됩니다. 죄의 종일 때는 나의 능력으로 돈 벌어오는 줄 알고 가족들 먹여 살리는 것이 다인 줄 알았는데, 이제는 의의 종이 되면서 모든 것이 하나님의 사랑 때문임을 알게 됩니다. 가족을 주신 하나님의 뜻을 깨닫게 되니, 이제는 예수 안에서 가족을 사랑하고 축복하며, 자신이 그들을 믿어 주고 신뢰하는 모습으로 바뀌는 것을 발견하게 됩니다. 어디 가족뿐입니까? 이웃을 사랑하고 긍휼히 여기는 눈물 많은 사람으로 변화되는 자신을 보고 깜짝 놀라기도 합니다.

이제는 하나님 말씀을 사모하고 듣기를 좋아하고, 찬양을 즐겨 부르고 예배드리는 것이 일상화되어 갑니다. 주일 성수, 십일조, 교회 봉사가 조금도 힘들지 않고 당연한 것으로 여겨지는 삶을 살게 됩니다. 조금이라도 더 드리기를 힘쓰는 사람으로 바뀌게 됩니다. 전도하고 선교하는 일에도 기회가 닿는 대로 열정으로 동참하게 됩니다. 의의 종의 행동이 나타나게 되는 것입니다. 죄의 종일 때는 어떻게 이런 생각을 하겠습니까? 이렇게 변화되어가는 것에 감사해야 합니다.

의의 종이 되니 나라와 민족과 교회를 위해 기도할 뿐 아니라, 환란 당한 이웃을 위하여 늘 기도하는 일을 게을리하지 않습니다. 하나님의 마음이 느껴지고 이웃의 아픔이 하나님의 아픔으로 느껴지니, 늘 하나님께 기도하게 됩니다. 나라의 정치 문제, 경제 문제, 북한 문제 등이 이전에는 '나하고 무슨 상관인가' 하던 사람이 변화되어 하나님께 기도하는 모습으로 바뀌게 됩니다. 우리의 형제인 북한 땅을 생각할 때마다, 사망의 음침한 곳에 앉아 있는 형제들을 위하여 가슴 절절히 눈물로 기도하는 사람으로 변화된 자신을 발견하게 됩니다. 더 나아가, 이제는 코로나의 문제가 미국과 유럽과 전 세계로 확장되는 것을 보고, 죽어가는 영혼을 불쌍히 여겨 속히 코로나 시즌이 지나가도록 눈물로 기도하게 됩니다.

가난한 자, 헐벗은 자, 소외된 자를 불쌍히 여기며 돌보고, 기꺼이 자신의 소유를 희생하여 드리며, 몸을 드려 봉사하게 됩니다. 은사를 활용하여 남을 돕는 일에 열심을 품습니다. 아무리 봉사해도 지치지 않는 열정과 마음이 생깁니다. 교회의 크고 작은 일에 손수 나서서 봉사하는 일이 너무나 기쁘고, 그러면서도 이런 봉사의 일을 맡겨주신 하나님께 감사하게 됩니다. 얼마나 더 많은 변화를 열거할 수 있겠습니까? 이런 마음과 행동이 의의 종이 된 변화의 표시들입니다. 누가 더 많이 변화되고 덜 변화되느냐의 차이일 뿐이지, 예수를 구주로 영접하여 의의 종이 된 사람들은 누구나 다 이런 변화를 경험하게 된다는 말입니다.

위에 열거한 내용들은 사실 저의 삶에서 개인적으로 경험한 것을 적어본 것입니다. 그런데 제가 목회하고 선교사역을 하는 곳에서 변화되어 가는 성도들과 제자들을 볼 때도 모두 저와 동일하다는 것을 알았습니다. 그러니 우리가 예수 믿고 얼마나 많이 바뀌어 가는 것입니까? 아직 바뀌지 않은 것만 보지 말고, 이미 하나님이 바꾸어놓으신 것들을 보고 하나님께 감사하는 마음을 가져야 합니다.

만일 예수님을 믿지 않았더라면, 지금 내 모습이 어떠할지 생각해 보십시오. 당신의 주변에 여전히 주님을 모르거나 변화되지 않는 친구나 친척들이 있다면, 그들의 모습과 당신의 모습을 비교해 보십시오. 내가 어떻게 이런 변화를 경험할 수 있었을까요? 비록 아직 부족한 점이 있을지라도, 죄의 종에서 의의 종으로 변화되는 과정이라고 생각하며 더 감사하게 되기를 바랍니다.

10

Romans 6:15-23

칭의와 성화를
이해하십시오

제가 로마서 5장을 설명하기 시작하면서, 5장에서 7장의 내용이 특별히 교회사에서 많은 논쟁을 일으켰다는 말씀을 드렸습니다. 5-7장에서 다룬 것은 칭의와 성화에 관한 내용인데, 어떤 분들은 이 내용을 주로 칭의의 측면부터, 즉 믿음과 하나님의 의라는 관점에서 먼저 풀려고 했고, 어떤 분들은 성화의 개념을 강조하며 풀었습니다. 이 부분에 대해 강조하는 부분이 서로 달랐던 것입니다. 그래서 '이것은 맞다, 저것은 틀리다'라고 함부로 주장하기가 조심스러운 부분입니다. 이 부분에 대한 의견이 이렇게 다른 것처럼, 제가 이 부분을 정리한 내용도 혹시 독자의 의견과 다르다 하더라도 이해해주기를 바라며 논지를 전개해 가겠습니다.

↓ 칭의와 성화의 구분이 의미 있을까?

칭의(Justification)는 의롭다고 칭함을 받는다는 의미인 신학 용어입니다. 신학에서 가장 뜨거운 주제라고 할 수 있습니다. 칭의, 곧 의롭다고 하는 것은 사실 법적 선언의 용어입니다. 반면, 성화(Sanctification)는 구별된다는 것이 일차적인 뜻입니다. 성화는 세상과 다르게 변화되어 가는 삶을 의미하며, 이른바 거룩해지는 '성결의 과정'이라고 할 수 있습니다.

…이제는 너희 지체를 의에게 종으로 내주어 거룩함에 이르라 _롬 6:19 하

이 구절에 나오는 '거룩함'이라는 단어는 헬라어로 '하기아스모스'입니다. 바울은 거룩함을 '거룩한 상태'라고 말하기보다 '거룩을 이루어가는 과정'으로 말하였습니다. 따라서 "거룩함에 이르라"는 결과보다 과정으로 보아야 합니다. 거룩을 법적 상태나 수준의 의미가 아니라 과정의 측면에서 해석해야 하는 것입니다.

하나님의 뜻은 이것이니 너희의 거룩함이라 곧 음란을 버리고 _살전 4:3

여기에서는 '너희가 지금 거룩한 게 아니다'라는 걸 전제합니다. 의롭다는 '칭의'를 받았지만, '너희의 상태가 완전히 거룩한 게 아니고, 아직은 죄 가운데 살고 있으니 점점 거룩해지는 과정을 거치라'고 말하는 것입니다. 그러므로 그리스도인의 삶은 부정과 불법에서 의로움과 거룩함으로 전환(변화)되어야 하는 관점에서 보아야 합니다. 이전에는 부정과 불법으로 살았지만, 이제 예수를 믿고 의의 종이 되었으니, 앞으로는 의로움과 거룩함으로 변화되는 삶을 살아야 합니다.

의롭게 된 것은 칭의이며 거룩해지는 것은 성화입니다. 칭의 더하기 성화, 즉 칭의에 더하여 성화가 연속적이면서도 동시에 강조되어야 하는 것입니다. 먼저 의롭다고 칭함을 받는 것이고, 그런 다음에 거룩에 이르기 시작해야 합니다. 거룩함에 이르는 과정에서 이미 법적으로 구원받았다는 칭의의 사실을 늘 믿고 살 때, 구원론에 갈등의 문제가 없게 됩니다.

결혼을 생각해봅시다. 미혼의 남자와 여자가 결혼을 생각할 때 무엇을 먼저 떠올리게 됩니까? 바로 결혼식이 아니겠습니까? 결혼식에서 신랑과 신부가 입장하고, 주례자가 하객들 앞에서 하는 성혼 선언을 통해 정식 부부가 되는 과정을 칭의에 비유할 수 있습니다. 결혼식을 해야 사회적으로 결혼한 부부로 인정받기 때문입니다. 그렇게 해서 한 쌍의 남녀가 공식적인 부부로 탄생하게 됩니다. 그렇다면 이제 끝인가요? 결혼한 부부들은 이미 다 알고 있지 않습니까? 결혼식은 먼 여행의 시작일 뿐이라는 사실을 과제를 가지게 됩니다.

결혼한 부부는 평생 부부가 행복하게 사는 것을 목표로 달려가야 합니다. 그것을 성화에 비유할 수 있습니다. 어떤 사람은 "결혼식이 뭐가 그리 중요하냐? 결혼생활이 중요하지"라고 말합니다. 반면 어떤 사람은 "일생에 한번밖에 없는 결혼식인데, 그래도 결혼식이 중요하지"라고 말합니다. 결론을 객관적으로 말하면, 결혼식을 하는 날에 받은 결혼 증명이 평생의 행복을 보장해주지는 않습니다.

칭의의 관점에서 보면 결혼식은 부부가 일생을 매이게 하는 역할을 합니다. 정식으로 결혼한 부부가 결혼을 파하려면 얼마나 많은 잠 못 이루는 밤을 지새워야 합니까? 하지만 성화의 관점에서 보면, 결혼식을 성대하게 진행했다는 사실만으로 "우리가 앞으로 일생 동안 매우 행복할 것이다"라고 말할 수 없습니다. 그렇다면 결혼한 부부는 결혼식을 한 다음에 무엇을 해야 합니까? 행복한 결혼생활을 위해 서로 노력해야 합니다. 그런 것처럼, 성화는 노력입니다. 하나님의 은혜를 힙입어 성화되는 것이지만, 사람의 노력이 포함되는 것입니다. 그래서 행복한 결혼생활을 하려는 신랑 신부는 매일 선택을 잘하려고 노력하는 것이 중요합니다. 매 순간마다 자유의지가 발동되어야 하는 것입니다.

로이드 존스 목사님이 그의 책《로마서 강해》에서 강조한 주장은 '거룩함에 이르는 과정을 칭의의 결과가 지배한다'라는 것입니다. 칭의의 확고함이 없으면 거룩함, 즉 성화도 물 위에 떠 있는 부평초일 뿐이라는 뜻입니다. 뿌리를 깊게 내리지 못하였으므로 확신이 없으니, 결국 거룩함을 온전히 이루는 과정, 즉 성화에서 실패하게 된다는 말입니다. 너무나 중요한 포인트입니다. 박익수는 그의《로마서 주석》에서 '바울에게는 믿음으로 의롭다 함을 받는다는 칭의와, 하나님의 확고한 의로 인하여 그 다음에 이루어질 변화의 삶, 즉 성화의 과정이 동시 발생적이고, 함께 구현되어야 하는 동시의 목표'라고 정의하였습니다.

↓ 칭의와 성화는 모두 중요합니다

'이신칭의'는 믿음으로 구원받는다는 뜻입니다. '성화'는 믿음을 가지고 거룩하기 위해 노력하는 것입니다. 칭의는 의롭다 함을 받는 믿음의 결과로서 주어지는 것이고, 성화는 자유의지를 따라 날마다 선택하는 것입니다. 이 두 가지가 구원론의 핵심입니다. 이것은 연속되어 나타나는 것이지, 둘 중 하나만 중심이라고 결코 말할 수 없습니다.

우리는 물론 칭의의 중요성을 잊으면 안 됩니다. 사랑으로 하게 된 결혼 결정이 평생 잊지 말아야 할 가정의 중요한 내용이듯 말입니다. 그러나 지나간 결혼식 사진만 쳐다보지 말고 행복하게 가정을 꾸미고 살아가는 현재의 책임 있는 자세도 필요한 것처럼, 구원받은 자의 삶과 매일의 선택 또한 중요합니다. 부부의 노력이 결혼생활을 더욱 풍성한 행복으로 이끄는 것처럼 구원받은 자의 삶도 그러합니다. 일단 구원을 받았으면 구원이 보장되고 확실시된다는 사실을 성경 말씀대로 믿어야 하지만, 구원받은 자답게 성경 말씀을 따라 살려고 노력해야 하는 것입니다.

바울에게는 칭의와 성화의 구분은 무의미한 것 같습니다. 바울은 칭의와 성화 둘 다, 우리가 구원받은 신앙생활 가운데 있는 것이라고 말합니다. "예수 믿고 구원을 받았으니까 마음대로 살아도 된다"라고 말하는 사람은 없을 것입니다만, 거룩해지는 삶을 강조하지 않으면 사람들은 '그리스도인의 삶은 그렇게 중요하지 않구나, 함부로 살아도 되는 거구나'라고 쉽게 착각할 수 있습니다. 그러니 '예수 믿고 구원받았으면 된다'라는 사실에만 초점을 맞추면 평생을 살아도 신앙에 진보(성장과 변화)가 이루어지지 않습니다. 구원의 확신만 강조하다 보면(그것은 너무나 중요하지만), 그것이 극대화되면 구원파처럼 이단이 될 수 있는 겁니다. 구원파는 구원받았으니 더 이상 회개할 필요도 없고, 같은 교인들끼리 사업적인 교류를 통하여 자기들끼리 천국 가면 그만이라고 말합니다. 칭의만 지나치게 강조하고 성화를 강조하지 않으면 그렇게 되기 쉽습니다.

우리 교회에서 제자훈련을 진행할 때, Y집사가 부인의 노력으로 어렵게 성경공부를 시작하게 되었습니다. 제자훈련 중에 삶을 나누는 시간이 있는데, Y집사가 은혜를 받기 시작하자 자기 이야기를 간증했습니다.

Y집사는 지금까지 10년 이상을 '예수 믿으면 그냥 천국 가는데 무엇 때문에 성경을 공부하고 교회에 열심히 나가 봉사할 필요가 있나'라고 생각하며 대충 교회를 다녔다고 합니다. 술과 담배를 하면서 예수 믿지 않는 사람들과 별로 다를 바 없이 살았습니다. 예배 시작한 다음에 들어와서 축도가 끝나면 쏜살같이 주차장으로 달려 나갔습니다. 교회에 늦게 와서 주

차장 입구에 차를 세워놓곤 했는데, 예배가 끝나자마자 빨리 나가기 쉽게 하려고 그런 것입니다. 그런데 제자훈련을 통해 성경이 죽어서 천국 가는 것만 말하고 있지 않다는 사실을 깨달았다면서, 눈물까지 글썽이며 간증하였습니다. 그리고 그의 삶의 자세가 변화되었습니다.

Y집사는 대기업 주재원으로 오래 외국에 있다가 돌아왔는데, 처음에는 대기발령 수준이었다고 합니다. 변변한 자리도 없고, 몇 년간 후배 밑에서 업무를 보라고 하더랍니다. 이전 같았으면 자기 성격에 화를 내고 사표를 내야 마땅하겠지만, 하나님을 생각하고 제자훈련에서 배운 내용을 적용하게 되니 "위의 권세에 순종하라"(딛 3:1)는 말씀을 생각했습니다. 자존심은 다 내려놓고 '지금부터 주께서 일하시옵소서. 나는 죽었습니다' 하며 지냈다고 합니다. 그런 지 몇 개월 후에, Y집사가 제게 전화를 해왔습니다. 자초지종을 설명하는데, 자신이 예수님의 제자로 살려고 애쓰다 보니 모든 것을 인내하게 되었고, 결국 새로운 법인의 대표로 발령을 받았는데, 그곳은 회사에서 장래성이 가장 밝은 분야라고 합니다.

↓ 칭의와 성화의 시제

그러나 이제는 너희가 죄로부터 해방되고 하나님께 종이 되어 거룩함에 이르는 열매를 맺었으니 그 마지막은 영생이라 _롬 6:22

이제는 우리가 죄로부터 해방되었습니다. 더 이상 죄의 종이 아니고 하나님의 종이 된 것입니다. 이것은 이미 이루어진 일입니다. 그러니 이제는 거룩함에 이르는 열매를 맺어야 합니다. 거룩함은 삶의 열매를 말하는데, 열매가 가지에 바로 맺히는 것이 아니듯, 맺어가는 과정이 있습니다. 그것이 성화입니다. 이 말씀에서 '거룩함'의 원어인 '하기아스모스'는 원래 세례의식과 관련된 용어였습니다. 고린도전서 6장 11절의 세례의식 예문에서는 의롭게 된 상태와 성화의 상태를 일치시킵니다.

… 주 예수 그리스도의 이름과 우리 하나님의 성령 안에서 씻음과 거룩함과 의롭다 하심을 받았느니라 _고전 6:11

성령 안에서 씻음과 거룩함과 의롭다 하심을 나열하며 일치시켰다는 사실을 눈치채셨습니까? 칭의와 성화를 같은 개념 혹은 같은 맥락으로 보았다는 것입니다. 완전히 성화되는 시기는 미래인 반면, 그 열매는 현재에도 볼 수 있어야 한다는 것을 지적한 말씀입니다. 이게 무슨 뜻입니까? 완전하게 성화되는 것은 지금 당장 되지 않습니다. 그것은 최종 단계인 영화(Glorification)인데, 나중에 하늘나라에 갈 때 완성되는 것입니다. 지금 우리가 보여줄 수 있는 열매는 성화 과정 또는 성화의 시작 단계에서의 열매일 뿐입니다.

무화과나무에 잎사귀는 많은데 열매가 하나도 안 보인다면, 아마 더 기다려도 열매가 안 열릴 가능성이 높습니다. 씨앗이라도 있어야 나중에 열매를 기대할 수 있는 것이 아니겠습니까? 지금 우리들이 비록 성숙하지 못하고 완성되지는 않았다 하더라도, 조금이라도 성령의 열매를 맺기 시작했다면 언젠가 큰 열매를 볼 수 있습니다. 사람을 볼 때도 별로 열매가 기대되지 않는 사람에 대해선 '싹이 노랗다'라는 말을 하지요. 누가 지금 나의 모습을 볼 때, '저 사람이 지금 어떻다'라는 완성된 모습까진 아니지만, 어느 정도 완성될 모습을 짐작해볼 수 있습니다. 그래서 교회에서도 성도들을 가만히 보면, 처음부터 묵묵히 섬기는 교인들이 결국 큰 믿음의 사람이 되고 계속해서 섬기는 모습을 볼 수 있습니다.

죄의 삯은 사망이요 하나님의 은사는 그리스도 예수 우리 주 안에 있는 영생이
니라 _롬 6:23

죄의 삯은 사망이라고 합니다. 이 세상을 사는 인생은 결국 그렇게 됩니
다. 그렇다면 사망 이후는 끝인가요? 성경에서 한 구절을 고르라면 가장
중요한 구절이라고 고를 수 있는 요한복음 3장 16절은 사람이 죽으면 멸
망한다는 사실을 은연중에 내포하고 있습니다.

하나님이 세상을 이처럼 사랑하사 독생자를 주셨으니 이는 그를 믿는 자마다 멸
망하지 않고 영생을 얻게 하려 하심이라 _요 3:16

하나님의 은사는 그리스도 예수 우리 주 안에 있는 영생이라고 했습니
다(롬 6:23). 영원한 삶이 은혜라는 말입니다. 천국과 영생은 인간의 행위
로 주어지는 것이 아니라 예수를 믿음으로 의롭다 칭함받는 칭의의 결과
이며, 복음을 믿음으로 받는 은혜의 선물입니다. 칭의에서 성화, 그리고
결국 심판으로 이어집니다. 천국과 영생이냐, 아니면 지옥과 멸망이냐로
나뉘게 되는 것입니다. 여기서 멸망은 영생의 반대말로 쓰인 것입니다. 죽
음은 단 한번으로 모든 것이 끝나는 사건이 아니라, 영원한 멸망의 길의
첫 문을 통과한 것임을 알 수 있습니다. 성경에서 멸망은 하나님의 심판을
받는 것을 말하고, 지옥은 영원히 지속되는 형벌을 뜻합니다. 그러므로 우
리는 한 영혼이라도 더 전도해야 하고, 한 종족에게라도 더 복음을 전해야
합니다. 추수할 곳은 많은데 일꾼이 없는 시대에 일꾼들을 배출하여 모든
민족에게 보내, 멸망받을 영혼들에게 구원의 복음을 전해야 합니다.

11

Romans 7:1-13

율법에 매인 사람, 예수에 매인 사람

로마서 5장은 칭의를, 6장과 7장은 성화의 문제를 다룬 것인데, 6장에서는 특히 '죄의 종이냐, 의의 종이냐'라는 주제를 다루었습니다. 7장은 로마서에서 가장 다루기 어려운 장이라고 알려져 있습니다. 그 까닭은 22절 이하의 이 구절 때문에 그렇습니다.

> ²²내 속사람으로는 하나님의 법을 즐거워하되 ²³내 지체 속에서 한 다른 법이 내 마음의 법과 싸워 내 지체 속에 있는 죄의 법으로 나를 사로잡는 것을 보는도다 ²⁴오호라 나는 곤고한 사람이로다 이 사망의 몸에서 누가 나를 건져내랴
>
> _롬 7:22-24

이 구절이 사도 바울의 생애에서 어느 시점을 말한 것이냐가 논쟁거리입니다. '사도 바울이 예수님을 믿기 이전의 삶을 말하는 것인가, 아니면 믿고 난 이후의 삶의 문제를 말하는 것인가' 하는 논쟁입니다. 이것에 대

해 많은 신학자들이 다양한 의견을 내세우고 있기 때문입니다. 그 결과 로마서 7장이 관심을 받게 되었고, 다루기 어려운 장이라고 흔히 말하고 있습니다. 이 논쟁의 핵심은 '법에 대한 이해'입니다.

우리는 지금까지 구원이란 그리스도 예수 안에 있는 것이므로, 우리가 예수 안에 있으면 죄가 우리를 다스리지 않고 은혜가 우리를 다스리는 위치에 있음을 다루었습니다.

> 이는 죄가 사망 안에서 왕노릇 한 것 같이 은혜도 또한 의로 말미암아 왕노릇 하여 우리 주 예수 그리스도로 말미암아 영생에 이르게 하려 함이라 _롬 5:21

은혜가 왕노릇을 하여 그리스도인의 삶을 영생으로 이끌어간다는 근거에서였습니다. 복음의 이러한 면을 설명하다 보니 자연스럽게 두 가지 오해가 있었습니다.

첫째 오해는 로마서 6장 1절의 "그런즉 무슨 말하리요 은혜를 더하게 하려고 죄에 거하겠느뇨"라는 질문으로 대표되는 '은혜지상주의'입니다. 구원받은 자는 이제부터 율법이 필요없다는 것입니다. '하나님이 우리 편이시고 우리를 은혜로 다스리시니 무엇을 해도 괜찮다'라는 반율법주의가 생겨난 것입니다. 그러나 우리는 은혜가 죄를 조장하는 것이 아니라 거룩을 조장한다는 사실을 알았습니다. 그러므로 우리는 의와 거룩을 위하여 부름을 받았음을 깨달을 뿐 아니라, 깨어 근신하며 거룩하도록 자신을 채찍질하는 신앙생활을 해야 합니다.

둘째 오해는 은혜지상주의에 대한 의문점으로서 '그러면 율법은 왜 준 것이냐?', 즉 '율법의 가치는 무엇이냐?'라는 질문입니다. 그 문제에 대한 답으로, 바울이 로마서 7장에서 율법의 문제를 다룬 것입니다.

↓ 율법에 매인 사람들의 특징

> 형제들아 내가 법 아는 자들에게 말하노니 너희는 그 법이 사람이 살 동안만 그를 주관하는 줄 알지 못하느냐 _롬 7:1

여기서 법은 율법과 일반적인 법을 포함한 것입니다. '법을 아는 자들'이란 규칙, 규범 같은 것들로 대표되는 법을 따라 사는 사람들이라는 말이며, 그런 사람들은 사는 동안 법이 주관하는 삶을 살게 됩니다. 하지만 사람이 죽고 나면 법은 죽은 자를 주관할 수 없게 됩니다. 이것이 법의 일반적인 속성이므로, 법에는 주관하는 속성이 있다는 사실을 알게 됩니다.

> 남편 있는 여인이 그 남편 생전에는 법으로 그에게 매인 바 되나 만일 그 남편이 죽으면 남편의 법에서 벗어나느니라 _롬 7:2

'매다'라는 말의 의미는 '주관하다'와 같습니다. '벗어나다'라는 말은 '매다'의 반대 개념으로 쓰였습니다. 예를 들어 결혼은 사랑으로 맺어지는 것이지만 엄연한 계약관계라고 말할 수 있습니다. 어떻게 보면 법적 구속력이 강하게 존재합니다. 남자와 여자가 만나서 육체적으로, 정서적으로, 경제적으로 하나의 공동체가 되는 '하나의 법'으로 정해진 관계이기 때문에 결혼을 해지한다는 것은 간단히 생각할 수 있는 문제가 아닙니다. 결혼하기 전에는 남녀가 만났다가 헤어지는 것에 법적인 제재가 없습니다. 그러나 결혼한 부부가 이혼하는 것은 법적인 문제이고, 거기에 재산, 가족, 자녀, 집안 등의 여러 가지 문제가 더해집니다. 성경에서는 특별한 경우를 제외하고, 이혼은 불법이라고 말합니다. 이와 같이 법은 그것이 좋은 기능이든 싫은 기능이든 사람을 주관하고 매는 역할을 합니다. 도로교통법을 예로 보더라도, 그 법이 도로에서 사람을 주관하지 않습니까? 교통법을 따르지 않고 위반하면 범칙금을 내거나 처벌을 받게 됩니다.

아직 예수님을 만나지 못한 사람들에게도 사실 가장 중요한 문제는 율법입니다. 그들은 율법에 매인 바 되어 살고 있습니다. 율법의 특징은 사람의 자유를 빼앗고 주관하고 속박하는 기능입니다. '율법에 따라'라는 말은 믿는 사람과 믿지 않는 사람 모두에게 해당되는 법의 기능을 말합니다. 그것이 법의 일반적인 속성입니다.

> 그러므로 만일 그 남편 생전에 다른 남자에게 가면 음녀라 그러나 만일 남편이 죽으면 그 법에서 자유롭게 되나니 다른 남자에게 갈지라도 음녀가 되지 아니하느니라 _롬 7:3

남편이 아무리 밉고 이해할 수 없는 잘못된 일을 저지른다 해도, 남편이 있는 이상 아내는 그 남편의 법 아래 있게 됩니다. 그래서 남편 있는 아내가 다른 남자를 만나면 죄를 짓는 일이고 가정에 문제를 일으키는 결과를 초래합니다. 그러나 아무리 부부가 사랑하는 관계였다 하더라도, 남편이 죽고 나면 아내가 자유로워지기 때문에 다른 남자를 만날 수 있고 재혼도 할 수 있게 됩니다. 남자가 법이라고 보면 그 남자가 있을 때에는 남편의 법의 지배를 받게 되고, 남자가 죽게 되면 남자의 지배에서 벗어나게 된다는 것입니다.

> 그러므로 내 형제들아 너희도 그리스도의 몸으로 말미암아 율법에 대하여 죽임을 당하였으니 이는 다른 이 곧 죽은 자 가운데서 살아나신 이에게 가서 우리가 하나님을 위하여 열매를 맺게 하려 함이라 _롬 7:4

사도 바울은 율법에 대해서도 내가 죽었음을 알고 믿어야 한다고 말합니다. '율법에 대해서 내가 죽었다'라는 말이 쉽게 이해되지 않을 수 있습니다. 하지만 앞에서 다룬 것처럼, 우리가 예수 믿을 때 죄에 대해서 죽었듯이, 율법에 대해서도 이미 죽었다는 사실을 알아야 합니다. 예수 안에 있는 생명은 더 이상 아담의 생명이 아니라 예수 그리스도의 생명이기 때문입니다.

앞에서 배운 아담의 생명을 기억하십니까? 하향 직선을 따라 서서히 죽어가는 아담의 생명 말입니다. 우리는 예수 믿기 전에 아담의 생명 안에 있었습니다. 아담의 생명이 율법의 생명이라고 할 수 있습니다. 율법의 생명이 우리 안에 있었고 그 결과 우리는 죽을 수밖에 없는 존재였는데, 어느 날 예수를 믿으면서 예수의 생명을 얻게 되고, 예수의 생명 안에 들어오니 완전히 아담의 생명에서 벗어나고 예수의 영원한 생명 안으로 옮겨진 존재가 된 것입니다. 그렇다면 예수 생명의 특징은 무엇일까요?

↓ 예수 생명을 가진 사람의 특징

이제 우리는 예수의 생명으로 말미암아 새로운 인생을 살아가게 된 자들입니다. 율법을 따라 산다는 것과 예수의 생명으로 말미암아 산다는 것은 본질적으로 어떤 차이가 있을까요? 이 차이를 이해하는 것은 도덕과 신앙의 차이를 이해하는 것과 같습니다. 도덕적인 삶은 율법적인 삶을 말합니다. 신앙적인 삶은 생명의 삶, 예수 그리스도의 생명으로 사는 삶입니다. 이 차이는 "종교와 기독교는 본질적으로 어떻게 차이가 있는가?"라는 질문의 답과 개념이 같은 것입니다. 도덕은 종교, 신앙은 기독교라고 할 수 있습니다. 기독교는 살아있는 생명의 종교이지 도덕과 철학을 믿는 것이 아닙니다. 그러므로 기독교 신앙에서 예수 생명이 능력을 나타내지 못한다면, 기독교인도 종교 생활을 하는 것이나 마찬가지이고 구원에 관해서는 대책이 없게 되는 것입니다.

우리는 종교와 생명의 차이를 분명히 깨달아야 합니다. 어느 나라나 세상의 학교에서는 사회의 윤리와 도덕을 다 가르치고 있습니다. 윤리와 도덕을 가르치는 목적은 법의 체계를 세우려는 것이지만, 신앙교육의 목적은 예수 그리스도의 생명을 경험하게 하는 데 두어야 합니다. 그런데 기독교 교육이 세상 교육처럼 도덕과 윤리를 가르치는 수준에만 머문다면 기독교 교육의 근본을 이해하지 못한 것입니다. 그러므로 특히 기독교 교육을 하는 사람은 도덕과 철학, 즉 율법으로 사는 것을 가르칠 것이 아니라 예수 생명으로 사는 것의 특징이 어떤 것인지 먼저 잘 알아야 할 것입니다.

첫째, 예수 생명으로 살면 삶의 동기가 성령님의 인도로 달라집니다.

거듭난 사람은 삶의 동기가 달라야 합니다. 율법이나 도덕, 혹은 양심을 삶의 주인으로 알고서 살아가는 사람들의 삶의 동기는 로마서 7장의 표현을 빌려 표현하자면 '육신'이라고 할 수 있습니다.

우리가 육신에 있을 때에는 율법으로 말미암는 죄의 정욕이 우리 지체 중에 역사하여 우리로 사망을 위하여 열매를 맺게 하였더니 _롬 7:5

'육신'은 헬라어로 '사르코스'입니다. 이것은 말 그대로 육체를 말하며, 영과 반대되는 개념의 단어라고 할 수 있습니다. 성경에서 '육신'은 거듭나기 전의 우리 속에 있는, 부패한 본성인 자아를 가리킵니다. 이기심에 의해 지배받는, 변화되지 않은 타락한 본성을 가리켜 '육신'이라고 말하는 것입니다. 영혼이 아닌 육이 지배하는 삶, 이기심이 지배하는 삶, 자아가

지배하는 삶을 가리킨다고 말할 수 있습니다.

이제는 우리가 얽매였던 것에 대하여 죽었으므로 율법에서 벗어났으니 이러므로 우리가 영의 새로운 것으로 섬길 것이요 율법 조문의 묵은 것으로 아니할지니라 _롬 7:6

이제 우리는 예수 그리스도의 생명을 얻은 자가 되었으므로, 얽매였던 율법에서 벗어났습니다. 이제부터 우리는 예수 생명 안에 사는 존재임을 믿어야 합니다. 그러므로 우리는 예수 그리스도의 영과 생명으로 살고 섬겨야 합니다. 더 이상 율법으로 사는 자가 아닙니다. 다시 말하면, 우리는 우리 안에 계시는 예수 그리스도의 생명인 성령의 인도를 따라서 사는 존재가 되었다는 뜻입니다. 이처럼 그리스도인의 삶의 동기는 성령을 따라 사는 것에 있습니다. 예수를 그리스도로 고백하는 자는 이미 주의 영이 그 안에 내주(內住)하십니다. 이후로는 우리 안에 계신 성령님이 우리의 삶을 인도하고 이끌어 가십니다.

그렇다면 우리 안에 계신 성령님이 하시는 일은 구체적으로 어떤 일입니까? 성령님은 우리가 예수님을 증거하며 예수님을 드러내게 하는 일을 하십니다. 예수님을 영화롭게 하고 예수님을 기쁘시게 하는 일로 인도하십니다. 이제는 율법 조문을 따라가는 자가 아니라 성령의 인도를 따라 살아가는 자가 되게 하십니다. 성령의 인도를 따라 살다 보니, 자연스럽게 도덕적인 삶을 살게 됩니다. 그러므로 우리가 그리스도인으로서 도덕적인 삶을 사는 이유는 단순히 사람들로부터 칭찬받고 규범을 지키려는 차원이 아닙니다. 우리 속에 내주하신 예수님이 원하시는 삶을 따라 살다 보니, 그 결과로 도덕적인 삶을 살게 되는 것입니다. 그러므로 예수님을 믿어 의로움을 받는 구원이 시작되는 순간부터, 율법을 완성하기 위한 예수님의 사역이 내 안에서 시작되었다고 보아야 합니다.

그리스도인은 예수님을 믿지 않는 사람들처럼 도덕과 율법을 행하지만, 그 도덕과 율법을 행하는 마음속의 동기는 완전히 다릅니다. 단순히 도덕적 인간이 되기 위해서 도덕을 행하는 것이 아니라, 내 삶의 주인이 되신 예수 그리스도를 기쁘게 하고 영화롭게 하려는 것입니다. 그런 동기가 마음속으로부터 우러나와야 하고 나오게 되는 것입니다. 그리스도인의 궁극적인 목적은 도덕을 포함하여 그들 마음속의 동기까지 변화가 일어나, 진실로 주님의 장성한 수준에까지 이르는 것입니다.

어느 대학교 총장님으로부터 최근 대학교 신입생 중에서 교회를 다니는 학생의 비율이 5퍼센트 미만이라는 이야기를 들은 적이 있습니다. 그것도 기독교 미션을 목표로 세워진 유명한 대학에서 말입니다. 우리나라의 미래가 유럽과 영국과 같아질 것 같다는 우려가 생겼습니다. 한때는 세계에서 손꼽는 선교 대국이던 영국의 기독교인 비율이 지금은 5퍼센트 미만으로, 무슬림 비율보다 떨어진다고 합니다. 그런 뉴스에 충격을 받은 적이 있었는데, 우리나라가 그러지 말란 법이 없다는 걱정이 들었습니다. 왜 그럴까요? 다음세대가 하나님을 인격적으로 만난 적이 없기 때문입니다. 모든 고삐가 풀어진 대학에 들어와서는, 세상 속으로 빨아들이는 세속의 힘을 버텨낼 능력이 없기 때문입니다. 율법으로는 세상을 이기겠다는 동기를 얻지 못합니다.

술 취하지 말라 이는 방탕한 것이니 오직 성령으로 충만함을 받으라 _엡5:18

도덕에는 한계가 있습니다. 도덕은 마치 자동차의 내비게이션 역할을 합니다. 도덕은 우리가 가야 할 길을 제시할 뿐입니다. 하지만 그 길을 달려갈 능력은 주지 못합니다. 달리는 능력은 성령으로 부어주신 하나님의 사랑입니다. 하나님과 인격적인 대면을 통해서 받는 것입니다. 이렇게 만난 하나님은 우리 안에 새로운 삶의 동기를 만들어 내어, 크게 변화된 인생을 살아내게 하십니다.

소망이 우리를 부끄럽게 하지 아니함은 우리에게 주신 성령으로 말미암아 하나님의 사랑이 우리 마음에 부은 바 됨이니 _롬 5:5

둘째, 예수 생명으로 살면 율법이 아닌 성령의 능력으로 삽니다.
우리가 육신에 있을 때에는 율법으로 말미암는 죄의 정욕이 우리 지체 중에 역사하여 우리로 사망을 위하여 열매를 맺게 하였더니 _롬 7:5

율법 자체는 나쁜 것이 아닙니다. 율법폐기론자들은 바울이 '구원이 확정되었으니 율법을 지킬 필요가 없다'라는 주장을 한다고 오해했습니다. 바울은 율법에서 해방되었다고 해서 율법이 나쁜 것이라는 오해가 없도록 로마서 7장 12절에서 율법의 본질을 규명해놓았습니다.

이로 보건대 율법은 거룩하고 계명도 거룩하고 의로우며 선하도다 _롬 7:12

율법의 3대 특징은 거룩하고 의로우며 선한 것입니다. 율법도 하나님이 주신 것이므로 율법 자체에 문제가 있을 수는 없습니다. 문제는 율법을 지켜야 하는 인간의 '능력'에 있습니다. 율법을 지킬 수 없는 인간의 연약성이 문제라는 것입니다. 이것은 우리 육신의 한계이며, 그것은 죄성에 기인합니다. 그러므로 우리는 인간의 육신으로는 율법을 지킬 수 있는 능력이 없다는 사실을 알아야 합니다. 좋은 예가 바로 '성교육'입니다. 성교육이 효과적이지 않다는 이야기가 제도적으로 먼저 경험한 구미(歐美)에서 나오고 있습니다. 왜 이런 문제가 야기된 것일까요? 성교육 자체가 잘못된 것이겠습니까? 좋은 취지를 갖고 시작했지만, 성교육 자체는 율법교육입니다. 문제는 성교육의 끝이 결국 법으로 귀결된다는 데 있습니다. 인간의 부패한 성품으로는 율법을 지킬 수 없는데도 말입니다. 사실 진짜 문제는 인간의 타락한 본성입니다.

저도 다음세대의 신앙성장에 대해서 관심을 가진 목회자이기에 '교회가 자녀세대에게 제공할 수 있는 가장 중요한 일이 무엇일까'를 깊이 고민해 왔습니다. 그러면서, 저 나름대로 교회에서 제공할 수 있는 가장 중요한 일은 아이들이 먼저 하나님을 인격적으로 만나게 하는 일이라고 생각했습니다. 성령세례 또는 성령 충만을 받게 하는 것만큼 아이들을 근본적으로 변화시킬 수 있는 것은 없습니다. 그 다음이 진리를 가르치는 성경교육이고, 그 성경 교육에 도덕적인 내용이 포함될 수 있습니다.

이 세상에서 아이들이 하나님의 존재를 경험하고 배울 수 있는 곳이 어디이겠습니까? 교회와 가정이며, 교회에서도 또래 집단이 중요합니다. 그래서 특별히 일 년 중에 아이들이 집단으로 모여 주님을 경험할 수 있는 수련회와 같은 기회에 아이들이 하나님을 뜨겁게 만나게 하는 일은 매우 중요합니다. 저는 순복음교회 연합으로 매년 여름에 진행했던 한인디아스포라 청소년집회(KD수련회)에서 수백 명의 중고등부 아이들이 하나님을 만나고 기뻐하며 눈물로 간증하는 장면을 목격하며, 목회자로서 또한 선교사로서 다음세대를 향한 성령사역의 중요성을 더욱 깨닫곤 합니다.

셋째, 예수 생명으로 살면 하나님을 위한 열매를 맺으며 삽니다.

그러므로 내 형제들아 너희도 그리스도의 몸으로 말미암아 율법에 대하여 죽임을 당하였으니 이는 다른 이 곧 죽은 자 가운데서 살아나신 이에게 가서 우리가 하나님을 위하여 열매를 맺게 하려 함이라 _롬 7:4

여기서 '너희'는 형제들, 즉 예수 믿는 자를 말합니다. 우리 믿는 자들은 그리스도가 십자가에 못 박히실 때 율법에 대하여 죽임을 당하였습니다. 이렇게 하신 것은 우리가 그리스도 안에서 하나님을 위하여 열매를 맺는 삶을 살도록 하기 위함이라는 말씀입니다.

예수 믿기 전에는 단순히 도덕적인 삶의 규범을 따라 살았지만, 이제는 하나님을 위해 열매 맺는 삶을 목표로 삼고 살도록 하십니다. 전에는 육신의 열매를 맺던 우리가 이제는 성령의 열매를 맺게 됩니다. 전에는 '사망을 위한 열매'를 맺었으나 이제는 '생명을 위한 열매'를 맺게 하십니다. 전에는 사탄을 위한 열매를 맺고 살던 우리가 이제는 하나님을 위한 열매를 맺고 살게 된다는 말입니다.

> 내가 이르노니 너희는 성령을 따라 행하라 그리하면 육체의 욕심을 이루지 아니하리라 _갈 5:16

그러므로 믿는 자들은 성령을 따라 행하는 것이 가장 중요합니다. 율법을 따라 행하는 것이 아니라 성령을 따라 행하면 율법은 저절로 지키게 되기 때문입니다. 그렇게 되면 육체의 욕심을 이루지 않게 됩니다.

이제 '무엇을 할지 말아야 할지' 하는 결심이 아니라, 내 안에 계시는 성령님의 인도하심을 잘 분별하고, 성령님이 내 마음을 감동시킬 때 순종하며 따라가는 삶을 살아야 합니다. 빛이 들어오면 어두움은 저절로 물러나듯이, 성령의 빛이 비춰면 어두움의 생각은 물러가게 되어 있습니다.

"하나님을 사랑하라! 그 다음에 이웃을 사랑하라!" 이 두 계명이 십계명의 핵심입니다. 우리가 이웃을 사랑할 수 있기 위해서는 먼저 주님 안에 머물러 하나님의 사랑을 깊이 느끼고, 그 사랑의 부으심을 경험해야 합니다. 마치 우리가 배터리를 충전해야 핸드폰을 계속 사용할 수 있는 것과 같은 이치입니다. 우리가 하나님의 사랑으로 충분히 충전되면 자연스럽게 하나님을 사랑할 수 있게 되고, 동시에 이웃을 사랑할 수 있는 힘을 얻게 되는 것입니다. 이것이 십자가의 사랑이 주는 능력입니다. 하나님을 사랑하고 인간을 사랑하는 일이 법을 지키는 것처럼 힘들지 않고, 점점 더 기쁨으로 섬기고 사랑할 수 있게 될 것입니다.

12

Romans 7:14-25

내면의 갈등을 이기는 세 가지 비결

우리가 신앙생활을 하면서 부딪치는 문제는 바로 '왜 나는 잘 안 될까?'입니다. '나는 예수 믿은 세월이 이렇게 오래 지났는데도 왜 여전히 변화가 없을까? 왜 결심하고 결단했지만 또 쉽게 무너질까?' 이런 것이 우리의 고민이었습니다. 이 고민은 바로 성화의 문제인데, 로마서 6장에서 8장까지가 이 부분을 다루는 것입니다. 그 중에서도 로마서 7장이 가장 이해하기 어렵고 중요합니다. 우리가 평소에 고민하는 문제의 답이면서 바울신학의 클라이맥스 지점에 드디어 오게 된 것입니다.

로마서의 전반부에서는 칭의, 즉 믿음으로 의롭다 함을 받는 것에 중심을 두었습니다. 6장부터는 구원 이후의 성화 단계에 집중하고 있습니다. "칭의로 주어진 구원의 감격이 있는 우리가 어떻게 구원받은 자녀로서 주님의 장성한 분량을 살아낼 수 있을까?" 이런 질문에 대해 바울이 7장에서 아주 논리정연하게 설명했습니다.

바울은 죄에 대한 인간 내면의 갈등을 "원함은 내게 있으나 선을 행하는 것이 없도다"라고 말하면서, 토해놓듯이 이런 고백을 합니다.

오호라 나는 곤고한 사람이로다 이 사망의 몸에서 누가 나를 건져내랴 _롬 7:24

이 구절은 '우리가 어떻게 죄를 이기고 변화되며 승리할 수 있을까'라는 가장 중요한 고민의 문제를 표현한 질문이라고 할 수 있습니다. '내면의 갈등에서 결국 승리하는 비결이 무엇일까요?' 바울이 이 구절에서 그리스도인으로서 고뇌하고 갈등하는 이 질문을 이렇게 신음처럼 내뱉은 것입니다.

이 구절에 나타난 바울의 음성이 너무나 처절하기 때문에, 어떤 주석가들은 이 본문에 나타난 '나'라는 사람은 바울이 아니라 중생하기 이전의 구도자들일 것이라고 말합니다. 예수 믿으면 이렇게 저렇게 변화된다고 강조해온 바울이 '어떻게 7장에 와서 이렇게 무너진 모습을 보여줄 수 있는가'가 의문이기 때문입니다. '믿는 자들이 어떻게 지금도 사망의 몸을 가지고 있다고 말할 수 있겠는가'라는 지적이기도 합니다. 그래서 그렇게 주장하는 사람들은 '이것은 예수 믿기 이전의 바울을 가리키는 것이다'라고 설명하고 싶어합니다.

그러나 더 많은 성경학자들은 이것이 중생 이후의 그리스도인들의 보편적인 경험이며, 이런 고민은 중생한 이후의 우리들에게 여전히 존재할 수 있다고 주장합니다. 저도 물론 후자의 주장에 동의합니다.

우리는 예수를 믿어도 죄로 인하여 무너질 수 있습니다. 그렇다면 대책이 있습니까? 네, 대책도 있습니다. 이것을 이해하기 위해, 우리는 율법의 속성을 다시 알 필요가 있습니다.

↓ 첫째, 율법이 무엇인지 이해하십시오

우리가 내면의 갈등에서 승리하려면 먼저 율법의 기능과 목적이 무엇인지 알아야 합니다.

사람들은 인류가 부도덕하게 살아가는 이유가 도덕을 알지 못하기 때문이라고 생각하였습니다. 그러므로 그 해결 방법은 도덕을 잘 가르치는 일이라고 생각하게 되었고, 가르치는 일에 많은 인력과 돈과 힘을 쏟아부었습니다. 누가 그런 일을 합니까? 정부기관이나 학교나 사회교육기관이 했고, 지금도 그렇게 하고 있습니다.

그러나 성경은 우리에게 무엇을 가르치고 있습니까? 표어로, 혹은 법을 강조한다고 해도 사회나 개인이 새롭게 개혁될 가능성이 없다는 것입니다. 결과적으로 보면, 사회가 아무리 도덕을 강조하고 교육에 돈을 투자한다 해도 일시적인 미봉책이지, 근본적인 해결책이 될 수 없다는 것이 사실입니다. 물론 법으로 다스리는 것도 어느 정도 유익이 있기 때문에 정부는 어찌 하든 노력해야 합니다. 하지만 그런 노력의 결과, 즉 효과에 대해 근본적으로 따져보긴 해야 합니다.

역사상 한 사회가 깨끗해지고 개인이 새로워지는 역사는 도덕을 강조하거나 율법을 강조할 때가 아니라, 사람들에게 영적인 심령의 부흥이 일어날 때였습니다. 사람들이 하나님의 영광을 체험하고 하나님의 깊은 사랑을 발견하기 시작했을 때, 도덕을 강조하지 않아도 그들의 삶이 새로워지는 부흥이 개인과 사회 속에서 일어났던 사례들을 쉽게 찾아볼 수 있습니다.

영국이 그랬습니다. 영국은 감리교 운동을 통하여 혁명의 피 흘림 없이 봉건사회에서 산업사회로 넘어가게 되었습니다. 프랑스에서는 대혁명을 통하여 많은 사람이 죽고 봉건사회에서 산업사회로 넘어갔다면, 영국에서는 신앙운동으로 무혈혁명이 일어났던 것입니다. 그것이 역사에서 증명하고 있는 신앙운동의 경험입니다.

그런즉 우리가 무슨 말을 하리요 율법이 죄냐 그럴 수 없느니라 율법으로 말미암지 않고는 내가 죄를 알지 못하였으니 곧 율법이 탐내지 말라 하지 아니하였더라면 내가 탐심을 알지 못하였으리라 _롬 7:7

독자는 지금까지 '바울이 율법을 당장 없애야 할 것처럼 취급한 것이 아닌가'라고 느꼈을 것입니다. 그렇다면 정말로 율법이 그렇게 가치없는 것일까요? '율법이 그렇게 나쁜 것이라면 하나님이 율법을 왜 주셨을까요?' 이런 의문이 들게 됩니다. '율법이 우리를 거룩하게 하지 못한다고 해서 율법 자체가 죄가 됩니까?'

그래서 사도 바울이 율법의 존재 목적을 밝힌 것인데, 그것은 바로 율법이 죄를 깨닫게 하는 것이라는 점입니다. 율법이 없다면 어떻게 인간이 죄를 깨달을 수 있겠습니까? 예를 들어 자동차의 내비게이션이 없으면 어떻게 새로운 길을 찾아갈 수 있겠습니까?

이전에 제가 처음 운전할 때는 길을 찾기 위해 지도를 보거나 아니면 대충 아는 데까지 일단 갔다가, 차에서 내려 지나가는 행인들에게 물어서 길을 찾곤 했습니다. 그런데 지금은 어느 곳을 가나 스마트폰에, 아예 요즘엔 자동차 자체에 내비게이션 기능이 있어서 누구나 쉽게 찾아갈 수 있게 되었습니다. 내비게이션을 보든 처음 보는 사람에게 물어보든, 어쨌든 길을 찾아갈 때는 누군가로부터 그 길에 대해 가르침을 받아야 됩니다. 일종의 율법과 같은 기능입니다.

이것은 우리가 운전하면서 도로에 그어진 노란색 중앙선을 보고 경각심을 갖는 것과 마찬가지이기도 합니다. 노란색 중앙선은 그 이상을 침범하지 말라는 법의 사인입니다. 그 법이 없다면 운전자가 중앙선을 넘어서고도 자신이 잘못했다는 생각을 하지 않을 것입니다. 그런데 그 법을 알고 있다면 중앙선을 넘었을 때 '내가 잘못했구나'라고 생각하게 되므로, 범법을 미연에 방지하게 됩니다. 노란색 선이 죄를 짓지 못하게 만드는 것이 아니라, 죄가 무엇인지를 가르쳐주는 역할을 한다는 것입니다.

이와 같이 율법의 기능은 율법을 통하여 죄를 깨닫게 하는 것이며, 범법을 방지하는 것입니다. 마찬가지로, 인간은 하나님의 율법 앞에 섰을 때 꼼짝없이 죽을 수밖에 없는 자신의 모습을 발견하게 되며, 이러한 자기 발견이야 말로 구원에 이르는 위대한 발견이 됩니다. 이것이 죄를 이기는 승리의 첫 발걸음이 되기도 합니다. 여기서 '자기 발견'이란 자기가 죄인이라는 것을 아는 것을 말합니다. 이 발견 후에 비로소 "하나님, 제가 어떻게 하면 구원을 받을 수 있을까요?"라는 다음 단계에 대한 질문이 나오게 됩니다.

↓ 둘째, 자아의 본성을 이해하십시오

우리가 내면의 갈등에서 승리하려면 두 번째로 자아의 본성을 알아야 합니다.

> ¹⁴우리가 율법은 신령한 줄 알거니와 나는 육신에 속하여 죄 아래에 팔렸도다 ¹⁵내가 행하는 것을 내가 알지 못하노니 곧 내가 원하는 것은 행하지 아니하고 도리어 미워하는 것을 행함이라 _롬 7:14-15

여기서 '나'와 '내'라고 표현한 '나'가 문제라는 것을 인식해야 합니다.

바로 나의 본성, 즉 자아(自我)의 문제입니다.

자아의 실패를 경험할 수도 있습니다.

이 책의 6장에서 죄를 이기는 방법에 대해서 배웠습니다. '알고, 여기고, 드리라'였습니다. 그런데 문제는 이런 방법을 적용해 보는데도 경험상으로는 여전히 실패한다는 것입니다. 여러분도 지금까지 이 책을 읽으면서 수많은 작정과 결단을 하였을 것입니다. 그런데 결단하면 할수록 실패하는 자기의 모습을 확인하지 않았습니까? 예배, 기도, 성경, 인격적인 변화, 그리고 전도에 이르기까지 충실하려다 보면 어느새 자기 모습이 율법주의로 돌아가 있는 것을 보게 됩니다. 이것저것을 결단해보지만 결국 이루지 못하고 맙니다. 그럴 때 우리는 "나는 역시 안 돼" 하고 자신에게 실망하게 됩니다. 도대체 왜 안 되는 걸까요?

그러나 실망하지 마십시오. 이러한 경험을 통하여 우리는 자신을 좀 더잘 알게 되기 때문입니다. '나는 이게 잘 안되는구나'라고 자신의 약점을알게 되는 것입니다. 계명을 지키며 사는 삶이 분명히 좋은 것이지만, 내가 다 못 지킵니다. 내가 하나님을 잘 믿고 싶고 인격적으로 변화되고 싶지만, 아무리 발버둥을 쳐도 잘 안 되는 것이 있습니다. 그런 자신의 경험을 바울은 이렇게 적고 있습니다.

> ¹⁸내 속 곧 내 육신에 선한 것이 거하지 아니하는 줄을 아노니 원함은 내게 있으나 선을 행하는 것은 없노라 ¹⁹내가 원하는 바 선은 행하지 아니하고 도리어 원하지 아니하는 바 악을 행하는도다 _롬 7:18-19

내가 원하는 것을 행하지 못하고 원하지 아니하는 것을 행하는, 아주 한심한 나를 발견하는 실패를 경험하니 바울조차 자신에 대해 절망하게 된 것입니다.

자아가 철저히 절망해보기도 해야 합니다.

²¹그러므로 내가 한 법을 깨달았노니 곧 선을 행하기 원하는 나에게 악이 함께 있는 것이로다 ²²내 속사람으로는 하나님의 법을 즐거워하되 ²³내 지체 속에서 한 다른 법이 내 마음의 법과 싸워 내 지체 속에 있는 죄의 법으로 나를 사로잡는 것을 보는도다 _롬 7:21-23

바울은 자신의 경험에 따르면, 잘 믿고 싶어서 법을 정해 놓고 열심히 해보았지만, 그것으로는 이길 수 없었다고 말합니다. 법을 정해 놓았다는 것은 어떤 지켜야 할 원리를 깨달았다는 말입니다. 예컨대 죄를 이기는 원리를 깨닫고 그것을 법으로 정해서 지켜보았지만, 며칠 지나지 않았는데도 계속 지키기 어렵더라는 것입니다. 기도와 금식으로도 이길 수 없는 자신의 한계가 있다는 것입니다. 그러면서 깨달은 것이, 근본적으로 우리 육체에 죄를 짓게 만드는 어떤 힘이 있다는 사실입니다. 어떤 죄의 세력이 내 안에 있어서 내가 죄를 짓게 만든다는 사실을 깨닫게 된 것입니다. 그래서 24절의 유명한 고백을 한 것입니다.

오호라 나는 곤고한 사람이로다 이 사망의 몸에서 누가 나를 건져내랴 _롬 7:24

'곤고하다'라는 말은 헬라어로 '탈라이포로스'인데 심한 고난을 겪은 사람에 대한 표현입니다. '아 나는 심한 고난을 겪은 사람이다. 이 사망의 몸에서 누가 나를 건져 낼 수 있겠는가?' 이렇게 철저히 절망에 빠진 자신을 보니 참 한심하다는 생각이 들게 됩니다.

우리는 율법과 의에 대한 논쟁을 배우면서 로마서 5장과 6장을 지나 7

장까지 왔는데, 결론은 '오호라 나는 곤고한 사람이로다'입니다. '그러니 이 사망의 몸에서 누가 나를 건져내랴?'라고 바울이 고백한 것입니다. 자신을 곤고한 사람으로, 쓰레기 같고 죽은 것 같은 사망의 몸으로 표현했는데, 얼마나 절망을 느꼈으면 그렇게 표현했겠습니까? 사도 바울이 이런 절망 가운데 살았다면 우리 같은 사람은 얼마나 더 절망을 경험하며 살아야 할까요? 그런데 이것은 안타까운 결론이 아니라, 사실 바울이 의도한 것이었습니다. 바울은 우리 안에 죄의 세력이 있다는 것을 일찍이 깨달았습니다. 독자도 그것을 깨닫게 하려 한 것입니다.

우리들 대부분도 24절의 고백 속에서 살고 있습니다. 누구나 예수를 믿으면서도 죄에 대해 실패와 절망을 경험하게 됩니다. 그렇다면 이것이 끝일까요? 예수 믿는 끝이 완전한 절망이라면 우리에게는 희망이 없는 건가요? 사도 바울이 지금까지 얼마나 논리적으로 죄를 이기는 비결에 대한 이야기를 전개해 왔는지 보십시오. 우리는 지금까지 이런 내용을 공부해 왔습니다.

죄를 이기는 비결 : 알라 > 여기라 > 드리라 > 경험하라 > 절망하라 > ?

우리는 이 과정으로 바울의 논리를 따라왔습니다. 하지만 알고 여기고 드려도, 그것을 막상 경험해보는 자는 결국 알게 됩니다. 절망하게 된다는 것을…. 우리는 왜 절망할 수밖에 없을까요? 그 이유는 바로 내 몸, 즉 육신이 문제이기 때문입니다. 내 힘으로는, 내 능력으로는 안 됩니다. 내 힘으로는 도대체 이길 수 없다는 사실을 결국 알게 되는 것입니다. 그러면 어떻게 해야 할까요?

↓ 셋째, 오직 예수 그리스도 안에 거하십시오

우리 주 예수 그리스도로 말미암아 하나님께 감사하리로다 그런즉 내 자신이 마음으로는 하나님의 법을 육신으로는 죄의 법을 섬기노라 _롬 7:25

바울은 예수 그리스도로 인하여 하나님께 감사하는데, 자신에게 두 가지 법이 있다는 것을 알았습니다. 다른 말로, 우리 안에 두 생명이 있는 것입니다. 하나는 죄의 법을 따르는 내 육신의 생명이고, 또 하나는 하나님의 법을 따르게 하는 예수의 생명입니다. 내 육신의 생명으로는 신앙생활에 승리할 수 없다는 사실을 바울이 경험하였습니다. 그리고 이런 결론을 내립니다.

"나는 이제부터는 내 생명 쓰지 않겠고, 예수 생명으로 살겠다."

열심히 살면 될 줄 알았더니 안 되더라는 것입니다. 내 열심으로 죄를 이기는 비결 같은 걸 다 알고 믿어도 안 된다는 것입니다. 그러니 더욱 예수 생명으로만 살아야 되겠다고 결론을 내린 것입니다. 그러므로 예수 믿는 우리가 왜 절망으로 끝날 수 없습니까? 주 예수 그리스도로 말미암은 생명이 있기 때문입니다. 나 자신은 의지할 대상이 되지 못합니다.

그렇다면 예수 생명으로 산다는 것이 무엇을 말하는지 알아야 할 것입니다. 요한복음에서 그 답을 보겠습니다.

[5]나는 포도나무요 너희는 가지라 그가 내 안에, 내가 그 안에 거하면 사람이 열매를 많이 맺나니 나를 떠나서는 너희가 아무 것도 할 수 없음이라 [6]사람이 내 안에 거하지 아니하면 가지처럼 밖에 버려져 마르나니 사람들이 그것을 모아다가 불에 던져 사르느니라 _요 15:5,6

우리가 예수님 안에 거하면 열매는 저절로 맺힙니다. 그러므로 예수 생명으로 살려면 내가 예수님께 붙어 있어야 합니다. 나를 주님께 드리는 것입니다. 어떻게 하면 그것이 가능할까요? 사실은 단순합니다. 주님을 믿는 것입니다. 믿으면 주님 안에 거하게 됩니다.

예수님이 십자가에서 이루신 일들, 즉 구원, 성령 충만, 치료, 축복, 거룩, 평강, 천국 같은 예수 생명의 내용들을 믿을 때, 주님의 약속이 내 삶 가운데서 이루어집니다. '알고 여기고 드리게' 됩니다. 한 번 실패했다고 '난 안 돼' 하는 것이 아니라, 실패할 때마다 처음으로 돌아가서 다시 시도하면 됩니다. 반복하면 되는 것입니다.

신앙의 성장은 반복하는 훈련입니다. 걸음마를 배우는 아이를 생각해 보십시오. 아무리 왕족으로 태어났다 해도 걸음마부터 걷는 것을 배워야 합니다. 우리도 예수를 계속 믿다 보면 언젠가는 성장하여 승리하게 되고, 죄가 뿌리째 뽑히는 날이 오게 될 것입니다. 그런 면에서 구원의 확실성과 보장성을 믿어야 합니다. 현재의 나 자신을 보려 하지 말고 주님만 바라보고, 다시 믿음으로 나아가면 또 주님 안에 있게 됩니다. 이런 반복적 사이클을 통하여 점점 더 예수 안에 있는 방법을 터득하게 됩니다.

제가 신학교 다닐 때, 내려놓고 그만둔 회사에서 자금 문제가 생기면 저한테 달려오곤 했습니다. 제가 다닌 신학교는 야간에 공부하는 목회대학원이었는데, 그 시간에 회사의 재정부장이 와서 사인을 해달라고 했습니다. 그런 일들의 대부분은 돈과 관련된 문제였습니다. 은행 서류에 사인해야 된다든지, 보증 공증서에 사인하는 일들이었습니다. 제가 당시 회사의 일정 지분을 여전히 갖고 있었기 때문에 감수해야 할 짐이었습니다. 신학교에 들어갔어도 여전히 그렇게 해야 하는 상황이었습니다.

어느 날 직원이 제가 공부하는 데 또 찾아와 서류에 사인해달라고 했습니다. 착잡한 마음으로 사인을 해주고, 그날 밤에 삼각산으로 기도를 드리러 갔습니다. 산에서 저는 주님께 투정하는 기도를 드렸습니다.

"주님, 신학생인 내가 무엇을 할 수 있습니까? 이미 신학생인데, 회사를 다 내려놓은 지 1년이 지났는데도 여전히 나는 회사의 문제와 이렇게 얽혀 있으니, 어찌 해야 합니까? 주님, 저는 이제 모르겠습니다. 회사가 살든지 망하든지 이제는 관여하지 않겠습니다. 주님이 알아서 책임져 주세요."

그날 그 기도를 하고 나니 이상하게도 제 마음에 회사에 대한 부담이 싹 사라져 버렸습니다. 그 다음부터는 회사가 어렵다는 연락이 와도 제 마음이 그렇게 힘들지 않았습니다. 그전까지는 회사와 내가 연결되어 있었기 때문에, 회사가 어려움을 당하면 나도 어려워지지 않을까 하는 근심이 떠나지 않았는데, 그날 그렇게 기도한 뒤로는 걱정이 되지 않았습니다.

그 이후로 정말 회사의 문제가 제게 심각한 문제로 여겨지지 않았습니다. 그 뒤로는 회사에서 저에게 어려운 기도제목을 요청해도 저는 주님께 툭 던지듯이 기도했습니다. "아버지, 회사가 어렵다네요. 아버지가 어떻게 손 좀 써주세요." 이런 식으로 기도하게 되었습니다. 그런데 그럴 때마다 기적같이 문제가 해결되었습니다. 그 회사는 30년이 지난 지금까지도 발전하고 있습니다.

우리는 눈물로 기도해야 응답이 있을 줄 압니다. 사실 다른 사람의 문제를 위해서는 그렇게 간절하게 기도해야 하는 것이 맞습니다. 그래야 응답이 있습니다. 그러나 나와 관련된 문제는 간절함이 도리어 내 본성과 관련된 문제일 수 있으므로, 오히려 내가 아버지께 내려놓는 것이 기도 응답이 가까이 왔다는 사인입니다. 결국은 나 자신을 의지하지 않고 전적으로 하나님만 의지할 때, 주님이 응답해주시는 것을 알아야 합니다.

재정적인 문제가 있습니까? 하나님이 알아서 하실 수 있도록 맡겨보십시오.

"나는 흥하든지 망하든지 하나님이 나를 부르셨으니 하나님 부르신 대로 따라가겠습니다."

　모든 결정을 내 의지대로 내가 결정해놓고 "이렇게 저렇게 해주지 않으시면 내가 죽습니다"라고 기도하는 것이 아니라, 그냥 "주님 뜻대로 아멘입니다. 내가 순종하겠습니다" 하는 마음으로 문제를 내려놓고 기도할 수 있을 때, 비로소 내가 죽고 내 안에 그리스도가 사셔서 응답하시는 기도가 될 것입니다. 그렇게 하다 보면 어느 날 하나님께서 성령의 바람을 보내셔서 날개를 띄워, 마치 비행기가 날 듯이 높이 비상할 때가 오게 될 것입니다.

13

Romans 8:1-17
생명의 성령의 법을
따르는 방법

예수를 구주로 믿고 살다 보면, 우리는 주님 안에 거하는 삶을 살게 됩니다. 주님 안에 거하면 주님의 생명 안에 거하게 됩니다. 주님의 생명 안에는 죄가 있을 수 없습니다. 그러므로 주님 안에 온전히 거하는 시간은 죄에서 벗어나는 시간이 됩니다.

우리는 이미 스스로 죄의 문제를 해결할 수 없음을 알았습니다. 우리가 죄의 문제를 해결하기 위해서는 죄에 대하여 죽고 율법에 대하여 죽고 내 육신에 절망하는 과정을 경험함으로써, 내 안에 철저히 그리스도만 살게 하는 신앙이 되어야 합니다.

그러므로 이제 그리스도 예수 안에 있는 자에게는 결코 정죄함이 없나니 _롬 8:1

정죄함이 없다는 말은 무엇을 말합니까? 예수 안에 있으면 누구도 우리의 죄를 판단하고 심판할 수 없다는 말입니다. 우리를 심판하실 수 있는 유일한 분은 예수님이시기 때문입니다. 우리가 예수 안에 있으면 예수의 생명과 접촉하게 됩니다. 그러면 그 생명의 역사가 우리 가운데 나타나게 됩니다. 그래서 우리에게 결코 정죄함이 없게 됩니다. 그 생명의 역사가 일어날 수 있도록 도와주는 분이 계십니다. 그분이 바로 성령님이십니다.

> 이는 그리스도 예수 안에 있는 생명의 성령의 법이 죄와 사망의 법에서 너를 해방하였음이라 _롬 8:2

그리스도 예수 안에 있는 자는 죄와 사망의 법에서 해방되었습니다. 그리스도 예수 안에 있는 생명의 성령의 법이 죄와 사망의 법에서 우리를 해방하였기 때문입니다. 우리가 이미 죄에서 자유로워졌다는 말입니다. 그래서 아무도 정죄할 수 없습니다. 하나님이 용서하시고 이미 받으신 자를 누가 정죄할 수 있습니까?

바울은 바로 앞 장의 마지막 부분에서, 죄와 사망의 법 안에 있었을 때는 '오호라! 나는 곤고한 자로다'라고 고백하였는데, 이제 생명의 성령의 법이 죄와 사망의 법에서 완전한 해방을 시켰다고 반전시키고 있습니다. 그렇다면 생명의 성령의 법이 무엇인지 살펴보겠습니다.

↓ '생명의 성령의 법'이란 무엇일까요?

자연계의 법칙 중에 중력의 법칙이 있습니다. 무게가 있는 물질은 지구의 인력에 의해 지구 중심 방향으로 떨어진다는 법칙입니다. 지구가 물체를 끌어당기는 힘인 것입니다. 그런데 무거운 비행기가 어떻게 떨어지지 않고 하늘을 날 수 있을까요? 중력보다 큰 힘이 있기 때문입니다. 그 힘이 바로 양력입니다. 양력은 비행기가 속력을 내고 달릴 때 양 날개 위와 아래의 공기압 차이를 이용해서 만들어지는 힘입니다. 이 양력이 중력보다 크면 비행기가 뜨게 됩니다.

우리가 이 세상을 살 때, 죄와 사망의 법은 마치 중력처럼 우리를 잡아당기고 있습니다. 생명의 성령의 법은 비행기의 양력과 같이 정죄의 중력을 이기는 힘이라고 할 수 있습니다. 그러므로 생명의 성령의 법이 양력처럼 크게 작동하면 중력 같은 죄와 사망의 법을 이길 수 있게 됩니다.

죄와 사망의 법은 지구가 중력을 가진 것처럼 육체를 가지고 있는 한 없어지지 않습니다. 그러나 성령님의 도움으로 생명이 양력처럼 역사하면 죄를 이길 수 있게 되는 것입니다. 이것이 바로 "예수 안에 있는 생명의 성령의 법이 죄와 사망의 법에서 우리를 해방시킨다"라는 2절 말씀의 의미입니다.

비행기가 날지 않을 때는 공항에 서 있습니다. 비행기가 저속으로 활주로에서 이동할 때는 자동차처럼 바퀴로 이동합니다. 낮은 속도로는 비행기가 뜰 수 없습니다. 그러나 비행기가 속력을 높여 전속력으로 달려 어느 이상의 속도가 나면 떠서 하늘 높이 날게 됩니다. 이와 같이 죄와 사망의 법이 평소에는 우리를 끌어당겨서 죄를 이길 수 없게 만들다가, 우리 안의 생명의 성령의 법이 강력하게 역사하기 시작하면 우리는 죄를 이길 힘을 얻게 되는 것입니다. 이 힘이 바로 생명의 성령의 법이고, 결국은 죄와 사망의 법을 압도하여 죄를 이기게 합니다.

로마서 8장은 '법'에 대해 설명합니다. 법은 헬라어로 '노모스'라고 합니다. 로마서 8장 2절에서 법이라는 개념은 매우 중요합니다. 법은 일종의 원리, 규칙, 질서라고 할 수 있습니다. 2절이 우리에게 말하는 것은 법에는 '생명의 성령의 법'과 '사망과 죄의 법' 두 가지가 있다는 것입니다. 생명에도 법이 있고, 죄와 사망에도 규칙이 있다는 말입니다. 그런데 우리 안에 하나님의 생명이 이미 들어와 있습니다. 그 생명에는 법이 있습니다. 그 법을 충족시키면 예수의 생명이 유출됩니다. 예수 생명을 충족시키는 방법은 우리가 예수를 믿고 가치처럼 붙어 있고 그분 안에 거하는 것입니다. 단, 대충 믿어선 안 됩니다. 비행기가 활주로를 전속력으로 달려야 양력을 얻게 되듯, 우리는 예수의 생명이 유출될 수 있도록 영적인 활주로를 온전히 달려야 합니다. 천천히 달려서는 죄와 사망의 법을 이길 정도의 힘을 얻지 못하기 때문입니다. 온 힘을 다해 최대의 속력으로 달리면, 어느 순간 죄와 사망의 법에서 해방되는 때가 오게 됩니다.

이제 생명의 법을 유출시킬 수 있는 영적 방법이 무엇인지 구체적으로 배우도록 하겠습니다. 비행기가 뜨는 원리를 생각하면서, 생명의 법을 얻기 위해 자신이 영적으로 어떤 속도로 달려야 할지 생각해보기 바랍니다.

↓ 예수 안에 거하려면 영의 일을 '생각'하십시오

육신을 따르는 자는 육신의 일을, 영을 따르는 자는 영의 일을 생각하나니
_롬 8:5

예수 안에 거하여 생명의 법을 강하게 유출시킬 수 있는 첫 번째 방법은 '생각'입니다. 비행기가 활주로에서 온 힘을 다해 달리는 것처럼, 우리의 생각을 영적인 일에 집중하는 것입니다. 생각을 세상, 문제, 질병, 염려, 근심에 두지 말고 성령에 두어야 합니다. 이 말씀은 우리가 생각을 육신에 두면 육신의 일을 하게 되고, 영에 두면 영의 일을 하게 된다고 가르치고 있습니다. 그러므로 우리가 어떤 생각을 하고 있는지가 중요합니다.

영의 생각을 따르는 자가 생명을 유출시킬 수 있습니다. 영의 생각에 집

중하여 어느 정도 영의 생각이 깊어질 때 예수의 생명이 흘러나옵니다. 영의 생각을 했다고 바로 생명을 얻는 게 아니라, 영의 생각에 집중하고 묵상할 때, 혹은 기도할 때 예수의 생명이 흘러 우리의 혼(지정의)이 감지하게 되고, 육체로 전달되어 죄를 이기는 힘을 얻게 되는 것입니다.

그런데 우리는 이렇게 생각할 수 있습니다.

'우리가 예수를 믿으면 영의 생각을 자연스레 하게 되는 것이 아닌가?'

아닙니다. 성경은 그렇지 않다고 말씀하십니다. 우리에게는 수시로 육의 생각과 영의 생각이 교차되고 있습니다. 마태복음 16장 13절 이하를 보면 예수님이 제자들에게 "너희는 나를 누구라고 생각하느냐"라고 물으셨습니다. 그러자 베드로가 이렇게 대답했습니다.

> [16] 시몬 베드로가 대답하여 이르되 주는 그리스도시요 살아 계신 하나님의 아들이시니이다 [17] 예수께서 대답하여 이르시되 바요나 시몬아 네가 복이 있도다 이를 네게 알게 한 이는 혈육이 아니요 하늘에 계신 내 아버지시니라 _마 16:16-17

베드로가 얼마나 중요한 신앙고백을 했습니까? 예수님이 그렇게 듣기 원하셨던 신앙고백을 했습니다. 베드로는 옳은 대답을 했고, 예수님은 기쁘셨습니다. 베드로의 대답이 100퍼센트 정확한 대답이었기 때문입니다. 예수님은 베드로를 칭찬하시면서 "네가 잘 대답할 수 있었던 것은 혈육으로 가능한 일이 아니라 하늘에 계신 아버지의 생각을 알았기 때문"이라고 말씀하셨습니다. 이때 베드로는 분명히 영의 생각을 하였다고 볼 수 있습니다. 그런데 예수님은 그 고백을 들으시고 난 다음, 계속해서 예수님께서 받으실 고난에 대해 이어서 말씀하셨습니다. 그러자 이번에는 베드로가 예수님을 붙들고 항변하며 "그렇게 하지 마시라"고 했습니다. 그러자 이번에는 예수님이 화를 내시며 이렇게 말씀하셨습니다.

예수께서 돌이키시며 베드로에게 이르시되 사탄아 내 뒤로 물러 가라 너는 나를 넘어지게 하는 자로다 네가 하나님의 일을 생각하지 아니하고 도리어 사람의 일을 생각하는도다 하시고 _마 16:23

조금 전에 베드로가 어떻게 했었나요? 베드로는 완전한 영의 생각을 말하였고 그 일로 예수님께 칭찬을 들었습니다. 하지만 그런 다음에 예수님은 그에게 "사탄아!"라고 야단을 치셨습니다. 베드로가 사탄이라서가 아니라, 베드로 안의 사탄이 육신의 생각을 집어넣었다고 보신 것입니다.

베드로가 사탄 취급을 받은 이유는 그가 하나님의 일, 즉 영의 일을 생각하지 아니하고 사람의 일, 즉 육의 일을 생각했기 때문입니다. 조금 전까지는 영의 일을 생각했지만, 곧바로 육의 일을 생각했던 것입니다. 그래서 예수님이 베드로에게 "하나님의 일을 생각하지 않고 사람의 일을 생각한다"라고 혼을 내신 것입니다.

우리는 베드로가 예수님의 1등 제자임에도 불구하고 그의 생각이 조석변개(朝夕變改)하듯 변한 것을 볼 수 있습니다. 우리도 순간마다 영의 생각에서 육의 생각으로, 육의 생각에서 다시 영의 생각으로 바뀔 수 있습니다. 우리는 경험으로 그것을 알 수 있습니다.

우리도 나쁘고 더러운 생각을 할 수 있습니다. 하지만 육의 생각으로 가득 차면 사망이, 영의 생각으로 가득 차면 생명과 평안이 따라오게 됩니다. 우리가 어떤 생각을 하느냐에 따라 그 결과가 생명이냐 사망이냐를 낳게 하는 것입니다. 베드로는 잠깐 사이에 천국과 지옥을 경험했습니다.

우리도 성령을 받았으니 이제는 항상 영의 생각만 한다고 자신할 수 있겠습니까? 그것이 아니라는 말입니다. 우리도 베드로와 마찬가지로, 영의 생각과 육의 생각이 수시로 교차하고 있습니다. 그래서 사람들에게 '예수 믿는 사람이 왜 저래?'라는 소리를 들을 수도 있습니다.

세상 사람 중에서 기독교인들에게 "교회 다니는 사람이 어떠하기 때문에 나는 교회 안 다닌다"라고 말하는 사람을 봅니다. 그건 영의 법칙을 몰라서 하는 소리입니다. 기독교인도 예수를 믿고 성령을 체험했어도 생각은 수시로 바뀔 수 있습니다. 물론 예수 믿기 전에는 육의 생각밖에 하지 않았습니다. 그러다 예수님을 믿으니 영의 생각과 육의 생각이 자기 안에 함께 교차하고 있다는 것을 알게 되었고, 그것으로 인해 안에서 갈등이 더욱 크게 나타나고 있을 뿐입니다. 그런데 이제는 우리가 무엇을 배우게 되었습니까? 생각을 다루는 법을 배운 것입니다. 우리가 죄를 이기려면 내가 주체가 되어서는 안 되고, 내가 죽고 영의 생각에 집중할 때라야 비로소 이길 수 있게 된다는 걸 말입니다.

육신의 생각은 사망이요 영의 생각은 생명과 평안이니라 _롬 8:6

영의 일을 생각하는 사람은 우리 안에 계신 하나님의 영에서 따뜻하고, 평안하고, 온유하며, 밝고, 일치하는 생명을 느낄 수가 있습니다. 그러나 육신의 일을 집중하다 보면 사망의 생각이 들게 됩니다. 사망의 결과는 죽음이고, 답답하고, 불안하고, 차갑고, 어둡게 느껴지는 것입니다. 그래서 우리가 눈에 보이는 대로 육신의 생각에 사로잡히면 금세 답답해지고 불안해지고 두려워집니다. 하지만 하나님의 말씀을 묵상하고 기도하고 예배를 드리면 영의 생각이 우리의 영 안에 주입됩니다. 그러면 우리도 모르게 소망이 생기고, 믿음이 생기고, 기쁨이 생기고, 즐거움이 생기고, 답답함이 물러가고, 불안함이 물러가고 자신감이 생겨서, 그 믿음을 붙잡게 되고 소망 가운데 살게 되는 것입니다. 그래서 생각이 육신에 붙잡혀 있으면, 베드로가 예수님께 그랬던 것처럼 하나님을 기쁘시게 할 수 없습니다.

육신에 있는 자들은 하나님을 기쁘시게 할 수 없느니라 _롬 8:8

그러므로 우리는 생각이 육신에 있지 않고 하나님 안에 있도록 해야 합니다. 그렇다면 우리가 '육신에 있지 않고 하나님 안에' 있으려면 어떻게 해야 할까요?

만일 너희 속에 하나님의 영이 거하시면 너희가 육신에 있지 아니하고 영에 있나니 누구든지 그리스도의 영이 없으면 그리스도의 사람이 아니라 _롬 8:9

그리스도의 영, 즉 성령이 임해야 합니다. 성령이 아니고는 누구도 주를 그리스도로 고백할 수 없습니다. 예수 믿는 사람은 하나님의 영이 그 안에 거하십니다. 이것을 성령의 내주(indwelling)라고 말합니다. 예수님을 영접하는 자의 영 안에 예수님의 영이신 성령이 거하는 상태입니다. 그러므로 영의 생각은 하나님 안에서 하나님을 생각하는 것입니다.

우리는 하나님의 사랑을 생각하고, 예수님이 하신 일을 생각하며, 성령님께서 주신 감동과 선물들을 자주 생각해야 합니다. 성령이 주신 각종 은사와 열매를 생각할 때, 내 안에 있는 하나님의 생명이 흘러나와 열매를 맺게 됩니다. 이런 생각이 모두 하나님이 주신 영의 생각입니다. 그러나 우리가 이런 영의 생각을 하지 않으면 육의 생각을 하게 됩니다. 그럴 때는 즉시 육의 생각의 스위치를 꺼버리고 영의 생각의 스위치를 켜야 합니다. 그리고 영의 생각에 속도를 내야 합니다. 영의 생각에 깊이 집중하는 것입니다. 그러자면 항상 말씀을 묵상해야 합니다. 기도해야 합니다. 찬양해야 합니다. 따라서 영의 사람에게 가장 중요한 일은 예배라야 합니다.

하나님의 생각에 집중하도록 찬양과 기도와 말씀과 간증과 고백과 헌금을 하나로 모아놓은 것이 예배입니다. 예배는 영의 생각에 집중하기에 가장 좋은 길입니다. 특히 통성기도를 통해 더 빨리 집중할 수 있습니다. 통성기도는 군중 속에서의 골방기도라고 할 수 있습니다. 주위의 소리에 귀를 기울이지 않도록 집중하는 것이 통성기도이기 때문입니다. 어떤 이들은 통성기도를 폄하하기도 하는데, 이는 통성기도의 능력을 몰라서 하는 말입니다.

새벽에 혼자 조용히 큐티에 집중하는 것도 성령의 생각을 유출시키는 한 방법입니다. 말씀을 대충 읽지 말고 반복해서 읽고 암송하며 읊조립니다. 마치 소가 한가한 때에 자기 위 속에 보관했던 식물을 꺼내어 다시 씹어 양분을 섭취하듯이, 수시로 암송하는 묵상을 통하여 성령의 생각이 유출되는 것을 경험할 수 있습니다. 어떤 분들은 찬양할 때 성령의 유출을 경험합니다. 찬양은 곡조 있는 기도이기 때문에, 가사를 묵상하면서 부를 때 집중할 수 있고 성령의 생각을 유출시킬 수 있습니다.

우리는 각자 나름대로, 자기에게 가장 적합한 방식으로 영의 생각에 집중할 수 있도록 해야 합니다. 이렇게 수시로 속도를 내어 집중하다 보면 비행기가 이륙하듯 영이 비상하는 경험을 하게 되고, 영의 생각이 무엇인지를 깨닫게 되며, 그 시간이 기다려짐으로 죄를 이기며, 세상을 이기며, 문제를 이기며, 사탄을 이기며, 생명의 성령의 법으로 살게 되는 경험을 쌓게 되는 것입니다.

넘치는교회(이창호 담임목사)는 주일에 6-7시간 동안이나 집중하여 예배를 드리는 청년 중심의 교회로 알려져 있습니다. 그 교회는 주일예배에 찬양 2시간, 말씀 2시간, 기도 2시간, 총 6시간을 할애합니다. 그런 다음에 30분은 교제와 광고와 헌금을 하는 시간입니다. 이렇게 오랜 시간 주일예배를 드리고 있어서, 자칭 '골 때리는 교회'(Goal Hitting Church)라고 주장합니다. 이 교회의 예배가 놀라운 것은 찬양, 말씀, 기도 시간의 강도가 웬만한 교회보다 몇 배나 더 높다는 것입니다. 그래서인지 청년들이 이 교회에 와서 하나님을 인격적으로 만나고 변화되는 모습을 보게 됩니다. 이는 넘치는교회가 예배를 통하여 영의 생각에 집중할 수 있는 기회를 열어주기 때문입니다. 예배를 통하여 영의 양력이 육의 중력보다 커지기 때문입니다. 하나님은 다음세대의 무너진 예배를 부흥시키시려고 넘치는교회를 사용하고 계십니다. 이런 예에서 보듯, 예배가 매우 중요합니다.

특히 목회자는 예배 시간에 찬양을 통해서, 기도를 통해서, 말씀을 통해서 성도들이 성령의 생각에 집중할 수 있도록 해야 합니다. 그리하여 생명을 유출할 수 있도록 도와주면 성도들에게 변화가 일어나게 됩니다. 목회자들은 어떻게 하면 성도들이 영의 생각에 집중하여 생명을 유출할 수 있게 할 것인지에 대해 기도하고 방법을 찾아야 할 것입니다. 예배나 교회모임에서 졸게 만들거나 대충 시간만 때우는 식으로 하면 절대로 비상하는 영의 생명을 유출할 수 없기 때문입니다. 생명을 유출시킬 수 없게 만드는 것은 주님의 양무리들을 맡은 사역자로서는 직무유기라고 할 수 있습니다. 성도들이 영의 생각을 하지 못하니 생명이 유출될 일이 없고, 육의 생각으로 가득 차서 서로 갈등하며 싸우는 교회가 될 것은 불을 보듯 뻔합니다.

목회자마다 은사가 다르기 때문에 일률적으로 어떻게 해야 한다고 말씀드릴 수는 없습니다. 어느 교회의 목회자는 말씀을 깊이있게 전달함으로써 성도들로 하여금 영의 생각에 집중하게 하여 생명을 유출시킬 수 있습니다. 어떤 목회자는 기도회를 통해서 영의 생각에 집중하게 하여 생명을 강하게 유출시킵니다. 어느 목회자는 찬양으로 생명을 유출시킵니다. 구역조직을 활성화하여, 사랑의 교제를 통하여 생명을 유출시킬 수도 있습니다. 제자훈련과 교육을 통하여 생명을 유출시키기도 합니다.

성도들도 자신이 영의 생각을 잘하고 있는지 살펴보아야 합니다. 성도들이 가장 집중해야 할 일은 역시 예배입니다. 예배를 통해 자신이 어떻게

로마서 17장

영의 생각에 집중하여 생명을 유출시킬 수 있을까를 생각하며 은혜를 사모해야 합니다. 사모하는 마음으로 예배의 자리, 배움의 자리, 기도의 자리, 봉사의 자리에 임해야 합니다. 예배에 성공해야 신앙생활도 성공하게됩니다. 신앙생활에 성공할 때, 세상에서도 하나님이 뜻대로 살아서 하나님이 보시기에 성공적인 인생을 살게 됩니다.

두빌립 선교사는 우리 교회에 온 지 2년 만에 전문인 선교사로 자원하여 지금은 N국에서 사역하고 있습니다. 두빌립 선교사는 영상과 사진 전문가였습니다. 15년 전부터 하나님이 주셨던 마음이 자신의 달란트로 하나님께 영광을 돌리는 일이어서 사진과 영상으로 교회를 섬겨왔습니다. 그러다가 우리 교회에 와서 2년 만에 선교사로 나가겠다고 자원하게 되어 파송을 받게 되었습니다. 두 선교사가 선교사로 나가기 전에 간증하는 시간이 있었습니다. 그가 우리 교회에 왔을 때, 어느 날 제 설교를 듣고 이런 결심을 했다고 합니다. "내 안에 모셔 들인 성령님을 소멸시키지 않기 위하여, 할 수 있는 한 모든 공예배에 집중하여 참석해야 하겠다." 그 뒤로는 불가피한 경우를 제외하고는 모든 공예배에 절대 빠지지 않겠다고 결심했습니다. 그 뒤로 금요철야, 주일예배, 특별집회 등에 빠지지 않고 참석하였습니다. 그렇게 2년을 열심히 적극적으로 참여하였더니 마음속에 막연히 잠자고 있던 비전이 살아서 꿈틀대며 자신을 충동하더라는 것입니다. 두 선교사가 2년 동안 공예배에 집중하다 보니 비전이라는 생명이 자신을 선교사로 자원하게 만들었던 것입니다.

여러분이 과거에 비전을 받은 적이 있었지만, 지금 그 비전이 비상하지 못하고 막혀 있는 것 같은 답답한 마음이 있습니까? 그렇다면 그 이유가 무엇인가를 살펴보아야 합니다. 당신의 예배가 당신을 띄울 만큼 은혜로 드려지고 있습니까? 모든 예배를 전심으로 집중하여 드리지 않으면 백번을 드리더라도 당신 안에 있는 생명이 유출되지 않습니다.

우리는 한 번의 예배라도 살아있는 예배가 되도록 마음을 다하고 뜻을 다하고 힘을 다해야 합니다. 그러면 생명의 성령의 법이 우리 안에서 충만하게 흐르게 될 것입니다.

↓ 예수 안에 거하려면 몸의 행실을 죽이십시오

예수님 안에 거하는 두 번째 방법은 몸의 행실을 죽이는 것입니다.

> 너희가 육신대로 살면 반드시 죽을 것이로되 영으로써 몸의 행실을 죽이면 살리니 _롬 8:13

영의 생각에 집중하고 주님 앞에 기도하면, 주님이 빛이 되셔서 우리를 비추어주실 때가 있습니다. 우리는 주님이 비춰주시는 그 빛을 통하여 주님과의 교통이 일어나기 시작합니다. 성령님과의 교통이 생기는 것입니다. 그러면 '내가 어떤 부분이 잘못되었구나'라고 깨닫고 죄가 드러나게 됩니다. 그것이 드러나면 그 부분을 주님 앞에서 철저히 고백해야 합니다. 그리고 주님의 용서를 구해야 합니다.

"하나님, 저에게 이런 부분(죄악, 습관, 성격)이 있습니다."

우리가 주님 안에 있으면, 주님은 우리의 모습을 보여주십니다. 죄악, 습관, 성격의 연약함이나 하나님의 마음에 합하지 않은 것들을 보여주실 때 우리는 즉시 회개해야 합니다.

"하나님! 제가 잘못했습니다. 제게 아직도 이런 불신앙이 있습니다. 제게 이런 불순종이 있습니다. 주님! 저를 불쌍히 여겨 주세요. 주님! 어떻게 해야 할까요?"

이렇게 기도할 때, 우리는 이미 응답을 얻은 것이나 다름없습니다. 주님이 죄를 보여주시기 때문에, 그 죄에 대해서 내가 처리하기로 작정하면 됩니다. "성령님이 처리하라고 보여주신 것을 처리하겠습니다. 순종하겠습니다." 이렇게 결단하는 저와 여러분이 되기를 바랍니다.

> 만일 우리가 우리 죄를 자백하면 그는 미쁘시고 의로우사 우리 죄를 사하시며 우리를 모든 불의에서 깨끗하게 하실 것이요 _요일 1:9

우리가 영의 생각에 집중할 때 성령의 빛이 우리 안에서 점점 밝게 분명히 비칩니다. 처음에는 희미하게 보이다가, 점점 더 강한 빛이 비칩니다. 빛이 비치면 무엇이 보입니까? 내가 보입니다. 감추어졌던 나의 행실이 보이기 시작합니다. 나의 추한 모습을 보게 되는 것입니다. 그럴 때 그 어두운 모습을 주님 앞에 가지고 나와 자백하게 됩니다. 죄를 가르쳐 주시는데 회개하지 않을 수 있겠습니까?

우리가 죄를 자백하면 우리를 모든 불의에서 깨끗하게 하십니다. 주님은 그때마다 미쁘시고 의로우사 우리 죄를 사하십니다. 나의 나쁜 버릇과 습관이 뿌리째 뽑혀 버립니다. 우리가 의지를 갖고 결단하는 것과는 완전히 다른 차원으로 죄의 근원을 뿌리부터 뽑게 해주십니다. 그럴 때 우리는 점점 하나님의 생명으로 이끌림을 받게 됩니다.

우리는 분명히 하나님의 자녀임에도 불구하고 지금까지 하나님의 자녀답게 살지 못했습니다. 죄와 불의가 내 안에서 하나님의 생명의 역사를 막고 있기 때문입니다. 자녀이지만 하나님의 자녀로 살지 못하게 하는 행실이 우리 안에서 생명의 역사를 막고 있는 것입니다.

인간은 다른 사람의 눈에 있는 티끌은 잘도 보면서 자기 눈 속의 들보는 보려 하지 않습니다. 자기 안에 성령님의 조명의 빛이 없으면 감추어진 죄악된 모습을 볼 수 없고 보려고 하지도 않기 때문입니다. 그래서 사람들에겐 자신에 대해서는 너그럽고 다른 사람에 대해서 엄격한 속칭 '내로남불'의 경향이 있습니다. 그러나 생각과 몸의 행실을 죽이는 사람은 남을 판단하기 전에 자기 안에 있는 하나님의 생명을 유출하는 사람이 될 수 있습니다.

↓ 예수 안에 거하려면 성령의 인도하심에 순종하십시오

무릇 하나님의 영으로 인도함을 받는 사람은 곧 하나님의 아들이라 _롬 8:14

육의 행실을 죽이고 하나님의 영으로 인도받으면 하나님의 아들이 됩니다. 그래서 우리는 하나님의 영의 인도에 순종하는 것이 필요합니다. 우리의 생각을 하나님의 영, 곧 성령 안에 두고 주님과 교통하는 가운데, 드러나는 몸의 행실을 죽이고 회개와 고백을 하면 주님의 인도하심을 느낄 수 있습니다. 주님의 인도가 느껴질 때, 그 인도하심에 순종해야 합니다. 순종하면 내 안에 있는 하나님의 생명을 강하게 유출할 수 있습니다.

몸의 행실을 죽이는 것과 성령의 인도하심에 순종하는 것은 약간의 차이가 있습니다. 회개와 자백으로 성령의 인도에 순종하면 주님께서 기뻐하시는 방향으로 우리를 인도하시게 됩니다. 성령께서 우리 안에 더러운 것들을 알려주어 회개함으로 죄를 처리하면 성령이 우리를 인도해 나가시는 것입니다. 이렇듯 성령의 인도하심은 우리가 성령 안에서 생각하고 자기 몸의 행실을 죽일 때 나타나는 일입니다. 그리고 성령의 인도하심에 순종할 때 죄를 이기고 하나님의 뜻을 이루는 사람으로 살아가게 됩니다. 그러므로 성령의 인도하심이 중요하지, 자기 행실을 죽이려는 자기의 노력만으로는 안 됩니다. 이것이 차이입니다.

제가 잘 아는 K 목사님의 청년 시절의 간증입니다. 어느 날 여의도순복음교회 금요철야에 참석하였는데, 강사는 조용기 목사님이셨습니다. 그날 조 목사님이 말씀하시기를, "오늘 예배에 참석하신 분 중에서 아직 방언을 받지 못한 분은 손을 들어보십시오"라고 하셨습니다. 참석자 중 3분의 1이 손을 들었다고 합니다. K목사님도 손을 들었습니다. 조 목사님이 "여러분들, 오늘 성령받기를 축복합니다"라고 말씀하셨습니다. K 목사님은 '아멘'으로 그 축복을 받았습니다.

당시는 금요철야 예배가 10시부터 새벽 4시까지 진행되던 시절이었습니다. 개인기도, 제목기도, 찬양 등이 이어지면서, 4시 새벽기도 시간이 되어야 끝이 나곤 했습니다. 11시 반에 말씀이 끝나고 30분을 기도하게 한 다음에, 조 목사님이 또 "성령세례 받은 사람 손 들어보십시오" 하니 받지 못한 사람 중에 반이 손을 들었다고 합니다. K 목사님은 여전히 성령세례를 받지 못하였기에 새벽 3시 반이 될 때까지 온 힘을 다하여 기도했습니다. K 목사님은 회개를 잘 해야 성령을 받을 줄 알고 생각나는 모든 죄를 회개하고 기도했는데, 여전히 성령을 받지 못하였습니다. 3시 반에 조 목사님이 다시 말씀하시기를 "아직도 성령세례 못 받은 사람 손을 들어보십시오" 하니 이제는 손을 드는 사람이 거의 없었다고 합니다. 새벽까지 남아서 기도하던 사람들 대부분이 성령세례를 받은 것입니다.

당시에는 한국에 통행금지 제도가 있어서 밤 12시부터 새벽 4시까지는 밖에 나다닐 수가 없었습니다. 그러니 집에 가지 않은 사람은 모두 교회에서 부르짖어 그야말로 밤을 꼬박 새는 온전한 철야기도를 드렸습니다. K 목사님도 밤을 새워 기도했지만 성령세례를 받지 못했습니다. 그때부터 K 목사님은 억울하다는 생각이 들었습니다.

"하나님, 이러실 수 있습니까? 내가 그렇게 회개했는데 주님께서 나를 용서하지 않으십니까? 왜 나에게는 성령님이 임하시지 않습니까?"

그때 K 목사님의 마음속에 갑자기 누구를 용서하라는 마음이 들었습니다. 누가 봐도 그 사건에서는 상대방이 K 목사님에게 잘못했는데, 하나님은 K목사님에게 용서하라는 말씀을 하신 것입니다.

"하나님, 그 사람이 회개해야지, 왜 내가 회개해야 합니까? 내가 그 사람 때문에 얼마나 상처를 받았는데, 하나님이 나보고 회개하라 하십니까?"

한편으로는 너무 억울했지만, 철야기도회 시간이 얼마 남지 않았기 때문에 성령 충만을 받기 위해서라도 그 사람을 용서해야겠다는 생각이 들었습니다. 그래서 "이제부터 용서하겠습니다. 미워하지 않겠습니다"라고 부르짖으며 눈물을 흘리며 기도했습니다. "내가 용서합니다! 내가 그를 용서하겠습니다!" 그러고 나서 눈을 뜨고 강단을 바라보니, 깜깜하던 강단에서 무언가 뻥 터지는 것 같고 자신에게 성령이 임하는 것을 느낄 수 있었습니다. K목사님은 의자에 앉아 있었지만 몸이 뛰기 시작하더니 온 몸이 성령으로 충만해져 뜨거워지는 경험을 하게 되었습니다.

김 목사님이 회개하고 몸의 행실을 죽였지만, 진정한 용서까지는 하지 못하던 상태를 성령님이 지적하셨습니다. 그럴 때 성령님이 김 목사님을 용서의 길로 인도해주셨습니다. 그 인도에 순종할 때 비로소 성령을 받고, 하나님이 아버지로, 인격적으로 느끼게 되었던 것입니다.

이것은 저의 사역에 큰 영향을 끼치신, 저의 영적 멘토이신 김병기 목사님의 간증입니다. 저는 김병기 목사님의 영적인 지도 아래, 저의 영적 아버지이신 조용기 목사님의 영성과 현재 여의도순복음교회 담임을 맡으신 이영훈 목사님의 온유와 겸손에서 예수님의 제자됨을 배우며, 지난 25년간 선교지에서 사역을 감당하게 된 것이 얼마나 감사한지 모릅니다. 이 지면을 통하여 그 분들께 진심으로 감사를 드립니다.

너희는 다시 무서워하는 종의 영을 받지 아니하고 양자의 영을 받았으므로 우리가 아빠 아버지라고 부르짖느니라 _롬 8:15

헬라어 '아바'는 아빠라는 뜻입니다. 우리는 하나님 아버지를 '아빠 아버지'라고 부를 수 있는 자가 되었습니다. 성령의 인도를 받는 사람은 진정한 하나님의 아들입니다. 하나님은 우리가 하나님의 자녀답게 살기를 원하십니다. 그러므로 하나님의 자녀인 우리는 몸의 행실을 철저히 회개해야 합니다. 결론적으로, 우리는 몸의 행실을 죽일 때 하나님의 인도를 받습니다. 하나님의 인도를 받게 되면 하나님을 아버지로 부르게 됩니다. 이제 비로소 하나님과의 친밀해지고 그리스도 안에 거하는 관계가 됩니다.

우리는 로마서의 7장까지에서, 성화를 이루기 위해 자기 힘으로 아무리 애를 써보아도 결국 절망하게 되더라는 것을 배웠습니다. 우리가 율법의 기능을 배웠지만 율법이 우리를 이끌어주지 못하기 때문입니다. 그리고 '나'라는 육신의 무능에 대해서도 배웠습니다. 육신에서는 선한 것이 나올 수 없다는 것을 배운 것입니다. 하지만 "우리가 예수 안에 거하면 죄를 이길 수 있게 된다"라는, 귀가 번쩍 뜨일 말을 들었습니다. 예수 안에 거하는 방법은 영의 일을 생각하여 집중하고, 성령의 조명 아래 내 몸의 행실을 비추어 내려놓고, 성령의 인도하심에 전적으로 순종하는 것입니다. 그러면 우리는 하나님을 아바 아버지로 부르며 예수 안에 거하는 자가 될 수 있습니다. 그러면 내 안에서 작동하는 생명의 성령의 법이 죄와 사망의 법을 이기고 승리할 수 있습니다.

14

Romans 8:17-39

아들의 형상을 본받는 구원의 여정

로마서 8장 30절은 기독교 진리의 핵심을 한 구절에 모두 담고 있습니다.

> 또 미리 정하신 그들을 또한 부르시고 부르신 그들을 또한 의롭다 하시고 의롭다 하신 그들을 또한 영화롭게 하셨느니라 _롬 8:30

여기서 '정하셨다'라는 말은 '예정론'을 말합니다. '부르셨다'라는 말은 우리를 구원하여 하나님의 자녀로 부르셨다는 '구원론'을 말합니다. '의롭다'고 하시는 것은 '칭의론'을 말합니다. '영화롭게 하시는 것'은 말 그대로 '영화론'을 말합니다. 그러므로 이 구절은 기독교의 핵심적인 교리인 예정론, 구원론, 칭의론, 영화론이 다 들어가 있는 매우 보배로운 구절이라고 말할 수 있습니다.

하나님이 우리를 예정하셨습니다. - 예정론

하나님이 우리를 (자녀로) 부르셨습니다. - 구원론

하나님이 우리를 의롭다 하십니다. - 칭의론

하나님은 우리를 영화롭게 하십니다. - 영화론

기독교 구원 교리의 절정은 영화(Glorification)의 교리입니다. 영화는 주님이 재림하실 때 이루어질 일입니다. 이 땅에서 우리는 부패한 육신을 갖고 있기 때문에 영화로운 단계로 들어갈 수 없습니다. 예수님처럼 완전히 변화될 수는 없다는 말입니다. 그러나 주님이 재림하시면 우리는 부활의 영체가 되어 주님 앞에 가기 때문에 영화의 단계를 경험하게 될 것입니다. 그렇다면 구원받아 의롭게 된 우리가 영화롭게 되기까지의 과정에서는 무엇이 기다리고 있을까요? 바로 '구원의 여정'입니다. 이 부분을 우리가 다루어 볼 필요가 있는데, 그 답이 8장 29절에 나와 있습니다.

하나님이 미리 아신 자들을 또한 그 아들의 형상을 본받게 하기 위하여 미리 정하셨으니 이는 그로 많은 형제 중에서 맏아들이 되게 하려 하심이니라 _롬 8:29

'하나님이 미리 아신 자들'이라고 하였으니, 하나님께서 구원받을 자들을 예정하시는 것을 알 수 있습니다. '아들의 형상을 본받게 하기 위하여'는 성화의 여정과 목적을 말합니다. 이 말은 구원받을 자들을 성화의 과정으로 인도하시기로 미리 정하셨다는 말입니다. 예지하시고 예정하시는 하나님의 구원의 여정을 보여주는 구절입니다. 여기서 우리는 '그 아들의 형상을 본받게 하는 것'이 우리를 향한 하나님의 궁극적 목적인 것을 알아야 합니다. 우리가 아들(예수)의 형상을 본받기 위하여 우리에게 열어놓은 길이 바로 성화의 과정입니다.

사실 구원의 여정은 칭의와 성화와 영화를 다 포함하는 과정입니다. 좁은 의미에서의 구원은 칭의와 같은 개념이고, 넓은 의미의 구원은 성화를 걸쳐 영화에 이르는 모든 단계를 포함하는 것이라고 볼 수 있습니다. 이장에서는 구원의 의미를 좀 더 정확히 설명하기 위해서, 칭의와 영화 사이의 성화라는 단계에 대해 설명하도록 하겠습니다. 성화는 칭의의 결과로서 그리스도를 닮아가는 것이 목적이며, 그리스도의 장성한 분량에 이르는 모든 과정이라고 할 수 있습니다. 성화의 과정에서, 다시 말해 그리스도를 본받아가는 과정에서 우리가 해야 할 것들에 대해 알아봅시다.

↓ 그리스도를 본받기 위해, 인내하십시오

[17]자녀이면 또한 상속자 곧 하나님의 상속자요 그리스도와 함께 한 상속자니 우리가 그와 함께 영광을 받기 위하여 고난도 함께 받아야 할 것이니라 [18]생각하건대 현재의 고난은 장차 우리에게 나타날 영광과 비교할 수 없도다 _롬 8:17-18

성화의 과정에서 우리는 그리스도와 함께 고난도 함께 받아야 할 것이라고 말합니다. 어떤 고난을 말하는 것일까요? 우리가 예수를 구주로 영접하면 우리의 영적 지위는 바로 하나님의 아들의 나라로 옮겨지게 됩니다. 하지만 우리의 영적 상태는 아직 영화의 단계에 있지 못합니다. 영적 상태는 여전히 육체에 제한받고 있습니다. 영적 지위와 영적 상태가 서로 일치하지 못한다는 말입니다. 영적 지위와 영적 상태에 간극이 생기는데, 이 간극이 우리로 하여금 바울이 스스로 곤고한 자라고 말했던 것처럼 탄식하게 만드는 요인이 됩니다. 그 간극에 고난이 있는 것입니다. 그러므로 성화의 과정은 사실상 고난의 과정이라고 말할 수도 있습니다.

의롭다고 칭함을 받은 영적 구원이 이루어진 자들에게 반드시 따라오는 후속 과정이 세상으로부터 구별되는 성화의 단계입니다. 세상과 완전히 짝하고 있던 우리가 점점 구별되어 거룩하게 변해야 하는데, 하지만 그 구별이 쉽게 이루어지지는 않습니다. 그래서 부득불 고난을 통과하게 되어 있습니다. 불구덩이나 깊은 물 속에 빠지는 것 같은 삶의 고난을 통과하다 보면, 자신도 모르게 어느 날 세상과 분리돼 있는 자신을 발견하게 됩니다. '아, 살아보니 이것도 별일 아니구나, 저것도 별일 아니구나, 이것도 중요한 게 아니구나'라고 하면서 마음의 중심이 점점 주님께로 향하게 되는 것입니다.

> 그뿐 아니라 또한 우리 곧 성령의 처음 익은 열매를 받은 우리까지도 속으로 탄식하여 양자 될 것 곧 우리 몸의 속량을 기다리느니라 _롬 8:23

'성령의 처음 익은 열매'는 그리스도를 말합니다. 그리스도인은 이미 하나님의 자녀가 되었지만, 아직 그리스도처럼 영화로운 열매의 상태는 되지 못했습니다. 그때까지는 이 땅에서 하나님의 자녀로서 세상과 구별되어 살아야 하니 고난이 찾아오고, 고난 때문에 탄식이 나오는 것입니다. 그러나 이 고난의 탄식은 일반적인 슬픔의 탄식과 다른 것임을 알아야 합니다. 이 탄식은 단순히 비통해서 터지는 것이 아닙니다. '탄식하다'라는 말은 산모가 해산할 때 지르는 비명과 같습니다. 그냥 첫 아이를 낳는 것도 아닙니다. 마치 3대 독자를 분만하게 된 산모가 새 생명을 품에 안을 수 있는 희망으로 부르짖는 비명 같다고 할 수 있습니다. 얼마나 고통스러울까요? 하지만 희망이 있는 비명이기에 분명히 다릅니다. 곁에서 보기에는 민망할 정도로 고통스럽지만, 눈에는 눈물이 흐르고 마음에는 기쁨이 솟구칩니다. 고난 뒤에 찾아올 소망에 대한 탄식이기 때문입니다.

²⁴우리가 소망으로 구원을 얻었으매 보이는 소망이 소망이 아니니 보는 것을 누가 바라리요 ²⁵만일 우리가 보지 못하는 것을 바라면 참음으로 기다릴지니라

_롬 8:24-25

믿는 자들은 비록 고난 가운데 있다 하더라도 그것이 끝이 아님을 알아야 합니다. 때로는 우리가 고난 중에는 눈치채지 못할지라도, 그 고난이 지난 후에 과거를 돌아보면 모든 것이 합력하여 선을 이루었다고 말할 수 있게 됩니다. 임신부가 힘든 임신의 끝에 반드시 옥동자가 태어나는 기쁨이 있는 것을 믿고 견디듯이, 그리스도인은 고난을 인내하며 기다릴 수 있어야 합니다. 그래서 소망이 있으면 당연히 인내할 수 있습니다. 그러므로 소망과 인내는 같이 가는 것입니다. 소망은 미래적 인내이고, 인내는 현재적 소망이라고 말할 수 있습니다. 이것이 주님 안에서 고난을 바라보고 견디는 이유이자 참뜻이라고 할 수 있겠습니다.

리브가가 받은 선물 속의 소망과 같이

아브라함의 종인 엘리에셀이 주인의 아들인 이삭의 신붓감을 구하기 위해 주인의 고향으로 갔습니다. 그 종은 주인의 아들 이삭의 신붓감인 리브가를 발견하고 얼마나 기뻤는지 모릅니다. 그래서 만나자마자 자기가 예비한 선물들을 안겨 주었습니다. 금반지, 손목걸이, 귀걸이 등을 준 것입니다. 그리고 자기 주인의 아들, 즉 그녀가 함께 살게 될 신랑이 얼마나 위대하며 놀라운 사람인지를 설명했습니다.

리브가가 받기 시작한 선물은 그가 장차 받을 축복의 서곡에 불과했습니다. 리브가는 이삭의 아내와 야곱의 어머니가 될 뿐 아니라 천만인의 어머니가 되었습니다. 상상도 할 수 없는 은혜가 리브가 앞에 예정되어 있었습니다. 바로 우리 그리스도인들이 신부 리브가와 같습니다. 신랑인 이삭은 예수님의 모델입니다. 그리고 엘리에셀이 비유하는 것에 놀라운 비밀이 숨어 있습니다. 바로 성령님을 상징합니다.

성령님은 신부가 되는 우리를 금광석으로 보십니다. 우리 속에 묻혀 있는 보배로운 금을 보시는 것입니다. 원석 같은, 아직은 쓸모없는 평범한 돌같이 보이지만, 그 속에 보배인 금을 함유하고 있는 금광석 말입니다. 우리를 예수 믿게 하실 뿐 아니라, 리브가에게 선물을 꺼내주듯이, 우리에게 선물을 하나씩 꺼내주십니다. 엘리에셀이 리브가에게 금반지, 목걸이, 팔찌, 귀걸이를 준 것처럼, 은혜, 평강, 기쁨, 소망 같은 놀라운 구원의 선물들을 그리스도 안에서 우리에게 주시는 것입니다. 그리고 엘리에셀이 자기 주인의 아들 이삭이 얼마나 위대한 분인지를 리브가에게 말해주듯이, 우리에게 예수님에 대해 가르쳐 주시는 분이 바로 성령님이십니다. 우리가 다다를 신랑의 집인 천국이 얼마나 아름답고 놀라운 곳인지를 가르쳐주기도 하십니다.

신부로 선택받은 리브가는 처음에는 아무것도 몰랐지만, 점점 많은 것을 깨닫게 됩니다. 리브가는 결국 이삭의 아내가 되기로 결심하고 엘리에셀과 함께 고향을 떠나 브엘세바로 떠나게 되었고, 그곳에서 기다리고 있던 이삭과 결혼하여 야곱을 낳고 이스라엘 민족의 어머니가 되었습니다.

저와 여러분도 리브가처럼 신랑 되신 예수님을 만날 날이 곧 올 것입니다. 성령님이 그 일을 하시기 위해 우리 안에 와 계십니다. 그러니 소망이 보이십니까? 이곳에서의 고난은 잠시 잠깐뿐입니다. 소망을 붙잡고 더 인내하며 이 고난을 통과할 때, 우리는 신부의 성품으로 연단되어가고, 예수님의 신부로서 공중에 들려 공중 결혼에 참여하게 될 것입니다.

저는 2014년 여름에 미국에 잠시 다녀온 적이 있습니다. 그때 한 권사님이 제게 비행기표를 제공해주셨기 때문에 감사하게도 편하게 다녀올 수 있었습니다. 샌프란시스코까지 가는 그 비행기는 무척이나 컸고, 저는 일등석 중에서도 맨 앞줄에 앉게 되었습니다. 물론 저는 그 전까지 일등석을 타본 일이 없었습니다. 저에게 표를 제공해주신 분이 나중에 넌지시 저에게 말씀하셨습니다.

"선교사님, 그 비행기 일등석 값이 얼마인지 아세요?"

모르겠다고 하였더니 그 분이 하시는 말씀이, 편도 티켓이 한국 돈으로 800만 원이 넘는다는 겁니다. 저는 눈이 휘둥그레졌습니다. 그러면 우리 부부의 왕복 비행기 값이 3천만 원이 넘는다는 말이 아닙니까? 물론 그 분이 그 표를 돈을 주고 구입한 것은 아니라고 했습니다. 항공사에 근무하다 정년 퇴임하신 분이어서, 그 해에 무료 티켓을 제공받을 수 있는 친구로 저희 부부를 선정해준 것입니다. 저는 그 이야기를 듣고 너무나 놀랍고 감사했습니다. 그런 내막을 모르고 티켓을 받았던지라, 비행기를 타보고 눈이 휘둥그레질 수밖에 없었습니다.

정말 영화에서나 볼 것처럼, 의자가 침대처럼 완전히 눕혀지는 것이었습니다. 음식은 7성급 호텔에서 나오는 수준이라고 합니다. 그런데 그때 저는 30일째 작정 금식 중이었습니다. 그 좋은 음식을 보고도 물만 마실 수밖에 없었습니다. 그러나 저는 누운 채로 이런 호의를 베풀어주신 하나님께 감사기도를 드렸고, 제게 표를 제공해주신 권사님께도 감사하고 축복하는 기도를 드렸습니다. 지난 20년 동안의 선교사역을 위로하시는 주님의 손길이 크게 느껴졌습니다. 그때 주님의 내적 음성을 들었습니다. "아들아, 이것은 천국의 맛보기이니라." 그때 제게 스쳐 지나가듯 지나간 기억이, 그해의 송구영신 예배에서 뽑은 말씀이었습니다.

그 주인이 이르되 잘하였도다 착하고 충성된 종아 네가 적은 일에 충성하였으매 내가 많은 것을 네게 맡기리니 네 주인의 즐거움에 참여할지어다 … _마 25:21

주인의 즐거움에 참여하게 될 것이라는 이 말씀을 생각하면서, 제가 비행기 일등석에서 느꼈던 즐거움이 '천국의 맛보기'라는 생각이 든 것입니다. 맛보기가 무엇입니까? 주부들이 어떤 음식을 준비할 때, 그 음식의 맛이 어떤지 미리 맛을 보고 무슨 재료나 조미료를 더 넣을지 정하기 위한 일입니다. 보통은 식당에서 새로 만든 메뉴를 선택된 손님에게 먹게 해주는 일이 맛보기이지요. 하나님이 맛보기로 주신 것도 이 정도로 놀랍고 황송한 일인데, 하나님이 하늘나라에서 준비하신 잔치의 진수성찬은 얼마나 놀라울까요? 이런 생각이 들면서 눈시울이 촉촉해졌습니다.

저는 비록 기내에서 제공하는 그 좋은 음식은 단 한 끼도 먹지 못하였지만, 하나님의 깊고 진한 손맛은 느낄 수 있었습니다. 지난 20여년간 부족한 종에게 주께서 베풀어주신 은혜를 생각하니 말할 수 없는 감사가 넘치게 되었고, 그동안의 어려웠던 많은 일들이 봄눈 녹듯 녹아내리는 황홀한 시간이 되었습니다.

정말로 하나님이 우리를 위하여 예비하신 모든 것은 우리가 상상도 못하는 아름다운 은혜임을 믿습니다. 제가 어떻게 선교사로서 일등석을 타고 미국에 갈 거라는 생각을 해보겠습니까? 저희 부부가 미국에 한 번 갔다 오려고 3천만 원이 넘는 돈을 쓸 거라곤 상상도 할 수 없는 일이었습니다. 그 돈이면 선교지에서 할 일이 얼마나 많을 텐데 말입니다. 그런데 하나님께서 그냥 선물로 주셨습니다. 귀한 권사님을 통해서 갚을 길이 없는 사랑의 빚을 지게 된 것입니다. 저는 그때 하나님이 보여주셨던 즐거움을 생각하면서, 사랑하는 제자들과 충성스러운 성도들에게 "하나님이 예비하신 천국잔치의 아름다운 선물이 얼마나 놀라울까"를 상상해보라고 격려하곤 합니다.

↓ 그리스도를 본받기 위해, 성령님과 하나가 되십시오

이와 같이 성령도 우리의 연약함을 도우시나니 우리는 마땅히 기도할 바를 알지
못하나 오직 성령이 말할 수 없는 탄식으로 우리를 위하여 친히 간구하시느니라
_롬 8:26

성령님은 우리의 연약함을 도우시는 분입니다. 성령님은 우리 같은 피
조물을 바라보며 탄식하십니다. 성령님께서 왜 탄식하십니까? 하나님의
영광을 위해서 창조된 피조물이 오히려 그 영광을 잃어버리고, 고통과 싸
움과 살육의 경쟁 속에 빠져 슬프고 괴로워하는 모습을 보시기 때문입니
다. 성령님은 그리스도의 보혈로 말미암아 죄사함과 구원을 받은 하나님
의 자녀들이 죄에 빠져서 비틀거리고 방황하며, 절망하고 탄식하는 모습
을 보면서 오늘도 탄식하십니다. 타락한 인간으로 인해 파괴되는 자연 생
태계의 풍경을 바라보면서 탄식하십니다.

피조물들이 성령님과 하나가 되면 성령님의 탄식을 몸으로 느낄 수 있
게 됩니다. 그러나 성령님의 탄식은 절망적인 비탄이 아닙니다. 성령님은
이 탄식을 통해서 우리를 돕고자 하십니다.

성령님은 아버지와 우리가 하나가 되게 하십니다. 저의 경험을 보더라
도 특정한 사람이나 사역을 위해서 간절히 기도하다 보면 주님과 하나가
되는 경험을 할 때가 종종 있습니다. 성령님은 제가 기도할 때 애통하는
마음을 주기도 하시고, 성령님 스스로 제 안에서 말할 수 없는 탄식을 하
심으로 저를 회개토록 하시는 경우도 있습니다. 이 모든 것은 우리 속에
계신 성령님께서 저의 영혼과 저와 관련된 사역을 위해 이미 기도하고 계
시기 때문이라 믿습니다.

탄식하시는 성령님의 마음이 저의 생각과 몸에 직접 전달되어 깨우쳐

주실 때도 있습니다. 때로는 제가 하나님의 일을 미처 깨닫지 못하고 여전히 인간적인 면에서 생각할 때, 그 결과 올바른 결정을 내리지 못할 상황이 될 때 제 안에서 깊이 탄식하심으로, 저를 강제로 급정거시키시는 경우도 있습니다.

제가 선교사로 파송받고 나간 지 얼마 안 되는 1997년 말에 우리나라에 큰 경제 위기가 닥쳐와 IMF 금융지원을 받게 되었습니다. 저는 당시에 GRN이라는 선교단체에서 미전도종족으로 보낼 한국인 선교사를 훈련하는 일(FRTS: Field Recordist Training School)을 돕고 있었습니다. 그런데 IMF로 인해 한국에서 막대한 비용이 드는 선교사 파송이 어려워짐으로 인해, 훈련받았던 선교사들이 선교지로 나갈 수 없는 상황이 되었습니다.

저는 앞으로의 선교사역에 크게 낙심하여, 작정하여 새벽기도를 드리고 있었습니다. 그러던 어느 날 새벽, 기도 중에 제 안에서 탄식하시는 성령님의 기도 소리를 듣게 되었습니다. 그것은 분명히 제가 하는 기도가 아니었습니다. 저도 알지 못하는 제 속사람이 끊임없이 통곡하는 것이었습니다. 그 기도가 성령님의 탄식임을 이내 깨달을 수 있었으며, 제가 할 수 있는 일이라곤 그저 제 몸을 빌려드려 마치 창자가 끊어질 것 같은 통곡의 신음을 내는 일뿐이었습니다.

그날의 기도를 통하여 제가 깨달은 것이 있습니다. IMF로 인해 발생한 경제적인 어려움으로 인하여 제가 사역에 대해 낙심하고 있다는 사실과, 심지어 '사역을 포기해야 되는 것은 아닌가?'라는 부정적인 생각이 제 안에 자리잡고 있다는 것입니다. 오랜 시간의 통곡의 기도를 통하여 저는 주님께 전적으로 회개하며 고백하게 되었습니다.

"주님, 저의 믿음 없음을 회개합니다. 이제부터 제가 살든지 죽든지 흥하든지 망하든지 주님만 의지하여, 주께서 맡기신 일을 포기하지 않고 순종해 나아가겠습니다. 주께서 길을 열어주시옵소서!"

이렇게 고백하자 제 안에서 통곡하시던 성령님의 탄식이 뚝 그치는 것을 경험하게 되었습니다. 그 이후 하나님의 특별한 간섭하심으로 현지인 신학생들이 자원하여 미전도종족 사역에 참가하게 되어, 결과적으로 적은 비용을 들이고도 현지인을 활용해 더 효율적인 사역을 감당할 수 있게 하는 패러다임의 전환이 일어났습니다. 저는 한국 선교사들이 이 일을 해야 한다는 생각을 품고 있었는데, 하나님은 현지인을 일으켜 이 사역에 동참하도록 예비하심으로 사역에 큰 진보를 가져오게 하셨습니다. 저는 그때까지 현지인이 이 일에 참여할 수 있을 것이라고는 전혀 생각해본 적이 없었습니다. 하지만 하나님은 모든 것을 준비해놓으시고 그것을 이룰 수 있도록, 제 안에서 말할 수 없는 탄식으로 기도하셨던 것이라 믿습니다.

우리의 인간적인 생각을 내려놓고 성령님의 마음과 성령님이 주시는 일에 순종하기로 결단하면 성령께서 탄식을 멈추시고 우리 마음에 깊은 평안을 주실 뿐 아니라, 결국 이렇게 진행된 일은 많은 열매를 맺는 것을 경험하게 됩니다. 이런 일을 반복해서 경험하면 우리의 자아는 온데간데 없어지고, 우리 안에서 그리스도가 주인이 되어 일하시게 되는 줄로 믿습니다. 그것이 곧 우리가 그리스도를 본받고 따르는 열매를 맺는 것입니다.

마음을 살피시는 이가 성령의 생각을 아시나니 이는 성령이 하나님의 뜻대로 성도를 위하여 간구하심이니라 _롬 8:27

사람의 마음을 꿰뚫어 보시는 하나님께서 성령의 생각을 아시므로, 하나님의 뜻을 내 안에 드러내기를 원하시는 성령님께서 하나님께 나를 위한 기도를 계속 드리며 간구하고 계시는 것입니다.

우리가 알거니와 하나님을 사랑하는 자 곧 그의 뜻대로 부르심을 입은 자들에게

는 모든 것이 합력하여 선을 이루느니라 _롬 8:28

'하나님을 사랑하는 자'는 우리 편에서 보면 그리스도인을 말합니다. '그의 뜻대로 부르심을 입은 자들'은 하나님의 편에서 본 그리스도인을 말합니다. 하나님의 뜻대로 부르심 받은 우리가 하나님을 사랑하면 하나님이 부르신 우리에게 모든 것이 합력하여 선을 이루어 주신다는 뜻입니다. 비록 우리가 처한 환경이 힘들고 어렵다 하더라도, 푸른 풀밭과 쉴만한 물가로 인도하시는 하나님께서는 종국적으로 모든 것이 합력하여 선을 이루게 하십니다. 지금은 우리가 다 이해하지 못한다 하더라도, 전지전능하신 하나님께서 우리가 인생에서 겪었던 모든 일을 합력하게 하여 우리를 새롭게 하심을 믿고 인내하기를 바랍니다.

↓ 구원의 목적은 그리스도를 본받게 하기 위함입니다

29하나님이 미리 아신 자들을 또한 그 아들의 형상을 본받게 하기 위하여 미리 정하셨으니 이는 그로 많은 형제 중에서 맏아들이 되게 하려 하심이니라 30또 미리 정하신 그들을 또한 부르시고 부르신 그들을 또한 의롭다 하시고 의롭다 하신 그들을 또한 영화롭게 하셨느니라 _롬 8:29-30

우리가 예수 믿고 이 땅에서 사는 목적은 궁극적으로 무엇일까요? 그것은 우리가 하나님 아들의 형상을 본받게 하려는 데에 있습니다. 위의 구절들은 성경에서도 주옥같은 말씀을 한데 모아 구슬을 꿰놓은 듯합니다. 이 구절만 가지고도 기독교 신학의 핵심적인 교리서를 몇 권이나 써야 할 귀중한 내용입니다. 이 구절은 구원의 문제와 아들의 형상을 본받는 일, 그리고 영화에 이르는 과정까지 구원론의 전체 과정을 보여줍니다. 하나님이 우리를 창조하신 목적은 하나님의 형상과 모양이 되게 하심에 있습니다.

창세기 1장 27,28절에 하나님께서 인간을 창조하신 목적이 나옵니다. '하나님이 사람을 하나님의 형상과 모양으로 만들었다'라고 기록한 것입니다. 하나님의 형상과 모양은 무엇을 말하는 것입니까? 하나님은 영이시므로 우리가 볼 수 없지만, 보이지 않으시는 하나님을 보여주는 존재가 필요합니다. 하나님은 바로 예수 믿는 자녀들이 하나님의 형상을 보여주는 존재가 되기를 원하십니다. 하나님의 생명을 받아들인 사람은 하나님의 자녀로 거듭납니다. 그러나 다 하나님의 형상대로 살지는 못합니다. 인간은 그 자체로 빛처럼 살 수 없습니다. 우리에게 부끄러운 어두움의 일들이 얼마나 많습니까? 하지만 우리의 생각을 하나님의 영 안에 두게 되면 성령의 빛으로 우리를 비추어주시고 우리 몸의 나쁜 행실을 죽이게 하십니다. 더 나아가서 주님이 원하시는 부분을 우리에게 알려줍니다.

우리가 하나님의 인도하심에 순종할 때, 하나님을 아빠 아버지로 부르게 됩니다. 최종적으로 아버지와 나는 하나로 연합됩니다. 그렇게 될 때 주님의 기쁨이 나의 기쁨이 되고, 주님의 마음이 내 마음이 됩니다. 주님의 것이 내 것이 됩니다. 우리가 예수님을 본받아 예수님처럼 살게 되면 주님의 기쁨이 내 기쁨이 되며, 주님의 슬픔이 내 슬픔이 되며, 주님과 완전히 하나가 되는 동일체의 단계에 이르게 됩니다. 예수님이 우실 때 내가 함께 울게 되고, 예수님이 웃으실 때 나도 웃게 됩니다. 이 과정을 볼 수 있게 하시고 경험하게 하십니다.

사람들은 우리에게 하나님을 보여달라고 요구합니다. 그러나 세상 사람들은 예수 믿는 우리를 통하여 하나님을 볼 수 있게 하시는 하나님의 목적을 알지 못합니다. 주님과 하나가 된 사람은 하나님의 생명을 자연스럽게 사용하여 하나님을 보일 수 있습니다. 전에는 '죄를 짓지 말아야지'라고 스스로 결단하고 시도했지만 늘 실패하곤 했는데, 이제는 자신 안에 죄를 싫어하는 예수의 생명을 느끼니 죄를 미워하게 되고 죄를 짓지 않게 됩니다. 우리가 주님 안에 거하기 때문에 자연스럽게 그렇게 되는 것입니다. 그렇게 될 때 자신 안에 거하시는 성령님의 뜻대로 살아내는 단계가 됩니다. 누가 그렇게 살라고 말하지 않아도 자신 안에 거하시는 성령님의 인도하심을 느끼기에 그렇게 살아가게 됩니다. 예수님의 형상과 모양으로 점점 바뀌다 보면 종국적으로 주님의 장성한 분량에 이르게 됩니다. 이 과정에서 우리는 하나님을 보여주는 사람으로 살아가게 됩니다.

> 하나님이 미리 아신 자들을 또한 그 아들의 형상을 본받게 하기 위하여 미리 정하셨으니 이는 그로 많은 형제 중에서 맏아들이 되게 하려 하심이니라 _롬 8:29

하나님은 우리가 하나님의 아들의 형상을 본받기를 원하십니다. 성령의 인도하심을 받으면 우리라는 연약한 무리들을 통해서도 주님을 보여줄 수 있게 됩니다. 이것보다 귀한 축복이 어디 있습니까? 죄를 이기는 생명, 마귀를 이기는 생명, 질병과 저주를 이기는 생명, 주님을 보여주는 생명, 바로 예수의 생명이 우리 안에 이미 있기 때문입니다. 우리 안에는 원래 이기는 생명이 있습니다. 그것이 죄와 사망의 법으로 인해 눌려 있다가 생명의 성령의 법을 만나 비상하게 되고, 이기는 생명이 되는 것입니다.

↓ 하나님이 주권적으로 세우신 구원의 계획

기드온의 용사 300명은 미디안의 13만 5천 명 군대와 싸워야 했습니다. 그런데 어느 날 미디안의 군인 한 사람이 꿈을 꾸었는데, 보리떡 한 덩어리가 미디안의 진영으로 굴러 들어오는 꿈이었습니다. 미디안의 진영이 한순간에 무너져버리는 꿈이었습니다. 미디안 군사는 꿈에서 깬 후 동료와 함께 그 꿈을 해석하는 중에, 자기 진영에 굴러들어온 보리떡 한 덩이는 기드온의 군대로서 미디안 군대가 패하게 될 것이라는 부정적인 생각을 하게 되었습니다. 기드온의 용사는 단 300명이었습니다. 비율로 따지면 450대 1입니다. 그 싸움에서 기드온의 군대가 이기게 된 결정적 계기는 미디안 군대에 만연하게 된 패배의식이었습니다. 미디안의 입장에서 보면, 그들은 싸우기도 전에 전의를 상실해버린 것입니다. 그들이 가진 두려움은 수백 배나 되는 좋은 조건을 가지고 있을지라도 패하게 만들었습니다. 반대로 두려움을 이기면, 아무리 작은 능력이라도 큰일을 이룰 수 있습니다.

종교개혁이 일어날 당시 가톨릭교회는 단순히 교권만 가진 것이 아니라, 나라를 좌지우지할 수 있는 막강한 정치력을 행사하고 있었습니다. 유럽 전체를 가톨릭교회가 지배하고 있었다고 해도 과언이 아니었습니다. 이렇게 거대한 교권에 맞서 싸웠던 마틴 루터를 생각해 보십시오! 이 한 사람이 무슨 힘이 있었겠습니까? 루터는 종교개혁을 하다가 종종 실망했습니다. 좌절하기도 하고 모든 것을 포기하고 싶을 때도 많았을 것입니다. 그때 마틴 루터에게 힘을 주었던 성경 구절이 로마서 8장 31절이었습니다. 마틴 루터는 이 말씀에 근거해서 종교개혁의 승리를 확신했고, 마침내 승리로 이끌었습니다.

그런즉 이 일에 대하여 우리가 무슨 말 하리요 만일 하나님이 우리를 위하시면 누가 우리를 대적하리요 _롬 8:31

31절에 나오는 '이 일'은 바로 앞의 30절을 말하는 것입니다. 예정하시

로마서 17장

고 부르시고 의롭다 하시고 성화와 영화로 이어지는 구원의 여정에 관련된 모든 일을 주권적으로 이루시는 분이 하나님이십니다. 따라서 이 모든 일에 대하여 누가 무슨 말을 할 수 있겠느냐는 말씀입니다. 하나님이 우리를 위하여 계획하신 일이라면, 누구도 이 일을 방해할 수 없습니다.

> [29]하나님이 미리 아신 자들을 또한 그 아들의 형상을 본받게 하기 위하여 미리 정하셨으니 이는 그로 많은 형제 중에서 맏아들이 되게 하려 하심이라 [30]또 미리 정하신 그들을 또한 부르시고 부르신 그들을 또한 의롭다 하시고 의롭다 하신 그들을 또한 영화롭게 하셨느니라 _롬 8:30

이 모든 일을 주권적으로 친히 행하시는 분이 하나님이시라는 말은, 우리가 아들의 형상대로 본받게 되는 모든 일이 이미 하나님의 구원 계획 가운데 있는 일이라는 뜻이기도 합니다.

> 자기 아들을 아끼지 아니하시고 우리 모든 사람을 위하여 내주신 이가 어찌 그 아들과 함께 모든 것을 우리에게 주시지 아니하겠느냐 _롬 8:32

자기 아들을 아끼지 아니하시고 모든 사람을 위하여 내주신 하나님께서 우리의 작은 죄로 인하여 구원을 거두어 가신다면 아들을 내주신 의미가 무엇이겠습니까? 사랑이 무한하신 하나님께서 그 아들 예수를 생각해서라도 우리에게 주시는 구원의 여정을 돌이키실 수 없다는 뜻입니다. 그러므로 우리가 아무리 큰 죄를 지었다고 하더라도, 우리의 죄가 하나님의 사랑을 뒤덮을 정도로 크지 못하다는 사실을 알아야 합니다. 하나님의 사랑은 우리의 어떤 죄보다 큽니다. 회개하고 다시 돌아오면, 하나님은 그 사랑으로 허다한 죄와 허물을 덮으십니다.

누가 능히 하나님께서 택하신 자들을 고발하리요 의롭다 하신 이는 하나님이시니 _롬 8:33

마귀는 우리가 죄책감을 가지도록 계속해서 공격합니다. 하지만 마귀가 우리를 공격할 근거가 있겠습니까? 우리를 의롭다 하신 이는 하나님이신데 말입니다. 33절을 깊이 묵상하며 확신을 갖기를 축원합니다.

하나님이 실패자이실 수 없습니다. 하나님은 승리자가 되셔야 합니다. 그러나 우리가 그것을 깨닫지 못하면 마귀의 속임수에 빠져 실패하고 낙망하고 쓰러지는 안타까운 모습을 보일 것입니다.

우리가 낙망하고 쓰러지더라도, 성령님은 말할 수 없는 탄식으로 우리를 위해 기도해 주실 것입니다. 중보자들에게 기도하게 하시고, 결국은 우리들을 일으켜 세우십니다.

나의 사랑하는 자가 내게 말하여 이르기를 나의 사랑, 내 어여쁜 자야 일어나서 함께 가자 _아 2:10

옥한흠 목사님의 《로마서 강해》에 이런 내용이 나옵니다. 여덟 분이 참여하는 제자훈련을 마치면서 옥 목사님이 이런 질문을 했다고 합니다. "하나님께서 구원해주실 것을 믿으시지요? 구원받은 확신은 있습니까?" 모두가 확신한다고 대답하는데, 유독 한 형제만이 약간 감정이 격한 말투로 이게 말했다고 합니다.

"저는 구원의 확신이 있다고 대답 못 하겠어요. 우리 모두는 구원의 확신이 있다는 말을 함부로 하기 전에 세상에 나가 바로 살아야 하지 않겠습니까? 예수 믿는 사람답게 살지도 못하는 주제에 구원의 확신이 있다고 떠드는 것을 보면, 저는 비위가 상해서 견디기 어렵습니다. 저는 아직도 자신이 없습니다. 구원의 확신을 손쉽게 말하는 것은 문제가 있다고 생각합니다."

얼마나 많은 사람이 이렇게 생각할까요? 인간적인 측면에서 볼 때는 그 형제의 말에 일리가 있을 것 같습니다. 그러나 하나님의 말씀은 그 형제의 주장이 잘못되었다고 말하고 있습니다. 우리가 구원의 확신을 가지는 근거는 우리의 감정이나 의지나 율법을 지키는 상태가 아니라, 하나님의 말씀이기 때문입니다.

인간적인 힘으로 노력하여 구원의 확신을 갖게 되는 것이 아닙니다. 하나님이 너무나 큰 희생으로 값을 치르셨는데, 그 희생의 값과 사랑은 바다같이 넓고 깊습니다. 우리의 인간적인 모든 실수를 능히 덮고도 남습니다. 우리의 모든 죄와 허물을 다 덮으실 수 있는 사랑입니다. 우리는 예수님의 사랑과 희생에 근거하여 구원의 확신을 가지게 되는 것입니다.

비록 우리 노력으로는 율법을 지키려 해도 다 지킬 수 없어서 실패하지만, 실패하면 다시 예수 안에 거하면 됩니다. 우리에겐 생명의 성령의 법이 지배하고 있기 때문입니다. 이 구원의 확신을 가지고서 칭의의 믿음으로 구원에 감격하며 살아갈 때, 우리는 적당히 죄와 벗하며 살 수 없게 됩니다. 이제는 성령의 생명의 법이 우리를 예수 안에 거하게 합니다.

↓ 지금도 예수님은 우리를 위해 중보하십니다

누가 정죄하리요 죽으실 뿐 아니라 다시 살아나신 이는 그리스도 예수시니 그는 하나님 우편에 계신 자요 우리를 위하여 간구하시는 자시니라 _롬 8:34

예수님은 지금도 살아계셔서 하나님 우편에 계시며 하나님의 구원 계획이 완성될 때까지 간구하는 분이십니다. 예수님은 우리를 고아와 같이 내버려두지 않으십니다. 지금도 하나님 보좌 우편에 앉으셔서 우리를 위해 간구하고 계십니다. 예수님은 우리를 위한 중보자이십니다.

> 그러므로 자기를 힘입어 하나님께 나아가는 자들을 온전히 구원하실 수 있으니 이는 그가 항상 살아 계셔서 그들을 위하여 간구하심이라 _히 7:25

저는 신학교에 들어가서야 비로소, 우리 가정에 저를 위해서 기도해주는 사람이 없다는 사실을 깨닫고 크게 낙심한 적이 있었습니다. 어느 학우는 부모님이 기도해서 신학교에 들어왔다고 하고, 어느 학우는 부인이 기도해서 들어왔다고 했습니다. 저는 그런 이야기를 들을 때마다 '그들은 얼마나 좋을까' 하고 부러워하면서, 반면에 저의 형편에 염려와 걱정이 되곤 했습니다.

우리 가족을 돌아보니 아무도 저를 위해 기도하는 사람이 없었습니다. 도리어 우상을 섬기고, 제가 신학을 하고 있는 것을 핍박하고 있으니 크게 낙심이 되었습니다. 그러다 어느 날 위의 히브리서 7장 25절을 읽게 되었습니다. 예수님이 항상 살아계셔서 나를 위하여 간구하고 계신다는 말씀이 깨달아지면서 얼마나 감사했던지요. '예수님이 나를 위해서 항상 중보하시는데 누가 나를 대적하겠나?'라는 생각이 들었던 것입니다. 그리고 로마서에서도 성령님의 중보기도를 알게 되었습니다.

> 이와 같이 성령도 우리의 연약함을 도우시나니 우리는 마땅히 기도할 바를 알지 못하나 오직 성령이 말할 수 없는 탄식으로 우리를 위하여 친히 간구하시느니라 _롬 8:26

성령님이 우리의 연약함을 아시고 도우시기 위하여 말할 수 없는 탄식으로 친히 간구하신다는 말씀이 또한 저에게 얼마나 위로가 되었는지요. 저는 예수님의 중보와 성령님의 기도가 얼마나 위로가 되었는지 모릅니다. 그 뒤로 가족 중에 중보자가 없다고 해서 낙심할 수 없게 되었습니다. 도리어 예수님과 성령님만 더욱 의지하는 계기가 될 수 있었습니다.

물론 가족과 이웃의 중보기도가 얼마나 중요합니까? 지금은 저의 가족과 우리 교회 교우들과 이웃들의 많은 중보의 기도가 얼마나 감사한지 모릅니다. 그러나 예수님과 성령님이 저를 위해서 지금도 주무시지도 않으며 중보하고 계시다는 사실만큼 저를 감사하게 만드는 일은 없습니다.

> [35]누가 우리를 그리스도의 사랑에서 끊으리요 환난이나 곤고나 박해나 기근이나 적신이나 위험이나 칼이랴 … [37]그러나 이 모든 일에 우리를 사랑하시는 이로 말미암아 우리가 넉넉히 이기느니라 _롬 8:35,37

하나님은 우리를 넉넉히 이기게 하십니다. 아무리 사탄 마귀가 환난, 곤고, 박해, 기근, 적신, 위험, 칼로 우리를 넘어뜨리려 해도, 이 모든 일에 우리를 사랑하시는 하나님, 예수님, 성령님, 삼위일체 하나님이 우리의 방패가 되시고 능력이 되시기 때문입니다.

세상에서 가장 강한 사랑은 부모와 자식간의 사랑이라고 할 수 있습니다. 이른바 '스톨게' 사랑입니다. 하지만 이것도 자세히 보면 자기 자식만을 사랑하는 이기적인 사랑에 머무는 경우가 대부분입니다. 따라서 최고의 사랑은 당연히 하나님의 '아가페' 사랑입니다. 이는 하나님께서 예수 그리스도를 통해 우리에게 주신 신적(神的) 사랑이라고 할 수 있습니다.

중요한 것은 하나님께서 우리를 먼저 사랑하시지, 우리가 먼저 하나님을 사랑하지 못한다는 것입니다. 우리에게 하나님의 사랑이 부어지게 되면 점점 더 우리 안에 하나님의 사랑이 채워져 하나님을 사랑하는 마음이 생기게 되고, 다른 사람도 이타적으로 사랑할 수 있는 사람이 되어가는 것입니다. 우리를 사랑하시는 그 하나님의 사랑이 우리를 이 땅에서 넉넉히 이기게 하시는 것입니다.

> [38]내가 확신하노니 사망이나 생명이나 천사들이나 권세자들이나 현재 일이나 장래 일이나 능력이나 [39]높음이나 깊음이나 다른 어떤 피조물이라도 우리를 우리 주 그리스도 예수 안에 있는 하나님의 사랑에서 끊을 수 없으리라
>
> _롬 8:38-39

사망, 생명, 천사들, 권세자들, 현재 일, 장래 일, 능력, 높음, 깊음, 다른 어떤 피조물이라도 그리스도 예수 안에 있는 하나님의 사랑에서 우리를 끊을 수 없습니다. 우리의 구원이 예수 그리스도를 통해서 주어졌듯이, 우리의 승리도 예수 그리스도를 통해서 주어집니다. 그것은 '간신히' 이기는 승리가 아니라 '넉넉히' 이기는 승리입니다.

↓ 우리를 위한 구원 계획의 완성

우리는 지금까지 우리를 위한 하나님의 구원 계획에 대하여 배웠습니다. 특별히 로마서 8장에 놀라운 보화가 들어 있다는 사실을 발견했습니다. 저와 여러분을 향한 하나님의 구원 계획은 지금도 계속되고 있습니다. 무엇도 끊을 수 없는, 반드시 이기게 하시는 하나님의 사랑이 우리를 죄악으로부터 건져내어서, 음부의 권세가 넘보지 못하는 교회의 울타리 안으로 인도하십니다. 그리고 주의 종들을 초등교사로 삼아 우리를 가르치시고,

우리가 장성하면 스스로 하나님과 교통함으로 세상을 이길 수 있게 인도하십니다. 더 나아가, 하나님은 우리를 먼저 된 자로서 굳건히 세워, 우리에게 이웃과 모든 민족에게까지 복음을 전할 수 있는 전도자의 사명을 주십니다.

복음을 실천하는 전선에서 어떤 때는 이기기도 하고 어떤 때는 지기도 할 것입니다. 성령님께서는 승리와 실패를 반복하는 우리를 이끌어 연단을 통과하게 하시고, 우리가 하나님의 구원 계획에 순종하며 살아가면서 그리스도의 장성한 분량에 이르도록 이끄십니다. 그런데 사람들이 이러한 하나님의 구원 계획을 모르고 세상과 짝하며 살다가 죽는다면 얼마나 어리석은 일이겠습니까?

사도 바울은 3차 선교 여행을 마칠 무렵에 고린도에서 이 로마서를 썼습니다. 로마에 가서 그들과 말씀의 교제를 나누고 땅끝인 서바나(스페인) 선교에 나서기 위한 계획을 갖고서, 믿는 자들에게 주시는 하나님의 구원의 여정에 대해 쓴 것입니다. 하나님의 끊을 수 없는 사랑과 놀라운 구원의 계획에 대한 복음이 어떻게 로마교회에만 준 것이겠습니까? 로마서에서 설명한 복음이 세상의 모든 믿는 자들에게도 동일한 마음으로 간절히 들려주어야 할 구원의 이야기가 되어야 할 것이라고 생각하지 않았겠습니까? 사도 바울은 하나님의 구원 계획의 큰 물줄기를 미리 보고 혼신의 힘을 다해 이 로마서를 써내려갔을 것이라고 저는 생각합니다.

신실한 하나님의 종 사도 바울을 통하여 드러내신 하나님의 마음, 사도 바울 가운데 역사하신 주님의 능력이 이 시대의 갈급한 심령들에게도 생수를 공급하는 생명샘의 원천이 되기를 간절히 바랍니다.

ROMANS

PART

3

최선으로 세상을 사는
복음적 삶의 원리

17

15

Romans 12:1-8

변화된 삶과
교회생활의 원리

우리는 1부와 2부에서 구원에 관한 복음의 원리를 알아보았습니다. 3부에서는 1부와 2부에서 배운 원리를 어떻게 실생활에 적용할까에 대해 다룹니다. 그리스도인의 삶에 대한 원리입니다.

로마서는 일반적으로 크게 두 부분으로 나눌 수 있는데, 흔히 1-11장까지와 12-16장까지로 나누는 것입니다. 앞은 교리이고 뒤는 실천에 관한 내용이라고 할 수 있습니다. 그러나 저는 프롤로그에서 미리 언급한 것처럼, 1부와 2부에서 다룬 로마서 1-8장으로부터는 구원의 여정에 관한 원리(교리)에 대해, 그리고 이 3부에서 다룰 로마서 12-14장에서는 성도가 살아야 할 최선의 삶(삶의 원리)에 대해, 그리고 마지막 4부에서는 로마서 9-11장과 15-16장에서 강조하는 선교의 도전에 대해, 이렇게 4부로(1부와 2부를 하나로 보면 크게는 세 부분으로) 나누어 새로운 방식으로 로마서를 강해하고 있습니다. 그런 이유로 로마서 9-11장의 강해는 위치를 바꾸어 마지막 4부에서 다루도록 하고, 3부에서 로마서 12-14장 내용을 먼저 설명합니다. 성경의 순서대로 읽기를 원하는 분은 4부에 있는 9-11장의 강해 부분을 먼저 읽어도 좋습니다.

↓ 접속사 '그러므로'의 역할과 거룩한 산 제물의 의미

> 그러므로 형제들아 내가 하나님의 모든 자비하심으로 너희를 권하노니 너희 몸을 하나님이 기뻐하시는 거룩한 산 제물로 드리라 이는 너희가 드릴 영적 예배니라 _롬 12:1

'그러므로'라는 단어는 로마서 1장부터 8장까지, 더 나아가 9-11장까지를 포함하는 로마서 전반부의 기독교 복음의 원리와 12장 이후를 연결해주는 접속사 역할을 합니다. 따라서 로마서의 앞부분을 명확히 이해하고 있어야 12장 1절부터 그 뒤에 언급되는 삶의 적용 부분을 더 분명히 이해하고 실천할 수 있는 동기가 부여됩니다.

'그러므로'라는 표현을 통해서 우리가 알 수 있는 것은, 사도 바울이 독자의 지적(知的) 동의를 통해 로마서의 전반부와 후반부 사이의 관계를 깊이 이해하도록 쓴 것이라는 사실입니다. 성공적인 신앙생활을 하기 위해서는 구원받은 뒤에 살아가면서 다가올 문제들에 신앙의 원리를 잘 응용할 수 있어야 하기 때문입니다. 수학 문제를 잘 풀려면 먼저 공식을 잘 이해해야 하는 것과 같은 원리입니다.

이 구절에서 사도 바울이 제시하고 권면하는 삶의 내용은 그리스도인이라면 마땅히 살아있고 거룩하게 구별된 산 제물이 되라는 것입니다. 사도 바울은 이러한 권면을 '하나님의 모든 자비하심으로'라는 조건으로 시작하였습니다. 하나님의 모든 자비하심이란 무엇을 말할까요? 자비하심은 헬라어로 '오이크티르몬'입니다. '불쌍히 여기다', '긍휼히 여기다'라는 뜻인데, 이 구절에서는 복수형을 썼습니다. 복수형이라서 한국어 성경에서는 '모든 자비하심'이라고 번역한 것입니다.

사도 바울은 12장 이전까지 가르친 구원과 성화와 성령 충만에 대해 '하나님이 베풀어주신 모든 긍휼한 마음으로' 로마 교인들에게 권면하였습니다. '권하노니'라는 단어는 대사도인 바울이 강압적이지 않고 인격적으로 형제들을 대하려는 모습을 보여주는 표현이라고 할 수 있습니다.

'거룩한 산 제물'은 우리 삶을 가장 좋은 것으로 구별하여 하나님께 드리는 것을 가리킵니다. '거룩한'(holy)은 '구별되다'라는 뜻입니다. 성경에서 '거룩'이란 단어는 도덕적 의미보다 하나님께 드리기 위해 '따로 떼어놓아 구별되었다'라는 점을 일반적으로 강조합니다. 그러므로 거룩한 산 제물(living and holy sacrifice)이라는 표현은 '최선의 삶으로 구별하여 하나님께 드리는 것'이라고 할 수 있습니다. 하나님이 우리의 구원과 성화와 성령 충만을 위해 모든 자비하심으로 모든 것을 예비해놓으셨으니, 우리는 마땅히 구별된 최선의 삶을 하나님께 드려야 한다고 권면한 것입니다. 이것이 믿는 자가 드릴 영적인 예배라고 말이지요.

킹제임스 버전에서는 '영적 예배'를 '합당한 봉사'(reasonable service)라고 번역했는데, 이스라엘 성전 예배의 외형적이고 의식적인 예배와 대조하여 삶으로서 드리는 예배가 영적 예배임을 강조한 것입니다. '예배'에 해당하는 헬라어 '라트레이아'는 구약의 제사를 지칭하지만, 본 절에서는 단순히 제의적 제사 행위라기보다 삶을 통한 예배를 의미합니다. 삶의 모든 가치와 의미를 주께 두고 주님을 섬기는 것에 역점을 두는 삶, 복음의 원리에 합당한 봉사와 섬김을 말합니다. 그러므로 로마서 12장 1절은 '우리가 하나님의 큰 사랑과 자비로운 선물을 많이 받았다면, 우리는 그에 합당한 최선의 삶의 모습을 보여주어야 한다'라고 풀어 설명할 수 있습니다.

↓ 세상을 본받지 말고, 수동적으로 변화된 삶을 사십시오

너희는 이 세대를 본받지 말고 오직 마음을 새롭게 함으로 변화를 받아 하나님의 선하시고 기뻐하시고 온전하신 뜻이 무엇인지 분별하도록 하라 _롬 12:2

우리를 향한 하나님의 뜻은 이미 밝혀져 있습니다. 하나님께서 죄에 빠진 세상을 구원하시려는 것이요, 구원받은 우리는 성령에 힘입어 거룩하게 사는 것이라고 말할 수 있습니다. 그러므로 이 세대를 본받지 말아야 한다는 것은 당연합니다. '세대'라는 헬라어 단어는 '아이온'으로 '시대, 세상'을 의미합니다. 조금 더 구체적으로 설명하면 '이 세상의 신(神)' 혹은 '공중의 권세 잡은 자'가 다스리는 '악한 세대'를 의미합니다.

그리스도께서 하나님 곧 우리 아버지의 뜻을 따라 이 악한 세대에서 우리를 건지시려고 우리 죄를 대속하기 위하여 자기 몸을 주셨으니 _갈 1:4

그러므로 이 세대를 본받는 삶은 하나님의 뜻에 합당하지 않습니다. 그런데 그리스도인이라고 하면서 세상 풍조를 따르고, 세상에 뿌리박힌 인본주의 사상에 동조하는 사람들이 많습니다. 믿는 자들은 삶의 근거를 성경과 예수 그리스도 안에 두어야 하는데도 말이지요. 믿는 자들이 세상을 사랑하여 세상을 좇아간다면, 마치 짠맛을 잃은 소금처럼 아무 쓸모없는 사람이 되고 말 것입니다. 소금이 짠맛을 잃으면 밖에 버려져 사람들에게 밟힐 것이라고 예수님이 경고하신 것처럼, 그리스도인이 세상으로부터 책망을 받게 되는 것입니다. 어쩌면 지금 이 시대가 그런 모습이 아닌가, 심히 염려됩니다. 아니, 어쩌면 이미 그런 시대를 통과하고 있다고 볼 수도 있습니다. 그러므로 이 세대를 살아가는 그리스도인들은 역사상 어느 때보다 영의 분별이 절대적으로 필요하다는 점을 깊이 인식하고, 이 세대를 본받지 말라는 사도 바울의 권면을 적극적으로 받아들여야 합니다.

이 세대를 본받지 않고 살아가는 '삶의 예배'란 하나님 없는 유물론, 포스트모더니즘, 상대적 진리 등을 따르는 이 세대에서 복음의 진리를 믿고, 하나님의 말씀에 절대적으로 순종하는 자로서 살아가는 것이라고 할 수 있습니다. 우리는 하나님 없이 살아가는 이웃들과 구별되어 살아갈 뿐 아니라, 또한 그들을 불쌍히 여기고 그들을 위해 기도해야 합니다. 이 시대의 어둠에 처한 백성들을 위해 중보해야 하는 것입니다. 그러자면 성령님의 인도하심에 민감하게 반응하고, 그들에게 복음을 전하여 구원에 이르게 하는 일에 최선을 다해야 할 것입니다.

이 구절(2절)의 뜻은 단순히 예수를 믿어서 거듭나라는 말이 아닙니다. 이미 예수 믿고 거듭난 사람들이 날마다 하나님 앞에서 말씀과 기도로 새롭게 변화를 받으라는 뜻입니다. '변화를 받아'(be transformed)는 수동태입니다. 이 말은 내가 주체가 되어 변화한다는 뜻이 아니라, 다른 누구에 의해 변화받는다(be transformed by)라는 뜻입니다. 그렇다면 나는 누구에 의해서 변화를 받는 것일까요? 8장에서 언급한 바울의 논조로 볼 때, 단언컨대 성령에 의해 변화를 받는 것입니다. 이 변화는 일시적으로 나타나는 것이 아니라, 지속적으로 변화되는 것이라고 할 수 있습니다.

우리는 자신을 스스로 변화시킬 수 없습니다. 그것이 가능하다면 사람에게 율법을 가르침으로써 변화시킬 수 있을 것입니다. 하지만 우리는 반드시 타자(他者)에 의해서 변화되어야 하는데, 그 타자가 바로 성령이십니다. 성령에 의해 변화될 때, 그 변화는 일시적이지 않고 영원히 지속될 수 있습니다. 이것이 '변화를 받는다'라는 말씀의 의미이며 키포인트입니다. 변화를 받은 다음에는 하나님의 뜻을 분별해야 합니다. 정리하면, 우리가 이 세대를 본받지 말고, 마음을 새롭게 하여 성령에 의해 변화를 받아, 하나님의 뜻을 분별하도록 하라는 권면입니다. '분별하다'는 헬라어로 '도키마제인'으로, 보통은 '시험하다, 조사하다, 승인하다'라는 뜻으로 쓰이지만, 여기서는 '하나님의 뜻을 구하고 찾고 인정하다'라는 은사적인 의미로 해석할 수 있습니다.

앞의 로마서 8장 강해 부분에서 성령의 인도를 받는 내용을 설명한 바 있습니다. 우리가 하나님의 말씀에 집중하고 성령의 생각을 계속 유출하다 보면 하나님께서 우리 육신의 죄와 연약한 부분이 무엇인지 가르쳐주실 때가 있습니다. 우리의 죄와 연약함을 깨달았으면, 죄와 연약함을 하나님 앞에 내려놓고 철저하게 돌아서는 회개를 해야 합니다. 회개는 내가 억지로 하는 것이 아니라, 성령이 깨닫게 하시고 강권하시는 것에 따라 죄로부터 돌아서는 단계가 될 때, 비로소 진정한 회개에 이르렀다고 할 수 있습니다. 성령께서 역사하시는 회개가 터지면, 우리는 그 다음 단계로 성령이 우리에게 무엇을 원하시는지를 자연스럽게 알 수 있습니다. 이와 같이 성령께서 우리에게 하시는 일은 '수동태'로 표현할 수밖에 없습니다.

성령님은 말씀을 생각나게 하십니다. 우리가 자신의 연약함으로 불순종했던 모습을 내려놓고 주님을 의지하여 믿음으로 돌아서도록 하십니다. 어떤 사람을 용서하라고 하시고, 누구에게는 어떤 일을 위해 헌금하도록 하실 수도 있습니다. 어떤 때는 전혀 생각하지도 못했던 지혜를 주셔서 사용하도록 인도하실 때도 있습니다. 성령님이 아니면 우리가 도무지 생각하지 못할 놀라운 지혜와 모략을 부어주곤 하십니다. 그럴 때마다 우리가 조심해야 할 것은, 성령님의 뜻을 분별하면 아무리 작은 인도하심이라해도 성령의 인도하심을 소홀히 하거나 무시하지 않는 것입니다. 성령의 인도하심을 무시하면, 그 문제를 해결할 때까지 다시 성령님의 인도하심을 받기 어렵습니다. '변화를 받아'라는 명령에 반드시 순종해야 할 이유입니다.

우리의 인간적인 경험을 보더라도, 예를 들어 회사에서 상사로서 부하 직원에게 어떤 일을 하라고 명령했는데, 부하가 그것은 하지 않고 다른 새로운 일을 하게 해달라고 요청하면 그 사람을 신뢰할 수 있겠습니까? 성령님도 동일하십니다. 우리가 성령님이 시키시는 일을 듣지 않고 순종하지 않으면서 새로운 선물을 달라고 하면 성령님이 응답하실 수 없으신 것이 같은 원리입니다. 그러므로 우리는 성령의 작은 음성이라도 분명히 들었다면, 그것을 무시하지 말고 순종해야 합니다. 그럴 때 그 사람은 성령께서 인도하시는 삶을 살게 됩니다. 하나님은 계속해서 그 사람에게 지경을 넓혀주시며, 영적으로 더 깊은 삶을 살도록 인도하시게 됩니다. 이것이 성령님이 인도하시는 삶이며, 다른 말로 표현하면 '그리스도 안'(in Christ)에 거하는 삶이라고 말할 수 있습니다.

'분별하다'라는 말은 사람들이 서로를 판단하고 시험한다는 일반적인 뜻이 아닙니다. 이 말은 우리가 성령 안에서 하나님의 뜻을 깨달아가는 과정에서 하나님의 뜻이라는 분명한 사인을 받으면, 그것을 인정하고 끝까지 믿음으로 순종한다는 뜻으로 해석할 수 있습니다. 그리스도인은 마땅히 양 같은 주의 백성으로서, 양을 이끄시는 목자와 같으신 예수님의 음성을 들을 수 있어야 하고, 그렇게 들은 말씀으로 마음을 새롭게 하여 지속적으로 하나님의 뜻을 순종해나가는, 즉 변화된 삶을 살아야 합니다.

주를 기쁘시게 할 것이 무엇인가 시험하여 보라 _엡 5:10

에베소서에서 언급한 '시험'도 로마서의 이 구절(12:2)과 마찬가지로 '성령에 의한 분별'이라는 뜻으로 사용된 것입니다. 사람들이 '판단'과 '분별'을 잘 구별하지 못하는 경우가 있습니다. 판단은 그 주체가 나입니다. 내가 율법으로 다른 사람과 사건을 판단한다는 말입니다. 그렇게 될 때 율법주의로 빠지기 쉽습니다. 이렇게 판단하면 판단하는 사람의 죄를 짓게 됩니다. 판단은 그 판단으로 인하여 하나님으로부터 판단을 받게 만듭니다. 그러나 분별은 성령이 주시는 마음에 의해 분별한 대상을 인정하고 받아들이는 것이기 때문에, 하나님으로부터 판단을 받지 않습니다. 도리어 하나님의 뜻이 그 사람을 통해서 펼쳐지게 됩니다.

그렇다면 이렇게 변화된 삶을 어떤 영역부터 적용해야 할까요? 먼저 적용할 영역은 바로 교회생활입니다.

↓ 믿는 자는 교회생활을 통해 변화된 삶을 시작합니다

> 내게 주신 은혜로 말미암아 너희 각 사람에게 말하노니 마땅히 생각할 그 이상의 생각을 품지 말고 오직 하나님께서 각 사람에게 나누어 주신 믿음의 분량대로 지혜롭게 생각하라 _롬 12:3

우리가 믿음을 가지고 있다 하더라도 여전히 제한된 존재이며 용서받은 의인일 뿐입니다. 우리의 영적 상태는 변화된 영적 지위에 비해 여전히 턱없이 부족한 점이 많다는 것을 알아야 합니다. 우리가 예수 믿는다고 해서 갑자기 예수님 같이 살고 죄와 상관없이 사는 존재가 아니라는 것입니다. 우리의 영적 상태는 이전과 별 차이가 없는 것 같은데, 단지 우리를 의인이라 불러주시고 구원받았다고 하니 어리둥절할 뿐입니다.

그러나 어쨌든 그리스도인은 용서받고 의인이 된 사람입니다. 이 내용은 앞에서 반복해서 말씀드렸습니다. 우리는 그저 '하나님의 의'를 지닌 용서받은 의인이 되었습니다. 하지만 믿지 않는 사람들은 교회 다니면 다 천사처럼 살아야 한다고 생각하고, 목사는 다 예수님처럼 사는 사람이라고 전제하고 보니 모순이 생기는 것입니다. 그럼에도 불구하고, 때로는 교회 다니는 신자들 중에서도 자신은 말씀대로 살아내지 못하면서 다른 사람들을 높은 기준으로 평가하는 모습을 봅니다.

다시 말하지만, 우리는 예수 믿어서 용서받은 의인이 되고 하나님의 자녀가 된 것이지, 우리의 삶의 상태는 아직 믿지 않는 자들과 별 차이가 나지 않는다는 점을 알아야 합니다. 그러나 이제는 예수님을 믿고 하나님의 무한한 은혜를 받았으니, 은혜로 말미암아 변화의 삶을 살아야 한다는 사실을 각성하게 됩니다. 이것이 놀라운 변화입니다. 이전에는 변화된 삶을 살아야 할 근거를 전혀 깨닫지 못하였는데, 어느 날부터 '이제는 변화되어야 하겠구나'라는 생각이 들기 시작하는 것입니다. 누가 그런 마음을 주시겠어요? 바로 우리 안에 내주하시는 성령님이 그런 마음을 주시는 것입니다. 그래서 믿는 자들은 교회생활을 하면서, 다시 말해 신앙생활을 하면서 점진적으로 서서히 변화될 수 있습니다. 세상과 짝지어 살던 삶이 잘못된 것임을 깨닫고 영적인 실체를 이해하게 되어, 사탄이 지배하는 세상 풍속이 아닌 하나님 나라의 통치를 받는, 하나님 안에서 사는 삶으로 변화가 일어나는 것입니다. 그것이 어디서부터 시작되는 것입니까? 바로 교회생활입니다. 교회를 다니기 시작하면서부터 신앙생활이 시작되어 자연스럽게 나타나는 변화의 결과입니다.

16

Romans 12:1-8

은사를 계발하고
교회를 섬기는 원리

신앙생활의 핵심인 교회생활은 자신이 교회라는 몸의 한 지체, 즉 일부가 되었다는 데서 출발합니다.

이와 같이 우리 많은 사람이 그리스도 안에서 한 몸이 되어 서로 지체가 되었느니라 _롬 12:5

5절에 '몸'과 '지체'라는 단어가 나옵니다. 우리는 교회가 프로그램에 입력한 디지털 숫자에 따라 행동이라는 출력이 나오는 로봇이 아닌, 사람의 몸처럼 살아있는 유기체라는 점에 주목해야 합니다. 인간의 몸은 각각의 지체로 구성되어 있습니다. 눈, 코, 입, 귀, 손가락, 무릎, 장기와 같은 몸을 이루는 부분들이 지체입니다. 그런데 '서로 지체가 되었다'라는 말에는 몸의 지체가 서로 연결되어 함께 움직여야 한다는 뜻이 담겨 있습니다. 연약한 지체 하나만으로 몸 전체가 정상적인 기능을 할 수 없습니다. 각자의 능력과 믿음의 분량이 제한되어 있기 때문입니다.

부족한 우리들이 어떻게 완전하시고 충만하신 그리스도를 이 세상에 드러낼 수 있을까요? 그런데 이것이 교회를 통해 드러내고 싶으신 하나님의 목적임을 깨달아야 합니다. 우리 한 사람 한 사람이 각각 지체가 되고, 각 지체가 모여서 마디로 연결되고, 마디와 다른 지체가 연결되어 한 몸을 만들어서, 그 몸이 온전하고 건강하게 하나님의 형상을 보여주라고 만든 것이 바로 교회이기 때문입니다.

한 사람이 하나의 지체만 가지고도 완벽한 기능을 할 수 있다면 구태여 지체라는 말을 쓸 필요는 없을 것입니다. 예를 들어 팔 하나로는 아무것도 할 수 없습니다. 눈 하나만으로 몸을 입체적으로 움직일 수 없습니다. 몸의 모든 지체가 다 붙어 있어야 한 몸이 되는 것처럼, 교회의 지체들도 한 몸을 이루어야 합니다. 공동체 안에서 다양한 사람들이 섞여 지체가 되어, 서로 한 몸을 이룬다는 개념을 이해하면서 교회생활에 참여해야 합니다.

우리가 각각의 지체로서 몸을 담고 있는 교회는 결과적으로 한 몸입니다. 거기에는 손도 있고 발도 있습니다. 코도 있고 눈도 있고 귀도 있습니다. 지체들이 다 있어야 땅에 설 수 있고 몸의 균형을 잡고 걷기도 할 수 있듯이 교회도 몸으로서 온전해야 합니다. 그렇게 온전할 때 다른 지체를 도와줄 수도 있습니다. 그러므로 교회생활의 핵심 원리는 '공동체성'이라고 말할 수 있습니다. 공동체에 참여하지 않는 기독교인은 하나님으로부터 참된 다루심을 받을 수 없습니다. 변화를 받아 하나님의 뜻을 분별하기가 어려운 것입니다.

사람을 몸과 지체로서 창조하신 하나님께서 교회도 몸과 지체로 만드셨습니다. 교회 공동체는 성령님이 주신 다양한 은사를 가진 사람들이 함께 모여서, 개인과 개인으로서는 부족하지만 각자에게 주신 은사를 가지고 공동체를 서로 섬길 때, 그리스도의 영광을 나타내는 놀라운 유기체로 보이도록 디자인되어 있습니다. 너무나 놀랍고 신비한 하나님의 작품입니다. 우리는 하나님이 교회를 세우신 이러한 뜻을 늘 염두에 두고 교회를 생각해야 합니다.

> [9]영원부터 만물을 창조하신 하나님 속에 감추어졌던 비밀의 경륜이 어떠한 것을 드러내게 하려 하심이라 [10]이는 이제 교회로 말미암아 하늘에 있는 통치자들과 권세들에게 하나님의 각종 지혜를 알게 하려 하심이니 _엡 3:9,10

하나님이 교회를 설계하셨다면, 완벽한 모습을 목표로 세우지 않으셨겠어요? 하나님의 비밀인 교회를 통해서 다양한 지체들이 서로 연합하여 하나가 되고, 일치된 마음으로 각자 받은 은사대로 섬기고 그 몸을 세상에 드러낼 때, 세상 사람들이 그 몸(교회)을 보고서 꼭 예수님을 본 것 같다고 느낄 수 있도록, 교회를 통해 그리스도를 드러내게 하신 것입니다. 이것이 교회 공동체를 통하여 나타내시는 하나님의 비밀입니다.

↓ 은사를 찾아내고 사용하도록, 우선 봉사를 체험해보십시오

> [6]우리에게 주신 은혜대로 받은 은사가 각각 다르니 혹 예언이면 믿음의 분수대로, [7]혹 섬기는 일이면 섬기는 일로, 혹 가르치는 자면 가르치는 일로, [8]혹 위로하는 자면 위로하는 일로, 구제하는 자는 성실함으로, 다스리는 자는 부지런함으로, 긍휼을 베푸는 자는 즐거움으로 할 것이니라 _롬 12:6-8

하나님은 우리에게 하나님과 공동체를 섬길 수 있도록 은사를 주셨습니다. 은사는 영적인 선물입니다. 선물이란 우리의 공로와 관계없이 하나님께서 주신 것입니다. 그래서 은사는 '은혜대로' 주신 것입니다(6절). 우리는 하나님이 거저 주신 각기 다른 은사로 교회와 이웃을 섬겨야 합니다.

성경에는 다양한 은사가 기록돼 있습니다. 흔히 은사 장이라고 일컬어지는 성경들은 고린도전서 12장, 14장, 에베소서 4장, 베드로후서 1장, 그리고 로마서 12장 등입니다. 이 성경들에 각양의 은사들이 나타나고 있는데, 피터 와그너는 이것들을 정리하여 성경에 언급된 25종류 이상의 은사를 소개하고 있습니다. 고린도전서에서는 주로 신령한 은사를, 에베소서 4장에서는 직임의 은사를, 로마서 12장에서는 봉사의 은사를, 베드로후서 1장에서는 주로 성품의 은사를 설명하였습니다. 이렇듯 성경에서 소개하는 은사는 다양하고 범위도 넓은데, 사실은 이보다 훨씬 종류가 많을 것이라고 보는 견해도 있습니다.

로마서 12장에 나오는 은사는 예언, 섬기는 일, 가르치는 일, 위로하는 일, 구제하는 일, 다스리는 일, 긍휼을 베푸는 일 등으로, 교회 공동체를 섬기는 봉사의 은사들입니다. 그리스도인들이 교회 공동체를 섬길 때 중요한 것은 자신에게 주신 은사를 잘 발견하여 자신이 섬길 자리를 찾는 것입니다. 은사를 통해, 하나님께서 나를 지으신 창조원리를 생각해봅시다.

하나님이 나를 창조하신 목적은 내가 이 땅에 태어나서 나 혼자 잘 사는 것이 아닙니다. 개인적인 목적에 국한되는 존재가 아니라, 주 안에서 온전한 사람이 되게 만드셔서 교회 안에서 지체로서 봉사하게 하고, 유기체로서의 교회를 하나의 몸이 되도록 하고, 교회가 하나님의 형상과 모양을 보이는 공동체가 되도록, 즉 하나님의 창조원리를 세상에 보여주는 공동체를 만드는 일에 나를 쓰시려고 창조하신 것입니다. 우리가 교회 공동체를 섬기는 일에 사용하라고 주신 선물이 바로 은사입니다. 그런데 문제는 자신의 은사가 무엇인지 처음부터 알기 어렵다는 것입니다. 교회에서 자신이 봉사할 만한 은사를 어떻게 찾을 수 있을까요?

로마서 17장

<u>첫째, 우선 교회에서 하는 여러 일에 참여하여 체험해보는 것입니다.</u>

처음에는 아무리 자신이 은사를 받은 일일지라도 경험이 적으니 서툴기 마련입니다. 무슨 일이든 처음부터 완벽하게 잘하는 사람은 없습니다. 그런데 은사가 있는 사람은 몇 번 해보면 금방 배우고, 나름대로 아이디어를 가지고 그 일을 진행하게 됩니다. 우리말로 '눈썰미가 있다'라고 할 수 있습니다. 그러므로 일단 해보면 자신에게 은사가 있는지 없는지를 자신도 알고 남도 알게 됩니다. 예를 들면 꽃꽂이로 성전을 아름답게 꾸미는 은사를 가진 분은 사람들에게 '꽃꽂이에 은사가 있다'라는 인정을 받습니다. 이것이 하나님이 주신 은사를 발견하는 간단한 방법입니다.

그러나 꽃꽂이에 은사가 있더라도 어떻게 하는 것이 더 좋은지 방법을 배우지 않으면 자기에게 그 은사가 있는지도 아예 모를 수 있고 실수도 할 수 있습니다. 그러므로 처음에는 먼저 그 봉사를 먼저 해온 사람들을 돕는 도우미로 참가해보는 것이 좋습니다. 보통 6개월 정도 참여하여 돕다 보면 은사가 있는 사람은 그 분야에서 실력이 드러나게 되어 있습니다. 그런 분이 꽃꽂이를 할 때 성전이 아름다워지고, 사람들이 그것을 보고 칭찬합니다. 내가 어느 은사를 받았는지 아직 잘 모른다면, 찬양, 중보, 교사, 긍휼, 섬김, 헌금 계수 등 교회의 여러 봉사 분야 가운데 일단 관심이 가는 곳에서부터 다양하게 체험해보는 것이 좋습니다.

<u>둘째, 어떤 봉사를 할 때 가장 큰 기쁨과 즐거움이 있는지 보면 됩니다.</u>

혹자는 주방에서 설거지할 때 기쁠 수 있고, 주보를 나눠줄 때 기쁠 수 있고, 전도할 때 기쁠 수 있습니다. 주일학교에서 아이들에게 가르칠 때, 혹은 앞에서 찬양을 인도할 때 기쁨이 넘칠 수 있습니다. 봉사하면서 기쁨을 느끼는 일이 하나님이 주신 은사일 가능성이 매우 높습니다. 금방 싫증이 나고 짜증까지 나는 것이 은사일 리 없습니다. 물론, 당신이 아무리 즐

거운 봉사라 해도, 그 봉사를 받는 다른 사람들도 좋다고 느껴야 할 것입니다.

셋째, 자신의 눈에 자꾸 걸리는 일이 무엇인지 찾아보는 것입니다.

사람은 자기에게 은사가 있는 부분에 관심이 쏠리게 되어 있습니다. 그래서 마음이 자주 가는 일이 자기의 은사일 가능성이 높습니다.

교회생활을 하다 보면 사람에 따라 '우리 교회에는 무엇이 부족하다'라고 느끼는 부분이 제각각 다릅니다. 예를 들어 어떤 사람은 말끝마다 "우리 교회는 사랑이 부족해"라고 말합니다. 다른 사람은 별로 그렇게 느끼지 않는데, 이런 사람은 공동체에 사랑이 부족한 것 같다고 느낍니다. 왜 그럴까요? 그런 사람에게는 남들이 별로 관심을 가지지 않는 대상을 불쌍하게 여기는 은사, 즉 사랑의 은사가 있기 때문입니다. 사랑의 은사가 있는 사람은 공동체에 사랑이 부족한 것이 금세 느껴지기 마련입니다.

음악과 소리에 은사가 있는 사람은 "우리 교회는 음향장비가 좋지 않아서 음악이 너무 시끄럽고 목사님 목소리도 듣기 힘들어" 또는 "어떤 악기가 더 있으면 좋겠어"라는 말을 합니다.

어떤 사람은 목사님 설교가 마음에 들지 않을 때가 있다고 말합니다. 이런 사람은 가르치는 일에 은사가 있을 가능성이 있습니다. 이런 분은 불평(?)만 하고 있을 게 아니라, 하나님이 혹시 자신을 말씀 사역자로 부르신 것은 아닌지 진지하게 고민해보기를 권합니다. 목사가 되는 것이 부르심이 아니라면, 말씀을 가르치는 교사가 되기 위해 교회의 성경 공부 훈련 과정을 정식으로 받는 것은 필요합니다. 우리 교회에서는 신학교와 유사하게 제자훈련과 각종 훈련 과정을 운영하여 성도들이 가르치는 은사를 계발하여 활용하도록 돕고 있습니다.

초신자라 하더라도 구역예배 같은 소규모 모임에서는 자신의 은사를 충분히 계발할 수 있습니다. 소그룹이 사실 은사를 확인할 수 있는 가장 좋은 훈련의 장입니다. 구성원이 몇 명 되지 않으니 어떤 때는 찬양 인도, 어떤 날은 대표기도, 어떤 날은 음식 준비 등등 수시로 봉사할 일이 생기므로, 은사가 표출되기에 좋은 환경인 것입니다.

넷째, 자타가 다 잘한다고 공인하는 일을 찾고 계발하십시오.

은사를 발견하기 위한 또 다른 방법은 내가 하는 일에 대해 다른 사람의 평가를 받아보는 것입니다. 더러 섭섭하긴 하겠지만, 만약 "집사님은 그거 하면 안 되겠어"라는 평가를 듣는다면 어떨까요? "집사님은 찬양하면 안 되겠어(노래를 못 불러). 집사님은 주방 봉사하면 안 되겠어(음식 맛이 없어). 집사님은 애들 가르치면 안 되겠어(애들 다 졸아)." 본인이 아무리 좋아하는 일이라도 이런 소리를 듣는다면 하기 어렵겠지요. 다른 사람이 인정하지 않으면 은사가 아닐 가능성이 높습니다.

하나님의 은사는 공동체를 세우기 위해 주신 것입니다. 그러므로 다른 사람에게 유익해야 합니다. 본인도 은사를 마음껏 활용하니 기쁘고 보람이 되고, 다른 사람들도 그 봉사를 통하여 기쁨을 얻으니 누이 좋고 매부 좋은 일이 됩니다. 그렇게 자신과 다른 사람 모두가 인정하는, 즉 자타가 공인하는 일이 은사입니다. 그러므로 자신과 공동체를 위해, 본인도 좋아하고 잘할 수 있고, 다른 사람도 칭찬하는 일을 찾으십시오.

은사를 발견하고 확인했으면 발전시키고 계발해야 합니다. 찾은 은사를 계발하는 방법은 은사를 계속해서 성실하게 사용하는 것입니다. 은사는 기본적으로 하나님이 주시지만, 각자가 공동체 안에서 적용하는 봉사를 통하여 계발할 책임이 있습니다. 처음부터 잘 되지는 않을 것입니다. 우선 한두 사람을 대상으로, 다음엔 대여섯 사람을 대상으로, 그리고 열 사람 이상으로 섬기는 대상을 점차 늘려갑니다. 시작할 때는 흙 속에 묻힌

진주였지만, 계속 사용하다 보면 흙은 사라지고 진주만 보이니, 보석처럼 빛이 나는 성도로서 성장할 것입니다.

다섯째, 받은 은사대로 성실하고 부지런하게 섬기십시오.

[6]우리에게 주신 은혜대로 받은 은사가 각각 다르니 혹 예언이면 믿음의 분수대로, [7]혹 섬기는 일이면 섬기는 일로, 혹 가르치는 자면 가르치는 일로, [8]혹 위로하는 자면 위로하는 일로, 구제하는 자는 성실함으로, 다스리는 자는 부지런함으로, 긍휼을 베푸는 자는 즐거움으로 할 것이니라 _롬 12:6-8

나이 드신 권사님들에게 기대되는 은사는 교회 공동체의 지체들을 위로하는 권면의 은사입니다. 구제하는 자는 성실함으로 해야 합니다. 어쩌다 한번 구제했는데 사람들이 알아주지 않는다고 시험에 들면 은사라고 말할 수 없습니다. 은사가 있는 사람은 누가 알아주든 알아주지 않든, 그 일이 공동체에 유익이 되고 있다면, 그리고 내가 기뻐서 하는 섬김이라면 계속하게 될 것입니다. 다스리는 은사를 가진 장로님들은 교회를 다스리는 책임을 맡은 자입니다. 장로님들은 교회 일을 내 일처럼 찾아서 부지런히 봉사해야 합니다. 담임목사님을 돕고 순종하며 교회에 대해 무한 책임을 지려고 해야 합니다. 목사님을 도와 교회 일을 섬기는 것이 큰 기쁨이 되어야 하는 것입니다. 장로와 같은 중요한 봉사의 직분을 불평하면서 하면 교회를 훼손할 수도 있으므로, 그러면 절대 안 됩니다.

하나님께서는 우리가 교회에서 은사를 찾고 계발하여 기쁨으로 봉사하도록 계획하셨습니다. 이런 과정을 통하여 하나님의 몸인 교회를 세워가며, 그 섬김과 더불어 나의 성품을 변화시키는 하나님의 계획이 진행되고 있음을 믿으십시오. 그리하여 몸된 교회를 세우는 일에 하나님이 주신 은사를 가지고서 충성하시기를 바랍니다.

↓ 말씀의 원리를 따라 시험에 들지 않고 봉사하는 법

교회마다 들여다보면 크고 작게 시험에 들 일이 많습니다. 교회에 봉사하는 사람이 없어서 시험에 들까요? 그렇지 않습니다. 오히려 교회 봉사에 열심인 사람들 때문에 교회에 문제가 생길 때가 더 많습니다.

어떤 교회라도 봉사하는 사람은 다 있게 마련입니다. 수가 많고 적음의 차이는 있을지 몰라도, 교회마다 재물을 드리고 시간을 드리고, 전력을 다해 열심히 봉사하는 사람들이 있습니다. 그런데 교회에 문제가 왜 생길까요? 그 이유는 변화된 삶이 아닌 자기 소견에 좋은 대로 봉사하기 때문입니다. 주로 성경적 원리와 교회의 규칙을 따르지 않을 때 그렇게 됩니다. 그런 봉사는 공동체에 유익을 주지 못합니다. 오히려 시기와 갈등을 조장할 수 있고, 스스로를 또는 누군가를 시험에 들게 할 수도 있습니다. 그래서 봉사하다가 시험에 들 것을 두려워하여 차라리 봉사하지 않는 편이 낫다고 생각하는 교인들도 간혹 있습니다.

하지만 모든 교회는 봉사하는 사람이 반드시 필요합니다. 다만 교회에서 봉사를 잘하기 위해 성경적인 원칙과 지침을 알아야 합니다. 운동선수가 규칙을 알고 따라야 경기를 할 수 있듯이, 교회 안에서 봉사하는 자는 하나님이 성경 말씀을 통해 가르쳐주신 원리대로 봉사해야 하는 것입니다. 그렇지 않고 자기 방식대로, 즉 세상에서 하던 방식으로 교회에서 봉사하면 상처를 주고받는 일이 생길 수 있습니다. 이런 문제가 생기지 않게 하는 봉사의 방법을 우리에게 가르쳐준 것이 바로 로마서 12장부터 15장 전반부까지의 내용입니다. 그 지침은 다음과 같습니다.

첫째, 교회 봉사의 동기는 진실한 사랑이어야 합니다.
[9]사랑에는 거짓이 없나니 악을 미워하고 선에 속하라 [10]형제를 사랑하여 서로

우애하고 존경하기를 서로 먼저 하며 _롬 12:9-10

교회 봉사는 우선 사랑으로 해야 합니다. 서로 우애하고 존경해야 합니다. 시기와 질투로, 경쟁적으로 봉사하는 것이 아니라, 사랑의 마음으로 봉사하십시오. 사랑엔 거짓이 없습니다. '거짓이 없다'라는 말은 헬라어로 '아뉘포크리토스'인데, 그 뜻은 '위선적이지 않다, 진실하다'입니다. 사랑은 위선적이지 않아야 하고 진실해야 합니다. 가식적으로 봉사하면 결국은 지속하지 못하게 되고, 나중에 시험에 드는 문제가 발생하게 됩니다.

교회에서는 더욱 위선적이지 않은 사랑을 해야 합니다. 그런데 이렇게 사랑한다는 것이 사실 쉽지 않습니다. 가족끼리도 항상 진실하기가 쉽지 않다는 걸 우리는 잘 알고 있습니다. 남들이 볼 때는 사랑하는 것 같은데, 실제로는 아내를 사랑하지 않는 남편도 많습니다. 그런 면에서 교회 봉사에서도 '진정한 사랑으로 봉사한다'라는 생각을 항상 기본으로 삼아야 합니다. 그렇게 하지 못했다면 하나님께 솔직히 고백하고 회개하며, 잘못된 점이 있다면 돌이키고, 진실하게 사랑할 수 있는 힘을 달라고 기도합시다.

둘째, 사람을 보지 말고 주만 바라보십시오.

부지런하여 게으르지 말고 열심을 품고 주를 섬기라 _롬 12:11

사람은 열정이 있으면 부지런해집니다. 반대로 열정이 사라지면 게을러지고 일을 소홀히 하게 됩니다. 열정은 뜨거운 마음, 즉 열심을 품는 것입니다. '열심을 품고'에서 열심의 원어의 의미는 성령님이 주시는 열심을 가리킵니다. 주를 섬기기 위한 열심은 성령의 감동이 아니면 할 수 없기 때문일 것입니다. 그러므로 주를 섬기기 위한 열심이 있고 순수하다면 사람의 눈을 의식할 필요가 없습니다.

만약 교인들의 평가를 의식해서 봉사하는 것이라면, 간혹 자신의 기대에 미치지 못하는 평가를 받거나 오해까지 받을 경우 마음에 상처를 받게 됩니다. 나아가 봉사에 대한 열심까지 식고 맙니다. 그러므로 사람을 보지 말고 주만 바라보며 섬기라는 말씀입니다. 주를 바라보면 성령이 충만해지고 식었던 열심도 회복됩니다. 사람을 보지 말고 주님을 바라보며, 주님을 처음 만날 때와 같은 첫사랑의 열심을 회복하기를 바랍니다.

셋째, 소망을 품고 기도하면서 꾸준히 섬기십시오.

소망 중에 즐거워하며 환난 중에 참으며 기도에 항상 힘쓰며 _롬 12:12

교회에서 봉사할 때는 특히 기도하기를 항상 힘써야 합니다. 우리는 육신의 몸을 입고 봉사하는 이상 어려운 일에 자주 부딪칠 수 있기 때문입니다. 그런데 살다 보면 어려운 일을 당하고 경제적으로 어려울 때도 있을 수 있습니다. 그래서 봉사하기가 어려워질 수 있습니다. 하지만 어려움을 당하더라도 천국 소망을 붙잡고 기도에 힘쓰며 봉사하다 보면 끝내는 승리하게 됩니다. 소망대로 하나님이 우리를 구원하시고 인도하실 것을 믿으시기 바랍니다. 주만 바라보고 섬기십시오. 주께서 갚아주실 것입니다.

넷째, 다른 사람의 필요를 공급하십시오.

성도들의 쓸 것을 공급하며 손 대접하기를 힘쓰라 _롬 12:13

성도들의 필요를 공급하는 일, 손님을 대접하는 일도 우리가 사랑으로 해야 할 봉사입니다. 주변 형제자매들의 필요를 생각하고 공급하는 일도 감당해야 합니다.

제가 아는 어떤 자매는 십일조 외에 늘 십일조 금액 정도의 구제헌금

봉투를 따로 준비해 둡니다. 그러다 보니 교회에서 선교와 구제에 필요한 요청이 있으면 늘 첫째로 헌금하는 것을 보았습니다. 물질도 별도로 구별해 놓으면 필요할 때 그만큼 더 쉽게 드릴 수 있는 것입니다. 내 돈이라고 생각하고 구별하지 않고 전부 갖고 있으면 헌금할지 말아야 할지를 그때마다 판단해야 합니다. 그만큼 나의 판단이 앞서게 되는 것입니다. 하지만 내 것이 아닌 것처럼 떼어놓으면 공급하는 일이 쉬워집니다.

손대접의 은사에도 마찬가지 원리가 적용됩니다. '손대접'의 은사는 '손님이나 이방인, 즉 나그네를 사랑하는 것'으로서, 손님을 환대하는 것을 말합니다. 이것 역시 다른 사람의 필요를 공급하는 것입니다. 저는 교회에서 특별히 어떤 분들에게 손대접의 은사가 있음을 봅니다. 그런 분들이 교회에 있으면 교회가 손님을 대접할 때 걱정할 일이 없습니다. 특별히 손대접의 은사가 있는 분은 외부 강사나 주의 종들로부터 축복의 기도를 받을 수 있는 복이 주어지는 것을 보게 됩니다.

어떤 봉사든 사랑으로 하고, 열심을 품고 섬기고, 다른 사람의 필요를 공급하는 차원에서, 이와 같은 봉사의 원칙을 잘 따르기를 바랍니다.

17

Romans 12:9-21

변화된 사회생활의
네 가지 원리

하버드대학교 경영대학원에서 사용하는 교제에 이런 내용이 있다고 합니다.

"두뇌를 갈고 닦고 기술을 연마하는 훈련을 잘하여 사회에서 성공할 수 있는 확률은 10퍼센트인데 반해, 대인관계를 뛰어나게 잘해서 성공할 수 있는 확률은 85퍼센트에 이른다."

또 어떤 조사에 따르면, 직장에서 능력 있게 일을 하지 못해서 해고당하는 경우보다 대인관계를 잘하지 못해서 해고당하는 경우가 거의 두 배나 된다고 합니다. 그만큼 대인관계가 중요하다는 이야기입니다. 어렸을 때부터 사회성을 기르고 대인관계를 잘하며 모나지 않은 성품을 만드는 것이, 공부를 잘해서 좋은 학교를 나오는 것보다 인생에서 성공할 확률이 훨씬 높다는 것이 세상의 지혜인 것입니다. 그리스도인은 이런 사실을 특히 잘 알아야 합니다.

↓ 변화된 삶을 사회생활에 적용하십시오

제 친구인 K 장로님이 계십니다. K 장로님과 저는 젊었을 때 같은 직장을 다닌 적이 있었습니다. 그 직장에서 K와 저는 기술 판매 영업을 담당했습니다. 말 그대로 기계나 기술을 판매하는 일인데, 고가의 수입 기계장비를 국내 기업에 판매하는 일이 주 업무였습니다. K와 저는 전공 분야가 다르고 그에 따라 맡은 상품과 시장도 달랐습니다. K와 저는 각자의 분야에서 비교적 성공적인 세일즈 실적을 올릴 수 있었습니다.

저는 입사 동기이기도 한 K가 어떻게 좋은 판매 실적을 올릴 수 있는지 궁금했습니다. 그래서 하루는 그를 따라가 그의 거래처를 방문해보았습니다. 그때 제가 알게 된 사실은, K가 고객을 대하는 모습에 상당히 독특한 면이 있다는 것이었습니다. 저와 완전히 다른 방식이었습니다. 저는 K가 고객과 인간적인 신뢰 관계를 기반으로 영업을 한다는 사실을 알게 되었습니다. 저는 주로 고객을 분석하고 우리가 취급하는 제품의 특징을 잘 설명하는 설득형의 영업을 하는 반면, K는 고객과 만족스러운 관계를 설정함으로써 저보다 탁월한 실적을 얻는다는 사실을 알게 된 것입니다.

K의 주특기는 '당신이 우선, 나는 나중'이라는 나름의 신조였습니다. '나에게는 당신이 항상 우선입니다'라는 개념을 가진 것이었습니다. '당신이 일등 하고 내가 이등 할게요.' 매사에 이런 마음을 가지고 행동으로 보여주니, 누구든지 K를 대할 때 좋아하지 않을 수 없겠다는 생각이 들었습니다. 그래서 제가 그날 K에게 말했습니다. "친구야, 내가 졌다. 이제 네가 일등 세일즈맨이다." K와 나는 이후 그 회사를 나와서 함께 사업을 하는 동업자가 되었고, 제가 주의 종이 된 뒤에도 하나님 나라의 사업을 위해 협력하는 든든한 친구 사이가 되었습니다.

저는 예수님을 믿고 난 후에야, 비로소 그 친구가 어디서 그런 겸손한 인간관계와 온유한 성품을 가질 수 있었는지 알게 되었습니다. K의 세일즈 방법이 그의 신앙 배경에서 나온 것을 알게 된 것입니다.

K를 비롯해 조부와 부친까지 3대가 모두 장로님이 된 신앙의 가문으로, 기독교 문화의 가정에서 훈련된 성품을 통하여 세상에서 승리하는 삶을 살았습니다. 저와 같은 1세대 신앙인은 감히 흉내낼 수 없는 예수님의 성품이 그에게 강력한 힘으로 작용하여, 회사생활을 포함한 일상에서 신앙의 힘으로 탁월하게 살아내는 것을 보았습니다. K장로님은 지금도 주님으로 인한 믿음과 온유한 성품과 겸손한 마음으로, 그리고 끈질긴 기도로 힘든 고비를 수없이 넘기고, 기독교인 사업가로서 주님을 보여주는 사람이 되고 있습니다.

그리스도인은 변화된 삶을 통하여 불신자들과도 덕스러운 인간관계를 유지할 수 있고, 사회에서 덕스러운 인간관계를 통해서 하나님 아버지께 영광을 돌리는 삶을 살게 됩니다. 결국 그것이 사회에서의 성공과도 연관될 수 있습니다. 우리는 교회 안에서만 그리스도인으로 사는 사람들이 되어서는 안 됩니다. 세상에 흩어져서 매일 그리스도인답게 살아가야 합니다. 이와 같이 인간관계의 원리를 신앙에서 얻고, 그 신앙의 원리를 사회생활에서 실행하는 사람이 된다면, 그런 사람은 로마서에서 말하는 최선의 삶을 사는 자가 될 것입니다. 교회생활과 사회생활 모두에서 성공하며 하나님께 영광 돌리는 사람이 될 수 있으리라 믿어 의심치 않습니다.

영적인 의미에서 보면, 예수를 믿지 않는 사람들은 예수 믿는 우리와 우호적이기보다 적대적인 관계에 있다고 볼 수 있습니다. 그럼에도 불구하고 우리는 그들에게 가야 하고 그들 곁에서 살아가야 합니다. 하나님께서 우리를 복음의 사신으로 그들에게 보내셨기 때문입니다. 당신은 하나님이 세상에 보낸 하나님의 대사라는 사실을 잊지 말기를 바랍니다. 그렇다면 사회생활에서 어떤 자세를 가질 때 성공적인 대인관계를 유지하며 성공할 수 있는지, 구체적으로 네 가지를 살펴봅시다.

첫째, 박해하는 자를 축복하십시오

너희를 박해하는 자를 축복하라 축복하고 저주하지 말라 _롬 12:14

그리스도인이 적대적인 관계에 있는 세상 사람들과 부딪칠 때, 그들과 더불어 싸우는 것은 그리스도인의 사회생활 원리가 아닙니다. 어차피 그리스도인은 세상과 타협하지 못하는 부분이 있기 때문에 약점을 갖고 살 수밖에 없습니다. 직장에서 회식에 자주 빠질 수 있고, 부정한 일에는 동조할 수 없기 때문입니다. 그런 점도 무리를 지어 사는 사회에서 배제되는 핸디캡이라고 할 수 있습니다. 그러나 우리는 그리스도인으로서 최선의 삶을 살려면 이런 불평등과 약점을 극복하며 살아야 합니다. 도리어 이 모든 것을 압도하시는 하나님을 믿고 그분이 주시는 능력으로 살아갈 수 있어야 합니다. 그 비결이 바로 박해하는 자를 축복하는 것입니다. 축복하는 자의 뺨을 때리는 경우는 없기 때문입니다.

우리가 하나님의 축복의 도구로 쓰임 받기 위해, 성경은 가장 기본적이고 실천적인 단계로서, 입술(말)로 이웃을 축복하라고 말씀합니다. 당신의 혀가 이웃을 축복하는 도구로 쓰임받아야 한다는 것입니다.

내 사랑하는 자들아 너희가 친히 원수를 갚지 말고 하나님의 진노하심에 맡기라 기록되었으되 원수 갚는 것이 내게 있으니 내가 갚으리라고 주께서 말씀하시니라 _롬 12:19

원수를 스스로 갚으려 하지 말고 하나님의 진노하심에 맡기라고 권합니다. 우리는 원수 갚는 일은 하나님이 하시고, 하나님이 갚으신다는 사실을 믿어야 합니다. 세상에서 원수가 생길 수는 있습니다. 그럴 때 비록 억울한 마음이 들더라도 원수를 직접 갚지 말고 갚아주시는 하나님께 맡기고, 기도하고 잊어버려야 합니다. 아니, 잊어버리는 정도가 아닙니다. 용서해야 합니다. 아니, 용서하는 정도로 끝나지 말고 아예 축복하라고 말씀하십니다. 잊고, 용서하고, 축복하라! 이것이 축복의 순서입니다.

축복하기란 사실 너무나 어렵습니다. 용서까지는 가능할 수도 있습니다. "에이, 그냥 안 보고 말지. 잊어버리자. 그쪽 쳐다보지 말고 살지 뭐"라고 할 수도 있고, "용서하라고 하니 까짓거 내가 용서하지"라고 다짐하는 척은 할 수 있습니다. 그렇게 어찌 어찌해서 용서는 하며 살 수는 있어도, 나를 저주하고 넘어뜨린 사람을 축복하여 잘 살기를 바라는 것은 결코 쉬운 일이 아닙니다. 축복의 말이 입에서 떨어지지 않습니다. 그런데 성경은 원수를 사랑하라고 말씀하십니다.

예수님은 죄인이었고 원수였던 나를 위해 십자가를 지고 죽으셨습니다. 그리고 나를 구원하셨습니다. 목숨을 내놓고 나를 사랑하신 것입니다. 우리가 이왕 예수님을 믿는다면 그런 사랑까지 할 수 있어야 합니다. 그래야 원수였던 자가 자기 머리에 올려진 뜨거운 숯불을 견디지 못하고 결국 무릎을 꿇게 되기 때문입니다(롬 12:20). 놀랍지 않습니까? 이것이 세상을 이기는 하나님의 지혜인 줄 믿기 바랍니다.

둘째, 함께 즐거워하고 함께 우십시오

즐거워하는 자들과 함께 즐거워하고 우는 자들과 함께 울라 _롬 12:15

이 말씀에서 '함께'가 두 번 강조됩니다. 현대의 가장 큰 비극 중 하나는 공동체 의식이 소멸되고 지나치게 개인주의 경향으로 흐르는 것입니다. 1세기의 그리스도인들은 오늘 우리가 누리는 문명의 혜택도 없었고, 도리어 핍박을 받으며 땅굴인 카타콤 생활까지 하면서도 공동체의 삶을 추구하며 살았습니다. 주님은 그렇게 살아가던 이들에게 성도끼리는 물론 세상 사람들과도 함께 즐거워하고 함께 울라고 하셨습니다. 사람들이 슬플 때 같이 울어주고, 그들이 기뻐할 때 진심으로 같이 기뻐해주는 사람이 되면 불신앙의 세계에서도 우리가 통하게 되는 것입니다. 그들과 마음이 일치될 수 있고, 그들의 마음 문이 열려 복음을 전할 수 있는 기회가 생기는 것입니다.

우리 교회는 '히말라야 사역'(THN: Trans Himalaya Network, 히말라야 지역에 사는 미전도종족을 섬기는 선교사와 현지인들의 연합 사역)이라는 독특한 사역을 8년째 섬겨왔습니다. 처음에는 선교사님들의 연합 모임을 초교파로 섬겼는데, 저희들이 부족해서 많은 어려움이 드러나곤 했습니다. 참여하는 선교사님들이 각기 다른 교단 출신이기 때문에 신학과 사역 방법이 달라서 연합하는 데 어려움이 있었습니다. 그러나 THN사역은 그 자체가 연합으로 하지 않으면 어렵다는 걸 알게 돼, 결국 하나의 핵심 가치를 세우고 모임을 지속하기로 하였습니다. 그렇게 해서 정한 THN의 핵심 가치는 '첫째, 성령께 주도권을 드리자, 둘째, 난곳 방언을 목표로 하는 사역을 하자, 셋째, 연합 사역을 통한 다양한 네트워킹의 폭을 넓혀나가자'라는 것이었습니다. 이 중에서 '난곳 방언 사역에 초점을 맞추자'라는 부분에는 각자의 부르심이 같았기 때문에 의견이 일치되었으나, 성령의 주도권 문제와 연합 사역의 조화 부분에서는 늘 의견의 차이가 생겼습니다. 그래서 초기 몇 년 동안은 갈등을 겪곤 했습니다. 주님이 섬기라고 명하셔서 사명감을 가지고 시작한 일이 갈등의 문제를 안고 있으니, 저도 이 사역을 섬기는 데 자신이 없어지고 회의가 들기도 했습니다. 그래서 주님께 이렇게 진지하게 기도한 적이 있었습니다. "하나님, 계속 이 사역을 섬겨야 합니까? 이런 일을 어떻게 섬겨야 할지 저는 모르겠습니다."

기도하는 중에 주님의 마음을 느낄 수 있었습니다. 하나님이 땅끝에서 사역하는 선교사님들이 외롭게 사역하는 장면을 보여주신 것입니다. 선교사님들이 소명을 받고 선교지에 와서 미전도종족을 위한 사역을 감당한 세월이 보통 10년에서 많게는 20년이나 되었습니다. 그러나 사역의 열매는 잘 나타나지 않고 그에 따른 파송교회의 눈총도 따가워집니다. 그러다 보니 사역의 지속 문제에 고민이 생기고 심령은 피폐해집니다. 함께 사역하던 동역자들도 하나둘 떠나게 되고, 더러는 자녀문제와 부부문제로 마음이 심히 곤고한 상태에 있음을 알게 되었습니다. 모 교회의 지원이 끊겨 어찌할 바를 알지 못하는 선교사들도 있었습니다. 그러나 하나님의 부르심 때문에 선교지를 마음대로 떠날 수도 없었습니다. 그럴 때 주님의 마음이 제게 깨달아졌습니다. "너는 가서 외롭게 사역하고 있는 오지 선교사들의 친구가 되어주어라." 선교사님들 옆에 함께 있어주며 섬기는 것이 우리의 사역이라는 사실을 깨닫게 된 것입니다. 그 말씀에 용기를 얻고서, 부족하지만 사역을 계속 하게 되었습니다. 그 후로 하나님이 THN을 바꾸어 주셨습니다. 선교사님들은 우리의 마음을 이해하게 되고, 우리도 선교사님들의 어려운 사정을 이해하면서 점점 든든한 동역 관계가 될 수 있었습니다. 서로 다른 지체들이 연합하여 새로운 몸을 만드는 일은 그런 진통의 과정이 따르는 것 같습니다. 마치 시멘트와 모래에 물을 부어 반죽하면 콘크리트가 되어 단단해지는 것처럼, 이해의 과정이 필요하다는 사실을 깨닫게 된 것입니다. 특히 2017년에 발생한 윤성규 형제 순교 사건은 THN사역을 콘크리트처럼 단단하게 만드는 계기가 되었습니다.

하나님의 섭리는 우리의 상상을 넘어서는 것을 보곤 합니다. 함께 즐거워하고 함께 울 때, 아무리 신학과 배경이 달라도 문제를 극복할 수 있는 성령의 은혜가 부어지는 모습을 보게 됩니다. 모래와 시멘트처럼 서로 이질적이고 다른 생각들에 은혜의 생수가 부어질 때, 그 결과 화학적으로 결합된 완전체로서 단단한 콘크리트 같은 몸이 만들어집니다. 우리 교회는 THN 모임과 선교사님들을 섬기는 것이 큰 축복이라고 믿습니다. 지금까지 섬길 수 있는 은혜를 베풀어주신 하나님께 감사드리며, 선교사님들의 친구가 되어서 끝까지 사랑으로 섬길 수 있기를 기도합니다.

그런데, 우는 자와 함께 우는 것과 웃는 자와 함께 웃는 것, 둘 중에서 어느 것이 더 어려울까요? 아이러니하게도 함께 우는 것보다 함께 웃기가 쉽지 않습니다. 왜냐하면 웃는다는 것은 좋은 일이 생겼다는 뜻인데, 형제나 이웃이 잘 되는 걸 보고 진정으로 기뻐하기가 어렵기 때문입니다. 사실 겉으로는 축하한다고 말은 하지만, 속마음까지 기뻐하기는 어렵습니다. 이와 비슷한 우리나라 속담이 "사촌이 논을 사면 배가 아프다"라는 것입니다. 다른 사람이 칭찬받으면 괜히 배가 아프고 나 자신과 비교하게 되는 것은 인간의 죄성 때문입니다. 그러나 하나님이 디자인하신 변화된 삶은 다른 사람이 칭찬받을 때 진정으로 같이 기뻐하고 축복해주는 것입니다. 이웃을 사랑하는 것은 이웃이 잘되기를 바라는 것입니다.

세상은 서로 정반대의 방향을 추구합니다. 세상 자체가 경쟁사회이기 때문입니다. 이런 세상에서 이웃이 아파할 때 찾아가서 함께 울어주고, 좋은 일이 있으면 진심으로 축하해주는 사람이 될 때 하나가 될 수 있습니다. 그럴 때 비로소 그리스도를 보여주는 사람이 될 수 있습니다.

셋째, 겸손하십시오

서로 마음을 같이하며 높은 데 마음을 두지 말고 도리어 낮은 데 처하며 스스로 지혜 있는 체 하지 말라 _롬 12:16

우리가 불신앙의 세속사회를 향해 표현해야 할 세 번째 원리이자 사랑의 표현은 지극한 겸손이어야 합니다. 참된 사랑은 겸손으로 표현된다고 말할 수 있습니다. 반대로 교만의 최대 비극은 사랑하지 못하는 것입니다. 교만한 사람은 다른 사람을 사랑할 수 없습니다. 교만은 자신을 높이고 다른 사람을 낮추어 보는 것이기 때문입니다. 우리의 하나님, 곧 영광과 존귀와 찬양을 받으시기에 합당하신 하나님 아버지께서 우리를 사랑하시기 위해 육신이라는 가죽을 입으시고 사람이 되어 세상에 오시고, 종처럼 겸손하게 자신을 낮추신 모습을 생각해보십시오. 예수님은 온유와 겸손한 자의 모델이십니다. 우리는 겸손해야 합니다.

> 나는 마음이 온유하고 겸손하니 나의 멍에를 메고 내게 배우라 그리하면 너희 마음이 쉼을 얻으리니 _마 11:29

넷째, 모든 사람과 더불어 화목하십시오
> 할 수 있거든 너희로서는 모든 사람과 더불어 화목하라 _롬 12:18

상대가 신자든 불신자든, 우리가 사회생활에서 꼭 명심해야 할 네 번째 원리는 모든 사람과 더불어 화목하는 것입니다. 예수를 믿는다는 이유로 믿지 않는 자와 평화롭지 않은 것은 주님이 원하시는 것이 아닙니다.

여기서 바울이 '할 수 있거든'이라고 쓴 이유가 무엇일까요? 우리가 모든 사람과 더불어 화목하지 못할 상황이 있을 수 있다는 것을 가정한 것입니다. 우리가 정의의 편에 설 때, 혹은 자기의 양심을 위배하기를 원치 않고 진리의 편에 설 때, 어쩔 수 없이 불화하는 관계가 생길 수 있습니다. 그런 특수한 정황을 제외하고, 할 수 있거든 모든 사람과 더불어 화목하라는 말씀입니다.

우리는 사람들끼리 의견이 다를 수 있음을 우선 인정해야 합니다. 특별히 한국 사람은 정치적 관점이나 종교적 관점에서 의견이 다를 때, 논쟁

최선으로 세상을 사는 복음적 삶의 원리

하다 보면 싸움으로 이어지는 경우가 많습니다. 사람들은 흔히 생각하기를, 나와 의견이 다르면 나를 비난하는 것이라고 생각해서 목소리가 커지고 공격 본능이 살아나기도 합니다. 그러나 그렇게 생각하지 말고, '저 사람은 나와 다르구나'라는 정도로만 생각하십시오. 사람마다 가치관과 관점이 다 다를 수 있습니다. 그러므로 때로는 조금 멀리 떨어져서 경청하는 습관을 갖는 것이 좋습니다. 각 사안에 따라서 자기의 의견을 당당하게 설명하고, 그 논지에 대해서만 이야기하면 문제가 되지 않을 수 있습니다. 사람을 인격적으로 멸시하게 되면 감정이 상하게 됩니다.

요즘에는 SNS상에서 자신과 다른 의견을 올렸다고 오랜 친구들끼리도 싸우고 갈등을 일으키는 경우가 많습니다. 그렇게 되는 이유는 각자 자기 고집이 너무 세기 때문입니다. 자기주장만 하고 상대편의 이야기를 들으려 하지 않습니다. 그런 일이 반복되면 피하게 되고 만나기를 주저하게 됩니다. 논리에 매몰되어 평생 알던 친구와 불화하게 될 수도 있습니다. 그러나 그리스도인은 자기의 의견은 당당히 이야기하되 자기 고집만 부리지 말고, 나만 옳고 상대방은 틀리다는 고정관념에서는 벗어날 필요가 있습니다. 그럴 때 다른 사람들과 화목하게 지낼 수 있습니다.

우리는 그리스도 안에 있는 한 형제요 자매입니다. 하나님이 당신의 아들을 내어주실 정도로 사랑하신 존재가 나와 다른 의견을 가진 내 앞의 형제와 자매입니다. 그러면 무엇이 더 큽니까? 내 자존심입니까? 아니면 나를 사랑하신 하나님의 사랑입니까? 하나님의 사랑 안에서 형제를 용납하고 다름을 인정하여, "허허" 하고 웃음 한 번 크게 웃을 수 있는 그리스도인의 여유를 가지기를 예수님의 이름으로 기도드립니다.

18

Romans 13:1-7
그리스도인의 정치 참여의 원리

로마서 13장은 그리스도인들의 정치참여에 대한 말씀입니다. 우리나라는 종교의 자유를 인정하고 있으며, 정교(政教)의 분리가 원칙입니다. 역사적으로 교회가 정치에 깊이 관여하는 것은 교회의 타락과 부패의 요인이었기 때문에, 국가와 종교의 분리가 바람직하다고 여겨왔습니다. 13장의 말씀을 통해 '기독교인이 정치에 어떻게 참여해야 하는가'에 대한 최선의 삶을 배울 수 있기를 바랍니다.

↓ 바울이 정치 이야기를 한 두 가지 이유

사도 바울은 일차적으로 로마에 있는 그리스도인들에게 이 로마서를 썼습니다. 당시 로마에 있는 수신자들은 서슬 퍼런 로마의 압제 아래에 살고 있어서 정치는 상당한 제약이 있는 주제였습니다. 그럼에도 불구하고 사도 바울이 정치 이야기를 할 수밖에 없던 이유가 무엇일까요? 두 가지를 고려해볼 수 있습니다.

첫째, 로마교회엔 로마 정부에 반감을 가진 유대인이 있었습니다.
로마서의 수신자는 이방인으로만 구성된 교회가 아니었습니다. 일부는 유대인들로 구성된 다문화 교회였습니다. 교회의 일정 비율을 차지하는 유대인들이 로마의 식민지 백성이었기 때문에 로마 정부에 반감이 있을 수 있었습니다. 그 중 일부는 어쩌면 극단적인 시각을 가지고 행동하는 사람일 수 있었습니다. 우리나라에서 일제 치하의 교회를 생각해보면 충분히 짐작할 수 있습니다. 대부분은 반감을 품고 있어도 마지못해 순응하며 살아갔지만, 일부는 국내의 핍박을 피해 독립운동에 가담하려고 중국으로 가서 몇십 년 동안 옮겨 다니며 갖은 고생을 하지 않았습니까?

유대인들도 똑같았을 것입니다. 종교적인 민족성이 특별히 강했으니 이스라엘의 정치적 독립을 위해 저항했을 것은 당연했을 것입니다. 그들은 로마 황제를 자기들의 지도자로 인정할 수 없었습니다. 세금도 거부했습니다. 유대인들에게 세금을 거두어 로마 정부에 바치는 직업인 세리에게 '죄인 중의 죄인'이라는 경멸적인 언어로 비난한 것을 보아도 로마 정부에 대한 유대인의 저항은 충분히 짐작할 수 있습니다. 이런 민족적 분위기 때문에 그들은 로마 정부에 어떤 태도를 취해야 하나님이 기뻐하실지 생각을 정하기 어려웠을 것입니다. 그런 가운데, 로마교회 안에 있던 유대인 그리스도인들은 이러지도 저러지도 못하는 난처한 위치에 놓여 있었다고 볼 수 있습니다.

둘째, 세상 정치에 대한 관점과 태도가 극단적으로 다를 수 있었습니다.
이 앞의 로마서 12장에서는 그리스도 안에서 변화된 삶이 교회와 사회생활에서 어떻게 나타나야 할지를 배웠습니다. 그에 따라 이웃을 향해 겸손하고, 축복하고, 늘 마음을 쓰고, 원수를 갚지 않고 용서하고 산다면 기독교인은 모두 법 없어도 살 수 있는 사람이 되겠지만, 대부분이 비기독교인인 사회에서 기독교인만 손해를 보고 산다면 공정하지 못하다는 생각이 들 수도 있습니다. 그러다 보면 기독교인들 사이에 국가 무용론이나 통치자 무용론 같은 급진적인 주장이 팽배해져 사회에서 고립되고 소외되는 경우가 생길 수도 있습니다. 그와 반대로, 정치에 대한 관심을 세속적인 것으로 치부하고 은둔하는 사람이 생길 수도 있습니다. 하나님의 말씀으로만 살려고 한다지만, 어찌 보면 세상 국가에 대한 의무를 게을리하고, 극단적으로 정치에 대한 관심을 버릴 수도 있다는 것입니다. 이런 대처도 옳다고 말할 수 없습니다.

예수 믿는 자들이 다 이런 식으로 극단적인 반응과 행동을 보인다면, 사회가 엄청난 부패와 타락을 향해 질주해도 예수 믿는 사람들이 자기 권리를 주장하지도 못할 뿐 아니라, 세상의 빛과 소금이 되라는 주님의 명령을 실천하지 못하게 됩니다. 그래서 바울은 우리의 시민권이 하늘에 있는 것처럼 지상 국가에도 있기 때문에, 세상 국가에 대한 책임과 의무도 다해야 한다고 가르친 것입니다. 이 문제는 현실적으로 매우 중요하고 민감한 이슈입니다. 성경을 통해 예수님께서 정치를 어떻게 생각하시는지 먼저 살펴보겠습니다.

↓ 가이사의 것은 가이사에게 드리십시오

… 가이사에게 세금을 바치는 것이 옳으니이까 옳지 아니하니이까 _마 22:17

유대인들이 예수님에게 질문한 내용입니다. 이 질문은 예수님께서 어떻게 답을 해도 올무에 걸릴 수 있었습니다. 그들의 질문에 예수님은 은전 하나를 내보이시며, "이 은전에 누구의 형상이 그려져 있느냐"라고 물어보셨습니다. 은전에는 로마 황제가 그려져 있었기 때문에 그들은 가이사의 형상이라고 대답했습니다. 그러자 예수님께서는 흥미로운 대답을 하셨습니다.

> 이르되 가이사의 것이니이다 이에 이르시되 그런즉 가이사의 것은 가이사에게, 하나님의 것은 하나님께 바치라 하시니 _마 22:21

은전 속에 그려져 있는 이미지를 황제로만 보는 사람은 당연히 그 돈이 가이사의 것이라고 생각할 것입니다. 그러나 하나님을 믿는 백성은 그 돈도 하나님이 주시는 것이라고 생각합니다. 모든 사람을 하나님의 형상으로 만드셨으므로 은전을 보고도 하나님의 이미지를 떠올리는 사람은, 그 돈을 주신 분이 당연히 하나님이시니 하나님께 헌금하는 것을 당연히 여기게 될 것입니다. 그러니 어떻게 보느냐에 따라 달라지는 것입니다.

그런데 유대인들이 예수님께 그 질문을 한 이유가 무엇일까요? 예수님이 세금을 바치라고 하면 로마 편을 든다고 힐난했을 것입니다. 그럴 경우 그들은 예수님이 세리처럼 로마의 앞잡이라는 소문을 퍼트릴 것입니다. 반대로, 만일 예수님이 세금을 바치지 말라고 하면 유대인들이 원하는 답은 줄 수 있을지 몰라도 로마법에는 반역하는 것이기에, 유대인이 로마법에 상소해 예수님을 심판할 수 있는 근거를 만들 것이었습니다. 그들은 질문을 통해 예수님이 정서적으로 그들과 하나가 될 수 없도록 편을 가르려는 것이었습니다. 상황이 이러하니, 예수님이 어떻게 대답한들 올무에 걸리게 된 것입니다. 그것을 예수님께서 아주 지혜롭게 대답하셨습니다. "너희가 이 형상이 가이사의 것이라고 생각하면 가이사에게 드리고, 하나님의 것이라고 생각하면 하나님께 드려라." 유대인들 입장에서는 '하나님께 드리라는 말이겠구나', 다른 민족 입장에서는 '로마 정부에 내라는 말이구나'라고 생각하게 만들어 올무에서 벗어나신 것입니다.

예수님은 이 말씀을 통해서, 그리스도인은 이중 의무, 즉 지상의 정부를 향한 의무와 하나님 나라를 향한 의무를 동시에 가지고 있어야 한다는 사실을 가르치셨습니다. 세상 나라와 하나님 나라에 똑같이 헌신해야 한다는 의미로 해석할 수 있습니다. 이것이 그리스도인에게 주시는 세상 정부에 대한 예수님의 교훈이었고, 우리에게 성경의 기준이 된 것입니다.

↳ 권세는 어디에서 오며, 권세자를 향한 하나님의 뜻은 무엇인가?

[1]각 사람은 위에 있는 권세들에게 복종하라 권세는 하나님으로부터 나지 않음이 없나니 모든 권세는 다 하나님께서 정하신 바라 [2]그러므로 권세를 거스르는 자는 하나님의 명을 거스름이니 거스르는 자들은 심판을 자취하리라 _롬 13:1-2

세상 정부의 우두머리도 하나님께서 우리 위의 권세로 정하셨다고 말씀하십니다. 권세는 하나님으로부터 왔고 하나님이 정하신 것입니다. 이것이 사도 바울이 본 그리스도인과 세상 정부와의 관계입니다.

그런데 위에 있는 모든 권세가 하나님으로부터 온다면, 모든 권세가 선해야 할 것이라고 생각하기 쉽습니다. 그러나 현실 정치를 보면 모든 권세가 선하지 않은 것을 알 수 있습니다. 세상에는 히틀러나 김일성의 3대 세습 정권 같은 독재정권들이 있었습니다. 백성에게 해악을 끼치는 정권이 많은 것을 우리는 역사를 통해서나 현실에서도 볼 수 있습니다. 이런 현실을 어떻게 해석해야 할까요? 해석에 따라 큰 신학적 대립이 있었습니다. 정권이 하나님으로부터 왔으면 선하고 잘해야 할 것인데, 현실은 그렇지 않습니다. 그래서 신학에서는 하나님의 뜻을 말할 때 두 가지로 구분합니다. 가장 진보적이라는 해방신학은 권력을 나쁘게 쓰는 자를 몰아내야 한다고 주장합니다. 반면에 보수적인 교회들은 권세에 순종해야 한다고 주장합니다. 이렇게 각자 신학의 방향대로 정치 문제를 해석하게 되었습니다. 여기서 우리가 부인할 수 없는 사실은, 권세가 하나님으로부터 왔다는 사실부터 분명히 인정해야 한다는 것입니다. 대신, 우리가 어떻게 처신해야 하느냐 하는 문제에서는 다시 두 가지로 해석할 수 있습니다.

첫째는 '최선'의 뜻입니다. 이것은 하나님이 본래 원하시고 의도하셨던 하나님의 최선을 말합니다. 하나님은 인간을 창조하시고 최선의 뜻을 주셨습니다. 하지만 인간이 그것을 깼습니다. 하나님이 원래 주신 건 최선이었지만, 인간이 죄를 지음으로써 선으로부터 멀어졌습니다.

둘째는 '허용'의 뜻입니다. 당장은 우리 눈에 불합리하게 보일지 모르지만, 그것이 궁극적으로는 우리에게 유익을 가져온다고 하나님께서 판단하셨을 때, 그것이 최선이 아님에도 불구하고 허용하시는 경우가 있다는 것입니다. 이것을 우리는 하나님의 허용적인 뜻, 혹은 허용적인 작정이라고 말할 수 있습니다. 이것은 하나님께서 심지어 악을 통해서도 우리에게 선을 이루신다는 신학 사상에 기초하고 있습니다. 궁극에는 사람과 역사에서 이 모든 것이 유익이 되도록 섭리하실 것입니다. 원래는 최선이 있고 그 최선으로 해야 하지만, 그 최선에도 문제가 있고, 부족해도 허용하시는 뜻이 있다고 보는 것입니다. 이런 두 관점을 모르면 '이 세상이 왜 이러냐? 하나님이 살아계시다면 왜 정부가 이 모양이냐? 나라 꼴이 이게 뭐냐? 저런 못된 사람들이 왜 더 잘 사느냐?'라고 질문할 수 있습니다.

하나님은 세상과 사람들을 원래 그렇게 창조하지 않으셨습니다. 세상과 사람들이 변형된 것입니다. 그래도 하나님이 그것을 일정 기간 용인하시는 것은, 그 속에서도 하나님의 선하신 뜻을 드러내실 수 있기 때문입니다. 또한, 도리어 그 일을 통하여 죄인을 벌하시고 의인을 변화시키는 역전(逆轉)의 하나님을 우리가 만날 수 있기 때문입니다. 하나님이 최선이 아닌 것을 허용하시더라도, 하나님의 전체적인 역사의 방향과 진행에는 지장이 없습니다.

이해를 돕기 위해 예를 들어보겠습니다. 우리가 자동차를 운전할 때 내비게이션이 지시하는 방향으로 가지 못할 때가 있습니다. 우회도로로 빠져야 하는데 실수해서 그냥 직진해버릴 때가 있습니다. 그러면 끝인가요? 아니잖아요. 실수한 길 위에서 내비게이션이 또 다시 길을 가르쳐 줍니다. 사람이 만든 내비게이션도 한 번 실수했다 하더라도 끝이 아니라, 거기서부터 다시 시작해서 올바른 길로 인도합니다. 내비게이션을 설계한 사람들이 참 똑똑하다는 생각이 듭니다. 그들이 하나님의 지혜를 얻은 것은 아닌지 모르겠습니다. 하물며 전지전능하신 하나님께서 사람의 연약함을 아시는데, 올바르게 교정하실 수 없다고 생각하십니까? 도리어 하나님은 우리가 그러한 실수를 통해서 우리의 부족함을 깨닫고 바로 고칠 수 있게 하십니다. 결과적으로 모든 것이 합력하여 선을 이루시는 하나님이심을 믿는다면 우리는 자유를 누릴 수 있게 됩니다.

하나님께 최선의 뜻과 허용적인 뜻이 있다는 것은 하나님의 오묘한 섭리이며 인간이 깨닫기 어려운 지혜입니다. 우리는 여전히 '왜 이런 나쁜 정치가 진행되고 백성들이 어려워지는지'에 대해서 질문하게 되지만, 한편으로 하나님의 뜻이 어떻게 반전을 펼치실까를 기대하며 낙심하지 않을 수 있게 됩니다.

[3]다스리는 자들은 선한 일에 대하여 두려움이 되지 않고 악한 일에 대하여 되나

니 네가 권세를 두려워하지 아니하려느냐 선을 행하라 그리하면 그에게 칭찬을 받으리라 ⁴그는 하나님의 사역자가 되어 네게 선을 베푸는 자니라 그러나 네가 악을 행하거든 두려워하라 그가 공연히 칼을 가지지 아니하였으니 곧 하나님의 사역자가 되어 악을 행하는 자에게 진노하심을 따라 보응하는 자니라

_롬 13:3-4

우리는 선한 일을 하면 두려움이 없습니다. 그런데 악한 일을 하면 일반적으로 다스리는 자들로부터 통제를 받게 됩니다. 악한 일을 하면 권세자들이 벌을 내리게 되는 겁니다. 그런 면에서 일반적으로 권세자들이 예수를 믿는 것과 관계없이 하나님의 사역자가 될 수 있다는 뜻입니다. 선한 일에는 상을 주고 악을 행하는 자에게는 공권력으로 심판하여 벌을 내리기 때문입니다. 그러므로 선을 행하는 자는 권세있는 자를 두려워할 필요가 없습니다. 그리스도인이라면 일단 관원들을 하나님의 사역자로 보고, 그들의 수고를 존중해주어야 합니다.

이상의 내용이 사도 바울이 그리스도인들에게 권고한 국가 기관에 대한 태도와 관점이며, 권세자들을 향한 하나님의 뜻이라고 할 수 있습니다. 이것이 단지 바울만 제시한 가르침이 아니라는 사실을 우리는 베드로의 가르침에서도 알 수 있습니다.

¹³인간의 모든 제도를 주를 위하여 순종하되 혹은 위에 있는 왕이나 ¹⁴혹은 그가 악행하는 자를 징벌하고 선행하는 자를 포상하기 위하여 보낸 총독에게 하라 ¹⁵곧 선행으로 어리석은 사람들의 무식한 말을 막으시는 것이라

_벧전 2:13-15

↓ 그리스도인이 권세에 불복종할 경우는 무엇인가?

하나님께서 우리들의 유익과 사회의 안녕과 질서를 유지하기 위해 권세 자들을 세우셨다면, 우리는 그들에게 어떤 반응과 태도를 보여야 할까요?

> [1]각 사람은 위에 있는 권세들에게 복종하라 권세는 하나님으로부터 나지 않음
> 이 없나니 모든 권세는 다 하나님께서 정하신 바라 [2]그러므로 권세를 거스르는
> 자는 하나님의 명을 거스름이니 거스르는 자들은 심판을 자취하리라 [5]그러므
> 로 복종하지 아니할 수 없으니 진노 때문에 할 것이 아니라 양심을 따라 할 것이
> 라 _롬 13:1-2,5

바울은 권세자들에 대한 그리스도인의 기본적인 태도가 복종이라고 말 합니다. 권세를 거스르지 말고 양심을 따라 복종하라고 권면합니다. 그러 나 양심을 따르라는 말에서 양심을 따라 복종하지 않을 수 있는 가능성을 열어두었다는 사실도 볼 수 있어야 합니다.

> [6]너희가 조세를 바치는 것도 이로 말미암음이라 그들이 하나님의 일꾼이 되어
> 바로 이 일에 항상 힘쓰느니라 [7]모든 자에게 줄 것을 주되 조세를 받을 자에게
> 조세를 바치고 관세를 받을 자에게 관세를 바치고 두려워할 자를 두려워하며 존
> 경할 자를 존경하라 _롬 13:6-7

세금을 바치는 문제에 대해서도 정부 관리들을 하나님의 일꾼으로 명 시하였습니다. 정부를 지지하든 안 하든, 우리의 안녕과 행복을 위해 세금 을 내야 한다는 말입니다. 납세는 그리스도인이든 아니든, 국민으로서 의 무입니다.

찰스 콜슨은 1972년에 닉슨의 재선을 획책하기 위해 만든 비밀공작반을 워싱턴의 워터게이트빌딩에 있던 민주당 본부에 침입시켜 도청장치를 설치하려다 들통난, 이른바 '워터게이트 사건'의 주범입니다. 그가 나중에 예수를 믿고 변화되어 시민 불복종 운동의 리더가 되었습니다. 그는 '시민이 불복종을 할 수 있는 때가 언제인가'에 대해 이렇게 말했습니다.

1) 정부가 교회의 역할을 대신하려고 할 때는 불복종할 수 있다. 이럴 때에도 순종하면 신앙을 포기하는 것이 된다.

2) 정부가 하나님께만 드려야 할 충성을 빼앗으려 할 때, 우리는 하나님을 유일신으로서 섬기는데 정권도 자신을 신처럼 섬기라고 할 때, 분명히 잘못된 것이니 불복종할 수 있다.

3) 국가가 (하나님께서 명령하신) 생명을 지키고 질서와 정의를 보존하는 책임을 기만하고 무시할 때 불복종할 수 있다.

4) 우리가 불복종한 결과에 책임을 지고, 감옥에 갈 수도, 심지어 죽을 수도 있는 것을 감수할 때 불복종할 수 있다.

정치는 인간이 개인적으로 할 수 없는 구조적인 문제를 고치려는 선한 동기에서 출발해야 합니다. 문제가 되는 법과 체제까지 바꿈으로써 백성들을 선한 방향으로 이끌어주는 것이 정치의 목적이라고 여겨집니다. 정치를 통해서 경제 체계를 바꿀 수 있습니다. 교육 체계와 의료 체계와 복지 체계를 바꿀 수 있습니다. 동성애 관련 제도도 바꿀 수 있습니다. 그러므로 그리스도인은 반드시 정치에 관심을 가져야 합니다. 직접 정치에 참여하든지 아니면 집단적으로 정당하게 의사를 표출할 수 있어야 합니다. 그렇지 않으면 세상의 정부는 세상 임금의 지배 아래에서 그리스도인들이 추구하는 가치와 멀어지는 방향으로 국가를 끌고 가서, 결국은 그 정권의 화살이 교회와 그리스도인들을 통제하고 제한하는 방향으로 돌아올 수 있습니다.

정치는 어떤 면에서 모든 인간의 행위를 통제하거나 열어줄 수 있는 역할을 하기 때문에, 인간 편에서 보면 선한 결과든 악한 결과든 세상에서 가장 중요한 인간의 활동이라고 할 수 있습니다. 그러다 보니 때로는 정치가들에게 견제 장치 없이 무소불위의 권위가 주어지기도 합니다. 그러므로 그들이 잘못했을 때는 견제하기 위해, 특히 민주국가에서는 삼권분립이 분명히 서서 서로 견제하도록, 그리스도인은 깨어 있는 시민으로서 눈을 똑바로 뜨고 감시할 책임이 있다는 사실을 명심해야 합니다.

영국의 국회의원이었던 윌리엄 윌버포스는 그리스도인 정치가의 표상으로 종종 언급되는 정치인입니다. 그는 1759년 영국의 부유한 가정에서 태어났습니다. 케임브리지 세인트 존 칼리지를 졸업하고 정치에 입문해 일찌감치 21세에 하원의원에 당선되었습니다. 그는 20대 후반에 삶의 방향과 목적을 반추해보는 가운데, 자신의 삶의 소명이 정치를 통해 하나님을 섬기는 것이라고 깨달았습니다. 불과 20대 후반에 말입니다. 그래서 영국의 사회적, 도덕적 혁신을 강하게 부르짖었고, 특히 엄청난 반대와 갖은 협박에도 불구하고 끈질기게 노예 폐지 운동을 이끌었습니다. 1788년에 처음으로 반노예 운동을 시작하여, 1806년 노예 무역이 완전히 폐지될 때까지 무려 18년을 싸웠습니다. 1833년 그가 숨을 거두기 바로 며칠 전, 영국은 노예제도 폐지라는 역사적인 진보를 이루어냈습니다. 영국의 노예제도 폐지가 그가 죽기 불과 며칠 전에 이루어진 것입니다.

윌버포스는 하나님의 소명을 이 땅에서 이루기 위해 정치를 택했습니다. 그리스도인은 하나님이 각자를 부르신 소명을 따라 일생을 살면서, 부르심 받은 그곳에서 주께 드릴 열매를 가득 안고 설 때를 바라보아야 할 것입니다.

어떤 사람은 경제 분야를 택하고, 어떤 사람은 선교사가 되고, 어떤 사람은 군인이 되고, 어떤 사람은 학자가 되기도 합니다. 어떤 직업을 갖더라도 하나님이 주신 소명을 향한 일생의 목표를 이루어, 하나님께 풍성한 열매를 드리는 그리스도인이 되기를 기도해야 합니다. 부족한 종도 땅끝에서 주께 드릴 열매를 가득 안고 주님 앞에 설 수 있기를, 오늘도 사모하는 마음으로 다시 한번 결심해 봅니다. 그래서 저는 이 찬양을 즐겨 부릅니다.

주께서 주신 동산에 땀 흘리며 씨를 뿌리며
내 모든 삶을 드리리 날 사랑하시는 내 주님께
비바람 앞을 가리고 내 육체는 쇠잔해져도
내 모든 삶을 드리리 날 사모하는 내 주님께
땅끝에서 주님을 맞으리 주께 드릴 열매 가득 안고
땅끝에서 주님을 뵈오리 주께 드릴 노래 가득 안고
땅의 모든 끝 찬양하라 주님 오실 길 예비하라
땅의 모든 끝에서 주님을 찬양하라 영광의 주님 곧 오시리라
(주께서 주신 동산에, 고형원 곡)

당신의 땅 끝은 어디입니까?

19

Romans 13:8-14

그리스도인의
개인 생활의 원리

로마서 13장의 전반부가 국가권력에 대한 그리스도인의 정치적인 태도에 대해서 말한 것이라면, 후반부는 개인의 삶에 대해서 말씀하고 있습니다. 이 장에서는 개인의 생활에서는 어떻게 변화된 삶을 나타내야 하는지, 주님의 말씀을 경청해보도록 하겠습니다.

↓ 사랑의 빚 외에는 아무 빚도 지지 마십시오

피차 사랑의 빚 외에는 아무에게든지 아무 빚도 지지 말라 남을 사랑하는 자는 율법을 다 이루었느니라 _롬 13:8

'빚지다'라는 말의 사전적 의미는 '남에게 돈이나 물건 따위를 꾸어 쓰다, 또는 남에게 신세를 지다'입니다. 경제적인 의미에서만 보면 악인은

'빚이 있는 자'라고 말할 수 있습니다. 그런데 조금 더 확대하여 해석하면 시간과 은혜도 마찬가지일 수 있습니다. 어떤 사람이 나를 위해서 시간을 많이 내주었다고 가정해 보세요. 나중에 마음의 빚이 있게 됩니다. 내가 일방적으로 누군가의 무슨 도움이라도 받으면, 그것도 사실은 다 빚이 됩니다. 인간관계도 마찬가지입니다. 관계를 통해서 나에게 많은 도움을 준 사람이 있다면 그것도 일종의 빚이라고 말할 수 있습니다. 그렇다면 아무 빚도 지지 말라는 말의 뜻은 무엇일까요? 이 말씀의 의미는 성도들이 살아가면서 갚지 않고 남겨두는 빚이 있어서는 안 된다는 것이라고 할 수 있습니다. 물질뿐 아니라 시간과 관계에서도 신세를 졌다면 빚지지 말고 갚으라는 말입니다. 그리스도인은 세상에서는 아무런 빚을 지지 말고 다만 피차 사랑의 빚은 지라고 하십니다.

성도들은 하나님의 십자가 사랑이라는 무한한 사랑의 빚을 지고 있습니다. 또한 인간으로서는 낳으시고 양육해주신 부모님의 사랑의 빚을 지고 살고 있습니다. 그리고 내가 예수 믿도록 전도한 전도의 빚, 신앙의 선배들로부터 받은 돌봄과 기도의 빚, 성도들로부터 이 모양 저 모양으로 사랑의 빚을 지고 살고 있습니다. 저 같은 주의 종은 성도들의 순수한 섬김의 빚을 지고 살고 있습니다. 너무나 감사한 일입니다. 하지만 성도들로부터 이 모양 저 모양으로 사랑의 빚을 지고 살고 있는 것이 마음에 부담이 될 때가 있습니다. 반면에 성도들은 주의 종으로부터 말씀의 빚과 기도의 빚을 지고 살고 있습니다. 주의 종이 열심히 준비해서 깨달은 말씀을 먹일 때, 그 수고의 빚을 지는 것입니다. 성도들의 인생이 주의 종이 전한 말씀으로 변화될 때, 주의 종은 그 이상 기쁜 일이 없습니다. 그것은 돈으로 갚을 수 있는 빚이 아닙니다.

우리는 세상으로부터도 많은 빚을 지고 있습니다. 문제는 우리가 그 사랑을 깨닫고 있는가 하는 것입니다. 이것이 사랑의 부채의식입니다. 우리가 사랑의 부채의식을 깊게 느낄수록 또 다른 사람에게 자연스럽게 사랑의 빚을 갚으려 하게 됩니다. 사랑의 부채의식이 큰 사람이 사랑의 빚을 갚으려고 하므로, 다른 사람에게 은혜를 베풀고, 시간을 내고 물질을 쓰게 되는 것입니다. 무엇보다 우리에게는 아무리 해도 다 갚을 수 없는 영원한 부채가 있습니다. 얼마나 큰 하나님의 사랑의 빚을 지고 있습니까? 우리는 부채의식이 커지면 커질수록 감사가 넘치고, '나도 그렇게 베풀고 사랑하며 살아야 되겠구나'라는 생각을 하게 됩니다.

↓ 때를 분별하십시오

> 또한 너희가 이 시기를 알거니와 자다가 깰 때가 벌써 되었으니 이는 이제 우리의 구원이 처음 믿을 때보다 가까웠음이라 _롬 13:11

성경이 구원을 이야기할 때 과거시제를 사용하는 경우가 있습니다. 우리가 더 이상 하나님의 진노의 대상이 아니라는 의미에서, 장차 이뤄질 구원(칭의)은 이미 우리에게 이루어진 과거시제의 사건입니다. 한편, 아직도 주님을 닮아가야 하고 주의 거룩을 이루어가야 한다는 과정으로 보면, 구원(성화)은 현재형입니다. 영화는 미래에 주님이 재림하실 때에 있을 일입니다. 그래서 일반적으로 구원이라 하면 칭의, 성화, 영화가 모두 이루어지는 것을 말하기도 하고, 그 각각을 구원이라고 말할 수도 있습니다. 그래서 구원에 대해 혼동할 수 있습니다. 그러나 구원을 이렇게 과거, 현재, 미래형으로 생각해보면 혼동을 피할 수 있습니다.

그러므로 나의 사랑하는 자들아 너희가 나 있을 때뿐 아니라 더욱 지금 나 없을

때에도 항상 복종하여 두렵고 떨림으로 너희 구원을 이루라 _빌 2:12

여기서는 사도 바울이 '두렵고 떨림으로 구원을 이루라'라고 썼습니다. 그래서 어떤 사람들은 '구원을 이루라'라는 말 때문에 구원이 완성된 것이 아니라 계속 이루어가는 것이라고 주장하게 되었습니다. 이렇게 주장한다면 '이 사람은 성화의 구원에 대해서 강조하고 있구나'라고 생각하면 됩니다. 이미 나에게 시작된 구원은 아무도 빼앗을 수 없습니다. 중요한 것은 '성화의 구원이 현재 우리의 삶에서 이루어지고 있느냐'라는 질문입니다. 우리는 참 빛이신 주님 앞에 서는 날이 곧 다가옵니다. 영화로워질 때가 있다는 말입니다. 그때 주님 앞에 부끄러움 없이 설 수 있도록 우리의 삶이 잘 준비되어야 합니다. 그것이 성화의 과정입니다.

밤이 깊고 낮이 가까웠으니 그러므로 우리가 어둠의 일을 벗고 빛의 갑옷을 입자 _롬 13:12

밤이 깊고 낮이 가까웠다는 말은 때(시기)에 관한 이야기입니다. 여기서 '시기'는 카이로스를 말합니다. '카이로스'는 무슨 의미의 시간입니까? 성경에서 시간을 두 가지로 구분해 생각할 수 있는데, 첫째는 '크로노스'로 자연적인 시간입니다. 이 시간은 모든 사람에게 똑같이 주어지는 것입니다. 반면 카이로스는 하나님의 특별한 기회, 또는 하나님의 시간이라고 할 수 있습니다. 하나님과 연관된 특별한 시간이기 때문에, 카이로스의 시기를 안다면 자다가 깰 때가 된 것입니다. 한편, 카이로스가 주님의 재림의 때를 말하는 것이라고도 여겨지지만, 주님의 부르심과 관련된 나만의 특별한 시간을 말할 수도 있습니다. 나를 향한 하나님의 경륜이 풀어지는 시간이라고 할 수 있는 것입니다.

로마서 17장

종말도 두 가지 시각으로 보아야 합니다. 개인적인 죽음과 관련된 종말과 주님의 재림과 관련된 우주적인 종말입니다. 우주적인 종말은 우리가 그 시기와 때를 알 수 없습니다. 그러나 누구나 반드시 한 번은 죽습니다. 죽으면 육체의 기능이 정지됩니다. 예수 믿지 않고 죽으면 구원받을 수 없고 회개할 기회도 사라집니다. 예수를 믿었다 해도 주님께 상급을 더 쌓을 기회가 사라집니다. 그러므로 우리가 죽는 그 순간, 우리는 사실상 주님의 재림에 직면하게 됩니다. 죽고 나면 구원에 관한 일은 정지되고, 우리 영이 천국 또는 지옥으로 갈 것이 결정되는 것입니다. 우리의 육은 죽어 흙이 되고, 부활의 영체로 덧입혀지기를 기다리게 됩니다. 그리고 주님이 재림하실 때, 우리는 부활의 영체로 변화될 것입니다. 그때 우리는 순식간에 주님 앞에 서게 될 것입니다. 그래서 때가 가깝다는 말은 2천 년 전이나 천년 전이나 지금이나, 한 치의 오차도 없는 사실이 되는 것입니다.

언젠가 홀연히, 우리 각자의 삶을 결산하기 위해 주님의 심판대 앞에 서는 날이 올 것입니다. 이 말은 우리 모두 언젠가는 반드시 주님의 재림을 직면한다는 것입니다. 어떤 사람은 우주적인 종말을 경험할 수 있고(저는 제가 살아 생전에 그렇게 되기를 소망하지만), 설령 그렇지 않다 하더라도, 누구나 죽고 나면 구원과 관련되는 어떤 일을 더 이상 스스로 할 수 없게 됩니다. 그때의 나는 지상에서 죽기 전의 영적 구원의 상태로 주님 앞에 서게 되는 것입니다. 성품의 열매, 전도의 열매, 봉사의 열매를 안고 주님께 가게 된다는 말입니다. 그런 사실을 안다면, 우리는 지금 무엇을 해야 할까요? 그래서 때를 분별하라고 말씀합니다. 방종의 생활에서 벗어나야 합니다.

"때를 분별하라! 하나님을 망각하고서 꾸벅꾸벅 졸며 살지 않도록 조심하십시오. 일어나서 하나님이 하고 계신 일에 눈을 뜨십시오! 구원사역의 마무리를 하

고 계십니다. 우리는 일분도 허비할 수 없습니다." _롬 13:11, 메시지성경

↓ 방종의 생활에서 벗어나십시오

¹³낮에와 같이 단정히 행하고 방탕하거나 술 취하지 말며 음란하거나 호색하지
말며 다투거나 시기하지 말고 ¹⁴오직 주 예수 그리스도로 옷 입고 정욕을 위하
여 육신의 일을 도모하지 말라 _롬 13:13-14

본문에서 언급하고 있는 주요 단어들의 뜻을 원어의 의미로 다시 설
명해보겠습니다. '음란'(헬, 코이테)은 침대 또는 동거생활의 의미로, 금지
된 침상을 향한 그릇된 욕망을 말합니다. '호색'(헬, 아셸게이아)은 방탕, 음
란, 방종을 가리키며, 더러운 일을 계속 하다 보니 양심에 전혀 가책이 없
고, 마치 얼굴에 철판을 깐 것처럼 무감각하게 죄를 짓는 상태를 말합니
다. '다툼'(헬, 에리스)은 이기주의에 근거해서, 남을 짓밟고라도 자기만 잘
살겠다는 무서운 욕망을 말합니다. '시기'(헬, 젤로스)는 열심, 질투, 분개의
의미로서, 자기에게 없는 것이면 무엇이나 탐하고 비판하는 악한 마음을
말합니다. 음란, 호색, 다툼, 시기와 같은 것이 가득한 삶을 일컬어 한마디
로 방종하는 삶이라고 할 수 있습니다. 그러므로 이와 같이 방종하는 생활
에 빠져 있지 말고 당장 일어나야 합니다.

"이 소중한 낮 시간을 허비할 수 없습니다. 잠자리에서 일어나 옷을 차려 입으십
시오! 꾸물거리지 마십시오. 그리스도를 옷 입고, 당장 일어나십시오!"
_롬 13:12, 메시지성경

방탕했던 어거스틴을 성 어거스틴으로 바꾸어 놓은 결정적인 말씀이 바로 로마서 13장 13,14절입니다. 어거스틴은 예수 믿는 집안에서 태어났지만 20년 동안 영적으로 방황하면서 청년의 정욕대로 살았습니다. 다행히 어머니 모니카의 눈물의 기도로 결국 회개하고 주님께로 돌아왔습니다. 그러나 수년 동안 과거의 잘못된 습관에서 헤어나지 못했습니다. 그는 고민하고 고통스러워했습니다. 그때의 갈등을 그의 저서 《고백록》에 적었습니다.

"그때 갑자기 이웃집에서 한 음성이 내 귀에 들려왔습니다. 소년의 음성인지 구분할 수 없었지만, 계속해서 반복되는 노래 가사와 같았습니다. '집어 들고 읽어라, 집어 들고 읽어라.' 그래서 나는 급히 친구가 앉았던 장소로 돌아가서 거기에 있던 사도 바울의 서신을 펴들고 제일 먼저 내 눈길이 닿는 부분을 읽었습니다. 거기에는 이런 말이 기록되어 있었습니다. '낮에와 같이 단정히 행하고 방탕하거나 술 취하지 말며 음란하거나 호색하지 말며 다투거나 시기하지 말고 오직 주 예수 그리스도로 옷 입고 정욕을 위하여 육신의 일을 도모하지 말라'(롬 13:13,14). 나는 더 읽지 않았습니다. 더 읽을 필요가 없었습니다. 이 말씀이 광명한 확신의 빛을 내 마음에 비추어 내 속에 있는 모든 의심의 어두움을 물리쳐주었기 때문입니다. 이제 나의 얼굴은 완전히 평온을 되찾았습니다."

로마서는 기독교의 위대한 지도자들을 비롯해 수많은 사람들을 변화시켰습니다. 그런 면에서 로마서는 두려운 책이라고 말할 수도 있습니다. 교회사에서 우뚝 선 위대한 인물들을 변화시켰던 놀랍고 능력 있는 말씀이 바로 이 로마서에 기록되어 있다는 사실을 마음 깊이 새기면서, 로마서로 인하여 동일한 변화를 경험하는 우리들이 되기를 간절히 소망합니다.

20

Romans 14:1-12

성도 사이의
행복한 관계의 원리

14장 1절로부터 12절은 '성도 간의 인간관계를 어떻게 할까'에 대한 내용입니다. 바울은 본문에서 로마교회가 안고 있는 특별한 문제에 대해 성도 사이의 인간관계라는 측면에서 접근하였습니다.

로마서 13장까지 성도들의 일반적인 실천 윤리에 대해 이야기했다면, 14장과 15장은 로마교회에 있는 특별한 문제에 대해 권면하는 내용입니다. 저는 이것을 거꾸로 모든 교회와 성도들에게 일반화해서 살펴보려 합니다.

교회는 그리스도의 몸입니다. 거룩한 하나님의 자녀들이 각각 지체가 되어 하나의 아름다운 몸을 이루는 것이 교회의 본질적 개념입니다. 그럼에도 불구하고 현실의 교회에는 크고 작은 문제가 일어납니다. 심지어 분열되는 모습을 보이기도 합니다. 한국 교회사를 연구한 어느 학자에 따르면, 해방 후 한국교회의 역사는 '교회 분열사'라고 합니다. 참으로 가슴 아픈 이야기가 아닐 수 없습니다. 지금도 많은 교회가 성도끼리 알력과 편당

(偏黨)으로 괴로워하고 있다는 소식을 듣습니다. 교회에서 만날 때 겉으로는 웃으며 인사하지만, 속으로는 갈등하고 반목하고 있다면 교회가 주님의 몸이라는 말이 얼마나 무색하게 될까요? 교회 다니는 것이 얼마나 괴로운 일이 될까요? 이런 문제는 왜 생길까요? 이 고질적인 문제를 해결할 길은 없을까요?

교회의 문제는 대부분 성도 간의 관계 문제입니다. 불편한 인간관계 때문에 이렇게 말하며, 교회 나가기를 어려워하는 사람들이 많습니다.

"교회 나가기는 괴롭고, 안 나가려니 하나님 보시기에 죄송할 것 같아서, 예배만 드리고 다른 활동은 다 빠지려 합니다."

어찌하든 이런저런 이유로 인간관계가 얽히고설키는 곳이 교회인데, 로마교회도 그랬습니다.

↓ 믿음이 강한 자와 약한 자 사이의 갈등

로마교회의 문제는 우선 믿음이 강한 자와 약한 자 사이의 갈등이었습니다. 믿음이 강한 자는 믿음이 약한 자를 정죄하고, 믿음이 약한 자는 또 나름대로 그 정죄에 대해 반발하는 것이 로마교회의 문제였습니다.

바울이 '믿음이 약한 자'(14:1,2, 15:1)라고 부른 이들은 고기를 먹지 않고 채소만 먹으며 포도주도 마시지 않고, 어떤 특정한 날을 다른 날보다 더 중요하게 여기는 사람들입니다. 이들에 비해 '믿음이 강한 자'는 모든 것을 먹으며 모든 날을 동일하게 여기는, 비교적 자유로운 사람들을 지칭합니다.

로마교회 안에 있는 믿음이 약한 자는 유대인 그리스도인이고, 믿음이 강한 자는 이방인 그리스도인들을 일컫는다고 볼 수 있습니다. 바울이 주로 강한 자들에게 권면한 것을 보면, 약한 자들에 비해 '강한 자들', 즉 이방인이 로마교회 구성원의 다수를 차지한 것 같습니다. 아마도 글라우디오 칙령(AD 49년) 선포 이후에 유대인들이 로마를 떠났기 때문에, 로마교회는 칙령 이전에는 유대인 중심이었지만 이후로는 이방인 중심의 교회가 된 것이 그 배경이었을 것입니다.

AD 54년에 유대인을 추방했던 글라우디오의 칙령이 해제돼 5년 만에 다시 돌아와 보니, 로마교회는 이미 이방인 중심의 교회로 바뀌어 있었습니다. 당연히 이방인의 문화가 교회 안에서 주류가 되었습니다. 그 사이에 로마교회는 우상숭배에 사용했던 음식을 먹고, 포도주도 함부로 마시고, 절기와 날짜를 지키는 것에 대한 인식도 유대인들과 차이가 생겼습니다. 이것이 로마교회 안에서 교인들끼리 교리와 실천의 문제에 대해 갈등하게 만들었다고 추측할 수 있습니다.

사도 바울은 3차 선교 여행의 말미인 57년경, 고린도에 있었을 때 이 소식을 듣게 되었습니다. 그것이 사도 바울이 로마교회에 편지를 쓴 계기가 되었고, 로마교회의 문제를 다룬 것이 결국 모든 이방교회에게도 신앙의 지침서가 되었다고 보입니다. 바울의 입장에서 보면, 앞으로 로마교회가 이방선교에 중요한 역할을 할 것인데, 이 중요한 교회가 이런저런 갈등이 있으니, 미리 로마서를 써 보내서 해결하려 한 것입니다. 덧붙여 바울 일행이 예루살렘에 갔다가 로마를 방문할 계획도 알린 것입니다. 그런데 바울이 로마서를 써 보낸 다음 실제로 로마에 들어갈 때까지, 무려 3년이라는 시간이 걸렸습니다. 사도 바울이 전도자로서가 아니라 죄수라는 누명을 쓰고 로마에 입성하게 되었지만 말입니다.

원래 로마교회의 구성원은 유대인과 이방인을 모두 포함했는데, 바울이 로마서를 쓸 때는 이방인이 주도하게 된 상황이었습니다. 그런데 조금 더 자세히 살펴보면, 로마교회의 유대인 중에는 예수 믿어도 할례를 받아야 한다는 할례파와 예수 믿으면 할례가 필요없다고 주장하는 무할례파가 공존했습니다. 예수를 믿은 이방인 중에서도 바울에게 직접 영향을 받은 사람이 있는가 하면, 간접적인 영향을 받은 사람도 있었을 것입니다. 물론 바울과 아무 상관 없이 스스로 예수를 믿은 사람도 있었고, 좌우간 다양했을 것입니다. 그러니 로마 교인들이 믿는 바가 천차만별이었고, 그들의 믿음의 수준도 제각각 차이가 있었을 것입니다. 믿음의 성격과 차이에 따라 갈등이 생기고, 그로 인해서 서로 판단하는 사람들이 나타나게 된 것입니다. 이것으로 인해서 시험이 드는 경우도 생겼습니다. 이 소식을 전해 들은 사도 바울은 이렇게 권면합니다.

믿음이 연약한 자를 너희가 받되 그의 의견을 비판하지 말라 _롬 14:1

'믿음이 연약한 자'란 확신이 부족한 자라는 뜻입니다. 아직까지 그리스도인으로서 어떻게 살아가야 할지를 잘 모르거나, 안다고 하더라도 그것을 실천하지 못하는 사람을 가리킵니다. 그러다 보니 믿음이 있다고 하는 자가 약한 자를 비판하게 된 것입니다.

그러나 바울은 믿음이 연약한 자들이 내는 의견을 비판하지 말라고 합니다. 이 권면을 일반화시켜 우리의 경우에 적용해 보겠습니다. 지금 이 글을 읽고 있는 우리가 믿음이 강하다고 생각하면, 그렇지 않은 교인들을 볼 때 그들의 믿음이 연약하다고 비판하지 말아야 합니다. 그들을 있는 그대로 받아주어야 합니다. 마치 어린아이는 어린아이인 그대로 대해야 하듯이 말입니다. 어린아이에게 어른처럼 행동하기를 요구하면 따라올 수 없습니다. 그런 것처럼, 믿음이 강한 자는 믿음이 약한 자들이 자랄 때까지 기다려주어야 합니다. 하나님이 우리를 얼마나 오랫동안 기다려주십니까? 부모님은 우리를 얼마나 오래 기다려주셨습니까? 또한 목사들은 성도들의 신앙이 진보되기를 얼마나 기다립니까?

저도 목사로서 성도들 한 사람 한 사람의 믿음의 수준을 볼 때마다 '어떤 성도는 언제 성장할까?' 하고 노심초사하게 됩니다. '어떤 성도는 언제나 다시 돌아오나? 왜 믿음이 자라지 않지?' 하며 얼마나 안타깝게 기다리는지 모릅니다. 그런 반면, 어떤 성도들은 믿음이 놀랍도록 성장하는 것을 보고 대견해합니다. 때로는 감사해서 눈물이 나올 정도입니다. 이 모든 경우에서 중요한 가르침이 한 가지 있습니다. 그것은 믿음이 앞선 자가 믿음이 뒤처진 자를 위해 오래 참고 기다려주는 사랑의 마음을 가지라는 것입니다.

↓ 믿음의 차이가 생기는 이유

예수를 믿어 구원에 이르는 것은 인간의 노력과 전혀 관계가 없습니다. 그러나 복음의 씨앗이 심겨 그리스도인이 되고 나면, 그때부터 각자의 차이 때문에 믿음에도 차이가 생길 수 있습니다.

로이드 존스 목사님은 그의 《로마서 강해》에서 성도들 사이에 믿음의 차이가 생기는 이유를 몇 가지로 설명하고 있습니다. 차이를 일으키는 첫 번째 요인은 천성적인 능력입니다. 각자의 소질과 은사에 따라 차이가 생긴다고 할 수 있습니다. 두 번째 요인은 기질입니다. 그리스도인이 되는 것과 기질은 아무 상관이 없지만, 거듭날 때 기질까지 변화되지는 않습니다. 다만 기질에 따라 신앙 성장에 차이가 생길 수는 있습니다. 세 번째 요인은 부지런한 성격과 철저한 성격의 차이입니다. 부지런하고 철저한 성격을 가진 사람은 비교적 믿음이 빨리 성장합니다. 네 번째 요인은 그리스도인으로서 삶을 영위했던 세월의 길이입니다. 어린아이가 자라고 발전해야 어른이 되는 것처럼, 그리스도인도 가르침과 교훈을 받고 살아가면서 체험을 통해 검증하고 발전해야 성장합니다. 다섯 번째 요인은 가르침과 교훈입니다. 어떤 사람은 가르침을 받은 적이 없기 때문에 신앙이 연약합니다. 여섯 번째는 믿음의 개념에 연약한 모습이 다양하게 나타나는 것입니다. 예를 들어 유대인들은 그들의 율법적 배경 때문에 복음과 율법의 상관관계에서 연약하게 되었을 것입니다. 그들의 조상 때부터 내려온 종교적 전통 때문입니다. 대표적인 문제가 먹는 것에 관한 것입니다.

> 어떤 사람은 모든 것을 먹을 만한 믿음이 있고 믿음이 연약한 자는 채소만 먹느니라 _롬 14:2

어떤 사람은 고기도 먹고 모든 걸 먹을 믿음이 있습니다. 어떤 사람은 믿음이 연약하기 때문에 채소만 먹습니다. 유통되는 고기 중에 우상 제사에 쓰인 것이 있었기 때문입니다. 그래서 일반적인 생각으로는 율법대로 채소만 먹고 고기는 안 먹으며 사는 것이 믿음이 더 강한 것 같은데, 바울은 그렇지 않다고 말합니다. "그러한 것에 너무 묶여 있지 말라, 도리어 아무런 문제 없이 먹는 자가 더 믿음이 강한 자이다"라고 말하였습니다. 아마도 이 말씀은 유대인을 향한 것이라고 할 수 있겠습니다.

> 먹는 자는 먹지 않는 자를 업신여기지 말고 먹지 않는 자는 먹는 자를 비판하지 말라 이는 하나님이 그를 받으셨음이라 _롬 14:3

'먹는 자'란 주로 우상 숭배했던 고기를 시장에서 사서 먹는 이방인 그리스도인을 말합니다. 그들이 아무런 거리낌 없이 그런 고기를 먹는 걸 보니, 우상숭배에 쓰인 음식은 먹지 말라고 뼛속까지 교육을 받았던 유대인들은 용납하기 어려웠을 것입니다. 그래서 유대인 그리스도인들은 우상 숭배에 쓰인 고기를 먹는 이방인들에게 율법을 들이대며 지적했습니다. 그들이 다 한 교회 성도들이었지만 말입니다.

하지만 사도 바울은 로마교회 성도들이 먹는 것과 날에 대한 문제로 믿는 형제를 비판하지 말아야 한다고 주장합니다. 하나님이 이미 그를 받으셨기 때문입니다. 따라서 성도들이 형제를 받아들이지 않는다면 모순이라는 이야기입니다. 설령 그의 의견이 나와 다르다 하더라도 비판하지 말고 받아들여야 합니다. "하나님이 이미 그를 받으셨기 때문에 그가 예수를 믿게 되었고 하나님의 자녀가 되지 않았느냐? 그가 하나님의 자녀로 거듭났고 하나님의 영이 그 안에 거한다면, 하나님의 영이 자연스럽게 그를 인도해가시기 때문에, 너는 그를 비판하지 말며 시험에 들어 넘어지지 않게 하라"는 것입니다.

하지만 로마교회 성도들 중에 믿음이 강하다고 여긴 사람들이 상대적으로 믿음이 약하다고 여긴 사람을 업신여기기도 했습니다. '업신여기다'라는 말은 '멸시', '경멸', '얕봄'과 같은 뜻입니다. 믿음이 '강한' 이방인이 믿음이 '약한' 유대인들의 소심한 태도를 경멸하고 얕보았으니, 로마교회 공동체에서 성도들의 아름다운 교제는 단절되고 말았을 것입니다. 서로 공격하고 비판하는 사람들과 어떻게 성도의 교제를 나눌 수 있겠습니까? 그러므로 바울이 성도를 비판하지 말라고 권면한 것입니다.

그들이 문제 삼은 내용은 주로 먹는 것과 날짜에 대한 종교적 견해 차이였습니다. 먹는 것과 절기에 관한 인식의 차이였던 것입니다. 바울의 권면을 요즘 말로 하면 어떻게 적용할 수 있을까요? 예를 들면 술 마시고 담배 피우는 것 가지고 처음부터 뭐라고 말할 필요가 없다는 것입니다. 저는 "술 마시지 말라! 담배 피우지 말라!"라는 설교를 하지 않습니다. 그런 걸 지적한다고 바로 고쳐질 수 있나요? 하나님을 만나면 스스로 고치는 것입

로마서 17장

니다. 모든 초점은 어떻게 하든지 하나님을 만나게 하는 데에 두어야 합니다. 그것은 제 과거의 경험 때문이기도 합니다. 성인은 누가 지적하면 도리어 화가 나고 짜증이 나기 마련인데, 교회까지 와서 맨날 지적이나 받는다고 생각해보세요. 그러면 어떤 생각이 들겠습니까? '내가 나이가 몇인데 사람들한테 지적이나 받으려고 교회 나오나?' 하면서 교회 오는 것을 주저하게 되고, 기회만 있으면 예배를 빠지려고 할 것입니다. 결국 그러다가 교회로부터 멀어지게 됩니다. 아직 단단한 식물을 먹을 단계가 되지 않았기 때문입니다.

주님이 핏값으로 산 한 영혼에게 죄를 지적하고, 그 연약함을 비판하여 실족하게 만들고 교회에서 멀어지게 한다면, 이는 소탐대실이요 빈대 잡으려다 초가삼간 태우는 일과 같습니다. 교회에서는 남의 연약함을 비난하고 지적하는 이야기는 가급적 할 필요가 없습니다.

날을 지키는 문제도 마찬가지입니다. 유대인에게는 안식일을 지키거나 절기를 지키는 문제 같은 것이 많지 않습니까?

> 어떤 사람은 이 날을 저 날보다 낫게 여기고 어떤 사람은 모든 날을 같게 여기나니 각각 자기 마음으로 확정할지니라 _롬 14:5

십계명 중의 제4계명은 안식일을 거룩하게 지키라는 것입니다. 원래 안식일은 지금으로 말하면 토요일입니다. 제칠일 안식일교회는 토요일을 안식일로 지키고 있습니다. 십계명을 거룩히 지키라는 명령 때문이라고 합니다. 그러면서 주님께서 부활하신 날을 주일로 지키는 기성 교회들이 태양신을 섬긴다면서, 개신교에는 구원이 없다고 주장합니다. 그러니 안식일교회의 핵심 문제는 날을 지키는 것입니다. 그들이 안식일을 지킨다는 자체가 문제라기보다, 그것을 구원과 연결하여 보는 것이 문제입니다. 또한 그들은 구원을 위해 율법 조항을 지켜야 한다고 채식을 하고 있습니다. 그러면 그들은 율법의 조항들을 모두 지켜야 하는 올무에 빠지게 됩니다.

그러나 사도 바울은 로마서에서 율법에 대해 자유하라고 주장합니다. 하나님이 기뻐하시는 것은 구원에 대한 감사로서, 성령의 능력으로 먹는 것과 날을 지키는 것입니다. 먹는 것과 날을 지키는 것이 구원의 조건이 아닙니다.

↓ 판단을 주께 맡기십시오

우리가 형제를 판단하는 죄를 범하지 않기 위해서는 하나님만이 궁극적으로 심판의 주님이심을 기억해야 합니다. 성경은 인간관계에 관해서 하지 말아야 할 것에 대해 두 가지를 가르칩니다.

첫째, 사람을 억지로 바꾸려고 하지 말아야 합니다.

사람의 변화를 위해 환경과 조건을 만들어줄 수는 있습니다. 그러나 사람이 근본적으로 다른 사람을 변화시킬 수 있다는 생각은 하지 말아야 합니다. 사람을 근본적으로 변화시키는 일은 오직 하나님만이 하실 수 있습니다. 변화시키는 일을 사람이 하려고 하면 할수록 상대방은 변화되지 않고 더 신경질적으로 반응하며, 상대적으로 더 큰 실망과 좌절에 빠지게 됩니다. 우리가 어떤 사람을 변화시킬 수 있는 방법은 나 자신이 먼저 바뀌는 것입니다. 상대방이 나의 바뀐 모습을 보고 변화할 수 있게 하는 것입니다.

우리 교회에서 크레이그 힐 목사님의 세대축복세미나라는 프로그램을 진행한 적이 있습니다. 그때 하나님께서 제게 딸에 대한 마음을 주셨습니다. 저는 딸이 다섯 살이 되었을 때 교회에 나가기 시작했기 때문에, 딸이 어렸을 때는 신앙생활을 하지 못했습니다. 그 점이 딸에게 미안하다는 마음이 들었습니다. 그래서 '어떻게 하면 좋을까'라고 생각하며 그 문제를 놓고 기도하는 중에, 기도만 할 게 아니라 딸한테 그런 내 마음을 편지로 알려주는 것이 좋을 것 같다는 생각을 하나님이 주셔서 딸에게 메일을 써서 보냈습니다. 전에도 몇 번, 내가 잘못했던 것들에 대해 딸에게 진지하게 편지를 보내곤 했지만, 이번은 좀 달랐습니다. "내가 네가 어렸을 때 믿음 안에서 너를 안아주고 사랑하고 축복을 전수하지 못한 게 마음에 걸린다. 내가 믿음이 없었던 것이 너무 미안해서 너의 용서를 구한다."

이 이메일을 받고 딸이 저에게 메시지를 보냈습니다. "아빠, 나는 그렇게 생각하지 않아요. 믿지 않던 아빠가 믿으면서 변화되는 모습을 본 것이 나에게는 큰 축복의 전수였어요." 그러면서 자기가 어렸을 때 기억나는 일 중의 하나를 적어서 내게 보내주었습니다.

"나는 아빠가 어렸을 때 집안에서 담배를 피우니까, 엄마가 아이가 있는데 집안에서 담배를 피운다고 잔소리하며 나가서 피라고 할 때가 기억나요. 그때가 겨울이었는데, 아빠는 투덜대면서도 밖으로 나가셨지요."

딸은 그것만 생각해도 내가 너무나 고마웠다고 합니다. 추운데도 딸을 위해 밖에 나가서 담배를 피우곤 했으니 말입니다. 그랬던 아빠가 지금은 변화되어 하나님이 말씀하시면 즉시 순종하려는 모습을 보여주고 있는 것이 바로 신앙의 전수를 하고 있는 것이며, 그것을 통해서 하나님에 대해 많이 배운다고 했습니다. 저는 딸에게 사과하려 메일을 보냈는데, 딸은 아빠의 변화를 보고 도리어 은혜를 받게 된 것이었습니다. 이런 경험으로 보아도, 내가 먼저 변하면 상대방이 변한다는 것이 진리라고 생각합니다.

말로 가르쳐서 다 가르칠 수 있다면 세상은 벌써 성인으로 가득 찼을 것입니다. 사람들은 교육으로 변화되는 것이 아니라 몸으로 실천하여 보여주는 가르침으로만 변화될 수 있다는 진리를 기억하기 바랍니다.

둘째, 남을 판단하지도 비판하지도 말아야 합니다.

³너희에게나 다른 사람에게나 판단 받는 것이 내게는 매우 작은 일이라 나도 나를 판단하지 아니하노니 ⁴내가 자책할 아무 것도 깨닫지 못하나 이로 말미암아 의롭다 함을 얻지 못하노라 다만 나를 심판하실 이는 주시니라 ⁵그러므로 때가 이르기 전 곧 주께서 오시기까지 아무 것도 판단하지 말라 그가 어둠에 감추인 것들을 드러내고 마음의 뜻을 나타내시리니 그 때에 각 사람에게 하나님으로부터 칭찬이 있으리라 _고전 4:3-5

이 구절에서 바울 사도는 자기 스스로도 자신을 판단하지 않겠다고 말합니다. 우리도 자신을 판단하지 말아야 합니다. 그 이유는 나도 정확하지 않기 때문입니다. 주님만이 우리를 판단하실 유일한 권한을 갖고 계십니다. 성령님께서 우리를 판단해서 드러내시는 부끄러운 일들이 지금도 내 속에 있습니다. 그 부끄러운 일들을 주님께 내려놓고 진심으로 회개하며 용서를 구할 때, 우리는 성령님의 인도하심을 받게 될 것입니다.

이전의 우리는 각자의 기준대로 남편과 아내를 판단하고 이웃을 판단하여 서로 상처를 주고 받으며 살았습니다. 그러나 그런 인간의 연약함은 쉽게 변화되지 않습니다. 사람은 지적이나 가르침으로는 근본적인 변화를 가져오기 어렵습니다. 가르침은 내비게이션처럼 방향을 가리킬 뿐입니다. 사람을 근본적으로 바꾸시는 분은 하나님밖에 없습니다.

남의 하인을 비판하는 너는 누구냐 그가 서 있는 것이나 넘어지는 것이 자기 주인에게 있으매 그가 세움을 받으리니 이는 그를 세우시는 권능이 주께 있음이라 _롬 14:4

바울이 이런 사실을 논증하기 위해 하인과 주인과의 관계에 비유하여 설명한 말씀입니다. 남의 하인을 비판하면 그 주인을 비판하는 것이 된다는 것입니다.

인간을 판단하고 심판하실 유일한 권한을 갖고 계신 분은 주님이시며, 그분께서 마지막 심판을 작정하셨음에도 불구하고, 우리가 사는 이 시점에서는 우리를 세우는 일을 하고 계십니다.

그러므로 주님의 마음에 들려면 제발 비판하지 마십시오. 사람들을 만나면 따뜻하게 격려하고 칭찬하고 세워주세요. 심판의 권한을 갖고 계신 주님조차 이 세상에서 심판을 유보하시면서 사람에게 계속해서 기회를 주고 계십니다. 그리하여 그 사람이 쓰임 받기에 합당한 사람이 되도록 만들어주십니다. 사람을 세우시는 하나님이 반드시 저와 여러분을 세우실 것을 믿고 그분을 전적으로 신뢰하게 되기를 바랍니다.

제게는 현지인 제자인 요한이 있습니다. 지금은 훌륭한 사역자가 되어 있습니다. 요한을 처음 미전도 지역에 선교사역자로 파송했을 때, 초기 7년 동안은 사역의 열매가 없었습니다. 요한이 사역하는 곳은 환경이 매우 척박했습니다. 여러 가지가 본인과 잘 안 맞는 것 같았습니다. 그러다 보니 7년을 열심히 사역을 감당한다고 했지만 실패하고 또 실패하게 되었습니다. 하지만 그때 이미 요한이 저의 영적인 아들이라는 생각이 있었기 때문에, 저는 요한을 만날 때마다 격려하고 끝까지 세워주려 힘썼습니다. 저는 이런 생각도 들었습니다.

'만일 내 자녀 중에 하나가 장애인이 되었다면 나는 어찌 해야 하는가?'

그렇게 생각하니, 내가 영적인 아버지인데 자녀가 열매가 없다고 포기하는 것은 말이 되지 않는다는 생각이 들었습니다. 물론 때로는 아쉽고 안타깝고 쥐어박고 싶은 마음을 가진 적도 있었지만, 그 모든 것을 마음속 깊이 묻고 끝까지 함께 해야 한다고 생각했습니다. 그렇게 기다리며 7년

이 지나니 요한이 그 척박한 땅에 교회를 세우기 시작했고, 그 한 사람으로부터 40여명의 사역자가 나오게 되었습니다. 20여년이 지난 지금은 그가 제자 사역자들 중의 리더가 되어 있습니다.

제가 어느 곳에 요한과 함께 초청받고 강의차 참석한 적이 있었습니다. 그때 요한이 이런 간증을 하는 것을 들었습니다.

"선생님은 나를 끝까지 기다려주셨습니다. 내가 아무리 실패해도 기다려준 선생님을 저는 어느 날부터 아버지같이 생각하게 되었습니다. 선생님은 내게 아버지입니다. 선생님을 아버지라고 느낀 이후로는 마음에 평강과 안정감을 갖게 되었습니다. 그때부터 나는 사역에서 열매를 볼 수 있었습니다. 이제부터 나는 절대로 선생님을 떠나지 않고 선생님에게 주신 하나님의 비전을 받아 땅끝 사역을 대신 감당하려 합니다."

이런 결과가 나오기까지, 사역자로서 저의 변화에 관한 부끄러운 이야기를 좀 하겠습니다. 저는 저와 제자들 사이를 마치 회사의 사장과 직원 같은 관계로 생각한 적이 있었습니다.

회사에 다니면 어떤 마음이 드나요? 내가 어떤 일을 잘못하면 회사에서 기다려줍니까? 해고합니다. 요한의 간증을 들을 때 제가 깨닫게 되었습니다. '예수님도 회사 사장처럼 제자들을 대하셨을까?' 예수님은 그러지 않으셨을 것이라는 생각이 들었습니다. 예수님은 제자들 각자에게 믿음의 분량과 은사를 주셔서 각자의 소질대로 일할 수 있도록, 한 사람 한 사람을 세워주는 멘토의 역할을 해주셨을 것입니다.

어떤 사람은 사역을 잘하지만 어떤 사람은 못 하기도 합니다. 하지만 잘못 하는 사람은 못 하는 대로 세워주고, 잘하는 사람은 잘하는 대로 발전시켜서 더 큰 일을 할 수 있도록 세워주는 분이 주님이십니다. 저는 그것을 깨닫게 되었고, 동시에 '예수님은 나와 제자 사이가 아버지와 아들의 관계로 성장하기를 원하시는구나'라는 것도 깨닫게 되었습니다. 우리 주

로마서 17장

님은 자녀를 한 줄로 세워놓고 "넌 왜 이래" 하며 호통을 치는 엄한 성품의 아버지가 아니십니다.

사장과 직원의 관계에서 조금 발전한 것이 스승과 제자의 관계입니다. 물론 가르친다는 면에서 예수님은 스승이시고 우리는 제자라고 할 수 있습니다. 스승과 제자의 관계에서도 스승이 인격적인 삶의 모습에서 본보기가 되어야 합니다. 그러나 내가 아버지와 같다면, 하나님이 저에게 맡겨주신 자녀 같은 제자를 어떻게 돌보아야 할까요? 스승과 제자의 관계보다 더 발전되고 나은 관계가 되어야 할 것입니다.

아버지는 할 수 있는 한 자녀를 사랑으로 돌본다는 마음으로 양육하고 세워주며, 끝까지 지지해주고 믿어줄 책임이 있습니다. 아버지라고 해서 자식을 소유물처럼 취급하는 것은 올바른 관계가 아닙니다.

누가복음의 탕자 이야기에 나오는 아버지와 아들의 관계는 선교사와 현지인의 관계에서 지침이 되어야 합니다. 자녀는 끝까지 기다려주는 대상입니다. 그렇게 해서, 저는 사역하는 중에 아버지께서 허락하신 몇 명의 아들과 딸을 얻었습니다. 처음에는 제자가 여러 명 생겼지만, 끝까지 아버지와 아들의 관계로 남은 자는 많지 않았습니다. 1차로 얻은 제자가 2차로 낳은 제자들의 아버지가 되었고, 2차로 생긴 제자들은 3차로 생긴 제자의 아버지가 되어가는 생명의 관계를 보게 되었습니다.

아버지의 마음으로 제자들을 세워가는 관계가 주님의 뜻인 줄 믿습니다. 바울은 그런 주님의 마음으로, 자신을 대신하여 디모데를 고린도 교회에 보냈습니다.

이로 말미암아 내가 주 안에서 내 사랑하고 신실한 아들 디모데를 너희에게 보내었으니 그가 너희로 하여금 그리스도 예수 안에서 나의 행사 곧 내가 각처 각 교회에서 가르치는 것을 생각나게 하리라 _고전 4:17

우리는 형제를 비판하지 말고 남편과 아내를 비판하지 말아야 합니다. 형제를 용납하고 남편과 아내를 받아주어야 합니다. 남편(아내)의 연약함과 강점을 주께 모두 맡기고, 기도하고 세워주는 역할을 아내(남편)에게 맡기는 것입니다. 그런 관계가 부모와 자녀와의 관계에서도 잘 세워져야 합니다. 더 나아가서, 우리가 어떤 일에 부르심을 받더라도 주께서 우리에게 맡기신 양들을 위해, 하나님과 우리 사이처럼 동일한 은혜의 관계를 만들어 든든히 세워주어야 할 것입니다.

21

Romans 14:13-23
신앙의 걸림돌과
디딤돌의 원리

로마교회의 성도들 가운데 먹는 문제, 즉 우상에게 제물로 드려진 음식을 먹는 것이 합당한지 아닌지에 대해 로마교회 성도들 간에 이견이 생겼습니다. 의견이 다른 자들이 의견을 달리하는 상대방을 비판하고 판단하기 시작했습니다. 그들은 상대방을 비판하고 판단하는 일이 매우 작은 일이라고 생각했지만, 바울 사도는 그 작은 일이 하나님의 사역에 큰 손실을 가져올 수 있다는 것을 경고하였습니다. 그 문제를 해결해야 한다는 말입니다.

음식으로 말미암아 하나님의 사업을 무너지게 하지 말라 만물이 다 깨끗하되 거리낌으로 먹는 사람에게는 악한 것이라 _롬 14:20

우리는 믿는 자이면서도 근시안적으로 앞만 보고 전체를 보지 못하는 경우가 있습니다. 초점을 하나님의 나라에 맞추지 못하고 내게 맞추는 삶은 결국 자신에게 큰 상처를 남길 뿐 아니라 공동체에도 큰 손실을 가져오는 경우가 많습니다. 늘 경계해야 할 일입니다.

그렇다면 그리스도인 사이에 서로 의견이 다름에도 불구하고, 어떻게 아름다운 교제를 나누면서 하나님이 우리에게 맡겨주신 일을 잘 세워나갈 수가 있을까요? 이것이 사도 바울이 로마서 14장에서 던지는 질문입니다.

↓ 걸림돌을 두지 말아야 합니다

하나님의 사업을 잘 세워가려면 먼저 사람을 잘 세워야 합니다. 하나님의 일은 결국 하나님의 사람들이 하는 일이기 때문입니다.

교회는 부르심을 받은 하나님의 사람들의 공동체입니다. 본질적인 면에서 교회를 '하나님의 부르심을 받은 사람들의 모임(에클레시아)'이라고 정의할 때, 우리는 건물로서의 성전에 대한 시각을 바꾸어야 합니다.

교회라는 건물은 성도들이 모이는 공간이 필요하기 때문에 세우는 것입니다. 그곳에 하나님의 은혜가 임하고 예배와 여러 훈련을 위해서도 필요하기 때문입니다. 그러다 보니 마치 건물이 교회의 전부인 것처럼 건물을 높이게 되고, 정작 공동체를 이루는 사람들이 소외될 수 있습니다. 그러면 하나님이 세운 교회의 본질적 의미에서 멀어지게 됩니다. 교회의 본질은 하나님이 부르신 사람들의 모임, 에클레시아라는 사실을 잊지 말아야 합니다. 하나님의 사람 속에 생명이 있고, 하나님의 역사가 있고, 하나님의 사명이 존재하는 것입니다.

저는 첫 번째 사역지에서 8년 동안 원주민을 중심으로 사역하다가, 2003년에 새로운 지역으로 임지를 옮기게 되어 '이곳'에 들어오게 되었습니다. 이곳에 들어왔을 때 새로운 사역의 방향을 놓고 금식하며 기도하게 되었습니다.

당시 이 지역에는 한국 교민이 거의 없었기 때문에 한인을 위한 교회도 없었습니다. 저는 집에서 아내와 아들을 데리고 주일예배를 드리기 시작했고, 선교사님들의 요청과 성령님의 인도하심에 따라 2003년 말경에 한인교회를 개척하게 되었습니다. 그 후 교민들의 유입에 따라 교회가 성장했고, 정부의 교회 비준을 받아 성전 건물을 매입하고 비전센터 등을 설립했습니다. 지난 17년간의 모든 과정은 한 장 한 장 쌓아올린 벽돌처럼 하나님의 사람들의 헌신의 열매였고, 성도들과 함께 눈물로 기도했던 기도의 열매였습니다. 그러는 사이에 저도 모르게, 제게는 교회가 창세기 22장에서 아브라함이 모리아 제단에 제물로 내려놓아야 할 '사랑하는 아들 독자 이삭'과 같은 존재가 되어 있었습니다.

2020년, 코로나 바이러스로 인한 팬데믹으로 교회의 예배가 비대면으로 전환되었고, 무려 10개월이나 성전 예배, 이른바 대면예배를 드릴 수 없는 상황이 지속되었습니다. 4개월이 지난 무렵, 대면예배의 재개를 위해서 기도하며 다방면으로 알아보는 중에 청천벽력 같은 정부의 조치가 내려왔습니다. 자세히 밝힐 수는 없지만, 현재 사용하는 교회 건물에서 예배드리는 행위가 일체 금지되었고, 그에 따라 사역자들에게 제공하던 비자도 더 이상 연장되기 어렵다는 통보를 일방적으로 받은 것입니다.

저는 교회에서 예배를 드릴 수 없게 되고 비자도 연장되지 않는 상황의 심각성 때문에 저녁마다 작정하며 기도하게 되었습니다. 기도하기 위해 강단에 앉아 있기만 하면 교회가 없어진다는 사실 때문에 저도 모르게 눈물이 흘렀습니다. 그렇게 며칠을 지내던 중에, 주님이 새롭게 깨닫게 해주신 마음이 있었습니다. 그것은 '사랑하는 독자 이삭을 내려놓으라'라는 것이었습니다. 제가 사랑한 것은 교회라고 생각했지만, 실제로는 교회 건물을 사람보다 소중하게 여겼다는 사실을 알게 되었습니다. 비록 작은 건물이지만 애착을 갖게 되었고, 정작 제가 섬겨야 할 대상이 에클레시아인 사람들이라는 생각을 놓치고 있었다는 충격적인 깨달음이었습니다. 교회의 중요성은 건물이 아니라 그 안에 있는 사람들이라는 사실을 다시 깨닫게 해주신 것입니다. 우리 교회 교인들에게 있는 생명이 중요한 것을 새삼 깨닫게 되었습니다.

저는 신학적으로 교회가 건물이 아니라 성도들의 모임이라는 생각을 분명히 갖고 있었고 성도들에게 수없이 가르쳤습니다. 하지만 막상 저의 실체를 들여다보니 사람보다 보이는 교회의 모습에 제 마음을 빼앗기고 있었습니다. 물론 교회 건물은 전적으로 기도의 응답이고 약속의 선물이었습니다. 그러나 그것이 제 안에 우상으로 자리잡았다는 사실을 알게 된 것입니다. 아브라함이 독자 이삭을 모리아 제단에 드리라는 하나님의 명령을 받을 수밖에 없었다는 사실을 깨닫게 되었습니다.

건물은 이전할 수도 있고 헐고 다시 지을 수도 있으며 다른 형태로 전환이 가능하지만, 교회라는 원래의 본질은 잊지 말자고 다짐했습니다. 본질은 성도들입니다. 이 성전에서 하나님이 종을 통해서 주신 메시지를 듣고, 지난 17년 동안 성장하고 변화되고 비전을 꿈꿨던 믿는 자들의 모임이 우리 교회라는 생각이 들었습니다.

교회는 그리스도인들의 사교모임이 아닙니다. 주님의 핏값으로 세운 각 교회를 통하여 복음의 메시지가 선포되고, 그 메시지로 인해서 변화되고 결단하며 헌신하는 성도들의 모임인 에클레시아가 중요합니다. 그렇게 보니 주님이 우리 교회에 주셨던 생명의 메시지가 중요하다는 사실을 알게 되었습니다.

우리 교회는 처음부터 '예배가 살아있는 교회, 주님의 제자를 양육하는 교회, 땅끝과 열방과 다음세대를 섬기는 교회'를 3대 비전으로 삼았습니다. 이것이 바로 에클레시아를 향한 하나님의 뜻이라는 생각이 들었습니다. 교회 건물은 그 비전을 따라 사는 생명을 담고 있는 그릇일 뿐입니다. 교회의 몸을 이루는 하나님의 사람들이 각각 지체로서 몸을 잘 세워, 이 교회를 통하여 하나님을 보여주는 역할을 수행함으로써 하나님께 영광을 돌리게 하신 것입니다.

위대한 계획을 세웠다고 그 교회가 위대해진다고 생각되지는 않습니다. 교회를 구성하고 있는 한 사람 한 사람이 하나님 앞에서 바르고 견고하고 아름답게 세워진다면 하나님은 그것을 통하여 영광을 받으실 것입니다.

그렇다면 어떻게 하는 것이 성도들을 잘 세워나가는 일이 될까요? 바울 사도는 두 가지로 접근하고 있습니다. 먼저 소극적인 면에서, 형제들을 세우려면 형제들끼리 서로 판단하지 말아야 합니다. 이것은 지난 장에서 강조한 내용입니다.

> 그런즉 우리가 다시는 서로 비판하지 말고 도리어 부딪칠 것이나 거칠 것을 형제 앞에 두지 아니하도록 주의하라 _롬 14:13

형제를 주님의 사람으로 잘 세워나가기 위해 우선 할 일은 서로 비판하지 말고 걸림돌과 부딪칠 돌이 되지 않는 것입니다. '부딪칠 것'은 내가 의도하지 않고 어떤 행동을 했는데 결과적으로는 형제를 걸려 넘어지게 만드는 것입니다. 반면에 '거칠 것'은 형제들에게 의도적으로 장애물이 될 수 있는 행동을 하여 넘어지게 만드는 것이라고 할 수 있습니다. 이 말씀은 의도한 것이든 의도하지 않은 것이든 형제들이 나로 인해 넘어질 수 있는 말과 행동을 조심하라는 것입니다.

바울 사도는 특별히 믿음이 강한 자에게 이런 말씀을 하였습니다. 우리가 명심할 것은, 하나님이 우리에게 자유를 주신 것은 사실이지만, 자유를 사용할 때 우리가 취하는 행동이 형제들을 넘어지게 하는지, 아니면 형제들을 세우는지를 생각하며 행동해야 한다는 것입니다. 그러므로 성도들 간의 갈등을 해결하는 길은 믿음이 강한 자가 먼저 나서는 것입니다. 아브라함이 롯에게 "네가 좌하면 내가 우하고 네가 우하면 내가 좌하겠다"라고 한 것처럼, 믿음이 강한 자가 희생하고 양보하고 이해하고 용납할 때 문제가 해결될 수 있습니다.

> 만일 음식으로 말미암아 네 형제가 근심하게 되면 이는 네가 사랑으로 행하지 아니함이라 그리스도께서 대신하여 죽으신 형제를 네 음식으로 망하게 하지 말라 _롬 14:15

어떤 형제가 먼저 믿었지만 술과 담배를 먹고 마시기를 즐겨하여 믿음이 약한 초신자들이 시험에 들게 만든다면, 주님이 십자가를 지시기까지 구원하신 한 영혼을 실족하게 하는 일이 됩니다.

우리는 주 안에서 자유를 주장할 수 있지만, 우리의 행동으로 믿음이 약한 형제를 실족시키면 안 됩니다. 결론적으로 무엇을 마시거나 피운다고 해서 그것 자체가 죄를 짓는 일이거나 지옥에 간다는 이야기는 아니지만, 약한 형제를 위해 그 일을 하지 않는 것이 옳습니다. 사도 바울은 21절에서 다음과 같은 결론을 맺고 있습니다.

> 고기도 먹지 아니하고 포도주도 마시지 아니하고 무엇이든지 네 형제로 거리끼게 하는 일을 아니함이 아름다우니라 _롬 14:21

여기서 고기는 우상 숭배에 쓰인 제물을 말합니다. 이방인들은 그것을 상관하지 않았지만, 유대인들은 우상숭배에 쓰인 고기를 먹는 것을 금지했기 때문에 초대교회에서 유대 전통을 가진 사람들과 새로 교회 나오는 사람들끼리 부딪치게 된 것입니다. 그리하여 이런 문제가 대두되었고, 거기에 대해서 사도 바울이 지침을 준 것입니다.

그러므로 우리가 화평의 일과 서로 덕을 세우는 일을 힘쓰나니 _롬 14:19

우리는 형제들과의 관계와 교제 속에서 부단히 화평을 추구해야 하고 덕을 세워야 합니다. 성경이 말하는 덕의 개념은 매우 단순합니다. 상대방을 유익하게 하는 것입니다. 상대방에게 불이익과 어려움을 준다면 덕스러운 행동이라고 할 수 없습니다.

만일 '담배를 피우는 것이 무슨 죄가 되겠나'라는 확신을 갖고 담배를 피우는 사람이 있다고 생각해보십시오. 자신의 확신을 다른 형제에게 설득할 것이 아닙니까? "어디 성경에 담배 피우지 말란 말이 있냐?" 이런 식으로 말할 것입니다. 그래서 어떤 연약한 형제가 '믿음 좋은 저 형제도 담배 피우는데' 하면서 자기도 담배를 피우기 시작한다면 양심에 거리낌이 생기기 시작할 것입니다. 그 형제 때문에 초신자가 안 피우던 담배를 피우게 됐는데, 그들이 속한 교회가 담배 피우는 것에 대해 호의적이 아니어서 "어떻게 예수 믿는 사람이 담배를 피울 수 있나"라고 판단하니 양심에 걸리는 것입니다. 그 초신자는 담배를 피우기 시작하자 양심에 거리낌이 생기고, 마음의 죄책으로 말미암아 영적으로 침체의 늪에 빠지게 됩니다. 결국 이런 것이 연약한 형제를 '망하게 한다'는 것입니다.

저는 성령세례를 받을 때 그전에 피던 담배를 끊게 되었습니다. 저는 당시에는 담배를 끊으려는 마음이 없었습니다. 담배 피우는 것이 죄라고 생각하지 않았기 때문입니다. 단지 성령세례를 받아야겠다는 간절한 마음으로 기도원에 올라가게 되었고, 사흘 금식을 하면서 둘째 날 저녁 집회 때 성령세례를 받게 되었습니다. 그리고 사흘간 금식을 하니 자연스럽게 담배를 피지 않게 되었습니다.

저는 당시에 담배를 너무나 좋아하여 반쯤은 중독 상태였습니다. 술도 잘 마셨습니다. 그런데 막상 성령세례를 받고 보니 금단현상도 없이 담배를 끊게 되고 술도 자연스럽게 끊게 되었습니다. 저는 이러한 경험을 통해서 성령님이 거하시는 내 몸이 술과 담배를 싫어하신다는 사실을 알게 되었습니다. 성령님이 제게 충만하게 임하셔서 처음으로 하신 일이 술과 담배를 끊게 하신 것이었기 때문에 자연스럽게 든 생각이었습니다. 그 후 수개월 후에 하나님이 저를 주의 종으로 부르시고, 저는 다음 해에 신학교에 입학하게 되었습니다. 제가 신학교에 들어가기 전에 술과 담배를 완전히 끊을 수 있도록 해주신 것은 하나님께서 완전히 예비하신 섭리였음을 깨달았습니다.

지금도 저는 다른 사람이 술 담배에 대한 고민을 이야기하면 그것이 본질적인 문제가 아니라고 늘 말하곤 합니다. 대신 성령 충만을 받도록 집중하라고 권합니다. 성령님만이 우리를 진정으로 변화시킬 수 있는 분이시기 때문입니다.

↓ 하나님과 사람 사이에 평강을 이루십시오

하나님 나라는 믿지 않는 사람들의 눈에는 언제나 가려져 있습니다. 하나님은 영이시기 때문에 보이지 않습니다. 그러면 믿지 않는 사람들이 어떻게 하나님 나라를 볼 수 있을까요? 그들은 하나님을 믿는 자들의 변화를 보고 '하나님을 믿는 사람들이기에 역시 다르다'라고 생각할 수 있습니다.

그 결과 하나님을 볼 것입니다. 그래서 오직 하나님의 백성들을 통해서만 하나님 나라를 볼 수 있습니다. 가족들이, 자녀들이, 친척들이, 그리고 친구들이 믿는 자들을 통해서 하나님을 볼 수 있는 것입니다. 그래서 하나님의 나라를 이 땅에 세워가려면 우리는 삶의 질적인 성장을 함께 추구해야 합니다. 하나님의 백성들이 삶을 통해서 하나님의 나라를 세워나가야 하기 때문입니다.

저는 순복음 교단에서 신앙생활을 시작하고 신학을 한 목사이며, 선교사 신분입니다. 그것도 알고 보면 제가 선택한 것이 아닙니다. 저에게 전도한 친구들이 여럿 있었는데, 마지막으로 교회를 나갈 수 있도록 전도한 친구가 순복음교회를 다니는 친구였습니다. 그러므로 제가 교단을 선택한 것이 아니라 하나님의 섭리가 있었다고 말할 수 있을 것입니다. 하나님의 택정하심과 예정하심이라고 할 수밖에 없습니다.

아기가 태어날 때 부모를 선택할 수 없는 것처럼, 영적 출생도 그렇습니다. 영적으로 태어나 보니 여의도순복음교회의 조용기 목사님을 영적 아버지로 만나게 되었습니다. 그렇게 순복음교회에 와서 짧은 기간 평신도로서 생활하다가 3년 만에 신학교로 부름을 받고 순복음신학을 하게 된 것입니다. 그러니 자연히 다른 교단에 대해서는 잘 모를 수밖에 없습니다. 잘 모를 때는 자기 교단 신학의 안경을 끼고 다른 사람들을 보게 되고 판단하게 됩니다. 교단에서는 각 교단의 정체성을 가르치기 위해서 자기 교단의 가르침이 최고라고 가르칩니다. 신학교를 세운 목적을 생각할 때, 신학교에서 그렇게 가르치는 것을 뭐라 할 수는 없습니다. 그러나 우리만 옳고 다른 교단은 잘못되었다는 편협된 시각을 갖게 하는 것은 옳지 않다고 생각합니다. 하지만 이런 이유로 목회자들이나 선교사가 처음 사역을 시작하게 되면 자기 교단의 색깔을 띠고 사역을 시작할 수밖에 없게 됩니다.

처음엔 저도 순복음은 성령 운동을 하는 교단이고, 순복음이 다른 교단의 문제점을 보고 나중에 생겼으니 가장 업그레이드된 교단이라고 가르쳤습니다. 나름대로 자부심도 있었습니다. 그러다 신학교를 졸업하고 국제 초교파 선교단체(GRN)와 협력하여 사역하도록 파송받아 사역을 시작하게 되었는데, 교파를 초월해 많은 선교사님들을 만나게 되었습니다. 국적으로도 한국인뿐 아니라 미국인, 호주인, 아시아인 등 다양한 분들을 만나 함께 사역을 감당했습니다. 한국인 중에서도 다양한 교단 출신을 만나 함께 일을 하였고, 선교사가 별로 없는 곳에서 사역하다 보니 선교사님들과 초교파적으로 교제를 나누게 되었습니다.

저는 선교지에서 장로교 선교사님과 침례교 선교사님과 10년 이상 매달 교류하면서 신학 문제나 신앙 문제들에 대해 배우는 아름다운 시간을 가졌습니다. 제게는 잊지 못할 추억입니다. 더구나 제가 있는 지역은 한인의 숫자가 적은 곳이므로 한인교회가 하나밖에 없어서 성도들도 각종 교단에서 오신 분들이기에 교회를 초교파적으로 목회할 수밖에 없었습니다. 이때를 위해서 하나님이 저를 훈련시킨 것이 아닌가 하는 생각까지 들었습니다. 그러면서 제가 깨달은 것은, 각 교단마다 신학과 강조점이 약간씩 다르지만, 저마다 매우 훌륭한 전통을 가지고 있다는 것입니다. 또한 각 나라에서 온 사역자들을 통해서 각 민족의 장점과 단점과 각 교단의 색깔을 볼 수 있었습니다.

순복음 교단이라 하더라도 미국인과 한국인의 색깔이 조금 다르다는 것을 느꼈습니다. YWAM의 로렌 커닝햄도 순복음 교단인 미국 하나님의 성회에서 출발했지만, 초교파 선교단체를 통해서 큰 영향력을 펼치고 있습니다. 로렌 커닝햄은 성령 사역을 통해 변화된 성품을 많이 강조하는 것을 보았습니다. 정직, 용서, 거룩, 하나님의 마음과 사랑 같은 성품에 관련된 내용은 미국에서 발전시킨 부분이 많습니다. 미국 사람들은 교단을 불문하고 일반적으로 성품을 많이 강조하는 것 같습니다. 미국의 기독교 전통이 몇백 년에 이르다 보니, 지금 시대의 미국 사회에서 가장 필요한 것은 하나님의 성품을 갖는 것이라는 의식이 생긴 것 같습니다. 실제로 미국 선교사님들과 사역해 보면 그리스도인으로서는 물론 선교사로서 좋은 성품을 배울 점이 많이 있었습니다.

영성(Spirituality)은 일곱 색깔 무지갯빛처럼 다양할 수 있습니다. 교단과 국적과 개인에 따라서도 차이가 많을 수 있습니다. 그러기에 서로 다른 신학과 배경을 가진 사람들이 연합하기란 언제나 쉽지 않습니다. 각자의 영성을 과신하고 강조하기 때문입니다. 그러나 믿는 자들이 연합하지 못하면 세상에 온전한 그리스도를 보여주지 못하고 일그러진 모습을 보여줄 수도 있음을 주의해야 합니다.

리차드 포스터의 《생수의 강》을 보면 2천 년 교회사를 통하여 도도히 흐르는 영성의 흐름에 6가지가 있다는 것을 보여줍니다. 첫째 묵상과 기도의 영성, 둘째 성결의 삶의 영성, 셋째 능력의 삶의 영성, 넷째 정의의 삶의 영성, 다섯째 복음 전파의 삶의 영성, 여섯째 육화된 삶의 영성입니다. 예수님은 이 여섯 가지 영성의 통합자이십니다. 그러나 인간은 부족하고 한계가 있어서 예수님처럼 여섯 가지 영성을 모두 가질 수는 없습니다. 베드로와 요한과 바울의 영성도 다릅니다. 장로교와 감리교와 성결교와 순복음의 영성이 다릅니다. 하지만 다른 것은 문제가 아닙니다. 자기의 관점에서 다른 사람을 비난하면 연합할 수 없습니다. 부족한 인간들이 사랑으로 연합하여 예수 그리스도의 온전한 몸을 이루어 세상에 보여주라는 하나님의 명령이라고 생각해야 합니다.

선교지에 오래 살다 보니 자연스럽게 교파의 벽이 많이 얇아졌습니다. 아마 한국에 있었으면 목회자로서 자기 교단 사람들 위주로 만나기가 쉬울 것입니다. 그러나 선교지에서는 선교사들이 연합하여 기도회도 하고 교류를 나누다 보니 서로를 많이 이해하게 됩니다. 함께 성장하는 법을 배우게 되고 협력할 수 있게 됩니다. 그러나 선교지에서도 자기 교단의 벽을 넘어가지 못하는 분들이 여전히 있는 것이 현실입니다. 그런 분들은 연합하지 않습니다. 그리스도의 몸의 신비를 배울 기회를 갖지 못하는 것입니다. 저는 개인적으로 참으로 안타깝게 생각합니다.

> 하나님의 나라는 먹는 것과 마시는 것이 아니요 오직 성령 안에 있는 의와 평강과 희락이라 _롬 14:17

하나님 나라는 먹고 마시는 것에 있지 않습니다. 그러므로 본질적이지 않은 주변의 문제로 티격태격하지 말라는 것입니다. 우리는 대부분 작은 문제로 상처를 받고 갈등하게 되는데, 의와 평강과 희락이야말로 성령 안에서 우리가 추구해야 할 본질적인 요소입니다.

의는 무엇일까요? 하나님과 사람 사이의 의로운 관계를 말합니다. 하나님과 사람 사이의 관계가 무너지면 의로운 관계가 될 수 없습니다. 믿는 자들은 하나님과 의로운 관계가 만들어졌습니다. 이미 의를 얻게 된 것입니다. 이 믿음에 의심이 없어야 합니다.

평강(평화)은 무엇인가요? 평화는 하나님과 사람 사이의 의로운 관계가 유지되는 것이라고 할 수 있습니다. 전에는 의로운 관계였는데, 지금은 그 관계가 깨어졌다면 평화를 얻을 수 없습니다. 그러므로 평화를 얻기 위해서는 의의 관계를 유지하는 것이 중요합니다. 믿음으로 얻은 의의 관계를 끝까지 붙잡는 것이 의를 유지하는 것이고, 평화를 지속시키는 것이 됩니다. 그렇다면 희락(기쁨)은 무엇일까요? 하나님과 사람 사이의 의로운 관계를 통해 체험되는 열매라고 할 수 있겠습니다.

의와 평강과 희락은 순서상 연속적인 관계입니다. 하나님 나라에서 가장 중요한 것은 하나님과 나 사이에 먼저 의로운 관계가 있어야 하고, 그의로운 관계가 지속되면서 평화가 내 안에 임하게 되고, 그 평화를 통하여 나타나는 열매가 기쁨이라고 말할 수 있습니다.

세상 사람들은 돈과 명예와 권력을 통하여 안정과 기쁨을 얻으려 합니다. 그들이 세운 기초와 그리스도인이 세운 기초가 얼마나 차이가 나는지요. 여러분은 의의 관계에 대한 확신이 있습니까? 마음속에 평화가 있습니까? 기쁨이 샘솟고 있습니까? 그 기초가 무엇인지 다시 한번 점검해보기를 바랍니다.

혹시 요즘 마음이 불안하지 않습니까? 기쁨이 없고 염려와 근심이 가득합니까? 그렇다면 마음의 평화가 깨진 것입니다. 왜 그럴까요? 하나님과의 의로운 관계가 무너진 것입니다. 그러면 언제부터 하나님과의 관계가 틀어졌는지를 살펴보아야 할 것입니다. 그때 그 사건으로 돌아가 회개하고, 하나님과의 의의 관계를 회복하면 마음에 평화가 오고, 좋으신 주님은 기쁨의 열매를 주실 것입니다.

그러므로 우리는 긍휼하심을 받고 때를 따라 돕는 은혜를 얻기 위하여 은혜의 보좌 앞에 담대히 나아갈 것이니라 _히 4:16

↳ 믿음을 따라 살아가는 법을 배우십시오

어느 날 예수님의 제자들이 주님 앞에 나와서 중요한 질문을 던졌습니다.

그들이 묻되 우리가 어떻게 하여야 하나님의 일을 하오리이까 _요 6:28

이 질문은 예수님이 오병이어의 기적을 행하신 이후에 제자들이 한 것입니다. 제자들은 주님이 놀라운 기적을 행하시는 것을 보고 예수님처럼 기적을 행하는 것이 하나님의 일이라고 믿었습니다.

우리는 하나님 일이라면 주로 어떤 행동을 생각합니다. 그래서 제자들 처럼 "우리가 어떻게 해야 할까요?"라고 묻게 됩니다. 이 질문에 대한 주 님의 대답을 보겠습니다.

> 예수께서 대답하여 이르시되 하나님께서 보내신 이를 믿는 것이 하나님의 일이 니라 하시니 _요6:29

하나님의 일은 하나님께서 보내신 이, 즉 예수 그리스도를 믿는 것이라 는 말씀입니다. 하나님의 일은 출발 자체가 하나님과의 의로운 관계라는 것입니다. 그것이 안 될 때는 그야말로 사상누각이 될 수밖에 없습니다. 우리가 얼마나 하나님과의 의로운 관계를 놓치고 살아가는지요.

로마서에서 가장 강조하는 신학적 주제는 칭의 즉, 믿음으로 의로움을 받는다는 것입니다. 우리가 이 믿음의 기초 위에 굳건하게 설 때 하나님의 일을 이룰 수 있음을 알아야 합니다. 예수님이 우리에게 말씀으로, 음성으 로, 때로는 직감으로 전해주는 말씀이 있으면, 그 말씀과 음성을 영적으로 잘 분별하여 순종할 때, 하나님께서 우리 안에서 일하시게 되는 것입니다. 그러므로 하나님의 일의 본질은 날마다 믿음으로 사는 것입니다.

> 22네게 있는 믿음을 하나님 앞에서 스스로 가지고 있으라 자기가 옳다 하는 바 로 자기를 정죄하지 아니하는 자는 복이 있도다 23의심하고 먹는 자는 정죄되었 나니 이는 믿음을 따라 하지 아니하였기 때문이라 믿음을 따라 하지 아니하는 것은 다 죄니라 _롬 14:22-23

하나님 앞에서 스스로 믿음을 가지고, 믿음을 따라 하지 아니하는 것은 다 죄라는 이 말씀을 잘 새겨들어야 합니다. 우리들이 얼마나 믿음과 관계 없이 눈에 보이는 대로, 세상의 감각대로 살면서 하나님의 일을 한다고 생각하는지 모릅니다.

이 말씀은 믿음으로 사는 것이 무엇인지를 말해줍니다. 만약 우리가 무엇을 먹을까 말까 하는 의심이 든다면 먹지 말아야 합니다. 다시 말하면, 양심에 거리끼면 하지 말아야 합니다. 그래서 이 본문의 마지막 부분에 나오는 '믿음으로 살라'라는 말은 '양심대로 살라'는 말로 바꿀 수 있습니다.

믿음과 착한 양심을 가지라 어떤 이들은 이 양심을 버렸고 그 믿음에 관하여는 파선하였느니라 _딤전 1:19

믿음과 양심, 이 두 가지는 맥락이 같다고 말할 수 있습니다. 하나님의 일을 하는 것은 주님에 대한 믿음을 가지고 하는 것입니다. 또한 믿음뿐 아니라 양심을 통하여 말씀하시는 주님의 음성을 들을 수 있어야 합니다.

ROMANS

PART

4

종말을 살아가는
선교적 삶의 원리

22

Romans 9:1-13

내 가족과 민족이 구원받는 길

4부에서는 로마서 9장부터 11장까지의 내용과 15장부터 16장의 내용을 선교적인 관점에서 살펴볼 것입니다.

사도 바울은 로마서에서 앞의 여덟 장(1-8장)을 할애하여 복음과 개인의 구원에 대해 다루었습니다. 그리고 12장부터 14장까지는 교회와 사회에서 복음을 살아내는 최선의 삶을 다루었습니다. 그런데 복음에 대해 더 많이 깨달으면 깨달을수록 누구나 가족, 공동체, 민족에 대한 영적 부담을 가지는 것은 당연한 수순이 될 것입니다. 이웃보다 우선 자기 가족에게, 타향보다 자기 고향에, 타민족보다 자기 민족에게 먼저 애정을 갖는 것은 인지상정이라고 할 수 있습니다. 사도 바울도 동일한 마음을 가지고 있었음을 로마서 9장에서 11장까지에서 밝히고 있습니다.

바울은 이방인에게 복음을 전해야 할 특별한 사명을 받고 이방인에게 복음을 전해왔습니다. 그가 복음을 받아들이는 이방인을 보면서 한편으로 기뻤지만, 정작 그의 가슴 한켠에 떠나지 않는 관심은 바로 자기 동족인 이스라엘 백성의 구원이었습니다.

↓ 바울이 근심한 것은 동족 이스라엘의 구원이었습니다

> 내가 그리스도 안에서 참말을 하고 거짓말을 아니하노라 나에게 큰 근심이 있는
> 것과 마음에 그치지 않는 고통이 있는 것을 내 양심이 성령 안에서 나와 더불어
> 증언하노니 _롬 9:1,2

바울은 '근심, 고통, 양심, 증언' 같은 감정적인 단어들을 열거함으로써, 그에게 무언가 큰 걱정이 되는 점이 있음을 보여주었습니다.

> 나의 형제 곧 골육의 친척을 위하여 내 자신이 저주를 받아 그리스도에게서 끊
> 어질지라도 원하는 바로라 _롬 9:3

사도 바울은 우리가 받은 구원의 복음이 얼마나 놀라운 은혜인지를 8장까지 설명했습니다. 그 구원을 통한 소망이 얼마나 크고 기쁜 일인지에 대해 이야기한 것입니다.

그런데 9장부터는 조금 이상한 말을 하고 있습니다. 사도 바울 자신이 저주를 받아 그리스도에게서 끊어질지라도 더 원하는 바가 있다는 것입니다. 사도 바울이 그토록 입이 닳도록 자랑하던 '구원'에서 벗어나도 좋을 만한 일이 무엇이었을까요? 바로 바울의 동족인 이스라엘 백성이 구원받는 일입니다.

바울이 복음사역을 지속하면 할수록 이방인 중에서 많은 사람들이 믿어 주께로 돌아오는 은혜를 경험한 반면, 정작 자기 동포인 이스라엘 백성

의 대부분은 구원에서 점점 멀어져 가는 것 같았습니다. 바울은 이 상황을 타개할 수 있다면 자신이 저주받고 그리스도에게서 끊어질지라도 상관없다고 말함으로써, 그가 동족을 얼마나 사랑하는지 밝힌 것입니다.

구약에서도 이렇게 말한 지도자가 있습니다. 바로 모세입니다. 출애굽기 32장을 보면, 범죄한 이스라엘 백성이 하나님의 심판으로 멸망당할 위기에 처하자, 모세는 하나님 앞에서 "그들의 죄를 사하시옵소서 그렇지 아니하시오면 원하건대 주께서 기록하신 책에서 내 이름을 지워버려주옵소서"(출 32:32)라고 기도했습니다. 그렇게 함으로써 하나님의 마음을 돌이켰던 놀라운 중보의 사람이었습니다.

모세의 기도도 바울의 애타는 마음도, 모두 동족 이스라엘을 구원하고자 하는 불타는 마음 때문이었습니다. 이러한 중보기도는 동족을 사랑하는 최대의 표현이라고 볼 수 있습니다. 우리도 예수를 믿고 구원의 은혜를 깨닫게 되면 자연스럽게 가족과 이웃과 동족의 구원을 위해 눈물로 기도할 수밖에 없습니다. 내가 사랑하는 가족이라면, 자기의 모든 것을 희생해서라도 그 영혼이 주께로 돌아오기를 기대하는 마음이 생기게 됩니다.

구세군을 창설한 윌리엄 부스는 그 시대 영국의 그리스도인들이 '왜 전도하지 않을까' 하고 답답해 했습니다. 복음을 들어서 신앙이 있다고 하면서도, 이웃들의 영혼에 대해서는 무관심한 당대의 그리스도인들을 바라보면서 "하나님, 영국의 성도들이 그들의 눈을 열어 지옥을 볼 수 있게 도와주옵소서"라는 기도까지 했다고 합니다. 우리 각자도 구원받지 못한 가족, 친구, 동족이 우리에게 근심과 걱정이 될 정도로 마음을 쓰고 있는지 자문해보아야 합니다.

이웃을 불쌍히 여기는 마음이 있어서 전도했는데 돌아온 것은 조롱과 핍박이니, 이제는 전도하기를 주저하고 있습니까? 성경은 복음이 쉽게 전파된 적은 없었다고 증거합니다. 복음 전도자는 언제나 많은 환난과 핍박과 조롱을 당할 수 있습니다. 그래도 끝까지 감당할 때, 결국은 열매를 얻게 되고 기쁨을 경험하게 됩니다. 울며 씨를 뿌리면 언젠가 수확하는 기쁨을 얻게 됩니다. 또한 자신이 구원의 통로가 되게 하시는 하나님의 은혜에 감사하게 됩니다.

저도 예수님을 믿기 시작했을 때부터 믿지 않는 어머니와 형제들을 위해 눈물로 기도했습니다. 제가 구원을 받고 가장 먼저 생긴 것이 예수를 믿지 않는 어머니와 형제자매들을 긍휼히 여기는 마음이었기 때문입니다. 특별히 저를 사랑하시고 자녀들을 위하여 큰 희생을 치르며 인생의 무거운 짐을 지고 사셨던 어머니가 구원받지 못하고 돌아가신다면, 세상에 그보다 큰 불효가 어디 있을까 생각하니 하루라도 기도를 쉴 수 없었습니다.

저는 예수를 믿었을 때 어머니의 강력한 저항에 부딪쳐야 했습니다. 나중에 제가 신학교를 간다고 할 때 어머니는 마음이 찢기는 것처럼 슬펐다고 하셨습니다. 저는 날마다 눈물로 어머니의 구원을 위해 기도했습니다. 그리고 신학교를 다니는 3년 내내 기도했습니다. 나의 구원에 감격하면서도, 믿지 않는 가족들 때문에 삼각산에서 지새며 기도한 밤이 얼마나 많았는지요. 삼각산에서 밤을 새우며 기도하던 어느 날이었습니다.

"하나님, 왜 응답이 없으십니까? 제가 이렇게 오랜 시간을 기도해왔고 이제 주의 종이 되어야 하는데, 아직 어머니가 구원을 받지 못했습니다. 어머니가 여전히 우상을 섬기고 있으니, 제가 선교사가 되어 외국으로 나간다는 게 무슨 의미가 있겠습니까?"

그때 주님의 내적 음성이 들렸습니다.

"네가 어머니 기도제목 아니면 무슨 기도제목이 있어서 이곳까지 와서 기도하겠느냐?"

주님의 음성을 듣고 골똘히 생각해보니, 저는 아직 믿음이 연약한 때라 다른 거창한 중보기도를 할 수준은 안 되었습니다. 그러니 밤마다 삼각산에 올라와서 기도할 만한 문제가 없었던 때였습니다. 그때는 제 개인과 관련된 문제가 늘 기도할 제목이었습니다. 그러다 보니 어머니의 구원이 제가 기도해야 할 가장 심각한 문제가 되었던 것입니다. 그때 제가 깨달아지기를, '하나님이 어머니의 구원과 내 사정을 다 아시니 어머니의 구원은 반드시 이루어지겠구나. 어머니의 구원이 지연되는 것에는 나를 기도로 단련시키려는 하나님의 뜻이 있겠구나'라는 생각이 들었고, 하나님의 깊은 마음을 깨달을 수 있었습니다. 그때부터 믿음을 잃지 않게 되고, 어머니의 구원은 미래 어느 시점에 반드시 이루어질 일인 것을 소망하며 바라볼 수 있었으며, 다른 기도제목들도 늘려갈 수 있었습니다.

이후 선교지에 나와서도 계속 기도했습니다. 그리고 제가 예수 믿은 지 12년이 지나 어머니도 예수를 믿고 교회에 출석하게 되셨습니다. 결국은 때가 되어 어머니의 구원이라는 하나님의 응답을 받게 된 것입니다. 어머니는 늦게 예수님을 믿으셨지만, 예수 믿기 시작하고 나서는 성경필사나 암송을 즐겨하실 정도로 열심히 신앙생활을 하셨습니다. 날마다 시간을 정하셔서 교회와 목사인 아들과 자녀들의 문제를 위하여 기도하시는 어머니로 사셨습니다. 어머니는 예수를 믿고 20년을 더 사시다가 예수님 품에 안기셨습니다. 할렐루야! 하나님께 영광을 돌립니다.

이르되 주 예수를 믿으라 그리하면 너와 네 집이 구원을 받으리라 하고 _행 16:31

↓ 이스라엘 민족의 특권과 책임

이스라엘 민족의 구원이 지연되는 것도 제 어머니의 경우와 비슷한 것이 아닐까 생각해보게 됩니다. '혹시 하나님의 특별한 계획이 있으셔서 이스라엘 민족의 구원을 지연시키고 있는 것은 아닐까'라는 생각입니다. 성경은 이스라엘 민족의 특권과 책임에 대해서 말씀하고 있습니다.

> [4]그들은 이스라엘 사람이라 그들에게는 양자 됨과 영광과 언약들과 율법을 세우신 것과 예배와 약속들이 있고 [5]조상들도 그들의 것이요 육신으로 하면 그리스도가 그들에게서 나셨으니 … _롬 9:4-5

먼저 이스라엘이 가지고 있는 특권들에 대해 생각해봅시다.

첫째는 하나님의 양자가 된 것, 즉 '양자 됨'입니다. 하나님의 양자가 된다는 말은 하나님의 백성이 된다는 뜻입니다. 물론 구약시대의 이스라엘은 하나님을 아빠라고 부를 정도로 친밀하지 못했습니다. 그러나 신약시대에는 양자가 되어 아빠라고 부를 수 있는 친밀한 관계가 될 수 있음을 가르치고 있습니다.

> 너희는 다시 무서워하는 종의 영을 받지 아니하고 양자의 영을 받았으므로 우리가 아빠 아버지라고 부르짖느니라 _롬 8:15

둘째는 '영광'을 경험한 것입니다. 이스라엘은 하나님의 택한 백성으로서 하나님의 임재의 영광을 경험했습니다. 홍해를 가르고 바다를 건넌 일, 시내산에 임재하신 하나님의 영광, 성막의 영광, 요단강을 건너고 여리고 성을 무너뜨린 일, 사사 시대의 영광, 그리고 다윗 왕 시대의 영광 등, 하나님의 일과 영광을 많이 체험했습니다. 이 모든 것이 이스라엘 조상들이 경험한 것이었으니, 이스라엘이 자랑할 수 있는 특권이었습니다.

셋째는 '언약'을 받은 것입니다. 이 언약은 하나님께서 이스라엘의 조상들과 맺었던 언약을 말합니다. 로버트슨(Robertson)은 다섯 가지로 그 언약을 간추렸습니다.

① 아담과의 언약(시초의 언약) : 머리와 발꿈치와 여인의 후손(예수님)을 언급한 창세기 3장 15절 말씀으로, 사탄의 머리가 깨질 것이며 여인의 후손은 발꿈치를 다칠 것이라는 약속을 말합니다. 이를 '원복음'(Original Gospel)이라고도 부릅니다. 예수님은 여인의 후손으로서 오신 최초이자 유일한 구원자이십니다.

② 노아와의 언약(보존의 언약) : 다시는 물로 멸망시키지 않으시겠다는 약속입니다.

③ 아브라함과의 언약(약속의 언약) : 땅과 자손의 복을 주시겠다는 언약입니다.

④ 모세와의 언약(율법의 언약) : 십계명과 율법을 통해서 주신 언약입니다.

⑤ 다윗과의 언약(왕국의 언약) : 왕국의 왕으로서 영원한 계승권을 주시겠다는 언약입니다.

이상의 다섯 가지 언약을 이스라엘이 약속으로 받았습니다.

넷째는 '율법'을 주신 것입니다. 율법은 언약의 구체적인 보증으로 주신 것입니다. 율법을 이스라엘 민족에게 주신 것도 이스라엘의 특권입니다.

다섯째는 '예배'입니다. 이스라엘에게 주신 제사 제도가 그것입니다. 제사법은 그리스도의 구속의 예표가 됩니다. 소제, 번제, 화제, 화목제, 속건제 등의 제사법은 예수님이 피 흘려 죽으시며 우리의 모든 죄를 해결해주심을 예표하는 구속(구원)의 행동을 말합니다.

여섯째는 '축복의 약속'입니다. 언약에 포함 혹은 추가된, 더 포괄적인 하나님의 약속들입니다. 언약은 대표적인 약속이고, 그 외에 율법을 통해 주신 약속, 즉 율법을 지키면 복을 받을 것이라는 약속 같은 것입니다.

일곱째는 '조상들'입니다. 아브라함, 이삭, 야곱은 이스라엘의 조상으로서, 그들이 자랑할 만한 신앙의 뿌리입니다.

여덟째는 '메시아가 되시는 그리스도'가 이스라엘에서 나신 일입니다.

이상과 같은 것들은 모두 이스라엘만이 가진 특권이었습니다. 다른 누구도, 어느 민족도 가지지 못한 놀라운 특권입니다.

특권에는 책임이 따릅니다.

이스라엘은 특권을 받은 순서의 측면에서 하나님의 장남과 같습니다. 무슨 권리이든 항상 장남이 먼저 수혜를 받는 것이 하나님의 원리이기 때문입니다. 이스라엘은 복음과 각종 특권의 축복에서도 장자로서 먼저 수혜를 받았습니다. 하지만 특권이 있으면 거기에 따른 책임도 있기 마련입니다. 우리나라에서도 장남이 여러 가지 특권을 누리는 이유는 부모님을 모시고 부모님 대신 동생들을 책임져 집안을 일으켜야 하는 의무가 있기 때문입니다. 이스라엘 사람들도 장남으로 인한 장점과 특권이 있지만, 거기에 따른 책임도 있습니다. 특권과 복음을 먼저 받은 책임도 유대인이 먼저 져야 합니다. 장남이 책임과 의무를 성실하게 수행하고 있다면 그 특권은 끝까지 귀속될 것입니다. 그런데 이스라엘은 특권만 주장했지 책임을 감당하지 못함으로, 결국 하나님으로부터 버림받게 된 것입니다.

장남으로서 책임을 감당하지 못하고 아버지로부터 멀어졌을 경우, 아버지가 그로부터 장남의 특권을 거두어 다른 형제에게 주는 경우가 있었습니다. 이스마엘, 에서, 르우벤이 그랬습니다. 그들은 모두 장남이었지만, 장남 역할을 감당하지 못하여(혹은 감당할 자격이 못 되어) 이스마엘은 이삭에게, 에서는 야곱에게, 르우벤은 넷째인 유다에게 영적 장자권이 넘어갔습니다. 그렇듯이, 하나님께서도 그분의 나라의 지속적인 영광을 위하여 지금도 장자의 특권을 다른 사람 또는 민족에게 넘어가게 하실 수 있다는 사실을 알아야 합니다. 장남의 장점은 기회를 먼저 받는 것이지만, 그 기회를 제대로 활용하지 못한다면 다른 아들(또는 다른 사람이나 민족)에게 장자권을 넘겨주게 됩니다.

아브라함, 이삭, 야곱, 모세, 여호수아, 다윗의 경우는 특별합니다. 그들은 비록 육체적으로는 장남이 아니었다 하더라도 영적 장자권을 받았고, 그 책임을 잘 감당함으로써 영적 장자의 기회를 끝까지 유지하고 살리는 자가 되었습니다.

↓ 영적 장자권을 받은 한국

대한민국은 비록 인구 5천만이 작은 반도에 살고 있지만, 지난 30년간 세계선교의 중심 무대에 서는 놀라운 특권, 즉 영적 장자권을 받았습니다. 하나님은 한국교회를 일으키시고 3만여 명의 선교사를 파송하는 세계 2위의 선교 국가가 되게 하심으로써 세계선교의 중심 역할을 감당하게끔 하셨습니다. 2021년에 KRIM(한국선교연구원)에서 발표한 한국선교현황통계에 의하면, 2020년 현재 중복집계를 제외한 한국인 선교사의 숫자를 22,259명으로 보고하고 있습니다. 코로나 이후 한국 선교의 전개에 대해 정확히 예측할 수는 없지만, 선교사가 점점 감소하는 우려스러운 결과가 나올 개연성이 높아지고 있습니다.

우리는 한국교회의 전반적인 현실을 보고, 주님 앞에서 진정으로 회개해야 합니다. '하나님이 우리나라를 사용하시던 지난 수십 년간의 성령의 역사를 이제 다른 나라로 옮기시는 것은 아닐까' 하는 안타까운 마음이 듭니다. 물론 저는 하나님께서 아직 우리나라에 기회를 주고 계시다고 믿고 싶습니다. 그러나 우리나라가 변곡점에 와 있지 않나 성찰하게 됩니다. 이전 선배 세대들이 받은 부흥의 영적 흐름이 다음세대로 잘 흘러가게 해야 한다는 중압감이, 샌드위치가 된 지금의 저 같은 세대에게 주신 부담이라고 여겨집니다.

이 시대를 사는 우리가 복음 전파의 특권, 즉 장자권을 어떻게 계속해서 유지할 수 있을까요? 저는 한인 디아스포라 교회를 담임하고 있다 보니 자연스럽게 디아스포라 교회의 장점을 보게 됩니다. 하나님이 우리 민족을 세계 각곳으로 보내신 것은, 바울이 지역의 회당에서 전도한 유대인을 활용한 것처럼, 디아스포라 한인들을 통하여 그 지역의 복음화에 빈틈없이 대처할 수 있는 기회를 주신 것이라는 생각이 듭니다.

전세계에 흩어진 한인 디아스포라의 숫자는 중국의 조선족과 중앙아시아의 고려인을 포함해, 세계적으로 700만 명 이상이라고 알려져 있습니다. 사도 바울이 어디를 가든 복음 전파의 첫 대상이 유대인이었듯, 우리나라 사람들도 어느 나라 어느 도시를 가든 한인교회를 세우는 아름다운 전통을 갖고 있습니다. 저는 디아스포라 교회 성도 한 사람이 선교적인 마인드를 가진 성도로 훈련된다면 앞으로 강력한 선교의 질적 재편이 이루어질 수 있음을 바라보고, 지금까지 성도를 훈련하는 일에 전력을 다해 왔습니다.

선교적 교회에 대한 저의 관심은 부족한 종의 대학원 시절의 졸업논문 〈사도행전을 통해 본 선교적 교회의 선교 전략〉(한세대학교 목회대학원, 목회학 석사, 1995)으로부터 시작되었습니다. 그 뒤, 제가 선교지에서 15년의 현장경험을 바탕으로 쓴 박사학위 논문의 제목도 〈선교훈련을 통한 신자들의 선교의식 증진〉(오랄로버츠대학, 목회학 박사, 2011)이었습니다. 저는 디아스포라 교회 성도들 자체가 선교지에서 살고 있는 평신도 전문인 선교사라는 생각을 하고 있습니다.

우리는 이스라엘이 이방인을 위한 제사장 국가로 세우신 하나님의 뜻을 깨닫지 못하고 불순종한 실패의 역사와, 그에 따라 흩어진 역사를 타산지석으로 삼아야 할 것입니다. 이스라엘처럼 하나님의 뜻에 불순종하지 않겠다는 믿음의 결단을 할 뿐 아니라, 앞으로도 더욱 주님의 뜻대로 순종하며 살겠다는 민족적 회개와 결단이 있어야 할 것입니다.

한국교회는 하나님의 장자권의 회복을 위해 다시 철저한 회개와 결단이 필요합니다. 한국 사람이 교회가 아니면 어디에서 이런 영적인 문제를 인식하고 민족적인 회개를 할 수 있겠습니까? 이것은 어느 한두 교회의 문제가 아니라 대한민국 모든 교회의 숙제입니다.

지금 우리에게도 민족의 존폐 기로에서 철저히 배수진을 치고 기도했던 모세와 자신의 구원을 담보로 처연한 중보기도를 드려야 했던 바울처럼 나라와 민족을 위해 기도하는 중보자가 일어나야 합니다. 한국교회가 모래알처럼 흩어져서는 힘을 얻을 수 없습니다. 개교회주의를 계속 고집한다면 이 나라 교회의 앞날에 비전이 없을 것입니다. 바울처럼 민족의 복음화를 추구하고, 세계선교의 장자권자로서 선교 현장을 붙잡고서 생명을 걸고 기도해야겠다는 마음을 다잡아야 합니다. 사도 바울은 2천 년 전에 이미 자신이 살아있는 시대에 땅끝까지 복음을 전파하겠다는 각오로, 당대의 땅끝이라 일컬어지는 스페인 선교를 부르짖었습니다.

오 주여! 이 책을 읽는 독자 한 사람 한 사람이 진실로 기도하는 의인이 되게 하시고, 각자가 있는 곳에서 파수하는 진용을 이루게 하시고, 중보의 파수꾼들로서 연계하여 각자가 한 도시의 파수 중보자와 한 민족의 파수자로 서게 하옵소서! 우리들이 의인 열 명이 있으면 죄악의 소굴인 소돔성을 멸망시키지 않겠다고 하신 하나님의 말씀을 의지하여 강력한 중보자로 서게 하시고, 우리 민족에 부여하신 장자권을 놓치지 않게 하옵소서! 고국의 사랑하는 교회가 이 절체절명의 시기에 장자로서의 제사장적 사명을 놓치지 않고 끝까지 붙들게 하옵소서!

↓ 두 개의 길 중에서 선택할 때

그러나 하나님의 말씀이 폐하여진 것 같지 않도다 이스라엘에게서 난 그들이 다
이스라엘이 아니요 _롬 9:6

바울은 이 구절에서 육신으로 이스라엘 사람으로서 난 그들이 '다 이스라엘이 아니다'라고 표현했습니다. 이 말은 '그들이 전체 이스라엘을 말하는 것은 아니다'라는 뜻으로 해석해야 분명해집니다. 대다수의 이스라엘은 실패했지만, 아직 이스라엘 중에 '일부'가 남아 있다는 뜻입니다. 바울의 의도를 구약의 아브라함의 씨(자손)를 구별한 것에서 살펴봅시다.

7또한 아브라함의 씨가 다 그의 자녀가 아니라 오직 이삭으로부터 난 자라야 네
씨라 불리리라 하셨으니 8곧 육신의 자녀가 하나님의 자녀가 아니요 오직 약속
의 자녀가 씨로 여기심을 받느니라 _롬 9:7-8

'아브라함의 씨가 다 그의 자녀가 아니다'라는 말은 무슨 뜻일까요? 아브라함의 씨(자녀)는 이스마엘과 이삭 둘인데, 모두 그의 영적 자녀가 되는 것이 아니라 오직 이삭으로부터 난 자라야 영적인 아브라함의 씨로 불린다는 말입니다. 육신의 자녀가 다 하나님의 자녀가 아니요, 오직 약속의 자녀가 씨로 여김받는다는 말입니다. 그러므로 약속의 자녀는 이삭과 그의 후손을 가리킵니다. 이것이 '배제의 원리'입니다.

이스마엘은 아브라함이 하나님의 약속을 신뢰하지 못하고 인간적으로 애굽 여인을 취하여 낳은 아들입니다. 그 결과 이스마엘은 '들나귀' 같은 인생을 살았습니다. 들나귀의 특성이 무엇입니까? 길들여지지 않습니다. 말씀에 길들여지지 않는 성품을 말합니다. 반면에 이삭은 말씀으로 길

들여져 순종하는 성품의 사람을 상징합니다. 말씀에 순종하여 살 것인가? 아니면 여전히 자기 고집대로 길들여지지 않은 채로 살 것인가? 이것이 우리 앞에 놓여 있는 하나님의 약속을 상속받는 길을 갈 것인지, 아니면 배제되는 길을 갈 것인지를 결정합니다.

기록된 바 내가 야곱은 사랑하고 에서는 미워하였다 하심과 같으니라 _롬 9:13

리브가는 자녀를 임신했을 때 하나님의 말씀을 들었습니다. 에서와 야곱이 어머니 리브가의 뱃속에 있을 때 이미 하나님의 선택을 받은 것입니다. 하지만 에서는 자랄 때 하나님을 마음에 두는 삶을 살지 않고 자기의 소견에 옳은 대로 살았습니다. 이것을 현대적인 표현으로 하면 인본주의로 살았다는 말입니다. 그러한 성품을 미리 아신 하나님이 에서를 미워하셨던 것입니다. 그 결과 에서는 아버지의 기업을 잇지 못했습니다. 인본주의자로서 하나님을 의지하지 않고 인간의 방식을 의지하며 사는 자들은 하나님의 사랑을 받지 못합니다.

반면 야곱은 인간적으로는 소심한 성격이었으나 하나님의 축복을 생각하고 하나님 중심으로 살았습니다. 비록 인간적으로는 연약한 점이 있었지만, 야곱은 한 순간도 하나님의 축복을 놓치려 하지 않았습니다. 하나님은 그런 야곱을 사랑하셨습니다. 이것이 하나님이 사람을 택하시는 방법입니다. 하나님의 택하심은 하나님의 관점에서 보아야 합니다. 인간의 관점에서 누가 더 옳은지는 하나님 앞에서 중요한 것이 아닙니다. 누가 더 하나님의 관점에 서 있느냐가 중요합니다.

이삭의 두 아들 에서와 야곱은 인본주의와 신본주의, 즉 인간 중심의 사고냐 하나님 중심의 사고냐에 따른 대결이 되었고, 에서는 인본주의의 길을 걸어 하나님으로부터 배제되었으며, 야곱은 신본주의의 길을 걸어 하나님의 복 안에 머무는 자가 되었습니다. 우리는 이와 같은 이유로 순종의 삶은 신본주의의 길이고, 그 길은 하나님으로부터 복을 받는다는 사실을 알게 됩니다. 반면 불순종의 삶은 인본주의의 길이고, 그 길은 하나님 복이 배제되는 저주의 길이 됩니다.

결국 여기에서 우리에게 가르쳐주시려는 것은 무엇입니까? 믿음의 조상인 아브라함, 순종의 사람 이삭, 축복의 사람 야곱으로 구별되는 길이 있고, 대척점을 이루는 또 하나의 길은 동일한 아브라함의 육신의 자손임에도 불구하고 이스마엘, 에서, 르우벤으로 이어지는 배제의 길, 즉 저주의 길이 있다는 것입니다. 이쪽도 한 부분, 다른 쪽도 한 부분이라는 면에서, 이스라엘은 역사적으로 하나님으로부터 선택과 배제를 받는 길을 걸어왔다고 할 수 있습니다.

이스라엘은 처음에는 이삭, 야곱의 길을 따라갔지만, 점점 우상숭배와 죄의 길을 걷다 보니 마음이 완악해지고 이스마엘과 에서의 길을 따라 살게 되었습니다. 이삭과 야곱의 축복의 길을 따라가는 사람들은 점점 줄어들게 되었습니다. 그 결과, 대다수는 불순종의 길로 가고, 극히 소수만 순종의 길을 걷게 되었습니다. 대다수의 이스라엘이 불순종의 길을 걸은 결과, AD 70년 로마의 디도 장군의 공격으로 급기야 나라를 잃게 되었고, 그 이후 1900년 동안 유랑하는 디아스포라 신세가 되었습니다. 이 슬픈 소식을 영적으로 미리 깨닫고 바라본 바울은 근심과 고통에 쌓여 동족들에게 눈물로 복음을 전하였지만, 그들 대부분은 바울의 말에 귀를 기울이지 않았습니다. 바울의 근심은 결국 이스라엘 민족의 구원 문제였습니다. 이스라엘은 장자권이라는 특권을 가진 민족이었는데 그 책임을 감당하지 못하고 실패했기 때문입니다.

이스라엘 민족 앞에는 두 개의 길이 놓여 있었습니다. 이삭과 야곱의 길이냐 아니면 이스마엘과 에서의 길이냐 하는 것이었습니다. 이스마엘과

에서는 불순종과 인본주의의 길을 갔고, 이삭과 야곱은 순종과 신본주의의 길을 갔습니다. 사도 바울은 이 두 가지 길이 지금도 우리 앞에 놓여 있다는 것을 말하기 위해 이 이야기를 꺼낸 것입니다.

사도 바울은 실패한 이스라엘이 다시 회복될 수 있는 길을 제시합니다. 그 길은 이제라도 순종과 신본주의로 돌아서기만 하면, 하나님께서 이스라엘을 버리지 않으시고 회복시키실 것이라는 약속입니다. 이 약속을 위해, 이스라엘에서 난 자들이 다 이스라엘이 아니라는 것, 즉 이스라엘 중에 회복될 소수의 사람이 있다는 말씀이 로마서 9장 6절의 뜻입니다. 이스라엘 중에 '남은 자'들이 소수일지라도, 그 일은 반드시 이루어지고 말 것입니다.

23

Romans 9:14-33

선택의 주도권자와 남은 자 사상

우리가 개인적으로 전도하다 보면, 아무리 복음을 전해도 믿지 않고 깨닫지 못하는 사람을 종종 만나게 됩니다. 그럴 때 우리는 안타까운 마음을 갖게 됩니다. 특별히 그 상대가 예수를 믿었던 그리스도인이었거나, 한때는 미션 스쿨 출신으로서 복음을 들었던 자들이거나, 분명히 성경도 알고 교회를 나간 적이 있기도 한데 교회 가는 것은 거절하는 모습을 볼 때, 안타까움은 이루 말할 수 없습니다.

이렇듯 현대 사회에는 잃은 양들이 많습니다. 교회를 '안 나가'는 성도를 거꾸로 하여 '가나안' 성도라고 부르는 사회현상이 이를 뒷받침해줍니다. 그만큼 어떤 이유에서든 교회를 안 나가는 사람들이 많다는 말입니다. 그들 각자 나름대로 할 말은 있겠지만, 하나님이 기회를 주셨는데 그 기회를 하나님께 영광 돌리는 기회로 삼지 못하고 실족하고 있는 것은 혹시 아니겠습니까? 이런 모습을 보면 우리가 전도할 때 안타까운 마음이 앞서면서도, 한편으로는 감사의 마음도 있습니다. 사람들이 예수 믿기가 너무나 어렵다고 느낀다는 사실을 통하여, 도리어 '나는 어떻게 예수를 믿고 교회 다니게 되었을까' 하는 생각이 들기 때문입니다. 신앙을 갖지 않은 수많은 사람들 중에서 우리들처럼 여전히 믿음의 자리에 서 있는 소수의 사람들을 성경은 '남은 자'(remnant)라고 부르고 있습니다.

↓ 하나님의 택하심의 주도권과 정당성

택하심의 문제를 먼저 보겠습니다. 하나님의 선택에 대해 말할 때 항상 의문을 다는 사람들이 있습니다. 공평하신 하나님이 누구는 선택하고 누구는 선택하지 않느냐는 것입니다. 그러나 바울은 그런 질문을 하는 자들에게 다음과 같이 묻습니다.

> 그런즉 우리가 무슨 말을 하리요 하나님께 불의가 있느냐 그럴 수 없느니라
> _롬 9:14

불의는 공평하지 않은 것을 말합니다. 하나님은 의로우신 분이므로 당연히 공평하셔야 하는데, '어떻게 하나님이 일부만 선택할 수 있는가? 그것을 보면 하나님은 불의하신 것이 아닌가'라고 사람들이 질문한다는 것입니다.

> 모세에게 이르시되 내가 긍휼히 여길 자를 긍휼히 여기고 불쌍히 여길 자를 불쌍히 여기리라 하셨으니 _롬 9:15

하나님께서는 모세에게 긍휼히 여길 자를 긍휼히 여기고 불쌍히 여길

자를 불쌍히 여길 것이라고 말씀하셨습니다. 그러므로 이것은 하나님의 불의가 아니라, 하나님의 긍휼로 베풀어주시는 구원입니다.

> 그런즉 원하는 자로 말미암음도 아니요 달음박질하는 자로 말미암음도 아니요 오직 긍휼히 여기시는 하나님으로 말미암음이니라 _롬 9:16

구원은 자기가 원한다고 해서, 달음박질한다고 얻어지는 것이 아닙니다. 오직 하나님의 긍휼히 여기심으로만 구원을 얻을 수 있습니다. 하나님께서 긍휼로 베풀어주신 '하나님의 의'를 인간이 선택할 때, 하나님이 이루시는 완전한 은혜의 사건이 바로 구원인 것입니다. 인간의 죄성과 자력으로는 구원받을 수 없음을 우리는 앞에서 배웠습니다.

고층 아파트에 불이 났다고 가정해봅시다. 검은 화염이 하늘 높이 치솟으면서 순식간에 옆집과 위아래층으로 번져갑니다. 긴 사다리를 장착한 소방차가 도착합니다. 도착한 소방차에서 사다리를 늘려 불이 난 집의 베란다에 갖다 댑니다. 그 집에 있는 사람이 무섭지만 사다리에 옮겨 타면 구조를 받습니다. 그런 상황에서 옆집에 사는 사람이 소리칠 생각도 안 하고 창문도 열지 않은 채 방구석에 숨어 있으면서, "왜 우리 집에는 사다리를 안 놓고 옆집에만 놓느냐?"고 따질 수 있습니까? 긴급한 상황에서 소방대가 할 일은 사람이 눈에 띄는 대로 사다리를 갖다 대고 구하는 일입니다. 소방차 사다리가 한 번에 모든 사람을 구원할 수 없습니다. 사다리를 바쁘게 이 집 저 집 난간에 붙여 한 사람씩 구할 수밖에 없습니다. 그런 위급한 상황에서 어떤 사람이 소방대가 공평하지 않게 일한다고 항의할 수 있습니까? 그럴 수 없습니다. 소방대가 달려와서 죽어가는 사람을 구원하고 있다면, 그것은 칭찬받을 일이지 비난받을 일이 아닙니다.

인간은 모두가 죄인입니다. 죄의 삯은 사망이고 사망 이후에는 모두 심판을 받습니다. 이것은 하나님께서 정한 이치입니다. 그렇다면 누구 탓으로 사망하고 심판을 받는 것입니까? 바로 죄를 지은 사람, 자기 탓입니다. 누구도 그 심판에서 피할 자가 없습니다. 하나님이 사람들을 긍휼히 여기셔서 십자가라는 사다리를 놓고 한 사람이라도 더 구원하겠다고 하시면, 그것은 구원의 복된 소식입니다. 거기에 믿음으로 반응해 순종하면 구원을 받는 것입니다. 하나님이 공평하지 않다고 말할 수 없습니다.

대형화재처럼 위급한 상황일 때는 소방서 지휘부가 대원들을 계단으로 올려보내 집집마다 문을 두드리며 불이 났으니 당장 피하라고 경고하게 합니다. 마찬가지로, 구원받아야 할 긴급한 상황을 알리기 위하여 하나님은 전도자를 보내셔서 구원의 길을 알리십니다. 전도자는 소방대원처럼 다양한 방법으로 일할 수 있습니다. 빌딩에 화재가 나면 옥상으로 헬리콥터를 보내 사람들을 구조합니다. 어떤 소방대원은 물수건으로 사람들의 얼굴을 가리게 하고, 위험을 무릅쓰고서라도 계단으로 탈출시키기도 합니다. 이런 소방대원들처럼 위험을 알리고 탈출을 돕는 것이 전도자의 역할입니다.

그러나 중요한 것은, 불이 난 건물에 있던 사람들이 소방대원의 말을 들어야 구조를 받는 것처럼, 전도자의 경고를 듣고 옥상으로 올라가든지 사다리를 타고 내려오든지 아니면 비상계단으로 따라가든지, 즉시 결정하고 소방대원의 말에 순종해야 한다는 사실입니다. 그 경고에 귀를 기울이지 않고 아무 반응도 하지 않으면 불 속에서 구조받을 수 없습니다.

바울은 하나님의 택하심은 누구에게도 비난받을 일이 아니라고 말합니다. 하나님이 택하시는 일에는 하나님의 기준과 주권이 있으므로, 이 일은 하나님의 영역에 속한다고 주장합니다. 하나님의 진노와 긍휼은 하나님의 기준에 따른 주권이라는 사실을 알아야 합니다. 그러나 하나님은 모든 사람을 긍휼히 여기시고 구원하기를 원하시며, 전도자들을 통해 예수 그리스도라는 구원의 길을 제시하십니다.

↓ 하나님의 진노와 긍휼

> 혹 네가 내게 말하기를 그러면 하나님이 어찌하여 허물하시느냐 누가 그 뜻을 대
> 적하느냐 하리니 _롬 9:19

사람들이 바울에게 또 묻습니다. "하나님이 어찌하여 우리를 허물하십
니까?" 허물한다는 말은 심판한다는 말입니다. 하나님이 누구를 주도적으
로 선택하셨다면, 왜 선택받지 못한 자에게 죄를 물으시냐는 질문입니다.
우리가 죄를 지은 것은 하나님이 택하지 않았기 때문이라며, 하나님께 책
임을 떠넘기려는 태도입니다. 한편으로는 완전히 의기소침해져서, "누가
하나님의 뜻을 대적할 수 있겠느냐"라고 자포자기하는 말이기도 합니다.
이처럼 포기하는 것도 인간의 책임을 회피하는 행동이 됩니다. "하나님께
따질 수도 없으니 그냥 포기하고 말지" 하는 자세도 문제라는 것입니다.

> [20]이 사람아 네가 누구이기에 감히 하나님께 반문하느냐 지음을 받은 물건이 지
> 은 자에게 어찌 나를 이같이 만들었느냐 말하겠느냐 [21]토기장이가 진흙 한 덩이
> 로 하나는 귀히 쓸 그릇을, 하나는 천히 쓸 그릇을 만들 권한이 없느냐
> _롬 9:20-21

토기장이는 귀히 쓸 그릇, 천히 쓸 그릇, 큰 그릇, 작은 그릇을 다양하게
만듭니다. 모든 그릇이 다 필요합니다. 매일 금으로 된 그릇만 가지고 살
수는 없습니다. 특별한 손님이 오시면 찬장에 고이 모셔놓았던 귀한 그릇

을 꺼냅니다. 평소에 비싼 그릇을 마구 사용해 깨버리는 어리석은 사람은 없습니다. 귀한 손님이 오실 때 내놓는 그릇도 있어야 하고, 평소에 사용하는 그릇도 있어야 합니다.

집에는 사실 천한 그릇이 더 필요합니다. 여기서 천한 그릇이란 더러운 그릇이라는 말이 아니라 깨져도 상관없는 값싼 그릇이나 잘 깨지지 않는 그릇입니다. 귀한 그릇은 어쩌다 한 번 귀한 손님이나 오시면 사용하는 것입니다. 그것을 고르는 선택권은 주인에게 있습니다.

바울은 말합니다. 하나님께서 우리 각자를 사용하시고자 하시는 주권적 뜻이 있다고. 특히 구원의 영역은 더욱 그렇다고 강조합니다. 우리 중에도 멸하기로 준비된 진노의 그릇과 영광 받기로 예비하신 긍휼의 그릇이 있습니다. 하나님께서는 그에 대해 각각 오래 참으심으로 관용하시고, 또 그 영광의 부요함을 알게 하고자 하셨다고 22절과 23절에 기록하였습니다.

> 22만일 하나님이 그의 진노를 보이시고 그의 능력을 알게 하고자 하사 멸하기로 준비된 진노의 그릇을 오래 참으심으로 관용하시고 23또한 영광 받기로 예비하신 바 긍휼의 그릇에 대하여 그 영광의 풍성함을 알게 하고자 하셨을지라도 무슨 말을 하리요 _롬 9:22-23

토기장이가 귀한 그릇도 천한 그릇도 마음대로 다 만드는 것처럼, 하나님께서 누구는 긍휼히 여기고 누구는 긍휼히 여기지 않는 권한이 왜 없겠느냐는 말입니다. 여기서는 그리스도 안에서 구원받은 자를 '긍휼의 그릇'이라고 표현했습니다. 이들에겐 유대인이나 이방인이나 출신의 구별이 없습니다. 호세아 선지자의 글은 이방인들 가운데에서 구원 얻을 자들이 나올 것을 예견하고 있습니다.

> [25]호세아의 글에도 이르기를 내가 내 백성 아닌 자를 내 백성이라, 사랑하지 아니한 자를 사랑한 자라 부르리라 [26]너희는 내 백성이 아니라 한 그 곳에서 그들이 살아 계신 하나님의 아들이라 일컬음을 받으리라 함과 같으니라 _롬 9:25-26

'내 백성 아닌 자'는 이방인을 말합니다. 내 백성이 아니었던 이방인들을 내 백성으로 삼겠다는 말입니다. 사랑하지 아니하였던 자를 '사랑한 자로 부르리라'는 말도 이제는 이방인을 사랑하는 자로 부르겠다는 뜻입니다. 앞으로는 이방인들도 주께 사랑을 받고 주의 백성이 되고, 하나님의 아들이라 일컬음을 받을 날이 온다는 것입니다. 이것이 호세아서에 예언된 것이고, 바울이 인용한 것입니다.

하나님께서 이방인들에게도 긍휼을 베푸실 것이라는 사실을 이미 구약성경에서 예언하셨습니다. 유대인들은 계속 범하는 죄로 인해 진노의 그릇이 돼버린 반면, 이방인들은 긍휼의 그릇이 되고 있다는 것입니다. 그러므로 하나는 버림받고 하나는 선택받게 되는 일이 생기게 된 것입니다. 이전에는 이스라엘이 선택받고 이방인들이 버림받은 때가 있었습니다. 그런데 다시 어느 때가 되면 이스라엘이 버림받고 이방인들이 선택받는 때가 온다는 것입니다. 그 선택의 기준이 바로 믿음이라는 것입니다.

하나님이 일방적으로 '이쪽은 내 백성이고 저쪽은 내 백성이 아니다'라고 나누시는 것이 아니라, 하나님의 말씀에 따라 믿음으로 순종하는 자는 긍휼히 여기는 자로, 순종하지 않는 자는 긍휼히 여김을 받지 못하고 진노를 받아야 할 자로 정하십니다. 그런데 우리가 알아야 할 것은, 하나님의 선택 아래로 들어오는 자들은 언제나 소수라는 것입니다. 그들이 바로 '남은 자'입니다.

↳ 남은자(Remnant)의 구원

> 또 이사야가 이스라엘에 관하여 외치되 이스라엘 자손들의 수가 비록 바다의 모
> 래 같을지라도 남은 자만 구원을 받으리니 _롬 9:27

바울은 이사야서를 인용하면서 이스라엘 중의 구원 얻은 자에 대해 말
했습니다. 이스라엘도 다 멸망하는 것이 아니라 일부는 구원받는다는 말
입니다. 그들을 남은 자라고 부릅니다.

이사야서에는 남은 자 사상, 이른바 '남은 자 신학'이 있습니다. 다 멸망
할 것 같은 나라 이스라엘에 '남은 자'가 있다는 것은 그들에게 소망입니
다. 다 망한 것은 아니기 때문입니다.

남은 자는 멸망 중에 구원받는 자입니다. 그것이 구약에서 하나님의 말
씀으로 주어졌다는 것이 바울에게 새로운 소망이 된 것입니다. 여기서 바
다의 모래와 남은 자를 비교하는 것은 많고 적음의 상대적인 양을 말한다
고 볼 수 있습니다. 큰 자들은 불순종하는 이스라엘을 가리키고 작은 자는
그 중에서 순종하는 남은 자입니다.

> 또한 이사야가 미리 말한 바 만일 만군의 주께서 우리에게 씨를 남겨 두지 아니
> 하셨더라면 우리가 소돔과 같이 되고 고모라와 같았으리로다 함과 같으니라
> _롬 9:29

씨는 일부를 가리키는 의미로, 추수한 곡식의 대다수는 먹을 것으로 쓰
고, 극소수인 일부를 남겨서 다시 심을 씨로 쓰는 것입니다. 소돔과 고모
라는 멸망받을 다수를 의미합니다. 이스라엘도 대부분 멸망하겠지만, 그
렇다고 다 멸망하지는 않을 것이고, 일부는 미래의 씨로 남겨둔다는 의미

로마서 17장

입니다. 남겨진 무리들이 미래의 씨로 준비하기 위해 남은 자가 되는 것입니다.

바울 시대 때 남은 자는 그리스도를 믿고 구원받은 백성들을 말합니다. 이 시대의 남은 자는 구원받고 계속해서 하나님에게 쓰임받는 자입니다. 예수 믿는 사람들인 것입니다. 그 중에서도 특별히 하나님의 사업을 위해 쓰임받는 사람들을 일컫는다고 보아야 할 것입니다. 이스라엘 역사에서도 보면 남은 자들은 하나님의 섭리 가운데 하나님의 뜻을 성취하기 위한 도구로 사용되었습니다.

사도 바울은 자기 시대의 동족 대부분이 불신앙의 길을 선택하는 안타까운 모습을 지켜보면서, 로마서 9장 3절에서 '자신이 저주를 받아 그리스도에게서 끊어질지라도 원하는 바'라는 일종의 신앙고백을 하였습니다. 그리고 사도 바울을 포함해서 매우 적은 수의 무리만 구원의 감격을 누리고 하나님께 쓰임받는 현실을 보고, 불순종하는 대다수의 이스라엘 백성 중에서 한 사람이라도 더 깨워 남은 자의 대열에 들이기 위한 의도로 '남은 자'를 말한 것입니다.

지금 제가 있는 지역은 예수 믿는 사람들이 극히 드문 곳입니다. 이곳 사람들 대다수는 불신자입니다. 그러므로 아직 할 일이 너무나 많은 곳입니다. 그렇다고 구원받은 백성들이 모두 다 하나님께 순종하며 기쁨으로 신앙생활을 하는 것은 아닙니다. 그 중의 극히 일부만 쓰임받고 있습니다. 아마도 이곳에 거주하는 사람들의 1퍼센트 안팎이 남은 자로 살아간다고 볼 수 있을 것입니다. 그러니 정말로 남은 자인 그리스도인은 예수님을 믿음으로 인하여 때로는 핍박과 희생을 무릅쓰고 인내하며, 어떠한 고난이 찾아와도 믿음으로 살아가려고 애쓰는 사람입니다.

지금 이 시대는 남은 자에 대한 메시지를 잘 들어야 할 때입니다. 주님이 다시 오실 때가 심히 가까운 이때에, 마귀는 계속해서 우는 사자와 같이 두루 다니며 맘몬과 정욕과 탐욕으로 사람들을 삼키려 하고 있습니다. 지금은 정상적인 신앙을 유지하기조차 어렵습니다. 세속을 이기며 진보하는 신앙생활을 해야 함에도 불구하고, 그러기가 쉽지 않습니다. 그럴 때 사람들은 세파에 쉽게 휩쓸립니다. 적당히 살아가려 하면 어느새 마귀의 유혹과 거짓에 넘어가기 쉽습니다. 그러므로 우리는 깨어 있지 않으면 살 수 없다고 생각하고, 항상 근신하고 깨어 있어야 합니다.

특히 전세계적으로 불어닥친 코로나 팬데믹으로 인해 2년 넘게 대면과 비대면을 오가는 비정상적인 예배 활동을 드림으로써, 대다수의 믿는 자들이 세속에 휩쓸려 떠내려가는 것 같아 심히 걱정이 됩니다. 오랫동안 예수 믿은 사람도 바로 서 있기가 쉽지 않은 현실인데, 이제 갓 믿은 신자들이 믿음에 뿌리를 내리고 믿음대로 살아낸다는 것이 얼마나 어려운 일일까요? 과연 우리가 어떻게 세상을 이길 수 있겠습니까? 그 대책은 바로 성령을 충만히 받는 길밖에 없습니다. 성령 충만하지 않으면 휩쓸려 갈 수밖에 없기에, 로마서에서는 "성령의 생명의 법이 죄와 사망의 법을 이길 수 있다"라고 말하였습니다. 그러므로 우리 모두 성령으로 충만하여, 남은 자로서 살아가도록 힘써야 합니다.

우리나라도 70,80년대의 부흥기를 지나면서 90년대 초반까지는 그런대로 교회가 부흥하고 성장했습니다. 그때에는 수많은 사람들이 "할 수 있다"라는 긍정적인 에너지로 가득 찼고 용기가 넘쳐났습니다. 그런데 지금은 어떤가요? 우리 민족의 미래인 다음세대가 예수를 믿기에는 교회에 긍정적인 이미지보다 부정적인 이미지가 너무나 많은 현실이 되었습니다. 그것은 우리 조국 대한민국만의 문제가 아니라, 전 세계도 이미 탈기독교의 물결이 쓰나미처럼 밀려와 세속의 파고를 이겨내기 어려운 시즌이 도래하고 있다는 말이기도 합니다.

↓ 믿음으로 반응해야 할 인간의 책임

> [30] 그런즉 우리가 무슨 말을 하리요 의를 따르지 아니한 이방인들이 의를 얻었으니 곧 믿음에서 난 의요 [31] 의의 법을 따라간 이스라엘은 율법에 이르지 못하였으니 _롬 9:30-31

이방인들이 의를 얻어서 구원을 받았습니다. 그 의는 믿음에서 난 의입니다. 율법을 따라간 이스라엘은 결국 율법의 의에 이르지 못해 실패했습니다. 이스라엘은 부딪힐 돌, 즉 걸림돌과 거치는 바위인 예수 그리스도에게 부딪혀서 넘어진 꼴이 되었습니다. 하나님께서 천년 후에 일어날 일을 이미 시편에 예언해 놓으셨습니다. 하나님은 선지자들에게 미리 예언하지 않고 일을 행하시는 분이 아니십니다.

> 기록된 바 보라 내가 걸림돌과 거치는 바위를 시온에 두노니 그를 믿는 자는 부끄러움을 당하지 아니하리라 함과 같으니라 _롬 9:33

> 건축자가 버린 돌이 집 모퉁이의 머릿돌이 되었나니 _시 118:22

걸림돌이나 거치는 바위는 사람을 넘어지게 하는 바위인데, 이 돌을 시온에 두었다고 했습니다. 걸림돌과 바위는 예수 그리스도를 말하는 것입니다. 누구든지 그를 믿는 사람은 부끄러움을 당하지 않지만, 믿지 않는 사람은 걸림돌에 넘어지는 꼴이 되고 결국은 멸망당할 것이라고 예언한 것입니다. 이와같이 그리스도는 지금도 어떤 사람들에게는 걸림돌이, 어떤 사람들에게는 디딤돌이 되기도 합니다. 그러므로 이스라엘이 예수 그리스도를 믿지 않음으로 '부딪힐 돌'에 걸려 넘어진 것은 순전히 이스라엘 자신의 불신앙 때문이라는 것을 알아야 합니다. 하나님은 진실로 구원하기를 원하시지만 이스라엘이 믿음으로 반응하지 않은 것입니다. 반면에 이방인들은 믿음으로 반응하여 의를 얻게 되었습니다.

우리는 하나님의 백성이 된 것을 믿고 남은 자의 대열에 참여하며, 그것이 하나님의 예정하심과 예수 그리스도의 은혜로 말미암은 일이라는 사실을 감사해야 합니다. 예수 믿는 우리가 바로 이 시대의 남은 자입니다. 우리는 하나님의 긍휼을 입은 자가 되었습니다. 혹시 아직도 내가 정말 남은 자인지 아닌지 확신하지 못하는 분이 있다면, 지금 이 한 가지를 고백하기를 권면합니다. 우리가 하나님의 선택을 받은 남은 자인지 아닌지를 알 수 있는 방법은 이 한 가지밖에 없습니다. 내가 죄인임을 인정하고, 죄로부터 돌아서서 예수 그리스도를 나의 구세주와 주님으로 영접하기로 결단하는 것입니다. 이 사실을 마음에 믿어 의에 이르고 입술로 고백하여 구원에 이르게 됩니다. 그렇게 할 때 하나님은 우리를 의롭게 여기셔서 우리가 남은 자로서 구원의 대열에 서게 되는 것입니다.

진지하게, 하나님 앞에 독대하는 마음으로 이 기도를 따라 하시기 바랍니다. 하나님이 여러분을 보고 계십니다.

"하나님, 저는 죄인입니다. 저는 어디에서 와서 왜 살며 어디로 가는지 알지 못하고 살아왔습니다. 오늘 저는 말씀을 읽고 회개하며 돌아서기로 결단합니다. 예수님을 저의 구주로 영접합니다. 저를 자녀 삼아 주시고 영원토록 하나님의 참된 백성이 되게 인도하여 주옵소서. 예수 그리스도의 이름으로 기도드립니다. 아멘!"

⁹네가 만일 네 입으로 예수를 주로 시인하며 또 하나님께서 그를 죽은 자 가운데서 살리신 것을 네 마음에 믿으면 구원을 받으리라 ¹⁰사람이 마음으로 믿어 의에 이르고 입으로 시인하여 구원에 이르느니라 _롬 10:9-10

9장 전체의 말씀을 개략적으로 정리하면 하나님의 주도권, 하나님의 선택입니다. 하나님의 주도권은 정당성이 있으며, 그 기준은 하나님의 진노와 긍휼입니다. 하나님은 인간에게 진노하시려는 목적 때문이 아니라, 인간을 구원하시는 방법으로 주신 예수님에게 인간이 믿음으로 반응하지 않기 때문에 진노하시는 것입니다.

하나님은 인간을 죄로 인하여 모두 멸망시켜야 함에도 불구하고 긍휼을 베푸시어 일부 남은 자를 남기십니다. 이스라엘이 죄로 인하여 모두 다 멸망할 것 같지만, 엘리야 시대에 '남은 자 7천 명'을 남겨 두셨던 것처럼, 하나님은 반드시 남은 자를 통하여 그 씨앗을 보존하시는 분이십니다. 이것은 하나님의 주권 사항입니다.

우리가 희망을 가질 수 있는 것은 바로 남은 자를 두시는 하나님 때문입니다. 또한 바울은 믿음으로 반응할 인간의 책임도 언급하였습니다. 하나님의 주권과 인간의 책임을 동시에 이야기한 것입니다. 하나님께 작정하심과 선택하심과 주도권이 있지만, 우리에게는 믿음으로 반응해야 할 선택의 책임이 있습니다.

24

Romans 10:1-21
이스라엘이 구원에서 비껴간 이유

바울은 로마서 10장에서 본격적으로 이스라엘을 향한 하나님의 마음이 무엇인지를 말합니다.

↓ 올바른 지식을 따라야 하는데…

내가 증언하노니 그들이 하나님께 열심이 있으나 올바른 지식을 따른 것이 아니니라 _롬 10:2

지식 없는 열심은 열매를 맺기 어렵고 열심 없는 지식은 생명을 얻기 어렵습니다. 지식은 올바른 방향, 곧 진리인 말씀이라고 할 수 있습니다. 따라서 바른 열심은 성령께서 주시는 능력에서 나오는 힘이라고 말할 수 있습니다. 말씀과 성령이 함께 할 때 하나님의 뜻이 온전하게 이루어질 수 있는 것입니다.

그렇다면 지식 없는 열심은 무엇을 말할까요? 말씀에 대한 연구 없이 성령의 능력만 구하는 것입니다. 그러면 온전한 진리의 기초 위에 서지 못함으로 쉽게 넘어질 수 있습니다. 반대로 말씀은 가지고 있지만 성령의 조명이 없으면 생명을 낳는 열매는 얻기 어려워집니다. 그러므로 항상 말씀의 지식과 열심이 함께 해야 진리가 능력을 덧입어 강력한 역사가 나타날 수 있습니다.

때로는 여호와의 증인이나 신천지 같은 이단들이 기성 교인들보다 전도에 더 열심을 갖고 있습니다. 열심을 잃어가고 있는 기성 교회의 교인들이 회개할 부분입니다. 그러나 열심을 갖고 있다고 해서 그들을 참된 신앙인이라 할 수 없습니다. 그 이유는, 그들이 열심은 있지만 진리를 심각하게 왜곡하기 때문입니다. 그들의 열심은 이스라엘이 범했던 것처럼 바른 지식 없는 헛된 열심일 뿐입니다.

히틀러를 추종했던 사람들도 가히 종교적 충성과 비견되는 광기어린 충성을 했습니다. 그러나 역사는 그들이 진리를 위해 살았다고 평가하지 않습니다. 지금도 정치적으로 어떤 이념을 위해 종교적 충성에 비견될 정도로 충성하는 사람들이 있습니다. 그러나 그런 사람들이 보지 못하는 것은, 자기가 열심은 있지만 바른 진리 위에 서지 못했다는 것입니다. 결국은 그들이 쌓는 성은 무너질 사상누각(沙上樓閣)이 되고 말 것입니다. 이스라엘도 이처럼 지식 없는 열심을 갖고 살았습니다. 그런 사람들에게 어떻게 구원이 가능할 수 있겠습니까?

구원은 예수 그리스도를 믿는 바른 지식의 기초 위에 세워져야 합니다. 구원은 인간의 노력으로 얻을 수 있는 것이 아니기 때문에, 구원을 주시는 하나님의 기준에 합당해야 합니다. 바울 자신도 예수님을 믿기 전에는 열심이 특별한 종교생활을 했습니다. 바울도 많은 공부를 했음에도 불구하고, 부활하신 예수님을 만나기 전에는 하나님께서 인류 구원의 유일한 통로로서 예수님을 보내셨다는 사실을 전혀 알 수 없었습니다. 예수님이 죄의 문제를 근본적으로 해결하기 위해 십자가에서 돌아가셨고 부활하셨다는 사실을 깨달을 수 없었습니다. 종교에 대한 열심은 있었으나 구원의 참된 지식을 깨닫지 못했던 것입니다. 바울이 당대 최고의 율법학자였던 가말리엘 문하에서 수학한 일등 제자라 해도, 예수님에 관한 내용은 그 시대의 지성인에게 철저히 닫혀 있던 비밀이었기 때문입니다.

하나님의 의를 모르고 자기 의를 세우려고 힘써 하나님의 의에 복종하지 아니하였느니라 _롬 10:3

바울은 계속해서 이스라엘 백성들이 하나님의 의를 몰랐다고 질타합니다. 하나님의 의는 예수 그리스도를 말합니다. 그런데 이스라엘은 자기 의를 세우려고 했습니다. 자기 의는 자기 힘으로 무언가 이루려는 노력입니다. 하나님의 의에 복종하지 않는 심각한 죄를 범한 것입니다. 지금도 많은 종교가 자기 의로 무엇이라도 이루려고 합니다. 이스라엘은 구원을 얻기 위하여 '하라', '하지 말라'라는 계명을 지키려는 노력과 행위를 통해서 하나님 앞에서 의로워지려고 했습니다. 인간이 주어가 된 삶이었습니다. 그러나 인간이 율법을 지키는 주체가 되어서 하나님 앞에 의롭다 함을 얻을 수 없다는 것이 구약이 우리에게 가르쳐주는 교훈입니다.

하나님은 모세를 통해서 이스라엘 백성에게 율법을 주신 이후 1,500년의 시간을 주셨습니다. 그들은 그 오랜 시간 동안 수없이 회개할 기회가 있었지만 하나님의 의를 얻는 길을 깨닫지는 못했습니다. 그들이 의를 얻을 수 있었다면 어쩌면 예수님이 이 땅에 오실 필요가 없었으며, 십자가에 돌아가실 필요도 없었을 것입니다. 예수님이 이 세상에 오셨을 때도 그들은 율법으로 구원을 얻을 수 있다는 자기 의로 가득 차 있었습니다.

> 그리스도는 모든 믿는 자에게 의를 이루기 위하여 율법의 마침이 되시니라
> _롬 10:4

그리스도가 율법의 마침이 되셨다는 말은 복음을 완성했다는 말입니다. 그리스도가 죄 사함을 얻을 수 있는 방법을 완성했기 때문입니다. 그 결과로 예수 그리스도를 믿는 자들에게 하나님의 의가 주어진 것입니다. 율법을 행해서 의로워지는 것이 아니라 하나님의 의를 믿음으로써 구원을 이룰 수 있게 된 것입니다. 율법을 여전히 따른 이스라엘은 이것을 몰랐습니다.

↓ 하나님의 의로 구원에 이르는데…

> [9]네가 만일 네 입으로 예수를 주로 시인하며 또 하나님께서 그를 죽은 자 가운데서 살리신 것을 네 마음에 믿으면 구원을 받으리라 [10]사람이 마음으로 믿어 의에 이르고 입으로 시인하여 구원에 이르느니라 _롬 10:9-10

한 사람에게 구원이 이루어지려면 먼저 그가 예수를 주로 시인해야 합니다. 그리고 예수님이 나의 죄를 위하여 십자가에서 죽으신 것과 나를 살리기 위하여 죽은 자 가운데서 살아나신 것을 믿어야 합니다. 이 사실을 마음에 믿고 입으로 시인할 때, 의 곧 구원에 이르게 되는 것입니다.

> 누구든지 주의 이름을 부르는 자는 구원을 받으리라 _롬 10:13

구원은 유대인에게나 헬라인에게나 누구든지 차별이 없습니다. 누구든지 예수를 주님이라고 시인하고 자신이 죄인임을 고백하며, 주님이 나를 위해 십자가에서 죽으신 것과 부활하신 것을 고백하면 구원을 얻는 것입니다.

그렇다면 이쯤에서 다시 한번 진지하게 물어보겠습니다. 당신은 그리스도를 구주로 고백하는 자입니까? 그리스도가 나를 위해 죽으시고 부활하셨다는 사실을 진심으로 믿을 수 있겠습니까? 주저 없이 '아멘' 하셨다면 당신의 삶 가운데 기적적인 놀라운 일이 이미 일어난 것입니다. 당신은 하나님의 의로 구원을 받은 것임을 믿기 바랍니다.

↓ 구원을 이루기 위한 네 가지 필수 요소

그렇다면 한 영혼의 구원을 이루기 위해서는 어떠한 일이 이루어져야 하는지, 그 과정을 살펴보겠습니다. 구원의 직접적인 조건은 아니지만, 구원이 이루어지는 과정에서 놓쳐서는 안 될 관점에서 조건을 생각해보는 것입니다. 사도 바울이 복음을 듣지 못한 이방 영혼의 구원을 얼마나 깊이 묵상했는지를 알 수 있는 내용이 되기도 합니다.

> 그런즉 그들이 믿지 아니하는 이를 어찌 부르리요 듣지도 못한 이를 어찌 믿으리요 전파하는 자가 없이 어찌 들으리요 _롬 8:14

첫째, 믿어야 합니다.
구원의 직접적인 수단은 믿음입니다. 그리스도의 복음을 믿음으로 구원이 이루어지기 때문입니다.

그러므로 믿음은 들음에서 나며 들음은 그리스도의 말씀으로 말미암았느니라
_롬 10:17

둘째, 들어야 합니다.

믿음은 예수님의 말씀을 들을 때 생깁니다. 세상의 말을 아무리 많이 들어봐야 믿음이 생기지 않습니다. 세상의 말은 믿음을 줄 수 없습니다.

여기서 '말씀'은 헬라어로 '레마'라는 단어를 쓰고 있습니다. 특별히 구별하지 않는 분도 있지만, '레마'는 '로고스'에 비해 독특한 개념으로 알려져 있습니다. 성경에 기록된 말씀은 말 그대로 하나님의 말씀인 '로고스'입니다. 그런데 그 말씀이 어느 순간 마치 살아있는 물고기처럼 펄떡이며 내 마음을 뒤흔들면서 감동이 될 때가 있습니다. 이때의 말씀이 '레마'입니다. 로고스의 말씀이 특별한 감동으로 다가오고, 그 결과 믿음이 생기게 하는 말씀입니다. 단순히 듣기 좋은 말이 아니라, 성령님이 역사하셔서 내 마음에 감동을 주시는, 나를 향해 선포하시는 특별한 말씀이라고 할 수 있습니다. 레마의 말씀은 아무리 어려운 일이 닥쳐도 우리를 끝내 붙들어 세워주는 역할을 합니다. 이런 말씀을 들을 때 세상을 이기는 믿음의 확신이 생깁니다. 그러므로 우리는 레마의 말씀을 많이 들어야 합니다.

보내심을 받지 아니하였으면 어찌 전파하리요 기록된 바 아름답도다 좋은 소식을 전하는 자들의 발이여 함과 같으니라 _롬 10:15

셋째는 전파해야 합니다.

복음을 전파해야 사람들이 복음을 듣습니다. 복음을 모르는 사람이 그리스도의 말씀을 들으려면, 기존의 그리스도인 가운데에서 누군가 복음이 들어가지 않은 곳에 가서 그리스도의 말씀을 전해야 하는 것입니다. 우

선 아직도 복음을 들어보지 못한 우리의 친척과 이웃이 있을 수 있고, 더 나아가서 수많은 나라와 족속과 백성과 방언이 복음을 듣지 못하고 있습니다.

특별히 복음의 완성이라는 측면에서 우리가 주목해야 할 대상은 아직 복음이 전해지지 않은 미전도종족들입니다. 그들 가운데에는 아직 예수 믿는 사람이 거의 없고, 복음을 전할 교회도 물론 없습니다. 그런 상황에서 어떻게 그들 스스로 복음을 대면할 수 있겠습니까? 그들에게 가서 복음을 전하는 누군가가 있어야 합니다.

바울이 로마서를 쓰면서 왜 이런 구절을 넣어야 했을까요? 바울의 심정을 생각해봅시다. 바울 자신은 이방인의 사도가 되어 이방지역에 복음을 전하는 일에 최선을 다하고 있었습니다. 그러나 전하면 전할수록 복음을 전해야 할 세상이 넓고 할 일이 많다는 것을 느꼈을 것입니다. 가야 할 곳, 넘어야 할 곳이 너무나 많습니다. 가도 가도 끝이 없습니다. 누군가는 그곳에도 가서 복음을 전해야 한다는 생각을 하지 않을 수 없었을 것입니다.

제가 1995년에 네팔에서 GRN(Global Recordings Network) 사역을 처음 시작했습니다. GRN은 초기에는 복음을 음반이나 테이프에 담아 전했고, 지금은 스마트폰의 앱(주소: 5fish.mobi)을 통하여 땅끝까지 복음을 담은 오디오 자료들을 제작하고 공급하는 초교파 국제선교단체입니다.

GRN 사역에 필요한 소수 종족 연구를 하기 위해 네팔의 다우타리라는 마을을 다녀왔습니다. 밤새 달린 버스에서 아침에 내리니, 이제는 마주 보이는 큰 산을 향해 걸어가야 했습니다. 산 정상에 있는 마을로 가기 위해 깊은 계곡으로 내려갔다가 다시 올라가는 길이었습니다. 아침에 출발한 우리 일행이 마을에 도착할 때는 거의 해가 질 무렵이었습니다. 제 다리에 쥐가 날 정도로 힘든 여정이었습니다.

하지만 제가 네팔에 가서 알게 된 놀라운 사실은, 그 깊은 히말라야의

로마서 17장

능선마다 정착하여 거주하는 소수 종족이 의외로 너무나 많다는 것이었습니다. 이 능선에 100호, 또 다른 능선에 200호가 사는 식으로, 산꼭대기마다 촌락이 형성되어 있었습니다. 그날 우리가 갔던 다우타리는 총 800호가 넘는 비교적 큰 마을이었습니다. 그런데 그런 마을에 외지인이 머물 여관도 없고 음식을 사 먹을 작은 식당조차 없었습니다. 생필품을 파는 작은 가게가 하나 있을 뿐이었습니다.

우리 일행은 종일 걸어서 피곤했고 아무것도 먹지 못해 허기에 시달렸습니다. 더 큰 문제는 숙소조차 없다는 것이었습니다. 현지인 형제들이 수소문한 결과, 그 마을에 예수 믿는 가정이 하나 있다는 것을 알았습니다. 우리는 물어물어 그 집을 찾아갔습니다. 힌두교도로 둘러싸인 마을에 예수 믿는 가정이 하나라도 있다는 것이 신기했습니다. 우리 일행에게 식사와 잠자리를 제공해줄 수 있겠는지를 그 집에 물었습니다. 하지만 돌아온 답은 그럴만한 장소가 없다는 것이었습니다. 다만, 우리가 그 집 처마 밑에서라도 잘 수 있다면 그곳에서 쉬게 하겠다는 것이었습니다. 우리는 달리 방법이 없기 때문에 그렇게라도 하기로 결정했습니다. 그 순간, 저는 훈련을 이끄는 리더들을 이해하기 어려웠고 짜증이 나기 시작했습니다. 그러나 다른 방법이 없기는 저도 마찬가지였습니다.

처마 밑 흙바닥에 침낭을 폈습니다. 화가 잔뜩 난 저는 아무 말 없이 침낭으로 들어가서 잠을 청하려고 지퍼를 머리끝까지 올렸습니다. 선교 현장이 이런 곳인가 싶고, 다소 황당해 보이는 현실 때문에 마음이 착잡했습니다. 더구나 동행하였던 미국 선교사들은 그것이 평범한 일상인 듯 아무런 불평 없이, 심지어 1살짜리 아기를 안고서 침낭으로 들어가기도 했습니다. 저는 속으로 어리석게도 '내가 히말라야에 트래킹 하러 왔는가? 나는 선교사라고! 이런 일은 미리 파악해서 준비했어야 할 것이 아닌가?'라고 불평했습니다.

조금 시간이 지나 모두 잠이 들어갈 때, 저는 잠이 들지 않아서 침낭의 지퍼를 열고 눈을 살짝 떠보았습니다. 그런데 제 눈앞에 잊을 수 없는 광경이 펼쳐지고 있었습니다. 처마에 가려진 반쪽으로, 히말라야 상공에 쏟아질 듯 펼쳐지는 은하수의 황홀한 전경이 눈에 들어온 것입니다. 창세기 15장에서, 그돌라오멜 연합군과 전쟁에 참여하고 돌아와 후유증으로 두려워하고 있는 아브라함에게 하나님이 보여주신 광경이 이런 것이었을까요!

그를 이끌고 밖으로 나가 이르시되 하늘을 우러러 뭇별을 셀 수 있나 보라 또 그에게 이르시되 네 자손이 이와 같으리라 _창 15:5

히말라야 상공으로부터 쏟아지는 은하수와 크고 작은 별들이 마치 제게 무슨 말을 하려는 듯이 한눈에 분명하고 밝게 들어왔습니다. 하나님은 이내 제 마음을 평안으로 이끄셨습니다. 흙바닥은 푹신푹신한 뭉게구름처럼 느껴졌습니다. 그때 제 머리를 스치며 지나가는 생각이 있었습니다.

'아, 세상에선 잘해야 5성급, 7성급이 좋은 호텔인데, 하나님은 오늘 내게 밀리언 스타급 호텔(Million Star Hotel)을 주셨구나.'

그날 저는 그 침낭 속에서 아무도 모르게 뜨거운 눈물을 흘렸습니다. 그 여행 이후로, 산 넘어 산인 히말라야 계곡 속에 숨겨진 수많은 종족들의 영혼들을 잊을 수 없었습니다. 깊은 계곡에 숨겨진 영혼들을 위해, 그 산에서 주님을 찬양하고 기도하는 저를 발견하게 되었습니다.

당신은 영광의 왕 당신은 평강의 왕
당신은 하늘과 땅의 주 당신은 정의의 아들
천사가 무릎 꿇고 예배하며 경배하네
영원한 생명 말씀 당신은 예수 그리스도

로마서 17장

호산나 다윗의 자손께 호산나 불러 왕 중의 왕

높은 하늘에 영광을 예수 주 메시아네

(Mavis Ford 곡, 올네이션스 경배와 찬양 역)

"주님, 당신은 영광받으실 왕이십니다. 영광을 받으시옵소서! 당신은 하늘과 땅의 주님이십니다. 당신은 천지의 주재자이십니다. 당신은 이 산 위에, 또 저 산 위에 거주하는 한 영혼 한 영혼의 형편과 사정을 아시는 전지전능하시고 무소부재하신 하나님이십니다. 저들의 영혼을 구원하여 주옵소서. 저들에게 복음을 전할 일꾼을 일으켜 세워주옵소서. 이 일을 통하여 주님이 홀로 영광 받아주옵소서! 모든 땅끝이 주께 돌아오게 하여주옵소서! 예수님의 이름으로 기도드립니다."

넷째는 보내심을 받아야 합니다.

그리스도의 말씀을 전파하기 위해 누군가 가야 하는데, 단기(短期)이든 장기(長期)이든, 복음 전파 사역은 혼자 힘으로는 할 수 없습니다. 함께 하는 팀의 사역이어야 합니다. 보내는 사람이 있어야 한다는 것입니다. 보내는 사역은 교회와 선교단체를 통해서 이루어집니다. 그러므로 교회와 선교단체는 하나님의 복음을 전하는 선교의 모판이 되어야 합니다. 이 일에 성도들이 전심으로 헌신해야 합니다. 어떤 모양이나 형태로든 서로 다른 부르심을 받은 형제자매들이 복음 전파를 위해서 합력해야 합니다. 이 일에 동참하는 모두가 '좋은 소식을 전하는 자들의 발'이 됩니다.

저희 교회는 창립 이후 교회를 향한 주님의 부르심인 땅끝 소수민족과 방언과 종족을 섬기기 위해서 다양한 방식으로 성도들을 훈련시켜왔습니다. 그것이 성도들이 참가하는 단기선교훈련이었습니다. 저희 교회는 선교지에 있는 작은 교회이지만 주님이 주신 분량대로 선교하는 교회가 되려고 애를 쓰고 있습니다.

저는 선교적 교회가 되려면 무엇보다 중요한 것은 담임목회자의 의식이라고 생각합니다. 담임목회자가 선교의식이 있으면 후방에 있어도 선교하는 교회가 될 수 있습니다. 그러나 담임목회자가 선교에 대한 의식이 없으면, 교회가 아무리 선교 현장에 있어도 선교의 열매를 별로 맺지 못한다는 것을 보게 됩니다. 목회자의 의식이 선교적으로 변화되면 성도들에게 세계를 품고 선교하는 제자가 될 수 있도록 설교하고, 역동적인 제자(Dynamic Disciples)가 되도록 훈련하게 됩니다. 제 경험으로 보면 이 일은 한번에 다 이룰 수는 없습니다. 그러나 매년 일정 기간을 선교훈련과 아웃리치를 경험하게 함으로써 성도들의 마음에 선교적인 마인드를 넣어 줄 수 있습니다.

우리나라 안에도 이제는 200만 이상의 다문화 가족들이 있습니다. 그들을 선교적 목적으로 돌보고 섬기는 것도 훌륭한 선교의 방법입니다. 그들이 교회의 돌봄을 받으며 변화되어 각자의 고향으로 돌아갔을 때, 형제를 방문함으로써 선교의 기반을 만들 수 있습니다. 이제는 선교지의 문이 닫히는 곳이 많지만 한국에 들어오는 외국인에게는 열리고 있으니, 한국 교회는 이를 잘 활용할 필요가 있습니다.

↓ 이스라엘의 구원을 향한 하나님의 마음

이렇게 하나님의 보내심을 받은 사람들에 의해서 복음이 전파됨에도 불구하고, 이스라엘은 왜 구원에서 벗어나게 된 것일까요?

그러나 그들이 다 복음을 순종하지 아니하였도다 이사야가 이르되 주여 우리가

전한 것을 누가 믿었나이까 하였으니 _롬 10:16

이사야는 메시아에 대한 복음을 전할 때, 백성들이 순종하지 않을 것을 700년 전에 미리 예언했습니다. 이와 같이 지금도 복음 전파에 완강하게 저항하는 사람이 많이 있습니다. 그럴 때, 우리는 복음 전파 사역이 어려우니 포기하고 싶거나 절망적인 생각이 들 때가 있습니다. 그러나 성경은 복음 전파 사역이 절대 끝난 사역이 아님을 알려줍니다. 복음은 온 천하 땅끝까지 전파되어야 하기 때문입니다. 우리는 복음을 전할 때, 설령 아흔 아홉 명으로부터 거절을 당하더라도 마지막 한 명의 영혼을 구원할 것이라는 믿음을 갖고 주님을 바라보며, 끝까지 소망을 갖고 전해야 합니다. 우리는 하나님이 누구를 선택하셨는지 알 수 없지만, 하나님의 백성으로서 복음을 전할 의무가 있고, 그 과정에서 하나님이 선택하신 자가 주님께 나오게 될 것임을 믿어야 합니다.

그러나 내가 말하노니 그들이 듣지 아니하였느냐 그렇지 아니하니 그 소리가 온 땅에 퍼졌고 그 말씀이 땅 끝까지 이르렀도다 하였느니라 _롬 10:18

소리란 복음입니다. 복음은 한자로 좋은 소식인데, 말 그대로 복된 소리라고 할 수 있습니다. 소리라고 하니 제가 사역 초기에 몸담고 있었던 GRN 사역이 생각납니다. 1939년 미국 LA에서 시작된 이 단체(창설자 조이 리더호프)는 마지막 땅끝을 향한 주님의 마음을 대변하고 있다고 믿습니다. GRN에서는 지난 80년 동안 7천여 개의 언어로 된 복음 메시지를 녹음하고 편집하여 다양한 매체를 통해 보급하고 있습니다. 그 중에, 제가 몸담았던 8년 동안 저와 제자들을 통하여 제작된 복음 메시지가 120여 종으로 150여 개였습니다.

2016년 LA에서 개최된 한인 선교사 세계선교대회에 참석하던 차에, 저는 캘리포니아의 테메큘라에 있는 GRN 본부를 방문했습니다. 그곳의 스태프들이 보여주는 데이터를 보고, 지금도 매일 복음 메시지 파일이 다운로드되어 들려지고 있다는 사실을 확인할 수 있었습니다. 그 중에 제가 초창기에 녹음했던 어떤 메시지의 다운로드 기록을 예로 보게 되었는데, 그때까지 무려 십 만회 이상 다운로드되었다는 사실을 확인할 수 있었습니다. 지금은 전 세계가 인터넷으로 연결되어 스마트폰으로도 어디서나 쉽게 난곳방언의 복음을 그들의 언어로 들을 수 있게 하나님이 예비하신 것입니다. 이렇게 우리가 알지도 못하는 사이에, 지금은 전세계 각지에서 필요하다면 자기들의 난곳 방언으로 복음 메시지를 들을 수 있는 것입니다. GRN 사역은 문명의 이기를 통하여 하나님이 예비하신 마지막 때의 놀라운 복음 전파 방법이라고 할 수 있습니다.

다니엘아 마지막 때까지 이 말을 간수하고 이 글을 봉함하라 많은 사람이 빨리 왕래하며 지식이 더하리라 _단 12:4

다니엘의 예언처럼 지금은 사람들이 빨리 왕래하며 지식이 빠른 속도로 증가하는 시대가 되었습니다. 주님이 오실 때가 심히 가까운 마지막 때가 되고 있다는 증거입니다. 이스라엘에서 출발한 복음이, 이스라엘이 복음에 순종하지 않는 동안 땅끝까지 퍼져나가, 이미 모든 나라 모든 민족으로 들어가고 있습니다.

저는 몇 년 전에 YWAM 창설자 로렌 커밍햄으로부터 유엔에 등록된 국가를 기준으로 모든 국가에 복음이 들어갔다는 말을 들었습니다. 지금은 모든 나라와 족속과 백성과 방언의 가장 최소 단위인 방언의 단계까지 복음이 구석구석에 전해지고 있는, 정말 상상도 할 수 없는 복음 전파의 마지막 때가 되고 있습니다. 복된 소리가 온 땅에 퍼졌고 그 말씀이 땅끝까지 이르게 된 것입니다. 우리는 지금 로마서 10장 18절 말씀이 현실적으로 이루어지고 있는 시대에 살고 있습니다.

이 천국 복음이 모든 민족에게 증언되기 위하여 온 세상에 전파되리니 그제야 끝이 오리라 _마 24:14

주님의 복음이 모든 민족에게 증거될 때 주님이 다시 오실 것이라고 말씀하셨습니다. 이제 그 시기가 손에 잡힐 듯 가까이 온 것입니다. 우리는 그 소리를 들을 수 있어야 합니다. 이제는 자다가 일어날 때이며 정신을 차리고 깨어서 기도할 때입니다.

그러나 내가 말하노니 이스라엘이 알지 못하였느냐 먼저 모세가 이르되 내가 백성 아닌 자로써 너희를 시기하게 하며 미련한 백성으로써 너희를 노엽게 하리라 하였고 _롬 10:19

그럼에도 불구하고 우리는 하나님의 관심이 여전히 이스라엘을 향하고 있다는 사실을 주목해야 합니다. 이스라엘은 '하나님의 기력'의 첫 시작이기 때문입니다. 하나님의 장자라는 뜻입니다(창 49:3). 하나님은 이스라엘 백성이 주께 돌아오기를 간절히 바라고 계십니다. 부모님의 마음이 장남에게 얼마나 관심이 큰지를 생각한다면 이해가 될 것입니다. 장남이 잘못했을 때 혼을 내기도 하지만 부모의 마음이 편할 리가 있겠습니까? 장남이 잘못하여 버림받고 있는데 어느 부모가 편히 잠들 수 있겠습니까? 하나님이 어느 민족을 편애하시는 것은 아니지만, 장남에 대한 특별한 마음을 갖고 계시다는 것은 부모가 되어 본 사람이라면 다 이해할 수 있을 것입니다.

돌아온 탕자를 기다리는 아버지처럼 종일 손을 벌리고 '어서 돌아오라, 어서 돌아오라, 내게로 오라' 하시는 하나님이십니다. 21절은 이사야서의 다음 구절을 인용한 것입니다.

하루 종일 팔을 펴서 자기 백성을 불렀는데도 그들은 돌아오지 않았습니다. 돌아오지 않는 이스라엘을 아버지가 이렇게 안타까워하고 계십니다. 이런 아버지의 마음이 당신의 심장에 새겨지기를 바랍니다. 이 하나님의 심정을 깨달은 자가 사도 바울이었습니다.

복음 전파 사역은 주님이 명령하신 주님의 일입니다. 주님의 일이라고 해서 주님만이 다 하신다는 뜻은 아닙니다. 하나님은 연약한 우리를 선교 사역에 사용하길 원하십니다. 그래서 성령을 보내주신 것입니다. 성령이 오시면 우리가 권능을 받고 복음 전파의 증인으로서 살게 만드십니다. 그 부르심에 순종하는 자는 하나님의 생명을 점점 더 얻게 됩니다. 생명을 더 얻으면 얻을수록 신앙에 진보가 이루어지고, 복음의 열매를 맺는 데에도 더욱 매진하게 됩니다.

사도 바울은 자기 동족인 이스라엘의 구원을 끝까지 소망했습니다. 그러다가 하나님의 마음을 깨달았습니다. 지금도 두 팔을 벌리고 기다리시는 하나님이심을 보게 된 것입니다. 포기하지 아니하시는 하나님, 지금도 장남인 이스라엘이 돌아오기를 기다리시는 아버지의 마음을 사도 바울이 깨닫고, 이스라엘을 구원하길 원하시는 하나님의 심장 소리를 들은 것입니다.

이스라엘의 구원을 향한 하나님의 기다림은 2천 년을 이어왔습니다. 그럼에도 불구하고 유대인들은 하나님의 마음을 알지 못했습니다. 그들은 그리스도를 믿지 않았고, 안타깝게도 그리스도의 복음이 땅끝까지 전해져야 한다는 위임명령에도 주목하지 못했습니다.

하지만 지금은 이스라엘이 회복되고 있는 참으로 경이로운 때입니다. 이스라엘을 향한 선교는 미개척지를 새롭게 개척한다는 의미의 선교라기보다 회복이라는 관점에서 다루어야 합니다. 그들에게 복음이 먼저 들어갔는데, 그 후 복음으로부터 멀어지는 타락을 경험한 곳이므로 회복이라는 말을 쓰는 것이 더 합당하리라고 봅니다.

지금 얼마나 많은 사람들이 이스라엘 회복에 눈을 뜨고 있는지요. 최근 100여 년 동안, 이스라엘 사람들은 소위 '알리야(aliyah) 운동'을 통하여 고토(古土)로 돌아가고 있습니다. 지금 예루살렘에는 수백 개의 가정교회가 세워지고 수만 명의 Messianic Jews(메시아를 믿는 유대인들)들이 기적적인 방법으로 예수께 돌아오고 있다고 합니다. 전 세계적으로 예수를 믿는 유대인들이 이미 수십만 명에 이르는, 종래에 볼 수 없었던 변화가 일어나고 있는 시대입니다.

우리는 지금 곧 눈앞에 주님이 나타나실 것 같은 비상한 시기를 살고 있습니다. 코로나 시기에 미국 목사들에게 설문한 내용을 보니 열 명 중에 아홉 명은 지금이 마지막 때임을 믿고 있다고 합니다. 이전에는 '에이, 무슨 마지막 때야'라고 생각하던 사람들도 지금은 여러 가지 총체적인 상황을 보면서 마지막 때임을 말하고 있다고 합니다. 이어지는 로마서 11장은 이스라엘 회복의 완성이 어떻게 일어날지를 우리한테 보여줄 것입니다.

25

Romans 11:1-12

선택받고 실패한 이스라엘의 회복

로마서 11장은 우리 시대에 새로운 관심을 받고 있으므로 이 장에서 그 내용을 집중하여 살펴보려 합니다.

이스라엘 초대 수상인 데이빗 벤규리온은 "이스라엘처럼 세계 역사의 중심 역할을 담당한 나라가 또 있겠는가?"라고 말했습니다. 역사가인 아놀드 토인비는 "이스라엘 역사를 연구하면 할수록 신의 섭리를 인정하지 않을 수 없다"라고 말했습니다. 그 정도로 이스라엘 역사는 세계사 중에서도 중요합니다.

이스라엘은 소위 반유대주의라는 전세계의 격렬하고도 거센 핍박을 견디면서 자기 고유의 문화와 전통과 철학과 종교와 언어를 보존했다가, 무려 1900년 만인 1948년 5월 14일, 극적으로 팔레스타인에서 민족 국가를 부활시키는 데 성공했습니다. 이스라엘 역사를 통하여 들리는 하나님의 심장 소리를 들어보도록 하겠습니다.

↓ 택함받은 이스라엘의 실패를 위한 대책

하나님께서 이스라엘을 선택하신 것은 하나님의 주권을 보여줍니다. 이스라엘 민족이 특별히 선택된 이유는 무엇일까요? 이스라엘 민족이 다른 나라보다 뛰어난 자질을 가졌기 때문이었나요? 이스라엘이 주변 나라에 비교해서 훨씬 도덕적이었기 때문이었나요? 그렇지 않습니다. 전적인 하나님의 주권과 은혜 때문입니다. 하나님 편에서는 주권이고 이스라엘 편에서는 은혜입니다.

기록된 바 내가 야곱은 사랑하고 에서는 미워하였다 하심과 같으니라 _롬 9:13

바울은 태어날 때부터 야곱은 선택받았고 에서는 배제되었다는 성경의 기록을 인용하였습니다. 그러면 '하나님이 불공평한 분이 아닌가'라고 물을 수 있습니다. 이에 대해 사도 바울은 이미 9장에서 답을 하였습니다. 하나님은 전지전능하셔서 에서의 성품을 미리 아시고, 에서가 그 하나님의 인도하심에 순종하지 못할 것을 미리 내다보신 것이라고 말할 수 있습니다. 그것이 예지(豫知)입니다. 사람의 입장에서 보면 일방적인 예정처럼 느껴질 때 불공평하다고 생각할 수 있습니다. 사람은 예정론이 완전한 하나님의 주권을 이야기하니 불공평하게 느끼고, 자유의지의 개념은 인간의 책임을 강조하니 하나님의 주권을 경홀히 여길 수 있습니다. 그러나 이 두 가지의 한계를 보완한 개념이 하나님의 예지라고 할 수 있습니다.

그런데 이스라엘 백성들은 하나님의 선택에도 불구하고 불순종하였습니다.

그러나 그들이 다 복음을 순종하지 아니하였도다 이사야가 이르되 주여 우리가

전한 것을 누가 믿었나이까 하였으니 _롬 10:16

'다'라는 말은 모두 순종하지 않았다는 말이 아니라, 일부는 순종하고 일부는 불순종했다는 뜻인데, 불순종한 일부가 훨씬 많았다는 것입니다. 바울은 하나님으로부터 선택받은 이스라엘 백성들 대부분이 복음을 거역했다고 기록한 것입니다. 그렇다면 우리는 하나님이 이스라엘 백성을 선택하셨다는 의미를 어디서 찾을 수 있을까요? 이스라엘의 불순종과 하나님의 선택의 유효성은 어떤 관계가 있을까요?

이스라엘이 불순종했다고 모두 버림을 받았다면, 하나님이 특별히 이스라엘을 택하셨다고 말하지 못하실 것입니다. 하나님의 공의의 입장에서 보면, 이스라엘이 불순종했을 때 사실은 모두 심판을 받아야 공평합니다. 그러나 하나님은 그들 중에 남은 자를 선택하심으로 은혜를 이어가셨습니다. 사도 바울은 그런 논지를 11장에서 계속해서 이어가고 있습니다.

하나님이 자기 백성을 버리셨느냐? _롬 11:1
하나님이 그 미리 아신 자기 백성을 버리지 아니하셨나니… _롬 11:2
그런즉 이와 같이 지금도 은혜로 택하심을 따라 남은 자가 있느니라 _롬 11:5

하나님은 자기 백성을 미리 아시고 버리지 않으셨습니다. 바울이 '은혜로 택하심을 따라 남은 자'라고 설명할 수밖에 없는 이유는, 하나님께서 이스라엘 백성의 불순종으로 인해 모두 멸망시켜야 함에도 불구하고 일부를 선택하여 남기셨으니, 그것을 하나님의 은혜라고 본 것입니다. 그런데 이 은혜는 받은 사람의 입장에서는 은혜이지만, 받지 못한 사람의 입장에서는 불공평이라고 따지게 됩니다. 여기에 대해, 사도 바울은 모두 다 죽을 수밖에 없는 죄를 지은 상태에서 하나님께서 일부를 남겼다는 것을 생각하면, 남은 자를 두셨다는 것은 은혜이지 하나님을 원망하고 비난할 문제가 아니라고 말했습니다. 그렇게 하시는 것이 바로 하나님의 주권입니다. 그러면 여기서 남은 자란 누구일까요?

450명의 바알 제사장과 400명의 아세라 제사장과 영적 대결을 통하여 승리했던 엘리야가 이세벨의 살기 가득한 협박에 놀라서 두려움에 빠지고 도망하는 신세가 되었습니다. 엘리야는 이제 자기 혼자만 남아 죽게 되었다는 생각에 사로잡혔습니다. 그는 도망가면서 이런 기도를 드렸습니다.

> [3]주여 그들이 주의 선지자들을 죽였으며 주의 제단들을 헐어 버렸고 나만 남았는데 내 목숨도 찾나이다 하니 [4]그에게 하신 대답이 무엇이냐 내가 나를 위하여 바알에게 무릎을 꿇지 아니한 사람 칠천 명을 남겨 두었다 하셨으니 [5]그런즉 이와 같이 지금도 은혜로 택하심을 따라 남은 자가 있느니라 _롬 11:3-5

이스라엘 전체에서 주의 선지자들은 모두 죽어버렸다고 고백하는 엘리야에게 하나님은 7천 명이 바알에게 무릎 꿇지 않았다고 말씀하십니다. 하나님이 7천 명을 '남은 자'로 남겨놓으셨다는 것입니다. 얼마나 놀랍습니까? 당대의 선지자인 엘리야는 자기만 남았다고 생각했는데, 하나님은 그 7천 배인 7천 명의 남은 자를 바알에게 무릎 꿇지 않은 주의 선지자로 남겨놓으셨다는 것입니다. 하나님의 사람을 아무도 모르게 남겨놓으신 것입니다.

이 시대에도 우리는 엘리야처럼 믿는 그리스도인을 볼 수 없다고 아우성입니다. 그러나 우리는 하나님께서 그렇게 말하는 사람들이 생각하는 것보다 분명히 훨씬 더 많은 남은 자를 한국 땅과 전 세계에 남겨 두셨다는 사실을 믿어야 합니다. 하나님이 7천이라는 숫자를 언급하셨다는 것은 지구 구석구석에서 하나님만 바라보는 남은 자들을 정확히 기억하신다는 말이 됩니다. 우리가 하나님이 기억하시는 남은 자가 될 수 있을까요?

저는 인도의 시킴(Sikkim)이란 지역에 관해서는 이전에 전혀 알지 못했습니다. 시킴이 어떤 나라에 붙은 건지도 잘 몰랐습니다. '전설 따라 삼천리에 나올 것 같은 어떤 곳이겠거니'라고 생각했습니다. 그러던 제가 2013년에 처음 시킴을 방문해보고 깜짝 놀란 것은, 시킴에도 그리스도인이 많고 성령 충만한 목회자와 성도들이 있음을 보았기 때문입니다. 그곳에서 제가 우연히 만난 어떤 단체의 리더는 조용기 목사님이 쓰신 《4차원의 영적 세계》라는 책을 읽고 성령을 체험했다고 합니다. 그 뒤로 훈련을 받고 교회 개척자가 되어 20개가 넘는 교회를 세우고 있는 사실을 직접 볼 수 있었습니다. 도대체 어떻게 이런 일이 일어나게 되었나, 놀랍고 궁금하지 않을 수 없었습니다.

그들의 말을 자세히 들어보니, 약 50여 년 전인 1975년경 은둔의 불교 왕국이었던 시킴이 하나님의 은혜로 인도에 편입되고, 네팔계 사람들이 다수를 차지하게 되었습니다. 그 결과 네팔계 그리스도인들을 통해서 복음이 들어간 것이었습니다. 그래서 시킴에는 주로 네팔계로 구성된 기독교가 든든히 서 있고, 2020년 현재 인구의 10퍼센트가 넘는 7만 명 정도가 그리스도인이라고 합니다. 인도 동북부의 다즐링과 부탄의 상황은 모두 시킴과 비슷했습니다.

불교계의 또 다른 은둔 왕국이었던 부탄도 네팔계 부탄 사람들을 통해서 다수가 그리스도인이 되었습니다. 부탄 정부가 불교 왕국을 보호하려고 거주하던 네팔계 사람들을 추방하자, 추방된 네팔계 사람들이 부탄 국경지대에 난민 캠프를 치고 살게 되었습니다. 그때 인도에 사는 네팔계 그리스도인들이 복음을 전해 부탄 국적을 가진 사람들이 복음을 받아들이게 되었고, 그들이 교류하는 부탄인들에게 복음을 전하게 되어 예수 믿는 사람들이 생긴 것입니다.

제가 그런 이야기를 접할 때 들었던 생각은, 하나님은 구원의 계획을 주도하셔서 지금도 동일하게 일하고 계신다는 사실입니다. 아무리 세상 권력이 하나님을 믿지 못하게 각종 정책을 시행한다 해도, 그것이 도리어 복음 전파의 계기가 되어 복음이 들어가는 통로로 쓰시는 하나님의 지혜와 모략을 확인하게 된 것입니다. 이와 같이, 지금도 하나님을 도무지 모를 것 같은 숨겨진 나라와 민족들에도 반드시 남은 자를 두시고, 그들 중의 일부를 은혜로 선택하십니다. 지금도 살아서 역사하시는 하나님의 은혜를 찬양합니다.

↓ 이스라엘이 우둔해진 이유는?

> 그런즉 어떠하냐 이스라엘이 구하는 그것을 얻지 못하고 오직 택하심을 입은 자(the elect)가 얻었고 그 남은 자들(the others)은 우둔하여졌느니라 _롬 11:7

이스라엘이 택함받은 선민이지만, 그들 대다수는 구하는 것을 얻지 못했습니다. 그리고 택하심을 입은 일부가 남은 자가 되었습니다. 택하심을 입은 자들(the elect)이 (구원을) 얻었고 남은 자(the others)는 우둔하여졌습니다. 구하는 것을 얻지 못한 사람들이 대다수였습니다. 오직 '택하심을 입은 남은 자'가 구원을 얻었습니다.

이스라엘은 세상의 민족 전체를 대표합니다. 그런데 그들 중 다수는 구하는 구원을 얻지 못하고, 이스라엘 민족 중에서 택하심을 입은 자(the elect)인 소수가 남은 자(remnant)로서 구원을 얻었으며, 택하심을 받지 못한 '다수의 남은 자들'(the others)은 우둔해졌다는 말씀입니다. 한글로 쓰인 '남은 자'라는 단어의 속뜻을 잘 구별해야 이 본문을 정확히 이해할 수 있습니다. 여기의 '남은 자'는 오히려 다수(the others)가 되는 것이고, 앞에서 택하심을 입은 자(the elect)가 소수의 남은 자(remnant)가 됩니다. 남은 대다수는 우둔해져서 멸망하였습니다.

우둔하게 되었다(harden)라는 말은 영적인 일에 대해 전혀 반응을 보이지 못하는 돌 같이 굳은 상태를 말합니다. 원래의 뜻은 일을 많이 할 때 손에 박히는 굳은살을 의미합니다. 이 상태는 감각이 전혀 없는 살갗처럼 신령한 일에 반응하지 못하는 굳은 마음을 의미한다고 할 수 있습니다. 왜 그들은 마음이 굳은 상태가 되었을까요?

제가 목회를 통해서 경험으로 깨달은 바는, 성도들 중에서 보통 절반 정도는 영적인 일에 대해 거의 무감각한 상태로 살아간다는 것입니다. 그것은 대부분 교회의 일반적인 비율이라고 보아도 될 것입니다. 교회는 다니는데 절반 정도는 아무리 피리를 불어도 영적인 일에 반응이 없습니다. 왜 그럴까요? 그들은 영적으로 무감각해져서 그것이 왜 중요한지를 깨닫지 못하는 영적 영양 결핍에 걸렸기 때문입니다. 교회 지도자가 아무리 좋은 프로그램과 계획을 만들어도 참가하지 않습니다. 이런 것처럼, 하나님의 살아계신 역사를 보고도 눈만 껌뻑껌뻑하고 반응하지 못하는 이유는 영적으로 우둔하기 때문이라고 사도 바울이 7절에서 말한 것입니다. 물론 영적으로 우둔해져도 외적인 종교행위는 할 수 있습니다. 하지만 마음이 굳은 상태이면 변화될 수는 없습니다.

농부가 일 년 동안 농사를 지어 결실을 거둔 뒤에, 겨울 내내 논과 밭은 어떻게 변합니까? 딱딱하게 굳어져서 길 같은, 또는 돌짝밭 같은 상태가 되고 맙니다. 그래서 농부들은 봄이 될 때마다 쟁기로 땅을 갈아엎어야 농사를 지을 수 있습니다. 우리 심령도 이렇게 주기적으로 갈아엎는 과정이 필요합니다. 갈아엎어서 다시 옥토 같은 밭으로 변화되어야, 그곳에 씨앗이 떨어질 때 그 씨앗이 흙 속에 묻히고 자라서 싹이 나고, 꽃이 피고, 열매를 맺게 됩니다.

> 기록된 바 하나님이 오늘까지 그들에게 혼미한 심령과 보지 못할 눈과 듣지 못할 귀를 주셨다 함과 같으니라 _롬 11:8

하나님이 그들에게 혼미한 심령, 보지 못할 눈, 듣지 못할 귀를 주셨다고 했습니다. 하나님이 굳은 마음을 주셨다는 말은 이해하기 어렵습니다. '아니, 어떻게 하나님이 이스라엘을 택하시고서 혼미한 심령과 보지 못할 눈과 듣지 못할 귀를 주실 수 있다는 말입니까?' 바울도 이것이 이해가 되지 않았던 것 같습니다. 그 또한 하나님이 이스라엘을 택하셨고, 이스라엘은 하나님을 향해 얼마나 애를 쓰고 섬겨왔는데, 하나님께서 이렇게 많은 사람을 버리신다는 것이 말이 되느냐는 것입니다. 그것이 바울도 깨닫지 못했던 의문이었습니다.

혹시 우리 중에도 '아니 내가 하나님의 택함을 받아서 이렇게 열심히 살고 헌금도 하고 기도도 하는데, 왜 나에게 이런 일이 생기는 것일까?'라고 묻고 싶은 사람이 있습니까? 이제 그 이유를 알아보겠습니다.

↓ 아브라함과 이스라엘을 향한 소명

> … 땅의 모든 족속이 너로 말미암아 복을 얻을 것이라 _창 12:3 하

하나님은 아브라함을 처음 부르실 때부터 계획이 있으셨습니다. 아브라함에게 복을 주시고, 아브라함을 통하여 모든 족속이 복을 얻게 하시려는 계획이었습니다. 아브라함을 우상의 땅에서 불러내어 척박한 가나안

땅에서 하나님만 의지하는 사람이 되게 만드신 후, 아브라함을 통하여 이웃들에게, 아니 모든 족속에게 복을 전하는 통로로 사용하시겠다는 것이었습니다. 그러나 실상은 아브라함에게 약속의 자녀는 이삭 한 사람뿐이었습니다. 하나님의 계획은 원대하게 시작하고 결국 이루어지되, 점진적으로 진행되는 것임을 알 수 있습니다.

> [5]세계가 다 내게 속하였나니 너희가 내 말을 잘 듣고 내 언약을 지키면 너희는 모든 민족 중에서 내 소유가 되겠고 [6]너희가 내게 대하여 제사장 나라가 되며 거룩한 백성이 되리라 너는 이 말을 이스라엘 자손에게 전할지니라 _출 19:5,6

하나님이 아브라함의 후손인 이스라엘을 민족 단위로 택하셨고, 이스라엘을 하나님의 소유로 삼고 제사장 나라와 거룩한 백성으로 삼겠다고 약속하셨습니다. 아브라함은 개인적인 차원의 선택이고, 아브라함의 후손인 이스라엘은 민족과 국가로서 택하신 것입니다. 그러므로 이스라엘을 하나님의 소유로 삼고 제사장 나라가 되게 하셨다는 말의 뜻은 이스라엘을 다른 민족들에게 복을 전하는 공동체로 삼으셨다는 뜻입니다. 이것이 이스라엘을 향한 소명적 언약이 된 것입니다. 그런데 이스라엘은 어떠했습니까? 이 소명을 깨닫지 못해서 결국은 실패하였습니다. 하나님이 이스라엘을 버리시게 된 이유입니다. 그렇다면 혹자는 이렇게 생각할 수 있습니다. '하나님이 이스라엘 백성을 버리셨다면, 아브라함을 통하여 모든 족속을 구원하려는 하나님의 계획이 실패했다는 뜻인가?'

그러나 하나님은 실패하시는 분이 아니십니다. 하나님은 이스라엘이 버림받은 것을 도리어 이방인을 구원하는 기회로 삼으셨습니다. 이방인들을 향한 구원의 기회가 되는 것, 그것이 바로 바울과 같은 이스라엘의 소수의 남은 자들을 통해 이방인에게 복음을 전파하게 하시는 하나님의 비밀이었던 것입니다. 놀라운 하나님의 비책이라 아니할 수 없습니다. 이스라엘의 실패까지도 이방인에게 복음을 전하는 계기로 삼으셔서, 결국은 모든 것을 합력하여 선을 이루시는 하나님의 지혜를 찬양합니다.

> 형제들아 너희가 스스로 지혜 있다 하면서 이 신비를 너희가 모르기를 내가 원하지 아니하노니 이 신비는 이방인의 충만한 수가 들어오기까지 이스라엘의 더러는 우둔하게 된 것이라 _롬 11:25

이 말씀이 이스라엘을 해석하는 핵심 구절이 됩니다. 이스라엘에 대해 우리가 특별한 관심을 가져야 하는 이유가 바로 여기에 있습니다.

하나님이 이스라엘 백성을 택하셨습니다. 아브라함을 택하셨고, 그의 후손인 이스라엘을 택하셔서 모든 민족에게 복음을 전하는 제사장 민족으로서의 소명을 주었는데, 이스라엘은 그 소명을 이루는 데 실패했습니다. 이것을 우리가 육신의 눈으로 본다면 하나님이 실패자로 여겨질 수 있겠지만, 하나님은 절대로 실패할 분이 아니십니다. 우리 중에서 자신이 지혜 있다고 하는 사람이 이 계획의 신비를 모르겠습니까? 이 신비는 이방인의 충만한 수가 들어오기까지 이스라엘을 더러는 우둔하게 하신 하나님의 지혜입니다.

이스라엘을 통한 하나님의 계획(Plan A)이 실패한 것처럼 보이지만, 하나님은 또 다른 계획(Plan B)을 갖고 계셨습니다. 그것이 바로 소수의 남은 자를 통해 이방인에게 복음을 전하게 하시고, (복음을 받는) 이방인의 수가 충만하게 될 때까지 이스라엘이 영적인 눈을 뜨지 못하게 만드신 것입니다. 이스라엘이 눈을 뜨지 못하는 동안, 하나님께서는 남은 자들인 그리스도인들로 하여금 이방인의 숫자가 충만히 들어올 때까지 복음을 전하고 또 전하게 하신 것입니다.

'이스라엘의 더러는(in part)'에서 '더러는'이란 말이 한국어로는 적은 무리를 일컫는 단어 같은 어감을 주지만, 사실은 이스라엘의 다수를 가리키는 반대의 의미로 해석해야 합니다. 하나님께서 그들 대부분을 우둔하게 만드셨다는 것입니다. 이스라엘의 대다수를 잠시 동안 옆으로 밀쳐놓으신 것입니다. 그 사이에 하나님은 이스라엘의 남은 자를 이방인들 쪽으로 방향을 돌리게 하고, 주님의 재림 때까지를 이방인의 추수 기간으로 삼으시고 기다리시는 것입니다. 물론 이스라엘 민족이 전체적으로 순종을 잘 했다면 하나님은 대다수의 이스라엘을 계속 쓰셨을 것입니다. 그러나 이스라엘의 대다수는 계속해서 실패했습니다.

하나님께서 이스라엘에게 얼마나 기회를 주셨습니까? 모세 때부터 예수님의 시대까지 무려 1500년이나 기회를 주셨습니다. 그들이 하나님께 따질 수 없을 정도로 오랫동안 인내하시며 온 인류를 구원하시려는 계획을 연기하셨습니다. 그러나 더 이상 기다리실 수 없을 때가 되어 비로소 메시아를 보내시고, 아예 대다수 이스라엘을 뛰어넘는 하나님의 대책을 펼쳐놓은 것이 바로 이스라엘 중에서 바울과 초대교회 성도들을 남은 자로 사용하셔서 이방인에게 복음을 전하게 만드신 일입니다. 그 소수가 결국 로마제국을 복음 앞에 무릎 꿇게 하여 기독교 공교회 시대를 열게 하였고, 게르만 족속과 앵글로 색슨 족속에게, 그리고 미국과 오대양 육대주로 뻗어나가 아시아로 복음을 전하게 하시고, 또한 우리의 모국인 한국을 변화시켜서 중국과 전세계로 다시 선교사를 보내는 신비한 방법을 펼치고 계십니다. 그러므로 이방인의 충만한 수가 돌아오기까지, 하나님은 지금도 땅끝에서 일하고 계신다는 사실을 우리는 믿어야 합니다. 하나님의 지혜와 경륜에 찬양과 존귀를 올려드립니다.

↓ 이스라엘의 회복과 이방인의 충만의 관계

지난 2천 년은 이방인 구원의 시대라고 말할 수 있습니다. 하나님께서 역사 속에서 이스라엘에게 충분한 기회를 주셨던 것처럼, 열방들에게도 복음을 들을 수 있는 2천 년이라는 충분한 시간을 주고 계신다고 보아야 합니다. 하나님께서 예정하신 최후의 이방인들이 땅끝에서 주님 앞에 돌아오는 순간, 성령의 촛대는 다시 이스라엘로 옮겨질 것입니다. 마지막 때에 복음은 이스라엘로 들어가, 그 사이 영적으로 우둔하게 되었던 이스라엘 사람들의 눈을 열어 복음을 접하고 성령의 불에 마음을 태우는 일이 일어날 것입니다.

복음은 처음에 이스라엘에서 시작되었습니다. 그러나 이스라엘이 버린 복음이 전 세계로 퍼져나갔고, 이 복음은 어느 때인가 다시 이스라엘로 돌아가게 되어 있습니다. 어떤 면에서 보면, 이스라엘이 실족하여 넘어지면서까지 이방인을 축복하는 도구로 쓰임받게 된 것입니다. 하지만 이방 교회는 이스라엘이 예수님을 핍박하고 십자가에 못 박아 죽였던 민족이라고 해서 많은 멸시를 보냈습니다.

지난 2천 년간 유대인의 역사는 천주교와 기독교를 통해 핍박과 멸시를 당하며 살았던 기간이라 할 수 있습니다. 사실 이방인 교회는 이스라엘에 부담을 가질 특별한 이유가 없었기 때문에, 이스라엘이 망하고 전세계로 흩어지자 이스라엘을 하나님이 완전히 버린 민족처럼 취급했습니다.

역사상 유대인이 기독교로 돌아오지 못하게 한 요인 중에는 천주교를 포함한 기독교인들의 잘못도 있었습니다. 지난 2천 년 동안 유대인을 멸시하고 완전히 소멸시키려고 했던 일에 천주교와 기독교가 주된 역할을 했기 때문에, 유대인들은 기독교인들을 매우 싫어하게 되었습니다. 그런 상처를 입은 유대인들이 어떻게 기독교인이 될 수 있겠습니까? 그러나 로마서에 기록된 하나님의 이 신비를 그들이 어느 날 깨닫게 될 때, 성령 안에서 깊은 회개를 통하여 신앙이 변하여 주께 돌아오는 역사가 있을 것입니다. 사도 바울은 하나님 안에서 예수님과 이스라엘의 관계를 깊이 묵상하게 되고, 성령의 조명하에 드디어 하나님의 속마음을 깨닫게 되었습니다.

그들의 넘어짐이 세상의 풍성함이 되며 그들의 실패가 이방인의 풍성함이 되거든 하물며 그들의 충만함이리요 _롬 11:12

"그들의 넘어짐도 이방인에게 풍성함이 되었다면, 이스라엘이 예수 그리스도를 받아들일 때 이방인에게 부어주실 풍성함이 얼마나 클 것인가?" 라고 사도 바울이 말한 것입니다. 이방인 입장에서 보면 아이러니컬하게도 이스라엘이 넘어졌기 때문에 복음이 이방으로 전해지는 은혜를 입게 되었습니다. 그리고 하나님이 친히 이방인 가운데 오셔서 성령으로 인 쳐주시고 이방인도 하나님 안에서 축복의 자녀가 되었습니다. 이스라엘의 넘어짐이 도리어 이방의 풍성함이 되었다는 말입니다. 그 수혜자가 바로 저와 여러분입니다. 유대인의 실패까지 이렇게 이방인에게 풍성함이 되었는데, 하물며 그들이 충만한 은혜 안에 있을 때는 이방 교회가 손해를 보는 것이 아니라 얼마나 더 충만한 은혜를 얻을지 생각해보라는 말입니다. 19세기 말의 청교도 사역자들은 이러한 사실을 미리 내다보았습니다. 작가 김우현은 《하나님의 심장》에서 앤드류 보나르(1889년, 청교도 사역자)의 시를 인용했습니다.

이스라엘이 다시 회복될 때
교회는 가장 복된 소망으로 관을 쓰며
그리스도와 함께 영광스러운 승리의 개가를 부르리라

땅은 여호와의 은혜의 해를 송축하리라

청교도들은 이 사실을 미리 알고 바라보았습니다. 1800년대를 살았던 청교도들이 그만큼 깨어 있었다는 증거입니다. 그렇게 1800년대부터 이스라엘에 회복의 기운이 일기 시작했습니다. 이스라엘의 회복이 전세계의 이방인 교회에 어떤 영향을 끼치게 되었는지를 김우현은 《하나님의 심장》에서 이렇게 기록하였습니다.

"19세기 말에 있었던 시온운동은 20세기 초 성령운동에 불을 지폈고, 동시대에 벤 예후다를 통한 히브리어 회복운동은 20세기 초 오순절 단체에 불어왔던 방언 운동에 영향을 미치게 되었다고 봅니다. 히브리어의 회복은 영적인 언어인 방언의 회복으로 나타났고, 1948년에 있었던 이스라엘의 건국은 미국, 남미, 아프리카와 아시아의 부흥으로, 그리고 빌리 그래함 같은 세계적인 전도자가 나와 1970-1980년대에 지구상에 대부흥을 가지고 오게 만드는 요인이 된 것이라고 보입니다. 1967년에 있었던 6일 전쟁으로 예루살렘이 회복되었고, 동시에 1960년대부터 미국을 중심으로 지저스 무브먼트(예수 운동)가 우후죽순으로 일어나며 새로운 전통의 큰 부흥을 경험하게 된 것입니다."

이런 시각으로 보면 2017년 당시 미국 대통령 트럼프가 예루살렘을 이스라엘의 수도로 공포한 일과 미 대사관을 예루살렘으로 이전한 결정은 이방세계의 부흥운동에 새로운 전환점이 될 것이라고 개인적으로 기대해 봅니다.

우리는 로마서 11장의 전반부에서 이스라엘의 역사와 하나님의 주권에 대한 내용을 배웠습니다. 하나님은 이스라엘을 선택하셨고 복을 주셨습니다. 그러나 하나님의 뜻과 달리 이스라엘 백성이 하나님의 뜻에 순종하지 않음으로 하나님으로부터 멀어지게 되었습니다. 결국 이스라엘이라는 민족을 통해서 세계를 구원하시려는 하나님의 계획은 실패한 것처럼 보였습니다. 그러나 이스라엘의 실패가 실패가 아니었던 것은, 하나님께서 이스라엘의 실패를 선한 기회로 삼으셨기 때문입니다. 바로 이스라엘의 남은 자를 통하여 이방인을 먼저 구원하시려는 것이었습니다. 결국은 남은 자를 통한 하나님의 복음 전파 계획에 의해 이제는 이스라엘이 회복되고 있습니다. 이스라엘이 회복되어갈수록 이방인을 더 풍성한 은혜로 이끄시는 시대로 접어들게 됩니다.

저는 이 로마서를 강해하면서 소원이 생겼습니다. 이스라엘의 회복 운동과 더불어 마지막 땅끝까지 선교하는 운동이 크게 일어나, 온 지구에 주님이 다시 오실 대로를 수축하는 마지막 추수의 시기가 활짝 열리기를 소망하는 것입니다.

26

Romans 11:25-36
이스라엘 회복 운동과 주님의 재림

이스라엘 회복 운동은 100년 전까지는 거의 언급조차 되지 못했던 것입니다. 1900년이나 나라 없는 민족으로 전 세계에 흩어져 살던 이스라엘이 그 옛날의 고토(古土)를 회복하고 국가체계를 회복한다는 것은 현대 사회에서 불가능한 일로 보았기 때문입니다. 더구나 1세기는 우리나라 역사에서 삼국시대 초기라고 볼 수 있습니다. 지금 누가 잃어버린 고구려를 회복하자고 말한다면 선언적으로는 의미가 있을지 몰라도, 물리적으로 실행하려면 전쟁을 선포하는 것이나 마찬가지이기 때문입니다. 100년 전의 사건도 아니고 수천 년 전의 나라를 회복한다는 생각을 누가 할 수 있겠습니까?

개신교가 시작될 때 마틴 루터 같은 사람도 유대인이 예수님을 죽인 민족이라고 하여 유대인을 매우 싫어했습니다. 종교개혁자들도 이스라엘이 회복될 것이라고는 생각도 하지 못했습니다. 20세기 초까지도 이방 교회는 이스라엘의 회복에 대해 관심이 없었습니다. 그러니 앞 장에서 인용한 앤드류 보나르 같은 청교도가 이스라엘의 회복을 소망하면서 하나님을 찬양했다는 일은 놀라지 않을 수 없습니다.

이방 세계가 이스라엘의 회복에 눈을 뜨기 시작한 시점을 살펴보면 1948년 이스라엘이 국가로 독립되는 시점이라고 할 수 있겠습니다. 물론 그 조짐은 알리야 운동이 일어나고 현대 히브리어가 만들어지며, 유대인 내부에서 고토 회복 운동이 진행될 때부터라고 할 수 있습니다.

기독교인 중에서도 일부만이 이스라엘을 생각했지 다수에게는 관심의 대상이 아니었습니다. 그런데 그토록 예수를 거부하던 유대인 중에서 예수를 믿는 '메시아닉 주'로 변화되는 사람들이 하나둘씩 나타나면서 놀라운 일이 일어나게 되었습니다. 그리고 수십 년이 지난 지금은 사도 바울이 이야기한 역사의 마지막 정점에 거의 이르고 있다는 생각이 들 정도로 이스라엘의 회복에 관한 소식이 자주 들리고 있습니다. 무언가 특별한 카이로스의 시기에 우리가 성도로서 혹은 사역자로서 부름을 받고 있다는 것은 결코 우연이 아닙니다.

> 이는 만물이 주에게서 나오고 주로 말미암고 주에게로 돌아감이라 그에게 영광이 세세에 있을지어다 아멘 _롬 11:36

사도 바울이 이렇게 고백한 감동이 오늘 이 글을 읽는 당신의 마음에 그대로 전달되어, 사도 바울과 동일한 마음으로 주님을 찬양할 수 있게 되기를 바랍니다.

↓ 이스라엘 회복의 성경적 근거

> ^{7}내가 잠시 너를 버렸으나 큰 긍휼로 너를 모을 것이요 ^{8}내가 넘치는 진노로 내 얼굴을 네게서 잠시 가렸으나 영원한 자비로 너를 긍휼히 여기리라 네 구속자 여호와께서 말씀하셨느니라 _사 54:7-8

이 말씀에서 '잠시'라는 시간은 이스라엘 사람의 대다수가 구원에서 멀어지는 기간이라고 볼 수 있습니다. 지금으로부터 역산해보면 이미 2,700년이 지난 기간입니다. 성경에 '하루가 천년 같고 천년이 하루 같다'(벧후 3:8)라는 말이 있듯이 2,700년을 잠시라고 표현한 것입니다. 그런 다음에 큰 긍휼로 이스라엘을 모을 것이라고 이 이사야서의 말씀에 예언되었습니다. 하나님은 결국 이스라엘을 큰 긍휼과 영원한 자비로 회복시키겠다고 약속하신 것입니다. 얼마나 놀라운 하나님의 말씀인지요.

이 계시가 첫 번째로 이루어진 때는 이스라엘 역사 가운데에서 바벨론 포로에서 돌아오는 '출 바벨론' 시기였습니다. 두 번째는 예수님이 오시고 자기 백성들을 죄에서 구원하시는 때인 예수 그리스도의 때, 즉 신약시대라고 할 수 있습니다. 그리고 세 번째로, 이스라엘이 고토를 회복하고 재림 예수가 자기 백성들을 이끌고 영원한 도성으로 들어가실 그때, 미래의 가장 영광스러운 엑소더스가 남아 있는 것입니다. 지금은 그 영광의 엑소더스를 준비하는 마지막 시기가 되고 있는 것 같아 보입니다. 바벨론에서 돌아온 BC 440년, 예수 그리스도가 오신 AD 1세기경, 그리고 이스라엘이 회복되는 이 시대의 어느 시기가 계시가 점진적으로 확대되는 때라고 볼 수 있습니다.

성경의 예언은 역사의 어느 한 사건으로 끝나는 것이 아닐 수 있습니다. 그 역사가 반복되며 확대되고 재생산되어 나타난다는 히브리적 사이클의 개념으로 해석해야 한다는 점에서, 바울은 이사야서 54장을 로마서 11장에서 해석하였습니다.

> 그러므로 내가 말하노니 그들이 넘어지기까지 실족하였느냐 그럴 수 없느니라 그들이 넘어짐으로 구원이 이방인에게 이르러 이스라엘로 시기나게 함이니라
>
> _롬 11:11

이 구절을 보면 이스라엘이 넘어지긴 했는데 완전히 실족한 것은 아니라고 합니다. 그들이 넘어짐으로 구원이 이방인에게 이르게 되고, 결국 이방인들이 구원받음으로 하나님의 복을 받는 모습을 보고서 이스라엘이 깨닫고, 이방인에게 나타내시는 하나님의 축복을 시기하게 된다는 말입니다. 그렇다면 '시기'가 거의 다 된 것 같습니다. 유대인들은 자신들이 선민이고 가장 축복받은 민족이라고 항상 생각했는데, 자신들이 나라를 잃고 방황할 때 기독교를 믿는 국가들은 모두 복을 받아 강대해지고, 몇몇은 세계를 제패하는 나라가 된 것을 보니 질투하고 시기하지 않을 수 없게 되었습니다.

> 25형제들아 너희가 스스로 지혜 있다 하면서 이 신비를 너희가 모르기를 내가 원하지 아니하노니 이 신비는 이방인의 충만한 수가 들어오기까지 이스라엘의 더러는 우둔하게 된 것이라 26그리하여 온 이스라엘이 구원을 받으리라 기록된 바 구원자가 시온에서 오사 야곱에게서 경건하지 않은 것을 돌이키시겠고
>
> _롬 11:25-26

사도 바울은 어떻게 이렇게 엄청난 예언적인 선포를 할 수 있었을까요? '그때'는 이방인의 충만한 수가 구원에 들어온(구원받은) 이후라는 것입니

다. 그 전까지 이스라엘의 일부분은 우둔하게 될 것이라고 말합니다. 여기서 '더러는'이란 단어는 사실 대부분의 의미를 지닌다고 말씀드렸습니다.

성숙한 신앙인은 하나님의 심정을 아는 자입니다. 마치 자녀가 성장하여 부모의 마음을 알아주고 부모를 심정적으로 도와주려 할 때, 부모가 자녀에게 무엇을 바라서가 아니라 마음이 진정으로 기쁘고 감동이 넘쳐 자식을 향한 사랑이 더 솟구치는 것처럼, 우리의 아버지 하나님께서는 우리가 하나님의 마음을 알아주고 하나님의 마음을 따라 순종할 때 진실로 기뻐하고 감격하십니다. 하나님 아버지의 심정을 알아주는 자가 성숙한 자입니다.

초등학교 어린이가 무엇을 해줄 수 있어서가 아니라, 어머니의 힘든 마음을 알아서 "엄마 힘들지? 내가 도와줄게. 뭐 시킬 거 없어요"라고 한다면 어머니의 모든 염려와 근심이 봄눈 녹듯 녹아내릴 것입니다. 어머니로서 희생하며 자식을 키운 보람을 느낄 것입니다. 우리 하나님도 그렇지 않으시겠습니까? 우리가 비록 초등학생 수준으로 하나님을 이해하고 산다 하더라도, 아버지의 심정을 알아 아버지의 마음속 깊은 이야기를 듣고 공감할 수 있는 성도라면 하나님 아버지께서 얼마나 감격하실까요?

"아버지께서 이런 심정을 가지셨군요. 아버지의 첫 기력으로 낳은 장자인 이스라엘이 실패한 것을 아버지의 마음에 깊이 묻어두고, 이방의 영혼을 구원하기 위해서 오늘까지 말없이 일하셨군요. 아버지의 심정을 이제 알았으니, 나도 조금이라도 헤아려서 그 일에 동참하겠습니다."

인도 시킴 주에 '라투라'라는 곳이 있습니다. 그곳에서 20킬로미터만 더 가면 중국 국경과 마주합니다. 군사보호구역 안에서 일반인의 왕래를 허용한 최북단에 창구호수라는 곳이 있습니다. 저는 그곳까지 간 적이 있었습니다. 창구호수에 도착하니 저절로 무릎을 꿇게 되고, 그 너머의 티벳 땅에 갇혀 있는 수많은 족속(族屬)들을 생각하며 하나님께 기도했습니다.

그때 갑자기 제 마음이 울컥하면서 주님의 내적인 음성을 들었습니다.

"고맙구나. 네가 여기까지 와줘서 고맙다."

저는 이제까지 제가 하나님의 헤아릴 수 없는 큰 사랑을 받은 자이니 마땅히 할 일을, 그것도 어린아이처럼 조금이라도 하려는 것일 뿐인데, 하나님이 고맙다고 하시니 어리둥절했고 몸 둘 바를 몰랐습니다. '하나님이 왜 내게 고맙다는 말씀을 하셨을까?'라고 궁금해 할 때, 제 마음속에 이런 생각이 들었습니다. '하나님께서 세계 최대의 인구를 가진 국가인 중국과 인도가 복음 안에서 교통하고, 그들 사이에 놓인 길을 통하여 복음의 왕래가 이루어지기를 원하고 계신 것 같다.'

이곳에 복음의 문이 열려 중국과 인도의 복음 사역자들이 자유롭게 왕래하며, 복음의 사각지대가 없도록 주의 복음을 전할 수 있는 길이 속히 열리기를 기다리고 계시는 하나님의 마음을 느낀 것입니다. 그 일에 저의 미약한 마음을 드리니, 주님이 당신의 심정을 조금이라도 알아주는 종에게 이런 말씀을 하시지 않았나 생각할 뿐입니다.

그 후로도 그곳을 생각할 때마다, 히말라야 거대한 산줄기 안에 있는 미얀마와의 국경지대인 아루나찰 프라데쉬로부터, 부탄, 시킴, 네팔을 거쳐 히마찰, 잠무카시밀, 라다크, 파밀 고원에 이르기까지, 그리고 중국의 티벳고원의 라사 린즈 지구에 이르기까지, 현재는 거대한 산맥으로 길이 막힌 것 같지만, 광야에 길을 내고 사막에 강을 내어 주의 택하신 자들이 교통하고 주의 구원의 대로가 구축될 것을 믿음으로 바라봅니다.

↓ 이스라엘의 고토를 회복하자는 알리야 운동

'알리야'는 히브리어로 '그 땅으로 올라가라, 시온을 향해 올라가라'라는 뜻입니다. 시온은 예루살렘을 가리킵니다. 그러므로 '알리야 운동'은 이스라엘 고토로 귀환하자는 운동입니다. 성경에는 마지막 때가 되면 흩어졌던 유대인들이 시온으로 돌아온다고 기록되어 있습니다.

> [5]두려워하지 말라 내가 너와 함께 하여 네 자손을 동쪽에서부터 오게 하며 서쪽에서부터 너를 모을 것이며 [6]내가 북쪽에게 이르기를 내놓으라 남쪽에게 이르기를 가두어 두지 말라 내 아들들을 먼 곳에서 이끌며 내 딸들을 땅 끝에서 오게 하며 _사 43:5,6

많은 학자들은 이 사건을 '출바벨론 사건'으로 주석하고 있습니다. 그러나 출바벨론으로만 한정하기가 아쉬운 것은, 이 구절이 그 범위를 뛰어넘는 내용으로 가득 차 있기 때문입니다. 역사상 출바벨론은 포로로 잡혀간 바벨론에서 이스라엘 백성을 불러낸 사건인데, 본문은 거기에 더하여 서쪽, 북쪽, 남쪽, 그리고 먼 곳과 땅끝에서 불러낸다고 분명히 예언하고 있습니다. 이런 사건이 일어날 상황은 이 말씀이 기록된 시점에서는 아직 없던 것입니다.

불러내는 대상을 이스라엘에 국한해서 보면, 그것은 정확히 최근 세기부터 일어나기 시작한 알리야 운동을 말한다고 할 수 있습니다. 신약적인 관점에서 보면 이 사건은 예수 그리스도 안에서 종말론적 사건으로서, 하나님의 백성들이 동서남북 먼 곳과 땅끝에서 주께로 나아올, 마지막 때에 일어날 대역사를 예언하는 내용으로 보아야 할 것입니다. 이것은 분명히 이전 역사에서는 볼 수 없었던 대규모의 일이며 장차 미래에 도래할 어떤 역사인데, 그 일이 이미 알리야 운동을 통하여 부분적으로 이스라엘 백성들에게 이루어지고 있습니다. 그리고 마지막 주님의 재림 직전에 예수 그리스도 안에 있는 하나님의 백성들이 모든 민족과 땅끝에서 하나님께 나아올 대수확의 때를 보여주는 예언적 표적이라고 저는 믿습니다.

> [8]보라 나는 그들을 북쪽 땅에서 인도하며 땅 끝에서부터 모으리라 그들 중에는 맹인과 다리 저는 사람과 잉태한 여인과 해산하는 여인이 함께 있으며 큰 무리를 이루어 이 곳으로 돌아오리라 [9]그들이 울며 돌아오리니 나의 인도함을 받고 간 구할 때에 내가 그들을 넘어지지 아니하고 물 있는 계곡의 곧은 길로 가게 하리라 나는 이스라엘의 아버지요 에브라임은 나의 장자니라 _렘 31:8-9

> 그들에게 이르기를 주 여호와께서 이같이 말씀하시기를 내가 이스라엘 자손을 잡혀 간 여러 나라에서 인도하며 그 사방에서 모아서 그 고국 땅으로 돌아가게 하고 _겔 37:21

이 말씀을 현대의 관점으로 해석하면, 서쪽은 유럽의 여러 나라들과 미국으로부터 돌아오는 사람들이고, 동쪽은 중국과 이란을 포함한 중동 국가들과 중앙아시아 국가들과 인도에서 돌아오는 사람들을 말할 수 있습니다. 하지만 자기 조상들이 천 년 이상 뿌리를 내리며 살아왔던 고향을 떠난다는 것이 어찌 그리 쉬운 일이겠습니까? 그런데 지금 전 세계에서 유대인의 뿌리를 찾아서 시온으로 몰려드는 일이 집단적으로 일어나고 있습니다. 하나님의 강권적인 역사가 아니라면 이런 현상을 어떻게 설명할 수 있겠습니까?

우리는 이 사건이 개인 차원만이 아니라 가족 차원으로, 더 나아가 장애인까지 아우르는 집단의 차원으로 진행될 것이라는 예언과, 그들이 고토로 돌아오는 운동으로 지속되고 있다는 점을 예의 주시해야 할 것입니다. 예레미야서 31장 8,9절에서 다양한 사람들이 돌아온다고 예언했기 때문입니다.

보라 나는 그들을 북쪽 땅에서 인도하며 땅 끝에서부터 모으리라 그들 중에는 맹인과 다리 저는 사람과 잉태한 여인과 해산하는 여인이 함께 있으며 큰 무리를 이루어 이 곳으로 돌아오리라 _렘 31:8

정말 놀랍게도, 이스라엘이 망하기도 전인 2,600년 전에 성경에 쓰인 대로 이사야와 예레미야의 예언이 지금 그대로 이루어지고 있는 현상을 어떻게 설명할 수 있겠습니까? 동서남북 전 지역에서 이스라엘 민족이 이스라엘의 옛땅으로 돌아올 것을 성경이 예언하다니 얼마나 놀랍습니까? 그만큼 지금 이 시기가 하나님의 놀라운 카이로스의 때가 아닐까요? 믿는 자들은 예의 주시해야 할 것입니다.

현재 이스라엘에 거주하는 유대인은 약 770만 명이며, 전 세계의 유대인은 800만여 명으로 모두 합치면 대략 1,600만 명 정도라고 합니다. 전 세계의 유대인 800만 명 중에서 미국에 사는 유대인은 680만 명입니다. 유대인 대부분이 자유를 찾아 미국으로 이주하였다는 것을 알 수 있습니다. 미국에 거주하는 유대인의 숫자와 이스라엘에 거주하는 유대인의 숫자가 거의 비슷하니 말입니다.

1948년 벤쿠리온 이스라엘 임시정부의 대통령이 이스라엘의 독립을 선언할 때, 이스라엘 인구는 불과 65만 명 정도였다고 합니다. 이스라엘 정부는 알리야 운동이라는 귀환에 관한 법을 만들어 '돌아오는 모든 자들에게 시민권을 주겠다'라고 발표했고, 그 결과 초기 일년 만에 무려 70만 명이 이스라엘로 돌아왔습니다. 주로 유럽과 아프리카에서 돌아오는 자들이 많았습니다.

중국의 정조우 카이펑이라는 곳에는 유대인 마을이 있습니다. 그곳엔 현재까지도 유대인 문화가 그대로 보존돼 있습니다. 그들도 언젠가는 이스라엘로 돌아가려 할 것입니다. 러시아에서도 수많은 사람들이 이스라엘로 돌아오고 있습니다. 이스라엘로 돌아오면 시민권을 주고 경제적으로도 많은 혜택을 준다고 하니, 러시아에서 살던 유대인들이 돌아오고 있는 것입니다. 러시아에서는 지금도 하루 평균 1,800명 이상이 돌아온다고 합니다. 최근에 돌아오는 규모는 1차 출애굽 때보다 크다고 볼 수 있습니다. 그러니 현대판 출애굽이라고 말할 수 있습니다.

하지만 유대인 한 명이 주께 돌아오기가 얼마나 어려운지 우리는 상상도 할 수 없습니다. 2천 년 동안 나라 없이 디아스포라로 살았어도 유일신을 섬기는 유대 종교 때문에 고국에 돌아오려는 사람들인데, 그들이 그리스도인이 된다는 것은 천지개벽할 일이라 할 수 있습니다. 게다가 박해의 대부분은 그들이 예수를 죽였다는 이유 때문에 기독교와 가톨릭으로부터 받은 것이었기 때문에, 유대인들이 기독교인이 된다는 것은 정말 하나님의 기적이 아니면 불가능한 일이 아닐 수 없습니다. 그런 그들이 예수 그리스도를 믿는 메시아닉 주로 돌아오고 있습니다. 유대인들이 예수 그리스도를 믿는 메시아닉 주가 된다는 것은 하나님의 특별한 개입이 아니면 상상할 수 없는 일입니다.

1967년 6일 전쟁으로 예루살렘이 회복될 때, 예루살렘에서 예수를 믿는 메시아닉 주는 150명이었으나, 현재는 200배 이상 증가하여 메시아닉 주라 불리는 그리스도인이 예루살렘에만 이미 4만 명에 이를 정도가 되었습니다. 지난 2018년에는 예루살렘이 이스라엘의 수도로 선언되었습니다. 점점 놀라운 일이 벌어지고 있습니다.

↓ 이스라엘의 회복과 주님의 재림

성경의 마지막에서 두 번째 구절은 "아멘 주 예수여 속히 오시옵소서(마라 나타)"입니다. 주님이 다시 오실 수 있는 조건 중에서 아직 이루어지지 않은 가장 확실한 두 가지 사실은 땅끝까지 복음 전파가 이루어지는 일과 이스라엘이 회복되는 사건이라고 말할 수 있습니다. 이스라엘이 회복되어야 전 세계 열방의 성도들이 애타게 기다리는 주님의 재림이 이 땅에 일어날 수 있습니다.

> 이 천국 복음이 모든 민족에게 증언되기 위하여 온 세상에 전파되리니 그제야 끝이 오리라 _마 24:1

복음이 온 세상에 전파되어야 한다는 것은 예수님의 지상 대 위임명령입니다. 그리고 제가 이 책《로마서 17장》을 쓰는 이유입니다. 저는 복음이 반드시 모든 민족에게 전파되어 복음에 순종하게 될 때 비로소 주님이 다시 오시리라는 성경의 말씀이 그대로 이루어질 것이라고 믿습니다.

또한 이스라엘의 회복은 인류의 종말과 연결되어 있기 때문에, 사탄의 집요한 방해가 예상됩니다. 예수님이 이 땅에 오시면 마귀를 잡아서 무저갱에 집어넣고 천년왕국을 시작하게 됩니다(계 20:2). 그러므로 주님이 다시 오신다는 예언은 사탄에게 자기의 시간이 얼마 남지 않았음을 통보하는 것이나 마찬가지입니다.

사탄의 입장에서 보면 어찌하든 전력으로 막아야 할 일이 바로 예수님의 재림입니다. 그러려면 이스라엘의 회복이 이루어지지 않아야 할 것입니다. 이것이 사탄이 교회로 하여금 지금까지 이스라엘의 회복에 눈을 가리고 무관심하게 만듦으로써, 이스라엘을 위해 기도하지 못하게 한 이유라고 말할 수 있습니다. 그러므로 땅끝 사역으로서 이스라엘의 회복은 사탄에게 최후의 일격을 가하는 사건이 될 것이며, 사탄의 강력한 저항을 뚫고 전진해야 할 마지막 영적 전쟁이 될 것입니다. 그러나 두려워할 이유가 없는 것은 이 일이 주님의 일이기 때문입니다. 주님께서 십자가에서 이미 이기신 일을 집행하는 일이라는 사실을 깨닫고 믿음으로 담대하게 나아가야 할 것입니다.

사도 바울은 2천 년 전에 이미 이런 하나님의 계획을 알고 감격해서 하나님을 찬양하였습니다. 이런 걸 보면 얼마나 놀라운 주의 종인지요. 바울이 자기 동족인 이스라엘에 위해서 계속 기도하다가 이러한 놀라운 비밀을 깨닫고 로마서 11장을 기록한 것입니다. 그러므로 로마서 9장에서 11장까지를 이미 멸망한 이스라엘에 관한 이야기로 한정해서 읽으면 로마서의 핵심 주제를 놓칠 수밖에 없습니다.

지금까지 로마서를 해석할 때 9장에서 11장까지는 그다지 주의를 기울이지 않은 것 같습니다. 그러나 이스라엘의 회복이라는 주제를 포함하여 열린 해석을 하게 될 때, 특별히 로마서 11장은 주님의 재림의 때를 볼 수 있는 중요한 본문이 됩니다. 이것이 《로마서 17장》을 통해 드러나는 사도 바울의 마음이라고 저는 믿습니다.

사도 바울은 이스라엘 회복이라는 매우 어려운 주제에 대해서 구약성경을 인용하면서 마치 논문을 쓰듯 써내려왔습니다. 그러나 이 비밀을 깨달은 이상 감격에 벅차서 더 이상 냉정하게 로마서를 쓸 수 없었던 것 같습니다. 이스라엘의 실족과 이방인의 구원, 그리고 하나님의 인내하심과 이방인을 통한 이스라엘의 회복이라는 하나님의 비밀의 놀라운 경륜을 깨닫고 심장이 펄쩍펄쩍 뛰어 더 이상 펜을 들 수 없었을 것입니다. 그는 두 손을 번쩍 들어 주님을 찬양합니다.

> 깊도다 하나님의 지혜와 지식의 풍성함이여, 그의 판단은 헤아리지 못할 것이며 그의 길은 찾지 못할 것이로다 _롬 11:33

차분하게 논리적으로 글을 써내려가던 바울이 논조를 확 바꾸어 버립니다. 하나님의 감동의 물결이 강물같이 사도 바울의 심령에 부딪힌 것 같습니다. 하나님의 지혜와 지식이 얼마나 풍성하고 얼마나 놀라운지, 그분의 판단과 모든 결정은 인간으로서 헤아리지 못할 일이며, 그분의 의의 길은 찾지 못할 것입니다.

34누가 주의 마음을 알았느냐 누가 그의 모사가 되었느냐 35누가 주께 먼저 드려서 갚으심을 받겠느냐 36이는 만물이 주에게서 나오고 주로 말미암고 주에게로 돌아감이라 그에게 영광이 세세에 있을지어다 아멘 _롬 11:34-36

그러니 누가 주의 마음을 알았나요? 누가 그의 모사가 되었습니까? 누가 주께 먼저 드려서 갚으심을 받겠습니까? 만물이 주에게서 나오고 주로 말미암고 주에게로 돌아가듯이, 복음은 이스라엘에서 시작하여 이방인을 충만케 한 다음 다시 이스라엘로 돌아가게 되어 있습니다. 이 비밀을 사도 바울에게 열어 보여주셨다는 사실이 너무나 감격스러워, 그가 그토록 냉정하게 쓰고 있던, 한 편의 논문 같은 로마서를 이렇게 마감할 수는 없기에, 감탄사를 연발하면서 주님을 찬양함으로 영원하신 하나님께 영광을 돌린 것입니다. 바울은 이스라엘에 대한 근심과 애통을 드디어 내려놓을 수 있었을 것입니다. 우리도 주님 앞에 설 때까지 날마다 감격하고 바울과 동일한 찬양을 드릴 수 있기를 진심으로 바랍니다.

27

Romans 15:1-13

예수를 본받는 삶의 세 가지 모습

이제 15장으로 돌아왔습니다. 로마서의 결론을 새롭게 시작하는 바울의 말이 15장 전반부에 있습니다.

본문은 바울의 최종 결론으로, 어떻게 보면 1장 후반부터 시작된 로마서의 실제적인 결론이라고 말할 수 있습니다. 그리고 15장 후반부터 16장 마지막까지는 로마서 전체의 결론이면서 동역자들에 대한 감사와 부탁을 기록한 것입니다.

사도 바울은 로마서를 마무리하면서 로마 교인들에게 마지막 당부의 말씀을 전합니다. 우리에게도 말씀하시는 사도의 고언(苦言)이라고 생각하고, 끝까지 기대하는 마음으로 집중할 수 있기를 바랍니다.

↓ 첫째, 이웃을 기쁘게 하는 삶을 사십시오

참 제자의 삶은 이웃을 기쁘게 하는 것이어야 합니다.

> 우리 각 사람이 이웃을 기쁘게 하되 선을 이루고 덕을 세우도록 할지니라
> _롬 15:2

이 말씀의 뜻은 "이웃에게 선이 되도록 하기 위해서 이웃을 기쁘게 해야 한다"라는 것입니다. 여기서 선은 어떤 측면의 선이어야 할까요? 하나님이 보실 때의 선이어야 합니다. 그냥 단순히 재미있는 개그를 해서 이웃을 기쁘게 하는 것이 아니라, 그들을 선한 방향으로 이끌 수 있도록 노력해야 한다는 말입니다.

'각 사람'이란 일방적으로 누가 누구를 기쁘게 해야 한다는 말이 아니라 서로 노력해야 한다는 뜻입니다. 우리는 각각 서로를 기쁘게 해야 합니다. 나에게는 상대방이 이웃이고 상대방에게는 내가 이웃이 되기 때문입니다. 문제는 서로 남을 기쁘게 하기보다, 남을 통해 내가 기쁨을 얻으려 한다는 데에 있습니다.

남을 유익하게 하려면 누군가 먼저 희생해야 하는데, 누가 먼저 희생해야 할까요? 나이가 어린 사람이 먼저 해야 할까요? 연장자가 해야 할까요? 아니면 믿음이 어린 초신자가 해야 할까요? 누가 먼저 이웃을 기쁘게 해야 하는지에 대해 바울 사도는 이렇게 말했습니다.

> 믿음이 강한 우리는 마땅히 믿음이 약한 자의 약점을 담당하고 자기를 기쁘게 하지 아니할 것이라 _롬 15:1

믿음이 강한 자가 믿음이 약한 자를 기쁘게 해야 한다고 말합니다. 그리스도인 사이의 갈등을 해결하는 방법은 신앙이 강하다고 생각하는 사람이 신앙이 약한 사람에게 양보하고 희생하는 것입니다. 어찌 보면 공평하지 않은 것 같습니다. '내가 꼭 양보하면서, 희생하면서까지 다른 사람을 기쁘게 해야 하나?'라는 의문을 가질 수 있을 것입니다. 그것을 아시는 예수님께서 우리에게 본을 보여주셨습니다.

> 그리스도께서도 자기를 기쁘게 하지 아니하셨나니 기록된 바 주를 비방하는 자들의 비방이 내게 미쳤나이다 함과 같으니라 _롬 15:3

예수님은 자기를 기쁘게 하지 않으시고 심지어 비방을 받으셨습니다. 예수님은 누구라도 한 공동체의 리더가 되려면 자기는 비난을 받고 다른 사람이 영광을 받도록 만들어야 참 제자가 될 수 있다고 말씀합니다. 참 제자는 예수님을 보여주는 자인데, 그렇게 하기 위해서는 예수님을 본받는 삶을 살아야 합니다. 예수님이 우리에게 본을 보여주셨던 것처럼 우리도 다른 사람에게 예수 믿는 사람으로서 본이 되어야 합니다. 이것을 유진 피터슨이 쓴 메시지 성경으로 보면 역동적인 의미를 더욱 깨달을 수 있을 것입니다.

> "예수께서 하신 일이 바로 이것입니다. 그분은 사람들의 어려움을 외면한 채 자기 편한 길을 가지 않으셨습니다. 그분은 그들의 어려움 속으로 직접 뛰어드셔서 그들을 건져 주셨습니다. 성경은 이를 '내가 어려움에 처한 사람들의 어려움을 짊어졌다'라는 말로 표현하고 있습니다." _롬 15:3, 메시지성경

예수님은 스스로 어려움을 짊어지셨지 다른 사람에게 어려움을 전가하

지 않으셨습니다. 예수님께서 하늘 보좌를 버리시고 이 땅에 오셔서 인간이 되신 것은 멸망에 처한 인류를 구원하기 위해서입니다. 그래서 직접 비방을 받으시고 십자가를 지신 것입니다. 이것이 우리를 기쁘게 만들기 위하여 자신의 기쁨을 내려놓으신 예수님의 사랑이라고 할 수 있습니다.

사랑은 … 자기의 유익을 구하지 아니하며 … _고전 13:4-5

예수님은 자기 삶의 유익을 구하러 오신 분이 아니라 다른 사람의 유익을 주시기 위해서, 자원해서 십자가를 지셨습니다. 예수님은 나를 사랑하시어 나를 유익하게 하는 삶을 사셨습니다. 사랑은 자기의 유익을 구하지 아니합니다. 그래야 사랑한다고 말할 수 있습니다. 자기희생 없는 사랑은 꽹과리의 울림일 뿐입니다. 우리가 참 제자가 되기를 원한다면 이웃을 기쁘게 하는 삶을 살아야 합니다.

↓ 둘째, 한 마음으로 하나님께 영광을 돌리십시오

이제 인내와 위로의 하나님이 너희로 그리스도 예수를 본받아 서로 뜻이 같게 하여 주사 _롬 15:5

하나님의 성품은 '인내'와 '위로'입니다. 우리 한 사람 한 사람을 위해서 인내하심으로 기다려주시고 끝없는 위로로 품어주시는 분이십니다.

우리는 누가복음의 돌아온 탕자의 이야기를 통해서 하나님 아버지의 마음을 엿볼 수 있습니다. 아버지는 자기 분깃을 가지고 집을 나가 방탕하며 살았던 아들이 돌아오기를 끝까지 기다리시는 인내의 성품을 갖고 계십니다. 아버지는 죄를 지은 모습 그대로 아버지 집으로 돌아오는 아들을 안아주시고, 새 옷을 입히고 반지를 끼우고, 신발을 신겨주고 송아지를 잡아서 잔치를 베풀어주는 위로의 성품을 가지셨습니다. 하나님의 성품은 인내와 위로인 것을 알 수 있습니다.

성경에 나오는 교회 가운데 빌립보 교회는 좋은 교회임에도 불구하고 문제점이 있었습니다.

내가 유오디아를 권하고 순두게를 권하노니 주 안에서 같은 마음을 품으라
_빌 4:2

유오디아와 순두게라는 두 사람이 나오는데, 두 사람은 다 여성입니다. 아마도 이 두 분은 빌립보 교회에서 열심히 봉사하는 성도들이었을 텐데, 이 말씀으로 미루어보면 두 사람 사이가 좋지 않았다는 것을 알 수 있습니다. 이 말씀을 쓰게 된 배경을 빌립보서 2:2-4에서 찾아볼 수 있습니다.

2마음을 같이하여 같은 사랑을 가지고 뜻을 합하며 한마음을 품어 3아무 일에든지 다툼이나 허영으로 하지 말고 오직 겸손한 마음으로 각각 자기보다 남을 낫게 여기고 4각각 자기 일을 돌볼뿐더러 또한 각각 다른 사람들의 일을 돌보아 나의 기쁨을 충만하게 하라 _빌 2:2-4

사도 바울은 유오디아와 순두게가 마음을 같이하지 않고, 서로 사랑하지 않고, 뜻을 나누어 서로 다른 마음을 품고, 다툼과 허영으로 교회를 섬기고 있다는 사실을 안 것입니다. 그럼에도 불구하고 열심이 있으니까 서로 다툰 것입니다. 그러니 이 두 사람에게 같은 마음을 품으라고 권면하게 된 것입니다. 그렇다면 우리가 품어야 할 '같은 마음'의 공통분모는 무엇일

까요? 그 결론이 바로 2장 5절에 있습니다. 너무나 보배로운 말씀입니다.

너희 안에 이 마음을 품으라 곧 그리스도 예수의 마음이니 _빌 2:5

그리스도 예수의 마음을 품는 것입니다. 예수의 마음을 품을 때 같은 마음이 될 수 있습니다. 그러므로 예수님을 아주 뼛속까지 닮아가야 하는 것입니다. 그러면 이 말씀을 예수를 닮은 삶, 예수님을 본받는 삶이라는 말씀으로 바꾸어 볼까요.

"유오디아여, 주님의 마음을 품으십시오. 순두게여, 당신도 주님의 마음을 품으시기 바랍니다."

이렇게 말하는 것과 같습니다. 교회 안에서 함께 봉사하는 형제자매들이 주님의 마음을 품게 되면 같은 마음을 품을 수 있음을 말해줍니다. 부부관계를 생각해보세요. 부부가 서로 다른 환경과 문화에서 자랐으니 의견이 같기가 쉽지 않습니다. 한 가족의 형제자매들도 의견이 서로 달라 얼마나 많은 갈등이 노출됩니까? 그래서 때로는 싸우게 되는데, 서로 다른 환경에서 자란 사람들이 부부로 만났으니 서로 다른 것은 너무나 당연합니다. 이렇게 의견이 다른 사람들이 같은 마음을 가지며 갈등 없이 살아가려면 예수님의 마음을 품고 살면 된다고 바울은 가르칩니다.

접이식 사다리를 펴서 세웠다고 해 보세요. 남편과 아내가 양편에서 사다리의 꼭대기를 바라보고 올라가기 시작합니다. 올라가면 올라갈수록 남편과 아내의 간격이 점점 좁혀집니다. 정점에 계시는 예수님을 바라보고, 예수님의 마음을 품고 가까이 가면 갈수록 두 사람의 관계가 점점 더 가까워진다는 말입니다. 예수를 닮아가는 과정은 이렇게 예수님께 가까워지며 서로 한마음을 품게 되는 과정이라고 할 수 있습니다.

↓ 셋째, 열방에 소망을 주는 삶을 사십시오

그리스도를 본받는 삶은 이웃의 범위를 확장하는 것입니다. 사도 바울은 9절 이하에서 다섯 번이나 반복적인 단어를 사용하고 있습니다. 그 단어가 바로 '열방'이라는 단어입니다.

여기쯤에서 저는 '로마서 17장'이라는 비전이 로마서에서 왜 중요한지를 다시 한번 강조하기 원합니다. 이것이 제가 주장하고 싶은 매우 중요한 내용이라고 여겨지기 때문입니다. 사도 바울은 이스라엘의 구원에 관한 내용을 다루면서 이스라엘의 회복뿐 아니라 그것을 뛰어넘는 열방의 구원에 대해서도 이야기했습니다. 저는 바울이 말한 이스라엘의 회복과 더불어 지금 이 시대를 사는 우리가 열방에 복음을 전하는 로마서 17장의 비전을 품어야 한다고 강조하는 것입니다.

> 이방인들도 그 긍휼하심으로 말미암아 하나님께 영광을 돌리게 하려 하심이라 기록된 바 그러므로 내가 열방 중에서 주께 감사하고 주의 이름을 찬송하리로다 함과 같으니라 _롬 15:9

사도 바울은 이방인들도 하나님의 긍휼하심을 받아 복음의 진리를 깨닫고 하나님께 영광을 돌리는 삶을 살아야 한다고 강조하였습니다. 사도 바울은 3차 선교여행 중에 고린도에서 복음을 전한 곳뿐만 아니라 아직 복음이 전혀 미치지 못한 열방 중에서도 주께 감사할 것이라는 예언적 선포를 하였습니다.

> 열방들아 주의 백성과 함께 즐거워하라 _롬 15:10

모든 열방들아 주를 찬양하며 모든 백성들아 그를 찬송하라 _롬 15:11

사도 바울이 열방을 이야기한 것은 당시의 입장에서 보면 복음 전파의 열심을 내라고 강조한 것이라고 볼 수 있습니다. 자신이 이방인에게 복음을 전하는 첫 주자이면서, 그 복음을 받아들인 열방의 백성들이 또 다른 열방을 전도해서 모든 열방들이 주님을 찬양할 것이라는 마지막 때의 환상을 바울이 영의 눈으로 미리 바라본 것이라고 할 수 있습니다. 그래서 사도 바울에게는 열방이 주께 돌아오는 일은 미래에 일어날 일이지만, 그의 마음속에는 이미 이루어진 미래 완료의 사건이 되는 것입니다.

저도 모든 땅끝의 백성들이 주님께 나아오고 있는 환상을 믿음의 눈으로 바라보며 선교사로서 달려온 지 25년이 지나고 있습니다. 이 글을 읽는 독자들도 열방이 주께로 나아올 것이라는 환상을 보고, 미래에 일어날 완료시제를 꿈꿀 수 있기를 바랍니다. 그리고 그 꿈의 전리품들을 하나씩 찾아가는 인생이 될 수 있기를 기도합니다.

사도 바울은 2천 년 전에 이미 미래에 일어날 일을 내다보았습니다. 하나님께서 사도 바울에게 주신 영적 안목의 탁월성을 본받아야 하겠습니다. 그래서 하나님의 비밀스러운 계획을 이미 받은 우리가 열방이 주께 돌아오는 사건을 미래완료시제로 볼 수 있기를 바랍니다. 주님의 사랑하는 제자였던 사도 요한도 미래의 어느 때에 있을 마지막 모습, 즉 보좌가 있는 천상의 비밀 커튼을 열어서 본 내용을 우리에게 보여주려고 요한계시록을 기록했습니다.

⁹이 일 후에 내가 보니 각 나라와 족속과 백성과 방언에서 아무도 능히 셀 수 없는 큰 무리가 나와 흰 옷을 입고 손에 종려 가지를 들고 보좌 앞과 어린 양 앞에서 ¹⁰큰 소리로 외쳐 이르되 구원하심이 보좌에 앉으신 우리 하나님과 어린

양에게 있도다 하니 _계 7:9,10

　사도 바울은 로마서를 마무리하면서 왜 열방이라는 단어를 반복해서 언급하였을까요? 당시에 세계 패권 국가의 수도에 세워질 로마교회가 얼마나 큰 잠재력을 가진 교회가 될 것인지를 보았기 때문일 것입니다. 로마교회가 세계적인 교회로 영향을 끼칠 수 있는 장자 교회가 되리라고 믿었던 것입니다. 로마의 변방이었던 예루살렘에서 시작된 복음이 안디옥, 에베소, 마게도니아, 그리고 고린도를 지나 로마로 들어가야 하며, 그 복음이 로마에 머물지 않고 열방으로 흩어지도록, 로마교회를 세계선교의 모판으로 생각하고 있었다는 반증입니다. 그래서 사도 바울이 로마교회를 향하여 편지를 썼고, 온 마음을 다하여 그의 소망을 피력한 것입니다.

　또 이사야가 이르되 이새의 뿌리 곧 열방을 다스리기 위하여 일어나시는 이가 있으리니 열방이 그에게 소망을 두리라 하였느니라 _롬 15:12

　바울은 이사야의 예언을 말하면서 '이새의 뿌리'에 대해 말하고 있습니다. '이새의 뿌리'는 다윗의 가계에서 출생할 메시아를 가리킵니다. 사도 바울은 그 메시아가 바로 인간으로 오신 예수 그리스도라는 복음을 말하였습니다. 예수님은 열방을 다스리기 위해서 오신 분이십니다. 하나님의 말씀과 계획은 반드시 이루어질 것입니다. 그러므로 열방이 그리스도에게 소망을 두게 될 것입니다.

　… 내가 말하였은즉 반드시 이룰 것이요 계획하였은즉 반드시 시행하리라 _사 46:11 하

하나님의 인도하심에 반응한 이사야에게서나, 그 이사야서의 말씀을 자신의 시대에 적용한 바울에게서나, 저는 그들의 영적 민감함에 절로 탄복이 나오게 됩니다. 하나님의 계획을 들을 수 있고 볼 수 있는 종들의 영감이 얼마나 놀라운지요. 저는 이렇게 기도합니다. '주여! 주께서 쓰신 종들을 닮아 부족한 종에게도 주의 계시를 보게 하옵소서!'

성령님은 이사야의 예언을 바울에게 조명해주셔서 밝히 깨닫게 해주셨습니다. 바울은 이사야서의 예언이 예수 그리스도께서 오시는 것이라는 걸 밝힘으로써, 미래 세대인 우리에게 하나님이 선교하시는 분이심을 드러내 보여주고 있습니다. 예수 그리스도의 오심의 궁극적인 목적은 복음이 열방에까지 전파되어 열방의 모든 백성이 주님을 찬양하는 데 있습니다. 바라기는 이 시대에도 우리에게 부어주시는 주님의 놀라운 묵시가 주의 종들을 통하여 풀어지는 은혜가 있기를 소원합니다.

바울은 자신의 세대 안에 주님이 오실 수 있도록 첩경을 평탄케 하기를 바라는 마음으로 땅끝인 스페인까지 가려고 했습니다. 믿음의 종들은 언제나 자신의 시대가 마지막 시대임을 깨닫고 충성하며 삶을 드렸습니다. 사도 바울에게 주신 이 마음이 한낱 들판의 잡초보다 못한 이 종에게도 강권하심으로 충만히 부어주시기를 기도합니다.

↓ 선교의 역사를 새롭게 쓰십시오

그러므로 내가 이 일을 마치고 이 열매를 그들에게 확증한 후에 너희에게 들렀다가 서바나로 가리라 _롬 15:28

사도 바울은 서바나로 갈 목표를 갖고 있었습니다. 서바나는 지금의 스페인을 말하고 당시 사람들의 세계관으로는 땅끝이라 여겨졌던 곳입니다. 당시 사람들은 지구가 평평하다는 세계관 속에 살았으니, 스페인은 바울이 사역하던 시대의 지리적인 땅끝이었습니다. 그러므로 이 본문이 사도 바울의 예언적 설교인 이유는 이사야의 설교를 예수 그리스도에게 초점을 맞추어 자신의 시대에 적용했고, 그 예수님께서 열방을 다스리기 위해 오신 것으로 해석했기 때문입니다. 이제 열방이 그리스도에게 소망을 두는 때가 올 것이라고 선포한 것입니다. 이 말씀이 지금 이 시대에 우리에게 주시는 예언적 메시지는 무엇입니까? 성경에서 언급한 이 말씀이 지금 이 시대에 적용될 내용임을 밝히는 것이라고 봅니다. 이는 성령의 이끄심이 없이는 불가능합니다.

선교 역사란 '사도 바울처럼 하나님의 말씀을 믿음으로 받고, 열방을 향한 선교의 비전을 가진 사람들이 미래완료시제인 하나님의 계획을 현재적 도전으로 삼고서 헌신한 이야기를 이후의 사람들이 엮어놓은 책'이라고 할 수 있습니다. 믿음의 도전자들을 통해서 예루살렘에서 출발하여 유럽으로, 그리고 계속해서 서진(西進)함으로써 복음 전파의 역사를 기록한 책인 것입니다. 이 모든 일을 주관하시는 분이 바로 성령님이십니다. 그래서 기독교의 선교 역사는 사도행전 29장을 모아놓은 책이라고 불리는 것입니다. 한국까지 복음이 들어오게 한 언더우드, 아펜젤러, 토마스, 알렌 같은 선교사들의 행적이 사도행전 29장이었습니다. 윌리엄 케리, 허드슨 테일러, 맥가브란, 타운젠트, 랄프 윈터 등 새 시대의 선교를 연 하나님의 종들이 이 시대에 등장했습니다. 그들의 역사가 바로 선교의 역사입니다. 그 땅에 교회가 세워진 역사가 바로 교회 개척의 역사이며 선교 역사가 되는 것입니다.

저의 남은 과업은 미전도 종족과 각종 방언을 쓰는 종족에까지 복음이 들어가게 하는 일이라고 생각합니다. 바로 이 일이 선교 역사를 미래적으로 완성하는 일이 될 것이라고 보는 이유는 그동안의 선교 역사를 살펴보면서 통찰력을 얻기 때문입니다. 우리는 새로운 선교의 역사를 쓰고 있다는 마음으로 이 땅에 남아 있는 미전도 종족들에게 나아가는 꿈을 꿀 수 있어야 합니다. 우리의 기도와 물질, 그리고 우리가 지금 몸으로 쓰고 있는 모든 것을 흔적으로 남겨놓을 때, 훗날에 역사가가 그것을 쓰게 될 것입니다. 아니, 세상에서 쓰지 않아도 하늘나라의 생명책에는 기록될 것이라고 확신합니다.

오직 성령이 너희에게 임하시면 너희가 권능을 받고 예루살렘과 온 유대와 사마리아와 땅 끝까지 이르러 내 증인이 되리라 하시니라 _행 1:8

예수님이 사도행전의 요지인 이 말씀을 하셨을 때는 아직 성령이 제자들에게 임하기 전이었습니다. "이제 너희에게 성령이 임할 것이며 너희는 권능을 받게 될 것이다. 그러면 너희는 예루살렘, 유대, 사마리아, 땅끝까지 증인이 될 것이다." 예수님이 말씀하신 그대로 제자들은 성령을 받았고, 예루살렘에 교회를 세웠고, 한 세대 만에 온 유대와 사마리아 땅끝까지 거침없이 진격할 수 있었습니다. 그래서 종교 개혁 이후에 누군가는 인도로, 누군가는 중국으로, 누군가는 미전도 종족으로, 누군가는 지리적, 문화적, 사회적 땅끝으로 더 멀리 주님의 부르심을 받고 나아갔던 것입니다. 지난 수십 년 동안 한국에서 동일한 마음을 품은 선교사들이 열방을 향해 나아갔고, 지금도 땅끝에서 땅끝을 향해 사역하고 있습니다.

이방인들도 그 긍휼하심으로 말미암아 하나님께 영광을 돌리게 하려 하심이라 _롬 15:9절a

예수님이 오신 지 2천 년의 시간이 흘렀습니다. 그러나 이 미지의 과업은 아직 완료되지 않았습니다. 이 문제를 어떻게 타개할 수 있을까요? 이제는 전임 선교사의 시대가 아니라 모든 평신도들이 선교적인 마음을 갖고 이웃과 열방을 위해서 마지막 헌신을 다할 때라고 생각합니다. 선교운동이 다시 일어나야 합니다. 제가 섬기는 교회를 예로 들어 설명해 보겠습니다.

그간 우리 교회 성도들은 '히든실크로드 프로젝트'(HSR)라는 단기선교운동을 전교회 차원으로 진행해왔습니다. 지난 15년간 이방 땅의 견고한 진이 허물어지도록 기도해왔으며, 그 속에 사로잡혀 있는 이방 백성들을 주님 앞에 세우는 일에 다양한 방법으로 수종을 들었습니다. 사도행전 19장 10절의 "주의 말씀이 힘이 있어 흥왕하여 세력을 얻으리라"라는 말씀이 어떻게 이루어지는지를 목도했습니다.

평신도 선교운동으로 시작된 HSR은 몇 년이 지나자 히말라야 지역을 섬기는 사역자들의 모임인 THN(히말라야 사역자 네트워크)을 섬기는 것으로 발전하게 되었고, THN을 섬기다 평신도 사역자의 필요를 깨닫고 FMTS(어부신학원 : 평신도현장신학원)를 시작하게 되었습니다. 이 과정에서 성도들이 훈련을 받았습니다. 지금은 훈련받은 평신도 사역자들이 선교의 동역자가 되는 일이 진행되고 있습니다. 그 비전은 그들이 동방의 독수리(Eastern Eagle)가 되어 이 땅을 이륙하여 대륙과 히말라야를 가로질러 인도와 네팔을 지나고, 중앙아시아와 중동을 거쳐 이스라엘까지 날아가는 것입니다.

이 일을 이루기 위해서 주께서 팬데믹 시즌을 통하여 특별한 일들을 준비시키고 있다고 저는 믿습니다. 어느 것도 인간적으로 고안된 것은 없습니다. 우리는 그때그때마다 주님의 부르심에 순종해왔습니다. 성도들이 훈련받고 단기선교활동을 통하여 선교적 마인드를 갖게 되고 세계선교의 비전을 품게 되니, 그 다음 단계로, 또 그 다음 단계로 인도하시는 성령님의 손길을 볼 수 있었습니다. 저는 이 모든 과정들을 순종하며 따라오고 있는 우리 교회 성도들이 무척이나 자랑스럽습니다. 그리고 감사하고 있습니다.

최근에 저는 장래의 사역이 어떤 방향으로 가야 할지를 기도하면서 주님의 인도하심을 받았습니다. 저의 공적 사역으로서의 마지막은 그들이 사역자로 설 수 있도록 조직화하여 도와주는 바나바 사역임을 깨닫게 되었습니다. 우리 교회 성도들이 이 마지막 하나님의 때에 새 역사의 주인공으로 서게 하는 일과 현장의 선교사들을 도와 섬겨드리는 일이 제가 수종해야 할 사역이라 믿습니다.

이후에도 성령님께서 '우리 각자를 어떻게 미래완료시제로 인도하실지'가 기대됩니다. 이런 일들의 시작은 선교하시는 하나님, 열방을 구원하기 원하시는 예수님, 선교의 영이신 성령님의 삼위일체적 연합사역이라고 확신합니다. 하나님께 영광을 돌립니다.

28

Romans 15:14-21

은혜, 직분, 사명을
기억합시다

로마서의 본론은 바로 앞 절인 15장 13절에서 끝났습
니다. 14절부터 16장 마지막까지는 사도 바울이 편지를 마무리하면서 개
인적으로 하고 싶은 당부를 기록한 것입니다. 바야흐로 서신서의 종결이
라 할 수 있습니다. 사도 바울이 로마서를 마무리하면서 꼭 당부하고 싶은
사적인 메시지라고 말할 수도 있습니다.

↳ 내가 받은 은혜를 기억합시다!

그러나 내가 너희로 다시 생각나게 하려고 하나님께서 내게 주신 은혜로 말미암
아 더욱 담대히 대략 너희에게 썼노니 _롬 15:15

바울은 그 앞 절인 14절에서 이미 로마교회 성도들이 선함이 가득하고

모든 지식이 차서 능히 서로 권하는 자와 같이 성숙한 신앙을 가진 자들임을 확신하고 있다고 말합니다. 그럼에도 불구하고 사도 바울이 온 마음을 다해서 로마서를 쓴 이유는 우선 사도 바울이 받은 은혜가 크고, 그것을 전하려는 강력한 내적 감동이 있었기 때문입니다. 그래서 15절 이하를 더 써내려간 것입니다.

로마서를 쓴 첫 번째 이유는 은혜로 말미암은 것입니다. '은혜'는 전혀 받을 자격이 없는 사람이 값없이 받는 선물을 말합니다. 그러므로 은혜를 받았다는 것은 첫째로 자기가 자격이 없는 사람이라는 것을 전제하는 것이고, 둘째는 아무 자격이 없음에도 불구하고 너무 과분한 것을 공짜로 얻었다는 것을 뜻하는 것입니다. 자격 없는 사람이 공짜로 받았다, 이것이 은혜입니다. 사도 바울이 어떤 은혜를 받았는지를 정리해보면서, 우리도 사도 바울과 같은 은혜를 받고 있는지, 받은 은혜에 감동하여 그처럼 하나님을 사랑하고 있는지 신중하게 살펴보기를 바랍니다.

첫째, 구원의 은혜를 받았습니다.

그리스도 예수 안에 있는 속량으로 말미암아 하나님의 은혜로 값 없이 의롭다 하심을 얻은 자 되었느니라 _롬 3:24

우리는 그리스도 안에서 그의 은혜의 풍성함을 따라 그의 피로 말미암아 속량 곧 죄 사함을 받았느니라 _엡 1:7

우리는 아담의 생명 안에 있던 자들이었는데, 값없이 의롭다 하시는 은혜를 받고 예수 그리스도의 생명으로 옮겨진 자가 되었습니다. 예수 생명의 특징은 영원하신 생명이므로, 예수를 믿을 때 우리 안에 들어온 생명은 예수 생명의 특징을 모두 포함하고 있습니다. 그러므로 우리는 예수와 함께 죽고 예수와 함께 부활하고, 예수와 함께 승천하고, 예수와 함께 하늘 나라에 앉은 자가 되었습니다. 그리고 영원 전부터 예정하고 택하신 모든 약속이 내 생명 안에 들어오게 되었습니다. 내 안에 예수의 피가 흐르는 자가 된 것입니다. 5장에서 배운 도표를 기억하기 바랍니다. 한마디로 정리하면, 구원의 은혜는 바로 예수 생명을 얻은 것이라고 할 수 있습니다.

둘째, 저주받을 자에서 축복받은 자가 되는 약속을 받았습니다.

¹³그리스도께서 우리를 위하여 저주를 받은 바 되사 율법의 저주에서 우리를 속량하셨으니 기록된 바 나무에 달린 자마다 저주 아래에 있는 자라 하였음이라 ¹⁴이는 그리스도 예수 안에서 아브라함의 복이 이방인에게 미치게 하고 또 우리로 하여금 믿음으로 말미암아 성령의 약속을 받게 하려 함이라 _갈 3:13,14

그리스도께서 율법의 저주에서 우리를 속량하셨습니다. 아브라함의 복과 성령의 약속을 받게 하셨습니다. 우리가 받을 저주를 예수님께서 대신 받으셔서 우리의 삶에서 저주를 끝내주시고, 아브라함의 복과 성령의 약속을 받는 복을 주셨습니다. 이것이 은혜입니다. 우리는 이 두 가지, 첫째로 구원의 은혜를 받은 존재이며, 둘째로 저주가 끊어지고 아브라함의 약속과 성령의 약속을 받는 존재가 된 것입니다.

↓ 내가 받은 직분을 기억합시다

사도 바울은 이 은혜로 인해 이방인을 위하여 예수의 일꾼이 되기로 자처했고 하나님의 복음의 제사장 직분을 감당했습니다. 즉, 사명을 발견했고 그 부르심으로 이방인을 하나님께로 인도하는 직분을 감당했습니다.

이 은혜는 곧 나로 이방인을 위하여 그리스도 예수의 일꾼이 되어 하나님의 복음의 제사장 직분을 하게 하사 이방인을 제물로 드리는 것이 성령 안에서 거룩하게 되어 받으실 만하게 하려 하심이라 _롬 15:16

그리스도 예수의 일꾼이 되어 하나님의 복음의 제사장 직분을 맡아 이방인(혹은 성도들)을 성령 안에서 거룩하게 변화시켜 하나님이 받으실만한 성품으로 변화시키는 일, 이것이 복음의 제사장 역할입니다.

사도 바울은 그가 받은 은혜의 또 다른 면이 예수의 일꾼이 된 것이라고 말합니다. 복음의 일꾼이 된 것이 진정으로 감사한 은혜임을 고백한 것입니다. 사도 바울의 말을 좀 쉽게 풀어 쓴다면 이런 말입니다.

"나는 복음의 제사장이 되었습니다. 나를 구원하시고 나의 삶을 변화시키신 하나님이 나를 하나님의 구원 사역에 동참시키셔서 이방인으로 하여금 복음을 듣고 구원받아 하나님의 자녀가 되고, 그들도 성령 안에서 자신을 제물로 드려 복음의 제사장이 되게 하는 이 직임을 주신 은혜가 얼마나 놀라운 은혜가 되는지요."

부족한 종도 사도 바울이 받은 은혜의 고백과 동일하게 고백할 수 있습니다. 부족한 종을 구원하시고 하나님이 자녀로 삼아주신 것이 얼마나 감사한 일인지요. 그리고 복음의 직임을 맡겨주셔서 이방인이 구원받도록 복음을 전하고, 그들이 복음 앞에 은혜를 깨닫고 자신을 제물로 드려 또 다른 영혼을 구원할 수 있는 제사장 직분을 감당하도록 인도하셨으니 어찌 감사하지 않을 수 있겠는지요. 그런 은혜를 생각만 해도 돈으로는 절대로 살 수 없는 값진 은혜임을 고백합니다. 종이 무엇이관데 불신과 우상숭배의 가정에서 빼내어 이런 은혜를 주셨는지, 말로 다 형용할 수 없는 은혜입니다.

바울은 '그리스도 예수의 일꾼', '하나님의 복음의 제사장', '성령 안에서 거룩하게 되어'라는 말로, 16절 한 구절에 삼위일체 하나님을 다 등장시켰습니다. 우리가 그리스도의 일꾼이 되어 복음의 제사장 직분을 감당하는 것은 삼위일체 하나님의 핵심적인 연합사역이라는 사실을 나타내는 것입니다. 예수께서 바울과 우리를 복음의 일꾼으로 세우셨고, 하나님께서 복음의 제사장 직분을 감당하게 하셨고, 성령께서 거룩하게 연단하심으로 이 거룩한 직분을 감당할 만하게 만드신다는 것입니다. 이방인을 향한 복음의 일꾼을 세우는 일이 그만큼 중요하다는 의미일 것입니다.

성경에서 삼위일체 하나님이 동시에 등장하는 장면은 천지를 창조할 때, 또 예수님이 침례를 받으실 때, 그리고 변화산에서입니다. 창조, 공생애의 시작, 그리고 부활을 예표하는 예수님의 변모(變貌)는 주님의 사역들을 대표하는 것입니다. 그러니 이방인의 구원이 얼마나 중요한 일인지를 우리는 삼위일체 하나님의 등장을 통해 알 수 있어야 합니다. 하나님께서 우리에게 이 거룩한 직분을 맡기신 것입니다. 옥한흠 목사님은 《로마서 강해》에서 이 구절에 대해 이런 고백을 기록했습니다.

"성삼위 하나님이 그렇게 중요하게 다루는 일이라면 얼마나 가치 있는 일이겠는가? 중요한 일일수록 그 일을 맡은 자의 영광은 큰 것이다. 우리가 이 복음을 전하는 일꾼으로 부름받은 것은 영광이요 은혜가 아닐 수 없다. 나 같은 사람이 어떻게 그 귀한 일을 하게 되었는지 생각만 하면 가슴이 뭉클해진다. 하나님이 나의 무엇을 보시고 이렇게 영광스러운 일을 맡겨주셨는지 생각만 하면 눈물이 쏟아지는 것이다. 사도 바울은 평생 이 감격을 가지고 살았다. 매를 맞을 때나 감옥에 갇혀 있을 때에도 이 감격 때문에 눈물을 흘리며 하나님을 찬양했다. 배가 고파서 웅크리고 있을 때도 이 감격 때문에 눈물을 흘리며 하나님을 찬양했다. 하나님이여, 하나님이여, 하나님이 그렇게 중요하게 다루시는 일을 나 같은 죄인에게 어떻게 맡기십니까? 굶어도 좋습니다. 매 맞아도 좋습니다. 죽어도 좋습니다. 하겠습니다. 생명 바쳐 하겠나이다."

옥한흠 목사님이 이런 은혜를 받다 보니 한국 기독교사에 제자훈련이라는 한 획을 그은 훌륭한 목사님이 되신 것이 아닌가 생각됩니다. 성삼위하나님이 저와 여러분에게도 이렇게 귀한 일을 주셨다면 그만큼 감사함으로 충성하고 거기에 생명을 걸어야 하지 않겠습니까?

> [12]나를 능하게 하신 그리스도 예수 우리 주께 내가 감사함은 나를 충성되이 여겨 내게 직분을 맡기심이니 [13]내가 전에는 비방자요 박해자요 폭행자였으나 도리어 긍휼을 입은 것은 내가 믿지 아니할 때에 알지 못하고 행하였음이라 [14]우리 주의 은혜가 그리스도 예수 안에 있는 믿음과 사랑과 함께 넘치도록 풍성하였도다 _딤전 1:12-14

사도 바울의 고백처럼 우리도 주께서 부탁하신 직분에 충성을 다해야 하겠습니다. 그렇게 사는 것이 하나님께서 저와 여러분을 향해 세우신 원대한 계획이라는 사실을 저는 믿습니다.

↓ 내가 받은 사명을 기억합시다

사도 바울은 하나님의 깊은 은혜를 체험했습니다. 그것은 구원의 은혜와 하나님이 베풀어주신 아브라함의 복과 성령의 약속이었습니다. 그는 삼위일체 하나님의 가장 깊은 관심사인 복음 전도 사역에 자신을 부르시고 직분을 맡겨주신 것이 얼마나 감사하고 은혜로운 일인지 고백했습니다. 사도 바울은 받은 사명을 기억하며 감사했고, 그 사명을 감당하기 위하여 이방인들에게 복음을 전하는 일에 충성을 다했습니다.

¹⁷그러므로 내가 그리스도 예수 안에서 하나님의 일에 대하여 자랑하는 것이 있거니와 … ¹⁹표적과 기사의 능력으로 성령의 능력으로 이루어졌으며 그리하여 내가 예루살렘으로부터 두루 행하여 일루리곤까지 그리스도의 복음을 편만하게 전하였노라 _롬 15:17,19

'일루리곤'은 지금의 알바니아와 유고슬라비아 지역입니다. 아시아의 서쪽 끝인 터키를 넘어서 동구권으로 가는 길이라서 그곳도 동구권이라고 할 수 있습니다. 그런데 조금 의문이 드는 것은 '바울이 10년 남짓한 기간에 어떻게 복음을 예루살렘으로부터 일루리곤까지 다 전했다고 말할 수 있을까' 하는 것입니다.

사실 예루살렘에서부터 일루리곤까지는 2천 킬로미터가 넘습니다. 어떻게 바울 일행이 교통수단이나 모든 여건이 극히 미약한 그때에, 그 넓은 지역에 복음이 들어가지 않은 곳이 없도록 전할 수 있다는 말입니까? 현장에서 사역했던 저로서는 '그 비결이 무엇일까'를 늘 생각했습니다. 그러나 바울이 복음을 전한 것은 사실이었습니다. 복음의 능력에 다시 한번 감탄하지 않을 수 없습니다. 좌우간 우리는 예루살렘에서 시작한 복음을 안디옥으로, 안디옥에서 갈라디아로, 갈라디아에서 아시아로, 아시아에서 마게도냐로, 그 다음에 고린도와 일루리곤으로, 그리고 지중해를 지나 로마에까지 이르도록 전했던 사도 바울의 열정을 본받아야 할 것입니다.

저는 하나님께서 '이방인의 사도'라는 역할에 왜 베드로보다 바울을 더 많이 사용하셨을까'를 생각해보았습니다. 베드로는 유대 밖으로 복음을 전하는 일을 망설였습니다. 베드로가 아무리 충성스러운 성격을 가진 자라 하더라도 베드로에게는 태생적 한계가 있었습니다. 하나님은 베드로에게 처음에는 구체적으로 복음을 전파할 영역을 가르쳐주셨습니다. 그리고 예루살렘과 온 유대는 물론 사마리아와 이방인인 고넬료 집에 갈 때까지 베드로를 사용하셨습니다. 하지만 베드로는 그 다음 단계로 나아가지 못하였습니다.

베드로의 한계는 바로 유대문화를 벗어나지 못한 것입니다. 초문화 마인드(Cross Cultural Mind)가 없었습니다. 지역과 경계를 넘어서야 하는 문화적 한계를 통과할 준비가 되어 있지 못했던 것입니다. 물론 베드로가 초대교회를 세우는 일에 가장 탁월하게 쓰임받은 종이라는 사실은 부인할 수 없습니다. 그리고 예루살렘 공의회 때 사도 바울의 손을 들어줌으로써 유대 교회가 세계의 교회가 될 수 있도록 일조했다는 점을 또한 인정해야 합니다. 그러나 종합해서 볼 때, 베드로가 복음을 세상 끝까지 전파하기에는 한계가 있었습니다. 세계선교의 비전을 가진 사역자들은 하나님께 온전히 쓰임받기 위해서 이 부분을 잘 알아야 할 것입니다. 하나님은 이 모든 것을 미리 아시고 바울을 준비해서 사용하셨습니다.

바울은 길리기아 다소에서 태어났던 헬라파 유대인이었습니다. 이미 헬라 문화를 이해하고 히브리어와 헬라어를 구사할 수 있는 다중언어 사용자이고 로마 시민권을 갖고 있었습니다. 바울은 어렸을 때 예루살렘에 유학 가서 당대 최고의 율법학자인 가말리엘 문하에서 수학했습니다. 열심이 있고 똑똑한 학생이었습니다. 또한 그는 행동하는 지성인이었습니다. 지식을 습득하는 것으로 끝나는 것이 아니라 행동으로 표출해야 삶의 가치를 느끼는 성향이었습니다. 정치적으로 엄청난 영향력을 발휘할 수 있는 조건을 갖추었습니다. 그가 정치를 했으면 잘했을까요? 아마 모르긴 해도 자기의 의를 드러내기 위해서 수많은 사람을 죽였을지도 모릅니다. 그랬던 그가 하나님께 사로잡혔습니다. 하나님께서 사도 바울을 붙잡아 그에게 성령을 부어주셔서 성령 충만하게 만드시고 그의 기질과 성격을 쓰신 것입니다. 그리하여 그를 이방에 복음을 전하는 사도로 예정하시고 택하시고 사용하셨습니다.

사도 바울은 자신이 깨달은 하나님의 비밀인 복음을 증거하는 데 자신의 성격대로 자신을 의의 병기로 드렸습니다. 그는 유대 문화를 넘어, 지역적인 경계를 넘어, 주의 마음이 머무는 곳이면 어디까지나, 그곳이 땅의 끝이라 하더라도 순종하며 나아갔습니다. 그는 초문화 마인드, 땅끝 마인드를 가지고 세계 복음화에 마음을 활짝 열어놓은 사역자였다고 할 수 있습니다. 그는 오로지 하나님만 바라보고 자신을 내어드렸습니다. 주님이 가라 하시면 그곳이 어느 곳이라도, 아골 골짝 빈들이라도 나아갔습니다. 이처럼 사도 바울이 준비된 사역자가 아니었다면, 유대 중심적인 사고에 젖어서 세계를 경영하시고 역사를 주관하시는 하나님의 마음을 읽어낼 수 없었을 것입니다.

우리도 초문화 사고가 없다면 주님의 선교하는 마음을 읽기 어려울 것입니다. 주님께서 선교의 사명을 지상대명령으로 주셨음에도 불구하고 우리가 주님의 뜻을 깨닫지 못하고 있다면, 복음의 지경이 더 이상 넓혀질 수 없을지도 모릅니다. 저는 초문화적인 상황을 이해하지 못하고 행한 선교사역들이, 나중에 선교사가 떠난 후에 사상누각이 되는 것을 많이 보았습니다. 당장에는 많은 열매를 맺은 것 같아도 결국 무너지고 맙니다. 저의 초기 사역에도 그런 일이 많았음을 고백합니다. 수많은 시간과 수고와 노력이 물거품같이 사라졌던 일이 있었습니다.

↓ 땅끝에서 주께 드릴 열매를 준비하는 마음으로

로마서 강해서에 왜 이렇게 선교에 관한 내용이 많느냐고 의아해할 분들이 있을 수 있습니다. 혹자는 제가 너무 선교지향적인 생각에 사로잡혀 있다고 말할 수도 있을 것입니다. 그런지는 모르겠으나 그것이 저의 마음입니다.

저는 하나님의 긴급한 마음을 담아 이 책을 쓰고 있습니다. 그것이 사도 바울의 마음이라고 느껴졌기 때문입니다. 저는 지금도 하나님의 부르심에 열린 마음으로 세계선교를 감당하며, 바울처럼 현장에서 수고하시는 무명의 사역자들이 많다는 사실을 알려드리고 싶습니다. 아합왕 때 바알에게 무릎 꿇지 않은 7천 명의 남은 자들이 있었듯이, 지금도 세계 각처에서 주님 오실 날을 위해 길을 닦는 세례 요한 같은 선교사들과 현지인 사역자들이 우리가 생각하는 것보다 훨씬 많다는 사실을 아시기 바랍니다.

땅끝에서 주께 드릴 열매를 가득 안고 주님께 드린다는 일념으로 오늘도 수고하는 선교사님들을 축복하고 싶습니다. 그들이 이 시대의 진정한 남은 자들입니다. 그들을 통하여 세계 복음화가 속히 완성될 수 있으리라 믿습니다.

저는 2020년 3월에 하나님으로부터 강력한 경고를 받았습니다. 우리 교회에서 매년 열리는 여리고기도회의 말씀을 전할 때였습니다. 요한계시록 일곱 교회 시리즈를 설교하고 있었습니다.

> 사데 교회의 사자에게 편지하라 하나님의 일곱 영과 일곱 별을 가지신 이가 이르시되 내가 네 행위를 아노니 네가 살았다 하는 이름은 가졌으나 죽은 자로다
> _계 3:1

저는 이 말씀을 주님의 레마로 받게 되었습니다. "네가 살았다 하는 이름은 가졌으나 죽은 자"라는 말씀이 저에게 강력하게 다가왔습니다. 저는 사시나무처럼 떨면서 말씀 앞에 무릎을 꿇었습니다. 선교사로서, 또 목사로서 제 평생의 사역이 무너지는 것 같은 충격을 받았습니다. 하지만 저는 그렇게 말씀하시는 주님을 온전히 이해할 수 없었습니다. "어떻게 그러실

수 있습니까? 제가 지난 25년 동안 뛰었던 일들을 주님은 기억하지 않으시나요?" 저는 눈물로 부르짖으며 기도하게 되었습니다. 그러나 저는 침묵하시는 주님으로 인해 점점 더 숨이 멎을 것 같은 긴장감에 휩싸이게 되었습니다. 저는 무엇 때문에 하나님이 그렇게 강력한 책망을 하시는지 알 수 없었기에, 눈을 들어 그 다음 구절이 어떤 말씀인지 읽어보았습니다.

너는 일깨어 그 남은 바 죽게 된 것을 굳건하게 하라 내 하나님 앞에 네 행위의 온전한 것을 찾지 못하였노니 _계3:2

제가 이 말씀을 읽는데, "남은 바 죽게 된 것"이라는 말씀에서 터널의 끝과 같은 빛을 발견할 수 있었습니다. '다 죽은 것은 아니었구나'라는 안도감이었습니다. 하지만 저는 제 안에 죽은 것은 무엇이며 남은 것은 무엇인지를 여전히 깨달을 수 없었습니다. 그리고 3절을 읽었습니다.

그러므로 네가 어떻게 받았으며 어떻게 들었는지 생각하고 지켜 회개하라 만일 일깨지 아니하면 내가 도둑같이 이르리니 어느 때에 네게 이를는지 네가 알지 못하리라 _계3:3

저는 하반절의 '내가 도둑같이 이르리니'라는 말씀에서 이 구절이 주님의 재림을 의미한다는 걸 알 수 있었습니다. 주님이 다시 오실 시기는 그 누구도 알 수 없습니다. 그런데 '네가 알지 못하리라'라는 말씀에서 까무라치게 놀랐습니다. '만일 일깨지(깨어 있지) 아니하면'이라는 조건절이 그 앞에 있기 때문이었습니다. 지난 25년간의 저의 사역은 부족하지만 주님의 재림에 초점을 맞춘 사역이었습니다. 땅끝까지 복음이 전파될 때 세상의 끝이 있을 것과 그제야 주님이 다시 오실 것이라는 마태복음 24장 14

절의 약속을 붙좇고서 달려왔던 세월이었다 해도 과언이 아니었습니다. 그러니 주님이 다시 오실 때 "(네가 만약 깨어 있지 아니하면) 너는(너도) 나를 알아보지 못하리라"라는 말씀은 저에게 엄청난 충격이었습니다. 만일 주님이 오셨을 때 제가 일깨지 아니하여 주님이 오신 걸 알아보지도 못한다면 지금까지의 저의 사역이 무슨 의미가 있겠습니까? 이 주님의 말씀은 저를 정신이 번쩍 들게하는 경고하심으로 느껴졌습니다. 앞 절의 말씀에서 하나님이 제게 죽었다고 하신 것이 무엇을 말씀하시는지 조금은 알 것 같았습니다. 그것은 "네가 받은 것과 들은 것"이었습니다. 하나님이 제 인생 가운데 개입하셔서 들려주셨던 말씀, 특별히 제게 주셨던 은사, 소명 같은 부분이었다는 것을 깨닫게 되었고, 그것이 '저의 무엇'이라는 것을 일깨워 주셨습니다. 이 부분은 사람마다 각자 다를 수 있습니다.

저는 25년 전에 제가 처음 사역지로 나가면서 가졌던 주님을 향한 열정이 너무나 식어 있음을 깨닫게 되었습니다. 마흔 살에 시작했던 저의 초기 선교사역은 동서남북을 종횡하며 뛰어다닌 것이었습니다. 그 일은 글자가 없는 종족을 위한 전도용 복음 메시지를 제작하는 일이었습니다. 가는 곳마다 제자들과 교회를 세우는 일로 발전되었고, 신학교를 세워 가르치고 수백 명의 사역자를 세우는 일로 열매를 맺었습니다. 그런 기간이 수년간 지속되었습니다. 그런데 로마서를 읽으면서 새롭게 발견하는 것은, 사도 바울 일행이 교통수단도 별로 없던 시절에 갈라디아, 아시아, 마게도니아, 아가야와 동구권까지 다니면서 얼마나 많은 어려움과 환난과 고생을 겪었을까 하는 것입니다. 그것을 생각하니 가슴이 울컥해집니다.

저는 사역 현장에 혼자 내동댕이쳐 있는 것 같은 외로운 마음이 늘 들었습니다. 그 당시에 제가 다녔던 곳들은 교회가 없는 미전도 종족, 소수민족 지역이었기 때문이라 그런 생각이 더 들었는지 모릅니다. 들판을 보니 희어져 추수하게 되었고, 할 일은 많으나 일꾼이 없음이 안타까웠습다. 그때는 사역의 기쁨도 컸지만 동시에 육체적으로 너무나 지쳤습니다. 그렇게 바쁘게 살았던 때가 초기 수년간 지속되었습니다.

그러던 어느 날, 하나님은 20여 년 전의 그때를 회상하게 하셨습니다. 하나님께서 지금은 60대 중반이 된 저에게 그때처럼 새 마음을 부어주기를 원하신다는 생각이 들었습니다. 공식적인 은퇴를 고려할 나이인 제게 40대의 열정을 회복하라고 하시는 말씀이 다 이해되지는 않습니다. 육체적인 회복은 어렵겠지만 영혼을 회복하라는 말씀으로 깨닫습니다. 그 긴급한 주님의 부르심에, 다시 한번 주님께 재헌신을 약속했습니다. 부족하고 노쇠한 종을 다시 부르시는 뜻을 아직은 다 알 수는 없지만, 주님의 긴급한 마음을 느꼈기에, 도리어 저를 단순화할 수 있는 마음을 주신 주님께 감사하는 고백으로 기도를 마쳤습니다.

여리고기도회의 다음날이 되었습니다. 이어지는 기도회의 말씀을 준비할 때였습니다. 빌라델비아 교회에 주시는 말씀을 읽고 묵상하는 중에 주님은 다시 말씀하셨습니다.

볼지어다 내가 네 앞에 열린 문을 두었으되 능히 닫을 사람이 없으리라 내가 네 행위를 아노니 네가 작은 능력을 가지고서도 내 말을 지키며 내 이름을 배반하지 아니하였도다 _계 3:8

"내가 네 앞에 열린 문을 두었으되." 전날에 주님의 말씀 앞에 통회하며 회개하고 다시 한번 부르심과 소명과 주신 은사와 말씀들을 회상하며 나아갔더니 주께서 '열린 문'을 주신다고 말씀하시는데, 여전히 길을 몰라 답답해하던 제 마음이 뻥 뚫리는 것같이 시원해지며 기대감이 솟아올랐습니다. '아, 주님이 이제부터 열린 문(Open door)을 주시겠구나!' 내가 문을 여는 것이 아니라 주님이 이미 열어주신 문입니다. 그 문은 능히 닫을 사람이 없습니다. '그렇다면 주님이 열어놓으신 문을 기대하자, 바라보자, 그리고 더 늦기 전에 준비하자!' 이런 고백을 하게 되었습니다.

저는 사역하는 중에 열린 문에 대한 말씀을 세 번 받았습니다. 첫 번째는 1999년에 제자 사역자들과 함께 소수민족 교회 개척에 나설 때, 새로운 도전 앞에서 두려워하는 제게 열린 문을 주신다는 말씀을 받은 것입니다. 그 뒤로 수십 개의 미전도종족에 제자를 세우고 교회를 개척하는 선교의 문을 열어주셨습니다. 두 번째의 열린 문은 2003년에 새로운 임지로 이동하여 '한인교회를 세우라'는 주님의 마음을 받고 한인교회를 세웠을 때 받았습니다. 주님은 그 후 17년 동안 한인교회를 통하여 선교의 열린 문을 주셔서 영광을 받으셨습니다. 그리고 '세 번째로 주실 열린 문은 무엇일까'라는 기대와 설렘이 있습니다. 그것은 2020년 이후, 코로나 시즌 이후에 올 미래의 사역일 것이라고 생각하고 있습니다.

저에게는 팬데믹으로 인해 가족도 없이 홀로 선교지에 있었던 2020년의 1년이 하나님을 만나는 은혜의 기간이기도 했습니다. '앞으로 저의 남은 인생을 주께 어떤 방법으로 드릴까'에 대해 기도하고 준비하며 주님의 인도를 받는 기간이었습니다. 참으로 하나님은 부족한 종의 연약함과 기도제목을 아시고 말씀으로 인도하심으로, 합력하여 선을 이루시는 분이심을 보여주셨습니다. 역경 중에서도 주의 말씀으로 소망을 갖게 하신 하나님을 찬양합니다. 그리고 1년이 지나 출판하는 《로마서 17장》은 새로운 인생에서 하나님이 첫 번째로 받으시는 열매가 아닐까 생각하게 됩니다.

↓ 함께하시는 성령의 능력을 경험하십시오

바울이 복음을 증거할 때 성령님이 함께 하셨습니다. 우리가 믿음으로 복음의 발걸음을 떼면 하나님이 일하심을 경험하게 됩니다.

'말'은 메시지로 전하는 설교와 가르침의 방법이고 '행위'는 기도와 치유의 사역이라고 할 수 있습니다. 복음 사역에는 말씀이 있어야 하고 기도와 치유하는 사역도 있어야 합니다. 거기에 성령의 능력이 더해질 때 표적과 기사의 능력으로 복음 사역에 폭발적인 역사가 나타나게 됩니다.

오늘날 가장 많은 기적이 일어나는 현장은 선교 현장입니다. 왜 그럴까요? 주의 말씀에 순종하는 종들이 믿지 않는 이방인들 속에서 복음의 메시지를 증거하게 될 때, 그 메시지를 입증하고 보완하기 위해 하나님의 표적이 그들과 함께하심으로, 복음 사역에 놀라운 역사를 나타내기를 원하시기 때문입니다. 우리도 히든실크로드 사역으로 계속 선교지를 밟으니 하나님이 그곳에서 각양의 기적을 보여주시고, 우리 성도들에게도 잊지 못할 놀라운 역사를 통하여 하나님을 경험하도록 은혜를 베푸시는 것을 매번 경험하였습니다.

마가복음 16장 15절은 "너희는 온 천하에 다니며 복음을 전파하라"라는 말씀인데, 이 말씀은 복음을 메시지로 전파할 것을 명령하신 것입니다. 그렇게 할 때 믿는 자들이 정죄를 받지 않고 구원을 받을 것이라고 말씀하신 것입니다. 그런데 그 뒤에 무슨 말이 나오는지 보십시다.

예수님의 위임명령에서, 복음을 전파할 때 당연히 기적들이 수반된다는 사실을 말한 것입니다.

제자들이 나가 두루 전파할새 주께서 함께 역사하사 그 따르는 표적으로 말씀을 확실히 증언하시니라 _막 16:20

무디 목사님이 이런 이야기를 했습니다.

"천국에 도착하게 되면 성도들이 꼭 한 가지 후회할 점이 있을 것입니다. 만약 그리스도인들이 청구하였더라면 천국 창고에서 꺼내 쓸 수 있는 자원들이 있음을, 기도만 했더라면 붙들어서 사용할 수 있는 무한대의 능력이 그곳에 있음에도 불구하고, 그리스도인들이 그 능력을 사용하지 않았다는 것입니다."

우리는 천국 창고에 기도만 했다면 받을 수 있는 자원들이 너무나 많다는 사실을 알아야 합니다. 재정도 있고 은사도 다양하게 준비해 두셨는데, 사람들이 그것을 사용하지 않습니다. 사실 수많은 그리스도인은 성령님이 도우신다는 위대한 가능성을 무시하고 이 땅에서 고상한 척하면서 능력과 관계없는 삶을 살고 있습니다.

우리가 예수님 앞에 나올 때 예수님은 능력도 준비하시고 그 권능을 사용해서 한평생 주님의 일을 놀랍게 할 수 있도록 위대한 가능성을 주셨건만, 우리가 조그만 부분도 사용하지 못하고 떠나간다면 하늘나라에 가서 무디 목사님의 말처럼 얼마나 후회할 일이 많겠습니까? 저와 여러분은 절대 후회하는 일이 없도록, 지금부터 하나님의 능력을 믿음으로 받아 쓰는 하나님의 일꾼이 되기를 바랍니다.

29

Romans 16:1-16

기록에 남을 동역자가 됩시다

로마서 16장에는 무려 30명이 넘는 바울과 함께 한 교회 동역자들의 이름이 등장합니다. 그들은 로마교회 성도들이고 일부는 고린도교회 성도들입니다. 로마교회의 많은 사람들이 이미 사도 바울의 영향을 받고 예수를 믿었거나, 아니면 사도 바울과 동역 관계에 있었다는 사실을 알 수 있습니다. 그중에는 여성의 이름이 9명 등장하고 젊은이, 노인, 싱글, 부부, 귀족, 노예, 사업가, 공무원, 유식한 사람, 무식한 사람도 등장합니다. 모두 다 더없이 소중한 사도 바울의 선교 동역자들이며 교회의 일꾼들입니다.

말시온은 로마서 16장을 사적인 편지라고 해서 강해할 때 제외하기도 했습니다. 그러나 로마서를 쓰게 하신 하나님의 뜻이 있기에, 사도 바울이 왜 이 사람들을 언급하지 않으면 안 되었는지를 살펴볼 이유는 충분히 있다고 생각합니다.

하나님께서 주의 종들을 세우시는 이유는 무엇일까요? 바울은 직분자의 역할에 대해 "성도를 온전하게 하여 봉사의 일을 하게 하고 그리스도의 몸인 교회를 든든히 세우게 하는 일에 있다"라고 구체적으로 언급하였습니다(엡 4:11-13). 사도 바울은 평범한 사람들을 발굴해서 복음을 위해 생명을 바쳐 일하게 만드는 은사가 있었습니다.

16장에 언급된 이름들은 하늘의 생명책에 기록될 이 시대 성도들의 모델입니다. 우리가 이후에 천국에 입성하여 우리들의 이름을 확인할 때, 우리의 이름과 그 평가를 어떻게 기록할지를 미리 살짝 들여다본다는 마음으로 이 말씀을 받기를 바랍니다.

↓ 주 안에 있는 삶이 중요합니다

그들은 교회의 일꾼이기 전에 그리스도 안에 있는 자들이었음을 알 수 있습니다. 16장에는 '주 안에서', '그리스도 안에서'라는 말이 10회나 반복해서 등장합니다. 그만큼 사도 바울은 주 안에 있는 삶이 중요하다는 점을 강조한 것입니다.

> 너희는 그리스도 예수 안에서 나의 동역자들인 브리스가와 아굴라에게 문안하라 _롬 16:3

> 8또 주 안에서 내 사랑하는 암블리아에게 문안하라 9그리스도 안에서 우리의 동역자인 우르바노와 나의 사랑하는 스다구에게 문안하라 _롬 16:8-9

> 주 안에서 수고한 드루배나와 드루보사에게 문안하라 주 안에서 많이 수고하고 사랑하는 버시에게 문안하라 _롬 16:12

'그리스도 안에서(In Christ)'라는 말은 바울신학의 가장 핵심적인 주제이며 사도 바울의 신앙고백적 표현이라고 할 수 있습니다. 그렇다면 주 안에 있는 사람들은 어떤 사람들을 말할까요? 첫째는 그리스도를 믿는 사람이고, 둘째로 인격적으로 그리스도를 만난 경험이 있어야 하고, 셋째로 그리스도 안에 계속 거하는 사람입니다. 넷째로 그리스도를 증거하지 않으면 살 수 없는 사람이라고 할 것입니다. 단순히 그리스도를 주라고 고백하는 것으로 그리스도 안에 있는 사람이라고 말하기는 어려울 수 있다는 말입니다.

당신은 개인적으로 그리스도를 믿습니까? 인격적으로 그리스도를 만나셨습니까? 그리스도 안에 계속 거하고 있습니까? 그리스도를 증거하려 힘쓰고 있는 사람입니까? 지금도 그리스도 안에 있는 사람인지 스스로 점검해보기 바랍니다.

교회의 일꾼은 먼저 교회의 머리가 되시는 예수 그리스도의 일꾼이어야 합니다. 교회의 머리가 목사나 장로 같은 사람이 아니라는 뜻입니다. 그리스도의 일꾼이 되려면 그리스도를 인격적으로 만나야 하는데, 그러자면 성령세례를 받아야 합니다. 하나님을 인격적으로 만나는 개인의 오순절을 경험한 사람이라고 말할 수 있습니다. 성령세례는 예수를 믿는다고 하면서도 세상과 여전히 짝하고 사는 사람들의 정신을 확 깨게 만듭니다. 단순히 마음으로, 입술로 고백하는 신앙으로는 이 험난한 세상을 믿음으로 이기며 살아갈 수 없습니다. 그러므로 주 안에 있는 사람이 되려면 예수를 믿음과 동시에 그리스도를 인격적으로 만나는 성령세례를 경험할 수 있어야 합니다. 초대교회의 바울의 주변 인물들은 그리스도를 성령을 통해 경험했고, 그리스도를 믿고 전파하는 일에 앞장섰던 진정한 그리스도인이었습니다. 그런 사람들이 로마서 16장에 기록된 것입니다.

특사로서 서신을 전한 뵈뵈 집사

내가 겐그레아 교회의 일꾼으로 있는 우리 자매 뵈뵈를 너희에게 추천하노니

_롬 16:1

뵈뵈는 겐그리아 출신이었습니다. 겐그리아는 고린도로부터 약 9킬로 미터쯤 떨어져 있는 항구도시입니다. 뵈뵈는 고린도에서 바울을 만났습니다. 그리고 바울로부터 로마서를 받아 로마에 전하는 역할을 했습니다. 우리가 읽고 있는 로마서가 뵈뵈 집사의 손을 거쳐 로마에 전달된 것입니다. 여기서 교회의 일꾼을 집사로 번역할 수 있기 때문에 제가 그를 집사라고 부르는 것입니다. 여성들도 초대교회 때부터 일꾼으로서 일했다는 사실을 알 수 있습니다.

그 당시는 요즘같이 종이에 쓰던 시대가 아닙니다. 당시에는 종이도 없고 인쇄술이 발달되지 않았으므로 모든 서신을 파피루스에 필사했습니다. 파피루스에 기록된 로마서는 부피도 상당했을 것입니다. 그 원본을 로마교회에 전달하는 역할을 뵈뵈 집사가 맡았던 것입니다. 그렇게 해서 로마서가 신약성경 중에서 가장 중요한 책으로 보존되었고, 우리의 손에까지 들려지게 된 것입니다.

바울은 마치 대통령이 특사로 가장 아끼는 사람을 보내는 것처럼, 자신이 혼신의 힘을 다해 썼던 로마서를 뵈뵈 집사를 통해서 보낸 것입니다. 대통령이 특사를 아무나 보낼 수 있겠습니까? 그럴 수 없을 것입니다. 가장 신뢰하는 심복을 보내는 것입니다. 일의 중요도에 따라 신뢰하는 자의 수준도 달리 보냅니다. 자기의 뜻을 가감 없이, 실수 없이 전할 수 있어야 하기 때문입니다. 그만큼 뵈뵈 집사는 사도 바울에게 충직하고 신뢰할 일꾼이었음을 알 수 있습니다.

로마서 17장

너희는 주 안에서 성도들의 합당한 예절로 그를 영접하고 무엇이든지 그에게 소용되는 바를 도와 줄지니 이는 그가 여러 사람과 나의 보호자가 되었음이라
_롬 16:2

사도 바울은 주 안에서 성도들의 합당한 예절로 그를 영접하고 무엇이든지 그에게 소용되는 바를 도와줄 것을 로마교회에 부탁합니다. 또한 뵈뵈 집사는 바울을 비롯하여 여러 사람에게 보호자가 되었다고 말하고 있습니다.

바울의 선교 동역자, 브리스가와 아굴라 부부

³너희는 그리스도 예수 안에서 나의 동역자들인 브리스가와 아굴라에게 문안하라 ⁴그들은 내 목숨을 위하여 자기들의 목까지도 내놓았나니 나뿐 아니라 이방인의 모든 교회도 그들에게 감사하느니라 _롬 16:3-4

브리스가는 부인의 이름이고 아굴라는 남편의 이름입니다. 성경에 이 부부의 이름이 여러 번 나오는데, 주로 부인의 이름이 먼저 등장합니다(롬 16:3; 딤후 4:19). 성경에 이름이 소개될 때는 주로 권위의 순서대로 기록되는 경향이 있는데, 부인의 이름이 먼저 등장하니 '부인이 남편보다 신앙이 더 훌륭했던 모양이구나'라고 생각할 수 있습니다. 물론 남편의 이름이 먼저 나오기도 합니다(고전 16:19). 사도행전에도 3번 등장하는데, 누가는 브리스가를 브리스길라로 썼습니다. 누가 역시 이 부부를 언급할 때 2번은 부인을 먼저 언급했습니다.

자매가 조금 신앙이 좋은 게 사실은 더 좋습니다. 아내가 신앙적으로 남편을 조언하고 이끌어가고, 남편은 또 세상에서 신앙의 영향력을 끼치는 삶을 살게 되면 그 가정이 신앙적으로 온전한 가정이 될 것입니다. 혹시

당신의 가정이 아직 그렇지 못하다면, 당신의 자녀 세대가 그렇게 되도록 지금부터 기도하기를 권면합니다.

좌우간 성경에서 이 부부의 이름이 항상 함께 등장한다는 사실을 통해, 이 부부가 얼마나 한 마음으로 주를 열심히 섬겼는지 알 수 있습니다. 저는 이 부부가 주를 섬기는 일에 함께 등장한다는 점에서 감동을 받습니다. 한번도 이름이 떨어져 나온 적이 없습니다. 상대적으로 예수님의 제자들은 성경에서 부부가 함께 등장하는 경우가 없습니다.

브리스가와 아굴라 부부는 주 안에 있는 자로서 바울의 선교 동역자였습니다. 그들은 자신들의 집을 개방해 교회로 사용하게 했습니다. 바울의 에베소 선교 때에도 자기의 집을 개방했습니다. 에베소 교회에서 중요한 역할을 한 곳이 바로 그들의 집이었습니다. 그리고 바울이 로마에 도착하기 전에 미리 로마에 가 있었습니다. 이들은 바울의 사역에 자기 목이라도 내어놓을 정도로 주의 종과 교회를 위해서 충성했습니다.

이 부부는 장막을 만드는 사업가였습니다. 그들은 자기 사업을 완전히 주를 위해 내어놓았습니다. 모든 일을 하나님 중심으로 생각했기 때문에 사업을 통해서도 사도 바울을 도울 수 있었던 것입니다. 요즘 말로 하면 가정에 가정교회를 세웠고, 선교사님에게 비자를 해결해주기 위해서 사업의 이익이나 불이익을 고려하지 않고 도와주었다는 말입니다. 정말로 위대한 헌신을 하였다고 할 수 있습니다.

혹시 당신이 사업을 하고 있다면 브리스가 부부처럼 할 수 있겠습니까? 사업을 하면서 사회적인 명성을 얻고 있는데, 예수 믿는 것 때문에 어쩌면 손해를 볼 수도 있는 일에 전적으로 순종할 수 있겠습니까? 어떤 분들은 예수를 믿는다고 하면서도 사회적으로나 정치적으로 불이익을 당할까 걱정하며 교회 나가는 것도 두려워하는데, 이와 같이 헌신하는 사람은 그 자체가 일터선교사로서 헌신한 것이라고 말할 수 있을 것입니다. 이미 선교사 마인드로 살고 있었다는 것입니다.

무엇이 당신의 삶의 중심입니까? 내가 중심입니까? 예수님이 중심입니까? 예수 믿고 사회에서 출세하고 재정적인 복까지 받는 것은 물론 감사한 일입니다. 그런데 재정의 축복을 받고 사회적 명성을 얻고 보니, 이제는 그것을 지키느라 예수님을 멀리하고 교회를 멀리하고, 하나님으로부터 받은 선물 때문에 도리어 주의 종들을 판단하고 있다면, 그것이 과연 말이 되는 처신이겠습니까? 그런데 안타깝게도 수많은 사람들이 그렇게 살아가고 있습니다. 당신은 그러지 않기를 간절히 바랍니다. 주님을 배반하지 않고 끝까지 주님의 부르심에 순종하기를 바랍니다.

저는 개인적으로 브리스가와 아굴라 부부가 평신도 최고의 모델이라고 생각합니다. 그래서 성경에서 이름을 찾아 지어달라는 부탁을 받으면 부부의 신앙 정도를 보고 아내의 신앙이 더 앞설 경우 브리스가라고 지어준 적이 많습니다.

한평생 세상에서 살아가면서 부부가 함께 주를 바라보고 걸어갈 수 있다는 것은 주 안에서 큰 복이고 주님이 주신 선물인 줄 믿습니다. 부부가 하나가 되어서 주를 섬기는 것이 가능한 이유는 그들이 그리스도를 인격적으로 만나 그리스도 안에 늘 거하고 있기 때문입니다. 여러분의 가정이 이렇게 되기를 바랍니다.

전도해서 얻은 열매, 에배네도

… 내가 사랑하는 에배네도에게 문안하라 그는 아시아에서 그리스도께 처음 맺은 열매니라 _롬 16:5b

에베네도는 아시아에서 그리스도께 처음 맺은 사역의 열매라고 했습니다. 전도한 사람이 잘 자라서 훌륭한 그리스도인이 되고 있다면 사역자로서 그보다 큰 기쁨과 보람이 없을 것입니다. 내가 전도해서 어떤 사람이 예수 믿었다면 그만큼 더 관심이 가겠지요. 생명으로 낳은 자식이기 때문입니다. 내 자식을 다른 사람과 비교할 수 없는 것처럼 생명으로 낳은 자식도 마찬가지입니다.

L이라는 소수민족이 있습니다. 20여 년 전에 제가 사역했던 그 지역에서 제자들이 우리 교회를 방문했습니다. 저는 옛날에 사역하던 때를 돌아볼 수 있는 시간이 되었습니다.

저는 L민족이 사는 지역에서 한 단체의 지도자들을 훈련시키는 일을 했습니다. 혼신의 힘을 다해 수년 동안 가르치는 사역이었습니다. 그런데 몇 년이 지나자 그 중의 최고 지도자가 저와 의견을 달리한다면서 단체의 사역을 그만두게 되었습니다. 저는 사역의 실패를 경험해야 했습니다. 그곳에서 제가 적게는 70명, 많게는 100여 명의 L족 사역자들에게 수년간 열심히 성경을 가르쳤기 때문에 상실감은 이루 말할 수 없었습니다. 그들을 생각할 때 눈시울이 뜨거워지기도 합니다. 거의 3년간 최선을 다해 가르쳤는데, 최고 리더 한 사람이 돌아섰기 때문에 저까지 모든 사역을 내려놓아야 했던 것이 너무나 가슴이 아팠고 허무했습니다. 게다가 그것이 제가 선교사로서 했던 거의 최초의 사역이었기 때문에 상실감을 더 느꼈던 것 같습니다.

다행히 그때 저희들을 따랐던 L종족의 형제 한 사람과 20년 동안 관계를 지속할 수 있었습니다. 그 형제를 처음 만났을 때, 그는 30대 초반이었습니다. 20년이 지난 지금은 그 형제가 지역에서 가장 인정받는 사역자가 되었고, 목사가 되어 그 지역을 지도하는 입장이 되었습니다. 몇 개의 교회를 개척했을 뿐 아니라 교회의 일꾼들을 많이 세웠습니다. 그가 사역자들을 데리고 저를 방문한 것입니다.

저로서는 제 제자의 제자들이라 그들을 일일이 알지는 못했습니다. 그들과 짧은 시간 교제하던 중에, 20년 전에 그곳에서 제가 찍었던 사진 한 장을 그들에게 보여주었습니다. 당시 베를린 순복음교회(송영준 목사)의 헌금으로 과일농장 한 가운데에 교회와 훈련센터를 지어주었는데, 그 앞에서 기념으로 찍은 단체사진이었습니다. 사진에는 30여 명의 얼굴이 나옵니다.

그런데 갑자기 그들 중 두 명의 자매가 눈물을 흘리기 시작하여 분위기가 숙연해졌습니다. 눈물을 흘린 자매 중 하나는 당시에 20대였는데, 자기가 그 자리에 공부하러 왔었다고 말했습니다. 그 자매는 그때 강의하던 선생님이 오늘 자기 앞에 앉아 있는 사람이란 걸 전혀 몰랐다가, 사진을 보고서야 그때 생각이 나서 눈물이 난 것입니다. 그 이야기를 들으니 저도 기억이 났습니다. 그 자매는 눈물을 닦고서 환하게 웃으며, "이곳까지 와주어서 너무나 감사했다"라고 제게 말했습니다.

그 사진을 보고 울기 시작한 다른 자매에게도 왜 우느냐고 물었더니, 사진 속에 자기 어머니가 있다고 말했습니다. 그때 자기는 아이였는데, 어머니가 그곳에 가서 공부했다는 이야기를 들었다고 합니다. 20년 전에 어느 한국 선생님이 오셔서 자기 종족 사역자들에게 성경을 가르친다고 어머니가 말하시는 것을 들었는데, 그 분이 바로 정 목사라는 것을 알고 기뻐서 눈물을 흘린 것입니다.

저는 그들의 이야기를 들으면서 큰 위로를 받았습니다. 왜냐하면 저는 그 사역이 실패했고 열매가 없는 줄 알았기 때문입니다. 20년 전에 갈 때마다 70명에서 100명 정도의 사람들이 얼마나 열심히 공부했는지, 제가 가면 얼마나 좋아했는지, 더러는 며칠씩 먼 길을 와서 함께 먹고 자며 공부했던 사역입니다. 저는 갈 때마다 아침부터 저녁까지 하루 종일 가르치기를 일주일 동안 했습니다.

그들은 새벽에 일어나서 예배드리고 기도했습니다. 건물을 짓기 전에는 축사로 쓰려고 지어놓은 장소를 개조해서 공부를 시작했는데, 그들은 새벽부터 밤늦도록 그곳에서 공부하고 교제를 나누면서, 제가 갈 때마다 일주일 동안 하늘 축제가 열리곤 했습니다.

그때 그랬던 곳에서 공부했다는 자매가 이제는 어엿한 중견 사역자가 되어 교회를 담임하고 있다는 간증을 듣고, 또한 자기 어머니가 그곳에서 공부해서 지난 20년간 주님의 사역자로 쓰임 받았고 자신도 그 어머니의 뒤를 따르고 있다는 소식을 접하면서, 저는 하나님께서 일꾼을 세우시는 법을 새롭게 배우게 되었습니다. 주 안에서 수고하고 헌신한 일은 하나도 땅에 떨어지지 않는다는 것을 말입니다. '언젠가는 모두 열매를 맺어 하나님 나라의 유력한 일꾼들로 쓰임받는다'라는 사실을 깨달았습니다. 지도자들이 무너져도, 다음세대를 뽑아 구비하셔서 새로운 일을 행하시는 주님을 발견하고, 저는 하나님께 큰 영광을 돌렸습니다. 주님, 크신 영광 받으시옵소서!

고난에 동참한 사람들, 안드로니고와 유니아

내 친척이요 나와 함께 갇혔던 안드로니고와 유니아에게 문안하라 그들은 사도들에게 존중히 여겨지고 또한 나보다 먼저 그리스도 안에 있는 자라 _롬 16:7

안드로니고와 유니아는 바울의 친척이었습니다. 여기서 '나보다 먼저 그리스도 안에 있는 자'고 한 것을 보면, 그들이 바울보다 먼저 예수를 믿은 사람들이었음을 알 수 있습니다. 그들이 예수를 믿고 친척 중에서 매우 똑똑한 바울이 예수 믿기를 기도하지 않았겠어요? 어느 기록은 이들이 스데반이 순교할 때 받은 충격으로 예수를 믿게 되었다고 전합니다. 그들이 먼저 예수를 믿고 나서 자기 가문의 유력자인 바울을 위해 기도했을 수 있다는 것입니다.

그들은 바울을 그리스도 앞으로 인도했고 바울과 더불어 전도했을 뿐만 아니라, 바울이 '나와 함께 갇혔다'라고 말한 것처럼 나중에는 바울이 받는 고난에 동참한 사람들이 되어 고난을 함께 하는 선교의 동역자로서 살았습니다. 바울의 친척이고, 그를 위해 기도했고, 그를 도와 선교의 동역자가 되었고, 그가 받은 고난까지 동참했던 사람이 있었다는 것은 바울에게 큰 복이라고 말할 수 있습니다.

함께 수고한 우르바노, 스다구, 드루배나, 드루보사, 버시

그리스도 안에서 우리의 동역자인 우르바노와 나의 사랑하는 스다구에게 문안하라 _롬 16:9

우르바노는 동역자로, 스다구는 사도 바울의 사랑하는 자라고 소개합니다.

주 안에서 수고한 드루배나와 드루보사에게 문안하라 주 안에서 많이 수고하고 사랑하는 버시에게 문안하라 _롬 16:12

드루배나와 드루보사는 주 안에서 수고한 자라고 평가하고, 버시는 주 안에서 많이 수고하였을 뿐만 아니라 사도 바울이 주 안에서 사랑하는 성도였다고 합니다. 각자에 대해 간단히 적었지만, 사도 바울이 동역자들에 대해서 한 마디씩이라도 각 사람의 특징을 적은 것입니다. 우리도 주의 종의 사랑을 받고, 주의 종이 "진심으로 수고했다"라고 말하면서, 그 수고를 기억해주는 성도가 되어야 합니다.

저도 이 대목에서 이런 생각을 해보았습니다. '나는 어떤가? 나를 선교사로 파송하셨던 여의도순복음교회 조용기 원로목사님, 이영훈 담임목사님은 나를 어떻게 생각하실까? 선교훈련원 학감이시고 영원한 멘토가 되시는 김병기 목사님, 선교국장이시며 선교지에 오셔서 말씀으로 세워주셨던 정재우 목사님, 저희 가족의 목사님이신 최순길 목사님, 일일이 이름을 다 기록할 수 없는 저의 사랑하는 선배와 동료 목회자들과 동역자인 선교사님들, 그리고 저를 사랑하고 평생을 함께한 수많은 평신도 동역자들이 저를 생각할 때 기쁨이 가득하실까?' 그러시길 바랍니다. 제가 그 분들에게 근심이 되지 않는 종으로서 사역을 마무리할 수 있으면 좋겠다는 생각을 하게 됩니다. 저를 사랑하신 그 분들이 제 선교지의 소식을 들으시고 때로운 안타까운 마음에, 때로는 감사한 마음에 주님께 기도하셨을 일들을 기억하며 감사를 드립니다.

저는 또한 사랑하는 현지인 제자들과, 저와 고락을 함께했던 우리 교회의 평신도 동역자들에게 감사와 함께 믿음의 권면을 드립니다. 교회를 거쳐갔던 많은 성도들이 10년, 20년 뒤에 이 모양 저 모양으로 각지에서 주님을 위해 수고한다는 소식을 듣게 될 때, 이 종이 여러분 모두에 대해 사랑, 충성, 열매, 신실이라는 단어만 기억할 수 있게 되기를 바랍니다. 우리가 주님을 끝까지 배반하지 않고 하나님을 떠나지 않으며, 좀 느리지만 하나님 앞에 더 가까이 나아가 온전한 사람으로 성숙의 열매를 맺으며, 그 소문이 그리스도의 향기로만 가득하게 되기를 축원합니다.

구레네 시몬의 가족, 루포와 그의 어머니

주 안에서 택하심을 입은 루포와 그의 어머니에게 문안하라 그의 어머니는 곧 내 어머니니라 _롬 16:13

루포와 그의 어머니가 누구인지 우리는 본문만 보고서는 알 수 없습니다. 그러나 사도 바울이 루포의 어머니가 자기 어머니라고 부를 정도로 강한 영향을 끼친 성도였음은 분명합니다. 우리가 루포는 잘 모르지만, 루포의 아버지는 성경을 찾다 보면 잘 아는 사람임을 알 수 있습니다.

> 마침 알렉산더와 루포의 아버지인 구레네 사람 시몬이 시골로부터 와서 지나가는데 그들이 그를 억지로 같이 가게 하여 예수의 십자가를 지우고 _막 15:21

바로 구레네 사람 시몬이 루포의 아버지입니다. 예수님이 십자가를 지시고 골고다로 올라가실 때, 로마 병정들이 지나가던 그에게 억지로 십자가를 메고 가게 했던 사람입니다. 그런데 그 사건이 있은 후 30년 가까이 되었을 때, 그의 가정은 사도 바울에게 없어서는 안 될 매우 중요한 가정이 되어 있었습니다.

시몬의 아들이 주 안에서 택하심을 받은 루포가 되었다는 말은, 이미 초대교회 시절에 루포가 유명한 사람이 되었다는 반증이라고 할 수 있습니다. '루포의 아버지 구레네 사람 시몬'이라고 표현한 것을 보면 말이지요. 누군가 유명해지면 그의 아버지를 '아무개의 아버지'라고 부르는 것과 마찬가지입니다. 그리고 루포의 어머니, 즉 시몬의 부인은 바울을 마치 어머니처럼 보살피고 도왔던 것 같습니다. 그랬으니 바울이 "그 어머니는 곧 내 어머니라"라고 말했을 것입니다.

한 사람이 하나님께 크게 쓰임받으면 하나님의 생명책에 그 사람의 가족들까지 '이런저런 일에 도움을 주었던 사람들'로 등장할 수 있게 됩니다. 구레네 사람 시몬이 억지로 십자가를 지고 예수님과 동행했던 그 사건이 시몬의 가정을 이렇게 변화시켜 놓은 것입니다. 그리고 그들이 초대교회에서 영향력 있는 중심인물이 되었던 것입니다. 시몬의 수고와 희생이 가족과 자녀 세대에서 꽃을 피운 흐뭇한 모습이라고 할 수 있습니다.

↓ 서로 문안하십시오

사도 바울은 마지막으로 서로 문안하라고 말합니다. 로마서 16장에는 '문안하라'는 말이 무려 16번이나 나옵니다. 사도 바울은 성도들이 주 안에서 서로 문안하기를 원했습니다. 그리고 이렇게 결론을 맺습니다.

너희가 거룩하게 입맞춤으로 서로 문안하라 그리스도의 모든 교회가 다 너희에게 문안하느니라 _롬 16:16

사도 바울은 교회와 선교사역에 충성스러운 일꾼들과 동역자들에게 모든 교회가 문안하라고 권면하며 인사를 마치고 있습니다. 교회의 모든 일꾼들은 그리스도 안에 있는 생명으로서, 서로 따뜻하게 교제하고 풍성한 은혜를 나누는 일에 책임이 있기 때문입니다.

우리는 로마서 16장에서 교회의 일꾼들과 선교사역의 위대한 동역자들의 이름을 하나하나 열거하면서, 그들을 문안하고 위로하기를 원하는 사도 바울의 따뜻한 성품을 볼 수 있습니다. 사도 바울이 주 안에 있는 사람들, 주님의 교회를 섬긴 일꾼들, 그리고 선교의 고락을 함께 감당했던 동역자들의 이름을 똑똑히 기억하고 적은 것은 그들의 이름을 하나님과 사람들에게 보고하는 감사와 격려의 기록이라고 할 수 있습니다.

부족한 종에게도 말로 다 표현할 수 없는, 사랑하는 선교의 동역자들과 교회 일꾼들의 이름이 하나둘씩 떠오릅니다. 그러자니 제 마음에 감당할 수 없는 벅찬 감사가 있습니다. 사랑하는 여러분이 주 안에서 믿음을 지켰던 일들, 주 안에서 주님의 교회를 섬겼던 일들, 주의 종과 함께 동역했던 일들이 하나님의 생명책에 기록되어 하나님께서 그 수고를 갚아주시기를 간절히 바라며, 저도 사도 바울의 마음으로 이 글을 적습니다.

30

Romans 16:17-23

기억해야 할
바울의 마지막 부탁

16장 17절 이하는 사도 바울의 마지막 권면의 말씀입니다. 사도 바울의 충정어린 마음을 기억하면서 은혜를 받기를 바랍니다.

↓ 이단을 떠나십시오

이단은 무슨 뜻인가요? 이단(異端)은 시작은 같은 것처럼 하지만 끝이 다른 사람들을 말합니다. 시작할 때는 무엇이 다른지 구별이 되지 않습니다. 이단들은 처음에는 자기 정체를 가리고 다른 것을 이야기하지 않습니다. 처음에는 다 자신이 기독교인이라고 소개합니다. 하지만 무언가 조금씩 다른 부분이 나타나기 시작하고 나중에는 차이가 크게 됩니다. 교회 안에도 이단처럼 분쟁을 일으키는 사람들이 있습니다. 로마서 16장 후반부의 본문은 사도 바울이 떠나보내야 할 사람들에 대해서 쓴 내용입니다.

형제들아 내가 너희를 권하노니 너희가 배운 교훈을 거슬러 분쟁을 일으키거나 거치게 하는 자들을 살피고 그들에게서 떠나라 _롬 16:17

'분쟁'은 헬라어로 '디코스타시아스'로서 '떨어져 있는 것', '쪼개진 틈' 이란 뜻입니다. '분열'은 교회에 이견을 조장하고 획책하는 사람들의 행동 이라고 할 수 있습니다. 교회들을 보면 분열을 일으키고 자꾸만 틈을 내려 는 사람이 있습니다. 바울 사도가 이런 사람들을 살피고 그들에게서 떠나 라고 권면했다는 사실을 알아야 합니다. 무지해서 다른 의견을 내는 사람 들은 용납하고 사랑하고 가르치고 기도해주어야 하지만, 다 알면서도 공 동체를 무너뜨리려는 사람들은 잘 살펴서, 때로는 공동체를 떠나게 해야 할 때도 있습니다. 한 번 이단에 빠진 사람들을 되돌리기란 여간 어려운 일이 아니기 때문입니다.

17절의 '거치게 하는'이란 말은 헬라어로 '스칸달라'입니다. 여기서 파 생된 말이 바로 우리가 자주 들을 수 있는 스캔들입니다. 스캔들은 연예인 이나 정치가 같은 유명 인사가 주로 여자 문제나 돈 문제 같은 것들로 인 해 덫에 빠지는 상태를 말합니다. 이 말씀에서 '덫'이란 이른바 '함정'을 놓 아 사람을 죄에 빠져들게 한다는 뜻으로, 거짓 선지자들의 특징을 묘사하 는 표현이라고 할 수 있습니다. 그래서 스캔들이 사람을 걸려 넘어지게 하 는 사건인 것입니다. 정치가가 스캔들에 빠져서 정치 생명이 끊어지는 경 우가 얼마나 많으며, 연예인도 한 번의 스캔들로 쌓았던 명성을 하루아침 에 잃어버리고 폐인이 되는 경우가 또 얼마나 많습니까? 거짓 선지자들은 주의 종들과 성도들을 거치게 하는 스캔들을 일으키는 자들이므로 늘 경 계해야 합니다. 이런 거짓 선지자들을 떠나라고 바울은 명합니다.

'떠나라'는 헬라어로 '엑클리노'로서 '피하라', '멀리하라'라는 뜻입니다. 이 말은 성도들이 거짓 교사들의 본질과 본성을 알았으면 그들과 함께 하는 것이 불가능하다는 것을 알고 즉각 피하여 멀리하라는 의미입니다. 인간의 정 때문에 머뭇거리다 보면 거짓 선지자들을 떠나지 못하고 끌려다니는 신세가 되고 맙니다. 그러므로 평강을 깨뜨리는 사람들로부터 단호히 떠나기를 바랍니다.

이같은 자들은 우리 주 그리스도를 섬기지 아니하고 다만 자기들의 배만 섬기나니 교활한 말과 아첨하는 말로 순진한 자들의 마음을 미혹하느니라 _롬 16:18

'이같은 자들'은 아첨하는 말을 해서 순진한 자들을 미혹해 끌어갑니다. 그들은 자기 이득을 챙기는 데 혈안이 되어 있고 공동체에 분쟁을 일으키는 자들입니다. 거치게 하는 자들의 특징은 말은 그럴 듯하지만, 결국은 모든 것을 자기들의 이득을 채우기 위해 계획을 세우고 이용합니다. 무조건 남이 걸려 넘어지게 만드는 사람도 있습니다. 남이 잘되는 것을 보지 못하는 죄성이 노출되는 것입니다. 그러므로 우리는 이런 일에 넘어지지 않도록 늘 조심해야 합니다.

우리 안에 아직 처리되지 않은 자아가 있기 때문에 사탄은 그런 우리 마음을 유혹하고 거짓으로 넘어뜨리려 합니다. 그러므로 누구든 자만하지 말고, 늘 넘어질까 조심해야 합니다. 인간의 연약함을 알고서 언제나 겸손하며 절제하고, 자신의 연약함을 발견하면 회개하고 잘못을 뿌리 뽑도록 노력해야 합니다. 그렇게 주 안에서 거짓 자아를 내려놓고 주님이 주인이 되시는 삶을 살아갈 때, 생명이신 성령님께서 우리를 도와주십니다.

어떤 사람은 사람들 사이에서 이 말 저 말을 전하면서 이간질을 합니다. 늘 자기가 옳다고 주장합니다. 내가 옳다는 것을 이 사람 저 사람한테 말해서 결국은 사람 사이를 이간시키는 결과를 낳습니다. 그러면 사람 사이의 관계에서 평안이 깨지고 마음을 불안하게 만듭니다. 불평과 원망과 정죄만 마음에 가득하여, 늘 남을 정죄하기 쉽습니다. 그러면 그럴수록 공허함 가운데 살게 되니, 그 심성이 점점 메마르게 됩니다.

사탄과 마귀는 거의 같은 의미입니다. 마귀를 영어로 Devil이라고 합니다. 이 뜻을 풀어보면 마귀의 궤계가 어떤 것인지 알 수가 있습니다. 마귀는 라티언로 '디아볼로스'입니다. '디아'(between, 가운데)와 '볼로스'(throw, 던지다)의 합성어로 그 뜻은 '가운데로 던지다'입니다. 마귀는 갈라진 틈 속으로 무엇을 자꾸만 던지려고 한다는 것을 알 수 있습니다.

사람 사이에 틈을 내서 무엇을 던진다는 표현은 사람 사이를 이간시키는 모습을 연상할 수 있습니다. 형제와 형제 사이를, 자매와 자매 사이의 따뜻한 교제를 해치려고 시도하는 것이 바로 마귀의 역사입니다. 그러면 결국 은혜가 사라지고 안에 숨겨져 있던 쓴 뿌리와 상처들이 드러납니다. 그 결과 다른 사람을 비난하고 정죄하는 삶이 반복되는 것입니다. 자신도 죽고 이웃도 죽이고 공동체에게도 악한 영향을 주게 됩니다. 평강의 하나님이 여러분을 지켜주시기를 바랍니다.

우리의 씨름은 혈과 육을 상대하는 것이 아니요 통치자들과 권세들과 이 어둠의 세상 주관자들과 하늘에 있는 악의 영들을 상대함이라 _엡 6:12

믿는 자들의 싸움은 혈육이 있는 사람과의 싸움에 있지 않습니다. 우리의 씨름은 문제의 배후에 역사하는 마귀의 세력과 더불어 하는 영적 전쟁인 것을 깨닫고, 예수 그리스도의 이름, 예수 그리스도의 보혈, 그리고 진리의 말씀과 성령의 은사를 마귀를 대적하는 무기로 삼아 승리하기를 바랍니다.

↓ 순종하는 자가 받을 복

너희의 순종함이 모든 사람에게 들리는지라 그러므로 내가 너희로 말미암아 기뻐하노니 너희가 선한 데 지혜롭고 악한 데 미련하기를 원하노라 _롬 16:19

로마교회에는 분열을 조장하는 거짓교사들도 있었지만, 대부분은 순종하는 성숙한 신앙을 가진 사람들이었습니다. 순종은 소문이 나게 되어 있습니다. 모든 사람에게 전파됩니다. 성도가 순종할 때만큼 주의 종이 감사하고 기쁜 경우는 없습니다. 그 말은, 순종하지 않는 성도를 볼 때는 주의 종의 마음에 근심이 생긴다는 뜻입니다. 사도 바울은 순종하는 사람들로 인해서 기뻐하며, 로마 교인들도 그들처럼 순종하는 사람이 되기를 바란다고 권면하였습니다.

순종하는 자는 하나님으로부터 사랑을 받는 자가 됩니다. 그러나 맹목적인 순종은 문제가 있습니다. 모든 것을 자의적으로 판단해서 순종할지 말지 여부를 결정한다면 하나님께서 리더를 세운 의미가 무엇이겠습니까? 내 생각을 일시적으로 내려놓고 리더에게 순종해서 따르는 것이 동역에서는 가장 기본이 됩니다.

신앙생활의 기간도 짧고 믿음도 크지 않은 것 같은데, 순종을 잘하는 사람이 있다고 생각해보세요. 이런 사람은 구역장과 목회자로부터 가장 많은 사랑을 받을 것입니다. 사랑받다 보면 신앙도 자랄 것입니다. 학창 시절에 나를 좋아하고 사랑해주시는 선생님이 계시면 그 과목 공부에 열심을 내고 성적도 오르는 경우가 있듯이 말입니다. 성도가 사랑받는 비결은 순종에 있음을 믿기를 바랍니다. 또한 순종할 때 신앙의 발전이 따르는 것은 당연합니다.

평강의 하나님께서 속히 사탄을 너희 발 아래에서 상하게 하시리라 우리 주 예수의 은혜가 너희에게 있을지어다 _롬 16:20

사도 바울은 평강의 하나님이 사탄을 너희 발 아래에서 상하게 하시고, 예수 그리스도의 은혜가 로마교회에 충만하게 되기를 기도하였습니다. 순종하는 사람이 받는 복은 평강입니다. 평강은 성령께서 주시는 아홉 가지 열매 중의 하나입니다. 순종하면 평강이 찾아옵니다. 순종은 평화를 가져오고 사탄을 꼼짝하지 못하게 만드는 통로가 됩니다. 그래서 순종이 제사보다 나은 것입니다. 어떤 의미에서 보면 예배를 백번 드리는 것보다, 주님이 부탁하신 일에 한 번 순종해보는 것이 신앙을 성장시키는 지름길이 될 수 있습니다.

저는 예수님을 믿은 지 3년 만에 하나님의 부르심을 받고 신학교에 들어갔습니다. 신학생들을 둘러보니 저처럼 짧은 신앙을 가진 자가 없었습니다. 제가 가장 부족한 자라는 생각이 들었습니다. 저는 성경, 기도, 찬송 등 모든 것에서 부족했고 극히 초보 수준이었습니다. 집안에 예수 믿는 사람도 거의 없고, 주위에 저를 위해 신앙적인 조언을 해줄 사람도 거의 없었습니다. 그런 상태에서 막상 신학교에 입학하니 걱정이 커졌습니다. 그런데 어느 날 조금 일찍 학교에 도착해서 기도하는 중에, 성령님이 말씀을 통하여 주시는 음성을 듣게 되었습니다.

하나님이 이르시되 이리로 가까이 오지 말라 네가 선 곳은 거룩한 땅이니 네 발에서 신을 벗으라 _출 3:5

대학을 졸업한 지 십여 년만에 다시 신학을 공부하니, 사실 저는 제2의 인생에 대한 기대와 설렘이 있었습니다. 저는 주님의 부르심에 순종하여 사업과 가족과 모든 꿈을 내려놓고 오로지 주님의 부르심에 순종하여 신학교에 입학한 것입니다. 그런데 신학교는 제가 기대하던 모습이 아니었습니다. 멋진 캠퍼스가 있는 것도 아니고 교회 교육관의 한 귀퉁이에서 진행되는, 세상적으로 볼 때 정말로 볼품없는 신학교였습니다. 저는 주님의 부르심에 순종은 했지만, 그때까지 저의 생각은 세상 가치관 그대로였습니다. 그런 생각으로, 좀 실망한 마음으로 학교에 다니기 시작한 지 며칠이 지났을 때 이 말씀을 들은 것입니다. 그날 들려주신 '네 신을 벗으라'는 말씀의 의미는 '이제 너의 부정적인 생각을 내려놓으라!'라는 것으로 이해되었습니다. 저는 그제야 제가 얼마나 세상적인 생각으로 가득 찼는지 알 수 있었습니다. '하나님이 이 학교를 거룩하다고 말씀하시는데, 네가 뭔데 부정적이라고 하느냐'라는 뜻으로 해석된 것입니다. 저는 그 자리에서 결단했습니다.

'이 학교를 주님이 주신 거룩하신 학교로 생각하고 마음을 다해 사랑하겠습니다. 앞으로 이 학교에서 시키는 모든 일에 적극적으로 참여하겠습니다.'

이렇게 마음을 다잡고 나니 그 뒤로부터는 학교의 모든 것이 긍정적으로 보였습니다. 그때부터 저는 신학교에서 하는 모든 프로그램에 참석하였습니다. 하나님의 거룩한 뜻이 이 신학교를 통하여 드러나실 것이라는 기대가 생겼기 때문에, 학업뿐만 아니라 기도회, 봉사, 전도, 선교여행 등 모든 프로그램에 전적으로 참석하게 된 것입니다. 그러다 보니 자연스럽게 선배들로부터 기대와 사랑을 받게 되었습니다. 동급생들에게도 사랑받게 되었습니다. 심지어 그들은 제가 믿음이 아주 좋은 학생이라는 착각까지 했습니다. 그러나 실상 저는 꼴찌였습니다. 이후에 저는 원우회 초대 회장으로 뽑혀 섬기게 되었으며, 원우회를 통한 모든 훈련에 참여하다 보니 부족한 저의 영성이 사역자의 그릇으로 준비되었습니다. 하나님께서 저의 연약함을 아시고 저에게 합당한 훈련을 허락하셨다고 믿습니다. 모든 것을 합력하여 선을 이루어주신 하나님께 감사와 찬송을 올려드립니다.

지금 당신이 몸 담고 있는 교회, 학교, 기관, 사역지에 대해 부정적인 생각을 갖고 있다면 그곳이 하나님이 거룩한 곳이며, 고정관념을 깨뜨리는 장소로 사용하기를 원하시는 하나님의 배려일 수 있습니다. 그런 마음으로 이 말씀(출 3:5)을 묵상해보기 바랍니다. 그리고 새로운 마음으로 변화되어, 이왕이면 섬기는 곳에서 하나님의 크신 손길로 훈련받고 봉사하여 빚으심을 받기를 권면합니다.

↓ 누가 순종하는 사람인가?

사도 바울은 16장 앞부분에서 소개한 동역자들에 이어 추가로 몇 명을 더 소개함으로써, 우리에게 순종의 모델들을 제시하고 있습니다.

> 동역자 디모데
> 나의 동역자 디모데와 나의 친척 누기오와 야손과 소시바더가 너희에게 문안하느니라 _롬 16:21

'디모데'는 '하나님께 사랑받는'이라는 의미를 담고 있습니다. 성경은 디모데에 대해 이렇게 말하고 있습니다.

> 이는 네 속에 거짓이 없는 믿음이 있음을 생각함이라 이 믿음은 먼저 네 외조모 로이스와 네 어머니 유니게 속에 있더니 네 속에도 있는 줄을 확신하노라
> _딤후 1:5

로마서 17장

디모데는 루스드라에서 자라났는데, 그곳의 형제들이 그를 좋은 사람으로 인정했습니다. 그는 유대 여인인 유니게의 아들이며 아버지는 헬라인이었습니다. 그의 아버지는 디모데가 아주 어렸을 때 세상을 떠난 것 같습니다. 그는 어머니 유니게와 할머니 로이스로부터 신앙을 전수받고 자랐습니다.

아마도 디모데는 바울이 갈라디아 지역에서 1차로 전도하는 중에 예수를 받아들였을 것입니다. 바울의 2차 전도여행 중에 바울에게 발탁되어 선교팀의 일원이 되었으며, 결국 바울에게 믿음의 아들이 되었습니다.

믿음 안에서 참 아들 된 디모데에게 편지하노니 … _딤전 1:2a

영적인 측면이라 해도 다 아들이라고 부르기는 쉽지 않습니다. 육신의 아들과 달리 영적 아들은 그 관계가 일방적인 것이 아니라, 서로가 영적 아버지와 영적 아들이라고 생각해야 하기 때문입니다.

디모데의 연단을 너희가 아나니 자식이 아버지에게 함같이 나와 함께 복음을 위하여 수고하였느니라 _빌 2:22

디모데는 바울과 함께 연단을 받았습니다. 그는 자식이 아버지에게 하듯이 바울과 함께하면서, 복음을 위해 많은 수고를 하였습니다. 바울의 조력자 역할을 함으로써 사역의 훈련을 직접 받은 것입니다. 나중에는 사도 바울이 그를 자신을 대신해서 보내 사역하게 함으로써, 사도 바울의 분신처럼 활동하는 참 아들이 되었습니다.

이로 말미암아 내가 주 안에서 내 사랑하고 신실한 아들 디모데를 너희에게 보내었으니 그가 너희로 하여금 그리스도 예수 안에서 나의 행사 곧 내가 각처 각 교회에서 가르치는 것을 생각나게 하리라 _고전 4:17

바울은 문제가 많았던 고린도교회에 디모데를 보냈고, 바울이 예수 안에서 했을 만한 행동과 말을 그에게 가르쳤습니다. 그래서 디모데의 가르침을 받은 사람들은 디모데를 보고서 바울이 생각난다고 느낄 정도가 되었습니다. 그만큼 디모데는 사도 바울이 마음 놓고 보낼 수 있는 사람이었습니다. 그래서 바울은 로마교회 성도들에게 디모데를 순종하는 동역자로서 가장 먼저 소개한 것입니다.

로마서의 대필자, '셋째' 더디오
이 편지를 기록하는 나 더디오도 주 안에서 너희에게 문안하노라 _롬 16:22

더디오는 자신을 일인칭인 '나'로 기록하고 있습니다. 로마서는 더디오가 사도 바울을 도와 대필한 것이라는 사실을 알 수 있습니다. 당시 바울이 안질 때문에 눈이 좋지 않았을 것이라고 추측할 수 있는 구절이기도 합니다. 그런 이유로 더디오에게 로마서의 대필(代筆)을 부탁했을 것입니다.
'더디오'는 '셋째'(the third)라는 뜻입니다. 이름을 셋째로 부른다는 것에서 무엇을 알 수 있습니까? 아마도 더디오는 노예였을 것입니다. 당시 로마 사회의 귀족들이 노예들을 부를 때 이름을 부르지 않고 '첫째야, 둘째야'라고 부르던 모습을 상상하게 합니다. 더디오는 신분이 비록 노예였지만 예수를 믿고 바울의 사역에 중요한 도움을 제공했던 사람이라고 성경에 기록된 것입니다. 얼마나 놀라운 일입니까? 한편 23절의 '구아도'는 '넷째'라는 뜻입니다. 그 역시 노예였을 것입니다. 그들이 신분의 고하를 막론하고 예수 안에서 일꾼이 되었음을 알 수 있습니다.

셋째로 불린 노예 신분의 더디오가 바울의 로마서를 대필해주었습니다. 그런 더디오가 여기에서는 일인칭으로 등장합니다. 이것은 바울이 허락했거나, 어쩌면 바울이 도리어 강권하여 쓰게 했던 것이라고 추정해 봅니다. 바울의 허락 없이, 더디오가 고의로 자신을 일인칭 주어로 하는 문장을 써넣을 리 만무합니다. 바울이 더디오의 이름을 이 중요한 로마서의 대필자라고 로마서에 기록하게 했다는 것은 그의 헌신과 수고가 매우 컸으며, 바울이 그것을 보상하고 싶은 마음이 있었기 때문이라고 여겨집니다.

회심자 가이오와 에라스도

나와 온 교회를 돌보아 주는 가이오도 너희에게 문안하고 이 성의 재무관 에라스도와 형제 구아도도 너희에게 문안하느니라 _롬 16:23

가이오는 성경 연구자들에 의하면 바울의 고린도 전도 사역에서 첫 번째 회심자 중 한 사람으로 언급됩니다. 그리고 그는 바울이 고린도에서 겨울을 보내는 동안 머물러 있었던 집의 주인이기도 합니다. 이 절에서 그를 가리켜 '온 교회를 돌보아 주는'이라고 표현한 것은 그에게 당시 상당한 재산이 있었음을 말해줍니다. 또한 그의 집이 고린도교회 성도들의 집회 장소로 개방되었음을 암시하는 듯합니다. 아울러 고린도를 방문하는 모든 그리스도인에게도 그의 집이 개방되었음을 시사하기도 합니다.

'에라스도'는 고린도 시의 '재무관'으로, 이에 해당하는 헬라어 '오이코노모스'는 극장의 지배인 또는 관리인의 뜻을 지니고 있습니다. 이 구절에서는 '도시의 재산 관리인'이라는 뜻으로 쓰였다고 볼 수 있습니다. 그가 고린도에서 상당한 영향력을 가진 인물이었음을 알 수 있습니다. 그리고 고린도교회에 사회적 저명인사들이 상당수 출석하고 있었음을 알게 해줍니다. 가이오와 에라스도는 고린도에서 부유하고 영향력 있는 사람으로,

바울 덕분에 예수를 믿고 고린도교회를 섬기는 사람들이었습니다. 그들을 로마 교인들에게 소개하는 것으로 보아, 그들 역시 로마교회와 어떤 관계가 있었을 수 있습니다. 그들은 한마음으로 자신의 집과 재정을 제공하며 교회와 바울의 선교사역을 도와주었습니다. 그들의 이름이 성경에 기록되었습니다. 현대를 사는 우리도 이후 하늘나라에서 생명책에 기록될 내용이 어떤 것일지 볼 수 있는 매우 중요한 예들입니다.

31

Romans 16:25-27

바울이 말한
'나의 복음'의 의미

로마서의 이 끝부분은 송영(頌榮)이라고 일컬어지는 내용입니다. 사도 바울은 이 마지막 부분에서 로마서의 핵심 주제를 요약함으로, 자신이 지금까지 논했던 내용들을 다시 한번 강조하고 있습니다.

저는 지금까지 로마서의 주제를 '복음', '변화된 삶', '선교적 삶'으로 설정하고 바울의 논지를 강해해왔습니다. '복음'이라는 큰 주제의 내용은 로마서 1장부터 8장까지(이 책의 1부와 2부), '변화된 삶'은 12장부터 14장까지(3부), '선교적 삶'은 9장-11장의 이스라엘 회복 부분과 15장과 16장까지(4부), 이렇게 세 부분으로 로마서를 나누어 알아보았습니다.

저는 로마서를 선교적 관점으로 보는 중요한 시각을 갖게 되었고, 이를 강조하기 위해서 로마서 9장에서 11장까지를 선교 주제를 다룬 마지막 4부에 옮겨서 다루었습니다. 로마서 9장에서 11장까지의 내용을 이스라엘의 구원이라는 제한된 틀에 가두어선 안 된다는 인식 때문입니다. 프롤로그에서 말씀드린 바와 같이, 로마서에 대해 제가 독창적으로 분류하게 된

이 관점은 이 장에서 보게 될 이 마지막 세 구절 때문에 생긴 것입니다. 로마서 전체를 정리한다는 마음으로 로마서의 마지막 구절을 보겠습니다.

> [25]나의 복음과 예수 그리스도를 전파함은 영세 전부터 감추어졌다가 [26]이제는 나타내신 바 되었으며 영원하신 하나님의 명을 따라 선지자들의 글로 말미암아 모든 민족이 믿어 순종하게 하시려고 알게 하신 바 그 신비의 계시를 따라 된 것이니 이 복음으로 너희를 능히 견고하게 하실 [27]지혜로우신 하나님께 예수 그리스도로 말미암아 영광이 세세무궁하도록 있을지어다 아멘 _롬 16:25-27

사도 바울이 25절에서 '나의 복음과 예수 그리스도를 전파함은'이라고 썼는데, 이 내용은 로마서 전체의 핵심을 한마디로 정리한 것이라고 할 수 있습니다. 여기서 '나의 복음'과 '예수 그리스도'는 무슨 상관이 있을까요?

한글 성경에는 '나의 복음과 예수 그리스도를 전파함'이라고 번역되어 '복음'과 '예수 그리스도를 전파함'이 별도로 구별된 것처럼 오해될 수 있습니다. '나의 복음'이란 '사도 바울이 특별히 독자적으로 말한 무엇이다'라는 오해를 살 소지가 있는 것입니다. 왜냐하면 '나의 복음'과 '예수 그리스도' 사이에 접속사 '과'를 썼기 때문입니다. '과'는 영어로 'and'라는 접속사를 그대로 번역한 것입니다. 사실 'and'라는 말의 헬라어인 'kai'는 '과'로 번역되기도 하지만, 때로는 '곧', '-도'의 의미인 'even'으로 번역되기도 합니다. 이 부분 역시 'even'으로 번역되는 것이 더 바른 표현이라고 할 수 있겠습니다. 그러므로 "나의 복음, 곧 다시 말하면 예수 그리스도를 전파함은"으로 번역되어야 오해가 없을 것입니다. 바울이 '이 복음, 곧 예수 그리스도'라고 다시 한번 힘을 주어 강조한 것입니다.

그러면 '사도 바울을 통해 계시된 복음'은 무엇을 말하는 것이었나요? 로마서 전체에서 말하고 있는 복음에 대해 정리하도록 하겠습니다.

↓ 사도 바울을 통해 계시된 복음

> 예수 그리스도의 종 바울은 사도로 부르심을 받아 하나님의 복음을 위하여 택
> 정함을 입었으니 _롬 1:1

사도 바울은 자기의 정체성을 분명하게 갖고 있었습니다. 자신이 하나
님의 복음을 위해 선택받았다는 것입니다. 하나님께서 자신을 부르신 '목
적'이 무엇인지 정확히 알고 있었다는 말입니다. 우리도 바울처럼 하나님
이 부르신 자신의 삶의 목적을 분명히 깨닫는 은혜가 있기를 바랍니다.

> 이 복음은 하나님이 선지자들을 통하여 그의 아들에 관하여 성경에 미리 약속
> 하신 것이라 _롬 1:2

사도 바울은 이 복음이 바로 선지자들이 증거했던 '그의 아들 그리스
도'에 관한 약속임을 분명히 깨달았습니다. 복음이 어느 날 바울에게 독자
적으로 뚝 떨어진 것이 아니라, 이미 구약성경에서 많은 선지자들을 통해
기록한 하나님의 아들 그리스도에 대한 내용이라는 말입니다. 그렇다면
사도 바울이 왜 선지자들이 전했던 내용을 '나의 복음'이라고 표현했는지
가 궁금해집니다.

로마서에서는 바울이 구약성경을 통해서 깨닫고 예수 그리스도의 계시
로 얻은 복음의 내용을 1장에서부터 8장까지 기록했는데, 그 핵심은 다음
과 같았습니다.

모든 사람은 죄인입니다. 이방인도 죄인이고, 유대인도 죄인이고, 또한
그들을 비판하는 도덕군자도 죄인이므로, 인류는 모두 죄인임을 차례대
로 논증했습니다. 죄의 삯은 사망이기에 죄를 지은 인간은 하나님의 진노

를 피할 수 없는 절망적인 상태에 이르게 되었습니다.

"그렇다면 죄에 빠져 죽을 수밖에 없는 인간을 구원할 길은 무엇인가?"

바울은 인류가 묻는 그 질문 앞에 하나님께서 유일한 한 가지 길을 제시하셨는데, 그 길이 바로 '하나님의 의'이고, 그 내용은 '예수를 그리스도로 믿음으로 구원에 이른다'는 것입니다. 이것이 복음입니다. 이 사실을 받아들이든 받아들이지 않든, 하나님은 그것을 유일한 '하나님의 의'로서 인간에게 제시하셨습니다.

"그래서 믿음으로 의롭다 칭함(justification)을 얻은 하나님의 자녀들은 과연 하나님의 자녀다운 모습으로 살아가고 있는가?"

이 질문에 답하기 위해, 바울은 이 세상의 가치와 구별되는 그리스도의 가치로 살아가는 성화(sanctification)의 삶을 제시합니다. 그런데 성화가 잘되지 않습니다. 사도 바울은 이 성화의 과정을 설명하면서, 결국은 믿는 자가 온전히 예수님 안에 거해야만 가능한 일이라고 제시합니다.

"그렇다면 예수님 안에 거하는 삶은 어떤 삶을 말하는가?"

질문이 계속될 수밖에 없는 구원의 여정입니다. 사도 바울은 '알라', '여기라', '드리라', '경험하라', '절망하라', '예수 안에 거하라'라는 과정을 통해서, 이 땅에서의 성화는 훈련되어야 하는 것이라고 가르칩니다. 성화가 쉽지 않은 과정이라고 해서 믿는 자를 의롭다고 하시는 하나님의 의가 축소된다든가 취소되는 것은 절대 아닙니다. 이 사실을 늘 마음에 새기고, 믿음 안에서 살아가는 법을 확고히 유지하면서 성화의 과정을 걸어가야 한다고 바울은 말합니다.

"그러면 예수 안에는 어떻게 거할 수 있는가?"

이 문제가 성화의 클라이맥스라고 할 수 있는데, 이 문제를 해결하는 방법이 바로 로마서 8장의 '생명의 성령의 법'입니다. 생명의 성령의 법이 죄와 사망의 법에서 우리를 해방시키는 것입니다. 생명의 성령의 법 안에 살기 위해서는 영의 일을 집중하여 생각하고 몸의 행실을 죽이고 성령으로 인도받아야 합니다. 결국 우리가 예수 안에 거할 수 있도록 하기 위해서, 주님은 성령을 돕는 보혜사로 보내주셨다고 말합니다.

↓ 로마서의 첫 번째 주제, 복음이 무엇인가?

> [25]나의 복음과 예수 그리스도를 전파함은 영세 전부터 감추어졌다가 [26]이제는 나타내신 바 되었으며 영원하신 하나님의 명을 따라 선지자들의 글로 말미암아 모든 민족이 믿어 순종하게 하시려고 알게 하신 바 그 신비의 계시를 따라 된 것이니 … _롬 16:25-26

로마서의 첫 번째 주제, 다시 말해 앞 부분은 '복음이 무엇인가'에 대한 것입니다. 그런데 바울은 마치 다른 사람이 전하는 복음과 구별하려는 의도가 있는 것처럼 '나의 복음'이라고 언급합니다. 그가 복음을 왜 굳이 '나의 복음'이라고 말했는지가 궁금하지 않을 수 있습니다. 사도 바울이 그냥 '복음'이라고 하지 않고 '나의 복음'이라고 언급한 이유가 무엇일까요?

이 질문은 특별히 결론 부분에서 매우 중요한 논지가 되어야 할 것입니다. 바울은 지금까지 전한 '예수 그리스도에 관한 복음'을 '나의 복음'이라고 말했습니다. 그럴 만큼 바울이 전한 복음이 다른 사람이 전한 복음과 차별된다는 뜻으로 썼다고 볼 수 있습니다. 그런데 바울은 선교사역을 진행할 때, 예수 그리스도의 죽으심과 부활하심이라는 구속의 사건, 즉 복음을 유대인이나 헬라인 모두에게 똑같이 적용하여 선포했습니다.

사도 바울이 '나의 복음'이라고 쓰게 된 과정을 정리해보겠습니다.

(1) 복음은 예수 그리스도의 죽으심과 부활을 통해서 드러난 구속사건

이다.

(2) 구원에 대한 하나님의 영원한 계획은 예수 그리스도와 그의 사역을 통해서 드러났고, 또한 성령에 의해서 충분히 계시되었다.

(3) 복음의 내용은 선지자들을 통해서 글(구약성경)로 기록되어 전수되었다.

(4) 여러 시대에 걸쳐 선포된 말씀이 베일에 가려진 상태에서 여러 모양과 형식을 통해 점진적으로 계시되었다가, 그리스도의 오심으로 마침내 온전히 계시되었다.

(5) 하나님은 사도들을 통하여 주가 그리스도이심을 유대인들을 대상으로 전하게 하셨다.

(6) 하나님은 사도 바울에게 이방인에게도 주가 그리스도이신 비밀을 전하도록 계시하셨다.

복음은 예수님의 죽으심과 부활하심을 믿어 구원을 얻는 선물인데, 사실 이 선물은 하나님의 영원한 계획에 이미 드러난 것이라고 할 수 있습니다. 이 복음은 성령으로 인해서 계속 하나님의 백성들에게 나타났습니다. 그것이 바로 구약성경에 기록된 것이었지만, 마치 퍼즐의 조각처럼 부분으로만 드러났기 때문에 구약에서는 누구도 복음을 온전히 이해할 수 없었습니다. 이 복음이 예수 그리스도가 오심으로 완전한 실체로 드러나게 되었고, 이 실체가 사도들을 통해서 유대인에게 '예수는 그리스도이시다' 라는 핵심 진리로 전파되었습니다.

그런데 사도 바울은 이방인을 위해서도 동일하게 '예수는 그리스도이시다'라는 사실을 밝히 드러냈습니다. 사도 바울 이전에는 대부분의 유대 그리스도인들이 이방인을 향한 복음의 메시지를 온전하게 이해하지 못했다는 사실은 사도행전 15장의 예루살렘 공의회를 통해서 예루살렘 학파와의 초반의 격론을 통해 짐작할 수 있습니다.

사도 바울은 이방인이 구원을 얻는 방법은 율법이 아닌 오직 예수를 믿음으로 얻는 것이라는 확고한 진리를 주장했습니다. 베드로 사도와 야고보 사도가 최종적으로 바울의 손을 들어줌으로써, 결국 기독교가 유대교의 장벽을 넘어서는 세계적 종교로 발전할 수 있는 기틀을 마련하게 되었습니다. 이것이 사도 바울에게 주신 하나님의 계시였고, 사도 바울이 목숨을 다해 지켰던 '나의 복음'의 핵심이었습니다.

저는 '사도 바울이 선교사의 사명이 없었다면 이 문제를 해결하려고 이렇게 심각하게 고민했을까'를 생각하게 되었습니다. 특히 갈라디아서 2장에서 사도 베드로를 심하게 책망하면서까지, 새까만 후배인 바울이 이신칭의의 복음을 지키려 했던 이유는 무엇이었을까요?

사도 바울이 단순화한 복음은 삼위일체 하나님으로부터 직접 받았고 구약과 사도들의 복음과 성령을 통해서 계시된 것으로서, 그의 끈질긴 기도의 산물이라고 여겨집니다. 사도 바울이 예루살렘과 유대에 복음을 전하는 자로 부름을 받았다면, '구태여 예루살렘의 사도들과 싸우면서까지 복음을 단순화할 필요가 있었을까'라는 의문을 가져봅니다.

유대인은 이미 할례를 받았고 유대 율법을 지키는 자들이었는데, 예수를 믿어 구원의 확신을 갖게 되었으니, 초대 유대인 중심의 그리스도교는 이방인에 대한 복음 전도의 문제를 심각하게 생각하지 않았습니다. 그러나 사도 바울은 이방인을 위한 선교사로 부름을 받고 선교지에서 복음을 전하다 보니, 그들이 이미 헬라철학과 우상숭배와 같은 당대의 초등학문에 빠져 있는 현실에서, 그들에게 '헬라철학에 더하여 예수 신앙이 가능한가, 혹은 우상숭배의 문화가 있는 가운데 예수로 말미암은 구원을 받을 수 있을 것인가'라는 문제가 끊임없이 제기되었을 것입니다.

사도 바울은 어떻게 하면 '이방인들이 하나님의 온전한 백성이 될 수 있을까'를 고민하게 되었고, 결국은 주님이 유일한 구원주이심을 확실히 하지 않으면 온전한 구원이 이루어질 수 없음을 깨닫게 되었을 것입니다. 선교 현장으로의 부르심이 사도 바울로 하여금 복음에 대해 이렇게 치열한 고민을 하게 만들었을 것입니다.

사도 바울은 1,2,3차 선교여행을 통하여 이방인의 실상을 깊이 깨달을 수 있었습니다. 그랬기 때문에 이신칭의의 구원의 법을 중심으로 복음을 단순화하는 칭의의 구원론을 정립하게 되었고, 로마서에서 그 복음의 진수를 밝히 드러냈던 것입니다. 그러므로 로마서는 사도 바울이 선교사로서 선교 현장에서 깨달은 '이방인을 위한 복음서'라고 말할 수 있습니다. 그런 관점에서 바울은 '구약의 율법을 어떻게 접근해야 할까'를 생각하게 되었고, 구원과 성화의 연속과정을 이해하게 되었을 것입니다. 이는 유대인에게도 이제는 율법이 먼저가 아니라 예수를 믿고 구원을 받는 것이 먼저이고, 그 이후에 구약 율법을 지키는 성화의 구원을 이룰 수 있음을 제시하게 되었으며, 성화의 구원은 예수 안에 있을 때 이루어질 일임을 깨달았을 것입니다.

바울은 율법을 지킬 수 있는 성화조차 내 힘으로는 실패할 수밖에 없고, 성화는 생명의 성령의 법 안에서 완성할 수 있는 연속적인 구원의 과정임을 5장에서 8장을 통해 보여주었습니다. 저는 로마서에서 이 사실을 보게 되었습니다. 선교 현장에서 한 영혼이라도, 한 민족이라도 더 구원하겠다는 열심이 바울에게 없었다면, 이신칭의와 성화의 완성된 복음의 놀라운 모습이 여전히 드러나지 못했을 것입니다. 우리 모두는 사도 바울이 '나의 복음'이라고 표현할 수밖에 없었던 그의 사랑과 수고와 헌신의 놀라운 빚을 지고 있습니다.

↓ 로마서의 두 번째 주제, 변화된 삶

로마서의 두 번째 주제는 변화된 삶입니다. 로마서 12장부터 14장까지에서 변화된 삶의 결과인 '최선의 삶'이 구체적으로 어떤 모습인지를 다시 정리해봅시다. 첫 번째, 우리는 교회 안에서 복음에 합당한 변화된 삶을 살아내야 합니다. 교회 안에서 한 몸 의식으로, 즉 그리스도의 몸의 지체로서 지체의식을 가지고 살라는 것입니다. 교회의 머리는 예수님임을 늘 잊지 말아야 합니다. 두 번째, 이웃과의 사회생활에서 복음을 살아내야 합니다. 이웃과의 관계에서 사랑으로 품고 화목하게 대해야 하는 것입니다. 세 번째, 사회에 속한 개인으로서 위의 권세에 복종하며 살아야 합니다. 네 번째, 정치적 영역에서도 순종과 정의의 마음으로 살아야 합니다. 다섯 번째, 개인의 삶에서도 방종에서 벗어나고 변화된 삶을 살아야 합니다. 이것이 복음으로 우리가 견고하게 되는 것입니다.

> 26... 이 복음으로 너희를 능히 견고하게 하실 27지혜로우신 하나님께 예수 그리스도로 말미암아 영광이 세세무궁하도록 있을지어다 아멘 _롬 16:26b-27

'복음으로 견고하게(establish) 하시는 분'은 하나님이십니다. 견고하게 한다는 건 신앙 안에 든든히 세운다는 뜻입니다. 지혜로우신 하나님이 복음을 들은 각 사람에게 가장 합당한 방법으로 견고하게 하시는 일의 주관자가 되십니다.

바울은 로마서 1장 11절에서도 로마의 성도를 견고하게 만들기 위해 로마교회 성도들을 하루 속히 방문하기를 기대하고 있다고 말했습니다. 이제 그는 궁극적인 의미에서 오직 하나님만이 이런 결과를 가져올 수 있다는 것을 알기에, 하나님의 능력에 대한 신뢰를 표현하였습니다. 호크마

주석은 이 구절을 "하나님께서 성도들을 견고케 하는 도구로서 복음에 필적할 수 있는 것은 하나도 없음을 '이 복음으로'라는 어구를 삽입하여 강조하고 있다"라고 하였습니다.

복음을 전하되, 그 복음을 삶으로 살아내는 데까지 이르게 하는 것이 견고하게 하는 것입니다. 복음을 듣되, 복음대로 살아내지 못하면 신앙이 견고하게 뿌리내릴 수 없다는 것입니다. 그러므로 예수는 믿는데 예수를 증거하지 못하거나, 예수 믿는 삶을 살아내지 못한다면 복음이 견고하게 뿌리를 내렸다고 말할 수 없을 것입니다. 복음이 온전해지려면 삶으로 살아내야 하고, 그렇게 사는 삶이 복음의 강력한 증거가 된다고 말할 수 있습니다.

그리스도의 비밀인 복음을 믿는 자는 마땅히 변화된 삶을 살아야 합니다. 이것이 12장부터 14장까지 이어진 '최선으로 세상을 사는 복음적 삶의 원리'에 관한 이야기입니다. 최선의 삶을 사는 것은 복음을 들은 자가 복음을 정확하게 듣고, 알고, 깨닫고, 신뢰하고, 붙잡고 살아낼 때 가능해집니다.

↓ 로마서의 세 번째 주제, 선교적 삶

··· 모든 민족이 믿어 순종하게 하시려고 알게 하신 바 ··· _롬 16:26

로마서의 세 번째 주제는 선교적 삶입니다. 대개의 로마서 강해서는 선교적 삶에 대해서는 별로 이야기하지 않습니다. 대부분은 이신칭의, 성화, 그리고 그에 따른 변화된 삶으로 분류합니다. 하지만 저는 사도 바울이 주장하려는 궁극적인 목적을 간과하는 적용이라는 생각이 들었습니다. 로마서를 교리 서신으로만 보는 사람은 복음과 그 복음의 적용인 삶에 대한 것까지만 이야기합니다. 그러나 로마서가 바울이 선교적인 삶을 실천하는 중에 그에게 주신 하나님의 계시이며, 이 복음을 땅끝까지 전하기 위해서 교회와 성도들을 바로 세워 선교적인 삶을 살도록 도전하고 있다는 사실에 대해 언급하는 책은 많지 않습니다.

물론 기존에 나온 주석서와 강해서들이 잘못되었다는 말은 아닙니다. 저는 그럴 자질도 없는 심히 부족한 종입니다. 그럼에도 불구하고 《로마서 17장》이라는 강해서를 쓴 이유는 '선교적 삶'이라는 이 세 번째 주제를 드러내려는 것입니다. 그것이 제가 쓰려고 했던 로마서의 특별한 부르심이고, 또한 하나님께서 이 종과 우리 교회에 주셔서 힘써 실천하라고 하신, 이 시대를 향해 주시는 도전적인 말씀이라고 믿습니다. 이제부터 로마서는 이와 같이 선교적 관점에서 읽어야 한다는 사실을 알리는 것이 제가 이 책을 쓴 목적입니다. 그 목적이 바로 26절, '모든 민족이 믿어 순종하게 하시려고'에 담겨 있습니다.

로마서의 수신자는 일차적으로 당연히 로마교회라는 한 교회의 성도들입니다. 그러나 로마서는 한 교회만 받을 책이 아닙니다. 그래서 성경에 기록되도록 하나님이 허락하신 것이라고 믿습니다. 그렇다면 로마서가 로마교회와 한국의 교회만 받아서 되겠습니까? 이 본문은 말씀합니다. 로마서에 나타난 복음은 모든 민족이 믿어 순종하게 하려고 쓴 것이라고.

로마서의 내용을 모든 민족이 믿어 순종하게 하려면 모든 민족에게 로마서가 들려야 할 것입니다. 사도 바울은 모든 민족이 믿어 구원에 이르게 한다는 표현을 하지 않고, '믿어 순종하게 하려고'라는 표현을 썼습니다. 왜 그랬을까요?

복음은 나와 가족과 나의 민족에만 국한되는 것이 아닙니다. 복음은 모든 민족에게 전파되어야 하고, 그들이 복음에 순종할 수 있을 때 변화가

옵니다. 그러므로 로마서의 복음은 땅끝까지 전파되어야 합니다. "모든 민족이 믿어 순종하게 하시려고"라고 말씀하고 있기 때문입니다.

이 본문에서 '구원' 대신 '순종'이라는 단어를 쓰고 있는 것이 좀 특이합니다. 그 이유는 믿는 것이 구원의 마지막 사건이 아니라 출발의 사건이 되기 때문입니다. 하나님이 우리를 구원하시는 이유는 구원을 넘어서서 하나님 앞에 순종하는 삶을 살게 하려는 데에 그 뜻이 있습니다. 그 대상은 마땅히 모든 민족까지여야 하고, 모든 민족이 믿어 순종하게 해야 하는 궁극적인 목적을 가지고 있습니다. 그러기 위해서는 단순한 복음 전파 그 이상의 사역이 이루어져야 합니다. 바로 교회 개척과 가르치는 사역입니다. 그래서 더 많은 선교사들이 선교지로 나아가야 하고, 교회에는 더 많은 선교적 노력이 있어야 합니다.

↓ 열방을 향한 끊임없는 관심

이 은혜는 곧 나로 이방인을 위하여 그리스도 예수의 일꾼이 되어 하나님의 복음의 제사장 직분을 하게 하사 이방인을 제물로 드리는 것이 성령 안에서 거룩하게 되어 받으실 만하게 하려 하심이라 _롬 15:16

사도 바울은 은혜를 받는 차원에만 머물지 않았고 이방인을 위하여 복음을 전하는 예수의 일꾼이 되는 일에 기꺼이 순종한 사람이었습니다. 바울이 부름받은 목적은 이방인을 위하여 살라는 하나님의 뜻이었기 때문입니다. 그런 삶을 살아내는 가운데 로마서를 쓴 것입니다. 우리는 이 사실을 놓치지 말아야 합니다.

바울이 구원을 받고 예루살렘에만 머물러 있었다면 로마서를 쓸 이유가 없었을 것입니다. 바울이 누구도 하지 않는 이방 선교의 문을 열어 가며 불철주야 이방인의 구원을 생각할 때, 이방인의 복음화를 방해하는 여러 제약과 장애를 깨닫게 되었습니다. 이런 장애의 벽을 처리해야 한다는 사명감을 갖고서 하나님께 기도하며, 성령의 감동을 구하며 쓴 책이 바로 로마서인 것입니다. 그러므로 로마서에서 사도 바울의 본심을 읽어내야 할 것입니다. 부족한 종은 바울이 하나님의 부르심에 순종하다 보니, 이방인을 위한 완전한 복음서를 써야겠다는 부담을 느끼게 된 것이 아닐까 짐작할 뿐입니다. 로마서가 이방인에게 성경 중의 성경이 된 이유가 여기에 있는 것입니다.

> 24나는 이제 너희를 위하여 받는 괴로움을 기뻐하고 그리스도의 남은 고난을 그의 몸된 교회를 위하여 내 육체에 채우노라 … 26이 비밀은 만세와 만대로부터 감추어졌던 것인데 이제는 그의 성도들에게 나타났고 27하나님이 그들로 하여금 이 비밀의 영광이 이방인 가운데 얼마나 풍성한지를 알게 하려 하심이라 이 비밀은 너희 안에 계신 그리스도시니 곧 영광의 소망이니 _골 1:24,26-27

골로새서에서는 그리스도에 관한 복음을 비밀이라고 말합니다. 이 비밀이 유대인에게만 나타난 것이 아니라 이방인에게도 나타났다고 합니다. 그런데 그 당시에 그런 사실을 전한 사람이 누가 있었나요? 이 비밀을 전한 사람이 바울 외에는 없었습니다. 그러니 하나님이 바울을 통해서 이방인에게 복음을 전하도록 부르셨고, 바울은 전적으로 순종하였습니다. 그래서 바울이 이방에 복음을 전파한 것입니다.

그러나 바울에게 이방의 문을 열어주었다고 해서 금방 전 세계가 열린 것은 아닙니다. 복음이 땅끝까지 전해지는 일에, 왜 지금까지 2천 년이 넘게 걸리고 있나요? 복음 전파에 장벽이 있었기 때문입니다. 먼저 정치적인 핍박이 몰아쳤습니다. 민족적인 장벽도 있었습니다. 복음이 게르만 민족을 넘어서 앵글로 색슨족까지 들어가는 데 시간이 지체되었고, 아메리카의 장벽이 있었고, 아프리카의 장벽이 있었고, 남미의 장벽이 있었고, 아시아의 장벽이 있었습니다. 그 중에도 아시아의 장벽이 지금도 가장 크다고 저는 생각합니다. 힌두교와 라마 불교를 포함한 불교와 이슬람교 같은 강력한 종교의 벽이 있고, 히말라야라는 산지와 바다 한가운데의 먼 섬이라는 지리적 장벽도 있습니다. 정치적으로는 공산주의와 국가체제의 저항이 있습니다. 이런 각종 장애가 복음을 막아서고 있는 것입니다. 그럴 때마다 복음의 진격은 멈추어졌습니다.

교회가 아무리 부흥해도, 부흥한 교회가 더 이상 복음을 가지고 들어갈 수 없는 상황이나 지역이 있었습니다. 그럴 때마다 깨어 있는 교회는 복음이 들어가지 않은 이방인의 선교를 위해 기도했고, 하나님은 바울에게 주신 것처럼 새로운 복음의 대상지에 대한 계시를 열어주셨습니다. 그것에 순종하여, 바울처럼 목숨을 걸고 복음을 전하러 들어가는 하나님의 종들이 있었습니다. 그것이 사도 바울이 우리에게 끼친 어마어마한 영향력입니다. 그가 이방인에게 복음을 증거하는 것이 자신의 부르심인 줄 알고, 오로지 그 일을 위하여 자기를 제물로 드리면서 좌고우면하지 않았기 때문입니다.

한 영혼이라도 더 주를 믿고 구원에 이르게 하려는 바울의 마음이 이 글을 읽는 우리에게도 영롱하게 심기기를 기도합니다. 로마서는 선교 현장에서 쓰여진 선교를 위한 책이라는 사실을, 그리고 이 책을 읽는 당신도 선교사 바울을 통해 말씀하시는 아버지의 음성을 들을 수 있었기를 간절히 바랍니다.

↓ 당신을 향한 예수님의 위임명령

> ¹³누구든지 주의 이름을 부르는 자는 구원을 받으리라 ¹⁴그런즉 그들이 믿지 아
> 니하는 이를 어찌 부르리요 듣지도 못한 이를 어찌 믿으리요 전파하는 자가 없
> 이 어찌 들으리요 ¹⁵보내심을 받지 아니하였으면 어찌 전파하리요 기록된 바 아
> 름답도다 좋은 소식을 전하는 자들의 발이여 함과 같으니라 _롬 10:13-15

아무리 보배로운 복음의 소식이 있다 하더라도 그 복음을 듣고 믿지 못
하면 구원을 받을 수 없습니다. 구원은 예수 그리스도에 관한 복음을 듣고
믿음으로부터 얻는 하나님의 선물입니다.

> 그러므로 믿음은 들음에서 나며 들음은 그리스도의 말씀으로 말미암았느니라
> _롬 10:17

그렇다면 누군가는 가서 전해야 그들이 듣지 않겠습니까? 누가 가겠습
니까? 누군가 보냄을 받지 않으면 어떻게 갈 수 있겠습니까? 많은 교회가
선교사들을 보냈고 수많은 단기선교팀을 보냈습니다. 적어도 팬데믹이
시작되기 전인 2019년까지는 그랬습니다. 우리 교회에서도 '히든실크로
드 프로젝트'(HSR)를 매년 시행해왔습니다. 히든(Hidden)이라는 말은 '숨
겨진'이라는 뜻입니다. 말 그대로 히든실크로드 운동은 숨겨진 종족을 찾
아 복음을 전하자는 운동입니다. 숨겨진 종족들이 있는 곳으로 찾아가되,
복음이 서구에서 아시아로 들어왔던 방식과 달리 역으로 실크로드 선상
의 서진(西進) 방향을 따르고, 그 주변의 숨겨진 종족들을 찾아내 한 종족
도 빼놓지 않고 모든 민족이 주님의 복음을 듣게 하자는 프로젝트입니다.
우리 교회에서는 매년 수십 명의 형제자매들이 이 프로젝트를 위해 몇

개월의 훈련을 받았고, A국의 땅끝과 각지를 넘어 I국, N국, B국 등으로 파송되는 프로젝트를 지난 15년 동안 지속해왔습니다. 그 사이에 이 사역에 참가했던 수백 명의 형제자매들을 주님의 이름으로 축복합니다. 바라기는 이 책이 그들의 심령 속에 뼛속까지 새겨져, 이후에 그들이 어디를 가더라도 땅끝을 품고, 영혼 구원에 헌신하는 일꾼들이 되기를 간절히 바랍니다.

> [18]예수께서 나아와 말씀하여 이르시되 하늘과 땅의 모든 권세를 내게 주셨으니 [19]그러므로 너희는 가서 모든 민족을 제자로 삼아 아버지와 아들과 성령의 이름으로 세례를 베풀고 [20]내가 너희에게 분부한 모든 것을 가르쳐 지키게 하라 볼지어다 내가 세상 끝날까지 너희와 항상 함께 있으리라 하시니라 _마 28:18-20

마태복음 28장 18절에서 20절은 예수님의 지상 대 위임명령(The Great Commandment)이라고 부릅니다. 이 말씀의 '너희는 가서'에서 '가다'는 경계를 넘어간다는 뜻입니다. 그리고 '모든 민족을 제자로 삼고', '침례를 베풀고'의 순서이며, 마지막은 예수님이 분부하신 모든 걸 '가르쳐 지키게 하라'는 것입니다.

여기에 네 가지 동사가 나옵니다. '가라'(go), '제자를 삼아'(make disciples), '침례를 베풀라'(baptize), 그리고 '가르치라'(teach)입니다. 이 네 가지 동사는 하나의 주동사를 꾸미는 세 개의 보조동사로 구성되어 있습니다. 주동사가 무엇이겠습니까? 바로 '제자로 삼으라'는 것입니다. 제자 삼기 위해서 가야 하고, 제자 삼기 위해서 침례를 주고, 제자 삼기 위해서 가르쳐 지키게 하라는 것입니다. 그러므로 지상 대 위임명령의 목표는 제자 삼는 사역에 있습니다. 그리고 그 복음의 대상은 '모든 민족에게'까지입니다.

마태복음 28장 18절에서 20절 말씀이 '가는 사람의 입장'에서 선교의 방법론을 담고 있다면, 로마서 10장 13절에서 15절은 구원받을 영혼들의 입장에서 누군가는 복음을 전하러 가야 한다는 '보내심'에 관한 내용입니다.

그렇다면 누가 복음을 전해야 할까요? 하나님의 부르심에 순종하는 자입니다. 누가 복음 전하는 자를 보낼까요? 부르심을 받은 지역교회가 선교기관과 협력하여, 선교의 사명을 가진 성도들을 훈련하여 복음전도자로 세워서 보내야 합니다.

그렇다면 그들이 가서 어떤 내용을 전할까요? 로마서에서 전하는 복음의 핵심 내용입니다. 바울이 '나의 복음'이라고 말한 예수 그리스도에 관한 것입니다. 이와 같은 복음 전파와 선교의 원리를 담은 슬로건이 바로 '로마서 17장'이라고 말할 수 있습니다. '로마서 17장'은 로마서의 복음이 모든 민족에 들려져, 그들이 믿고 순종하는 역사를 이루기를 원하는 자들에게 들려진 '추가된 로마서'라고 할 수 있습니다.

Epilogue

이 시대를 향한
'나의 복음'은 무엇이어야 하는가?

이방인을 향한 복음의 확장에 대해 선교 역사적인 측면에서 더 고찰해볼 필요가 있습니다. 사도 바울의 이방인 선교사역도 확대해서 보면 사실상 지중해 연안, 구체적으로는 에게해 주변에 머물러 있었다는 지역적 한계가 있었습니다. 사도 바울 이후의 초대교회가 새로운 지역, 언어, 그리고 종파적인 장벽을 넘어가려면, 또 다시 누군가가 사도 바울처럼 '나의 복음'이라는 하나님의 계시와 더불어 넓혀가야 할 복음과 선교의 적용 영역을 깊이 깨달아야 했습니다. 그리고 하나님의 부르심에 순종해야 했습니다. 그렇지 않고서는 여전히 전통과 율법에 매인 채 관습적으로 복음을 이해하던 유대교 전통의 저항을 뚫고 나아가기에 한계가 있었습니다.

윌리엄 캐리가 등장하기 이전의 18세기 목회자들도 복음이 이방세계에 들어가야 한다는 사실을 잘 이해하지 못했습니다. 종교개혁의 여파로 복음의 진리를 찾아내고 고수하는 데에 집중했던 16세기 이후의 200여 년 동안에는 이방사회에 복음을 전파한다는 여력을 가질 수 없었던 것 같습니다. 그러다 18세기에 들어 모라비안 형제들과 윌리엄 캐리가 이방에 복음을 전함으로써 현대 개신교 선교의 문이 열리게 된 것입니다.

모라비안 형제들이나 윌리엄 캐리도 바울처럼 '나의 복음'을 확장시켰던 선각자들이었습니다. 그 이후에 허드슨 테일러의 '내지선교', 맥가브란의 '종족선교', 타운젠트의 '부족선교', 랄프 윈터의 '미전도종족선교'도 각자에게 계시된 '나의 복음'이라는 새로운 패러다임으로, 시대를 따라 새롭게 만든 선교전략이었습니다.

예루살렘과 온 유대와 사마리아와 땅끝까지 복음이 전파되어야 한다는 사도행전 1장 8절의 명령은 2천 년 전부터 엄연히 존재하지만, 그것이 현실화되기 위해서는 누군가 바울처럼 그 시대의 대안이 되고, 당대의 가치관을 뛰어넘어 또 다른 영역으로 돌파해야 한다는 사실을 우리는 선교의 역사로부터 배울 수 있어야 합니다.

이방인 선교를 위해 온갖 조롱과 핍박과 환난을 극복하며 목숨까지도 기꺼이 내놓았던 바울처럼, 이 시대에도 바울처럼 불꽃 같은 사역자들이 일어나게 해달라고 간절히 기도합니다. 성경 속의 계시는 이미 로고스로 완성되었지만 그 말씀이 실제로 이 땅에 편만하게 살아 역사하셔야 합니다. 그리고 역사의 종지부를 찍을 사건인 주님의 재림을 고대하며, 장벽을 깨고 도전하는 사역자들이 여전히 일어나야 합니다.

지금 이 시대에도 아직 복음이 들어가지 못한, 복음에 열리지 못한 나라와 미전도 종족들과 방언과 종족이 남아 있습니다. 아시아와 중동, 먼 섬과 분쟁지역 등의 사각지대마다 '복음이 아직 접촉되지 않은' (untouched), '미전도의'(unevangelized), '누구도 복음 사역에 관여하지 않은'(unengaged), 그리고 '도시 안에서 게토화된'(ghettoization) 문화적 종족들이 복음을 기다리고 있는 현실을 직시해야 합니다.

↓ 로마서 17장의 비전을 선포하라

주님이 다시 오실 날이 심히 가까운 이때에, 선교지에서 작은 목회와 작은 선교를 하고 있던 지극히 부족한 종에게 성령께서 도전하여 열어주신 부르심의 핵심은 "로마서 17장의 비전을 선포하라"는 것입니다. 그 부르심의 결과가 선교사의 관점으로 선교 현장에서 사역과 목회를 통해 깨달은 것을 쓴 이《로마서 17장》입니다.

이 책은 학문적으로 쓴 것이 아니므로 많은 부분에서 부족하다고 볼 수 있습니다. 그래서 출판하기를 많이 주저했습니다. 그러나 주님으로부터 받은 영감을 독자들에게 주고자 하는 뜻이 있음을 이해해주시기 바랍니다. 이 긴급한 소식을 알리는 것이 제게 주신 주님의 부르심이라고 생각했기에, 감히 책을 쓰기로 결심한 것입니다. 이 책에 과오가 있다면 모두 저의 과오이고, 저의 무지의 소치임을 인정합니다. 그러나 독자께서 종을 강권하시는 주님의 마음을 받기를 바랄 뿐입니다.

사도 바울이 아무리 하나님의 계시를 받아 복음을 열어놓았다 해도, 그것을 자기 것으로 받아 순종하며 실천하는 목회자, 교회, 성도들이 없었다면 복음의 확장과 완성은 불가능했을 것입니다. 아마도 대부분은 그 부르심과 무관한 삶을 살았을 것입니다. 그렇지만 사도 바울이 그 부르심에 순종하며 달려갔던 것처럼, 모든 시대마다 누군가는 하나님의 부르심을 받았으며, 그 강권하심에 모든 것을 내려놓고 인도로 가고, 중국으로 가고, 아프리카로 가고, 남미로 가고, 미국으로 가고, 조선에도 갔습니다.

하나님의 강권하신 부르심을 받으면 반드시 그 난공불락 같은 철옹성의 저항을 뚫고 가는 무리가 생기고, 그들에게 적용할 복음의 해석도 더 새롭고 깊어질 수밖에 없습니다. 그래서 그런 자들을 위해 이전에 볼 수 없었던, 바울처럼 새롭게 적용하는 '나의 복음'을 쓸 수밖에 없게 됩니다.

복음을 정리하는 방법과 언어는 달라질 수 있는 것입니다. 그렇다 하더라도 결코 변하지 말아야 할 진리의 내용은 무엇이어야 하겠습니까? 바로 로마서에서 계시된 복음의 내용, 즉 예수 그리스도인 것입니다. 바울이 말한 나의 복음도 결국 예수 그리스도였을 뿐입니다. 이제 우리는 바울과 같은 심정으로, 그 복음을 이 말세에 전해야 할 사명이 있는 것입니다. 그래서 저는 하나님께서 신비의 계시로서 제게 '로마서 17장'이라는 슬로건을 주셨다고 믿습니다.

선교사의 관점에서, 《로마서 17장》은 단순히 성경을 연장하자는 이야기가 아닙니다. 《로마서 17장》은 "로마서 1장부터 16장까지의 내용을 모든 민족에게 전하자"라는 슬로건입니다. 《로마서 17장》은 모든 민족에 복음을 전하라는 사명을 받은 목회자와 선교사에게 들려진 로마서의 요약이자 결론입니다. 로마서에서 말하는 복음의 진수가 무엇인지, 그 복음을 받은 성도들은 어떻게 변화된 삶을 살아내야 하는지, 나아가 그 복음을 이웃에게 전달하는 사명을 어떻게 감당해야 하는지를 모두 담고 있습니다.

이제 로마서가 말하는 복음을 전하는 일에 반응하는 분들이 일어나, 각자에게 주시는 '나의 복음'을 깨닫고 써내려가기를 기도합니다. 그러기 위해 먼저 로마서를 통달하여 꿰뚫는 통찰력이 우리 모두에게 있어야 하겠습니다.

사도 바울의 입장에서 보면, 성령께서 성경 속에 감추어져 있었던 복음의 내용을 성령의 감동으로 바울에게 새롭게 조명해주셔서, 이 놀라운 복음을 세상에 전파하게 된 특권을 그가 받았습니다. 특히 이방인을 위한 사도 바울의 복음은 바울이 인간적으로 고안한 것이 아니었습니다. 예루살렘 사도들과 같은 특정한 사람들로부터 전수받은 내용도 아니었습니다. 사도 바울에게 전적으로 임한 하나님의 계시로 된 것이었습니다. 이것이 바로 사도 바울이 '나의 복음'이라고 강조할 정도로 복음을 이방인에게까지 확장하려 했던 이유입니다.

로마서는 사도 바울의 선교사역 중에서 하나님이 율법과 문화의 벽이라는 선교의 저항선을 뚫고 나아가도록 주셨던 복음의 진수라고 말할 수 있습니다. 바울 이전에는 누구도 이방인에 관한 복음을 주도적으로 말하려 하지 않았습니다. 그래서 바울은 심지어 '나의 복음' 또는 '신비의 계시'라고 언급했고, 이 일에 자신의 생명을 걸고 복음의 전도자로서 순종한 것입니다. 그래서 그는 복음을 부끄러워할 수 없었습니다.

> 내가 복음을 부끄러워하지 아니하노니 이 복음은 모든 믿는 자에게 구원을 주시는 하나님의 능력이 됨이라 먼저는 유대인에게요 그리고 헬라인에게로다
> _롬 1:16

이 말씀은 복음이 헬라인, 즉 당시로선 가장 가까운 이방인을 위한 것이라는 사실을 사도 바울이 본격적으로 이야기한 것입니다. 바울 이전의 제자들도 일부는 이것을 이해했지만, 실제적으로 이방인에게까지 조직적이고 전략적으로 복음을 전파하기에는 지리적, 문화적, 사회적, 정치적, 경제적인 장벽이 너무나 컸기 때문에 접근하지 못했습니다. 그러나 사도 바울은 예수 그리스도로부터 직접 계시를 받았기 때문에 그 일에 집중했습니다. 사도 바울이 이 부르심에 순종하지 않았더라면, 세계선교는 그만큼 뒤처져 아직도 요원한 일이 되었을지 모릅니다.

↓ 복음 전파의 벽을 허물고 넘을 대책은 무엇일까?

2천 년 전에 예수님이 오셨으니 마땅히 그 복음이 온 세상에 편만하게 전

파되어야 할 것 같은데, 아직도 복음이 모두에게 전파되지 못한 이유는 그만큼 복음 전파에 장벽이 높다는 사실을 말해줍니다.

복음이 어떻게 히말라야산맥 같은 거대한 장벽을 넘을 수 있을까요? 복음 전파의 대책은 무엇일까요? 예수님께서 제자들에게 분명히 제시하셨습니다.

> ⁴사도와 함께 모이사 그들에게 분부하여 이르시되 예루살렘을 떠나지 말고 내게서 들은 바 아버지께서 약속하신 것을 기다리라 … ⁸오직 성령이 너희에게 임하시면 너희가 권능을 받고 예루살렘과 온 유대와 사마리아와 땅 끝까지 이르러 내 증인이 되리라 하시니라 _행 1:4,8

성령의 강력한 권능이 나타날 때, 경계를 넘어가는 힘과 능력을 우리에게 부어주시고, 순종하는 신실한 종들을 통해 경계가 무너지게 될 것입니다. 우리도 복음의 내용을 더 분명히 깨닫고, 그 복음을 받을 대상에 대해 특별히 각자가 성령의 감동하심으로 인도받게 되기를 기도합니다.

우리는 깨달은 만큼 믿어지고, 믿어진 만큼 순종하고, 순종한 만큼 하나님의 능력을 볼 수 있습니다. 그렇게 깨달은 말씀은 각자의 발에 등불이 되고 각자의 길을 밝히는 빛이 되어, 온전히 그 길을 인도할 것입니다.